목회자와 평신도를 위한
심방설교와 대표기도문

주 여호와의 영이 내게 내리셨으니

이는 여호와께서 내게 기름을 부으사

가난한 자에게 아름다운 소식을 전하게 하려 하심이라

나를 보내사 마음이 상한 자를 고치며

포로된 자에게 자유를

갇힌 자에게 놓임을 선포하며

여호와의 은혜의 해와

우리 하나님의 보복의 날을 선포하여

모든 슬픈 자를 위로하되

무릇 시온에서 슬퍼하는 자에게 화관을 주어

그 재를 대신하며

기쁨의 기름으로 그 슬픔을 대신하며

찬송의 옷으로 그 근심을 대신하시고

그들이 의의 나무

곧 여호와께서 심으신 그 영광을 나타낼 자라

일컬음을 받게 하려 하심이라

[이사야 61장 1~3절]

목회자와 평신도를 위한

심방설교와 대표기도문

노진향 목사

치유와 회복을 위한 하나님의 위로와 격려
형편과 상황에 따른 194편의 심방설교와 123편의 대표기도문

크리스천리더

머릿말

위로

사람은 어느 누구를 막론하고 '위로와 격려'가 필요합니다. 대부분의 사람들이 자신의 삶의 영역에서 힘겨운 싸움을 하면서 이 땅을 살아가고 있기 때문입니다. 우리의 삶을 자세히 들여다보면 세상살이가 너무 힘들어서 지쳐 가는 사람들이 많습니다. 예컨대, 사람이나 일로 인하여 상처를 주고받은 사람들, 가까운 사람들로부터 외면당하거나 버림받은 사람들, 하는 일마다 실패하여 넘어진 사람들, 뜻하지 않은 질병과 사고로 절망하는 사람들이 그들입니다. 또한 쓰디쓴 배신의 아픔 때문에 밤잠을 이루지 못하거나, 모든 꿈이 사라져 극단적인 생각을 품고 있는 사람들이 그들입니다.

이것은 신앙을 가진 사람이라고 해서 결코 예외가 될 수 없습니다. 아무리 믿음이 좋은 사람도 여전히 이 무거운 현실의 벽 앞에서는 쉽게 넘어지고 실족할 수밖에 없는 연약한 인간의 옷을 입고 있기 때문입니다. 그래서 성경에 나오는 수많은 믿음의 인물들도 이것만큼은 피해 가지 못했습니다. 어쩌면 그것이 지금 내 자신이 겪고 있는 고통일 수도 있고요. 그러므로 이 땅을 살아가는 사람치고 위로와 격려가 필요치 않은 사람은 아무도 없습니다.

목사에게도 위로와 격려가 필요합니다. 목사라고 해서 위로하는 사람으로만 착각해서는 안 됩니다. 목사도 사람이기 때문입니다.
이 책을 내게 된 직접적인 동기는 '위로와 격려'를 위해서입니다.

자주는 아니지만, 평신도들도 함께 신앙생활을 하는 사람들에게 그들의 마음을 헤아려 주며 위로해 주어야만 할 때가 있습니다. 그러면서 자신도 위로를 받고 치유를 느끼곤 합니다. 그러므로 동등한 위치에서 짤막한 주님의 말씀을 나누며 상대방의 안타까움을 함께 공감해 주고 나눈다면, 그들에게 용기를 주고, 서로가 치유와 회복의 길로 나아가는 데 적잖은 도움이 될 것입니다.

이 책에서 다루고 있는 설교문은 신학적으로 심오한 내용보다, 누구나 쉽게 활용할 수 있도록 이야기 중심과 본문 중심으로 평범하게 엮었습니다. 짤막하면서도 마음이 묻어 있는 진솔한 이야기와 말씀들은 서로에게 감동과 깨달음과 하나님의 은혜를 나누기에 충분한 동기가 될 것입니다.

그리고 이 책 뒷편에는 목회자나 평신도에게 꼭 필요한 다양한 대표기도문을 수록해 보았습니다. 누군가에게 마음을 담아 기도를 해 주고 싶을 때, 혹은 대표기도 순서를 맡게 되었을 때, 하나님이 향기로 받으시고 영혼을 깨우는 기도를 하는 데 조금이나마 도움이 되었으면 합니다. 이 책이 출판되기까지 연약한 종을 위하여 밤낮을 가리지 않고 성전에서 기도로 사시는 어머니, 그리고 기도로 협력해 주신 교우들과 사랑하는 아내에게 감사드리며, 어려운 가운데서도 이 책의 출판을 위하여 힘써 주신 크리스천리더 정신일 목사님께도 감사의 말씀을 드립니다.

반달마을에서 저자 노진향 목사

"위로하라. 네가 만나는 모든 이가 힘겨운 싸움을 벌이고 있기 때문이다."
_ 필로 주다에우스

| 차례 |

[심방설교문]

제1부 치유와 회복을 위한 심방설교문

고침받기를 바라는 자 | 나를 고치셨나이다 • 20
용서하지 못하는 자 | 상한 마음의 치유 • 22
뇌혈관질환으로 쓰러진 자 | 믿음은 가능하다 • 24
원치 않는 질병에 시달리는 자 | 가시 같은 아픔 • 26
치유가 늦어져서 실족한 자 | 하나님이 주목하신 사람 • 28
난치병으로 힘들어 하는 자 | 절망은 희망의 다른 이름 • 30
암으로 투병 중인 자 | 살아계신 하나님을 믿는 자 • 32
약함 때문에 힘들어 하는 자 | 약한 데서 온전하여 지리라 • 34
죽음을 두려워하는 자 | 아름다운 죽음 • 36
아이를 수태하지 못하는 자 | 강렬한 아픔, 강렬한 소원 • 38
불치병으로 생을 포기한 자 | 하나님만 바라라 • 40
인생에 아픔이 많은 자 | 주 밖에는 복이 없나이다 • 42
인생이 초라하다고 생각하는 자 | 멋진 인생, 탁월한 인생 • 44
외롭고 쓸쓸한 자 | 찾아오시는 하나님 • 46
자살의 충동을 느끼는 자 | 붙들고 살아야 할 것 • 48
혼자라고 생각하는 자 | 절대 혼자가 아니다 • 50
억울한 일을 당한 자 | 하나님에 대한 시각 • 52
처해진 환경을 두려워하는 자 | 하나님의 전권 • 54
믿음이 흔들리는 자 | 확신만 있다면 • 56
하나님의 도우심을 불신하는 자 | 에벤에셀의 하나님 • 58

답답하고 괴로운 일이 있는 자 | 덮어야 산다 • 60
잘못된 습관이 있는 자 | 습관이 문제이다 • 62
교회 일 하다가 실족한 자 | 우리도 넘어질 수 있습니다 • 64
약함 때문에 힘들어 하는 자 | 약함도 강함이 될 수 있다 • 66
마음에 평안이 없는 자 | 평안을 누리는 자 • 68
하나님은 불공평하다고 하는 자 | 공평하신 하나님 • 70
정신력이 약한 자 | 마음을 바꾸면 된다 • 72
믿음과 확신이 연약한 자 | 마지막 남은 한 줄 • 74
하나님을 온전히 의지하지 않는 자 | 맡기면 책임져 주신다 • 76
영적인 침체에 놓인 자 | 사탄이 당신을 찾는다 • 78
사람 때문에 상처를 받는 자 | 나의 소망은 주께 있나이다 • 80
믿음에서 멀어지고 있는 자 | 잘될 때 조심해야 한다 • 82
말씀을 받지 못하는 자 | 말씀을 말씀으로 • 84
기도의 자리가 식어진 자 | 울더라도 뿌려야한다 • 86
과거의 죄가 청산되지 않은 자 | 주저앉히는 은혜 • 88
교회 다녀도 행복하지 않다고 하는 자 | 네 행복을 위하여 • 90
아버지 자리가 없는 가정 | 상실된 부성의 회복 • 92
기도하지 않는 중직자 | 기도의 분향 • 94
감성이 메말라 있는 자 | 온 땅에 어찌 그리 아름다운지요 • 96
은혜를 깨닫지 못하는 자 | 보이지 않는 하나님의 은혜 • 98
생활환경이 어려워진 자 | 믿음의 눈으로 바라보니 • 100
꿈을 잃어버린 자 | 기적을 낳는 소망 • 102
열등감에 사로잡힌 자 | 비교하면 있는 것도 잃어버린다 • 104

제2부 고난과 극복을 위한 심방설교문

깊은 절망에 빠진 자 | 깊은 절망에 빠졌을 때 • 108
현실이 암담하다고 하는 자 | 캄캄한 현장이 벌어진다 할지라도 • 110

고난이 저주라고 생각하는 자 | 변장한 하나님의 축복 • 112
하나님의 섭리를 깨닫지 못하는 자 | 형통한 날과 곤고한 날 • 114
생활이 곤고하다고 생각하는 자 | 하나님도 근심하신다 • 116
징계를 받고 있다고 생각하는 자 | 사랑하기 때문에 • 118
실패 때문에 좌절하고 있는 자 | 길을 찾는 사람만이 • 120
고난 때문에 힘들어 하는 자 | 고난이 주는 유익함 • 122
모든 것을 포기한 자 | 포기하지 않으면 된다 • 124
어렵고 힘든 상황에 놓인 자 | 기도는 실패가 없다 • 126
직장에서 해고당한 자 | 전화위복(轉禍爲福) • 128
극심한 어려움을 겪고 있는 자 | 하늘 보좌를 향하여 • 130
환난 앞에서 흔들리고 있는 자 | 참 신앙과 가짜 신앙 • 132
하나님을 바라보지 못하는 자 | 야곱의 눈물 • 134
시험을 이기지 못하는 자 | 하나님을 다급하게 한 사람 • 136
시험 때문에 불평하는 자 | 시험이 복이다 • 138
고난과 핍박을 당하고 있는 자 | 고난이 없으면 영광도 없다 • 140
역경을 극복하지 못하는 자 | 나는 강력한 존재 • 142
환난 때문에 마음이 상한 자 | 환난이 와도 즐거워할 수 있다 • 144
큰일을 당해도 하나님을 찾지 않는 자 | 여기에 계신 하나님 • 146
위기 상황에 놓인 자 | 한 가닥 줄만 있으면 • 148
하나님은 침묵만 하신다고 말하는 자 | 하나님의 침묵 • 150

제3부 비전과 축복을 위한 심방설교문

복 받기를 바라는 자 | 하나님의 영광을 위하여 • 154
성공하기를 원하는 자 | 축복은 말씀에 있다 • 156
하나님의 복을 믿지 못하는 자 | 왜 복을 받지 못하는 것일까? • 158
미래에 대한 두려움을 갖고 있는 자 | 두려워말며 담대하라 • 160
하나님이 축복하지 않는다고 하는 자 | 복 받고 번성케 되는 믿음 • 162

하나님께 복을 구하는 자 | 야베스의 기도 • 164

감사하지 못하는 자 | 감사가 축복을 부른다 • 166

인생의 멘토를 잘못 둔 자 | 가장 좋은 멘토 • 168

가난 때문에 돈만을 좇는 자 | 하나님은 약점이 없습니다 • 170

손해 보는 것을 참지 못하는 자 | 하나님의 생활방식 • 172

먹고사는 일에만 급급한 자 | 영적인 앉은뱅이 • 174

친절한 삶을 살지 않는 자 | 세상을 아름답게 변화시키는 것 • 176

자기 자랑하는 자 | 최고의 자랑거리 • 178

마음이 약한 자 | 마음먹기에 달렸다 • 180

형통하기를 원하는 자 | 형통의 원리 • 182

감사와 믿음의 고백이 없는 자 | 모든 것 주님의 뜻대로 • 184

범사에 감사치 못하는 자 | 범사에 감사하는 삶 • 186

세상이 악하다고 불평하는 자 | 악조건 속에서도 • 188

여러 가지 일로 힘들어하는 자 | 한 가지 일만 잘해도 • 190

주변을 힘들게 하는 자 | 시원하게 하는 사람 • 192

하나님의 약속을 믿지 못하는 자 | 약속에 신실하신 하나님 • 194

악인의 형통에 불만을 품은 자 | 넘어질 뻔하였나이다 • 196

결실이 없어 힘들어 하는 자 | 거둘 때가 반드시 온다 • 198

용납하지 못하는 자 | 용납은 사람을 살린다 • 200

자녀를 신앙으로 양육하지 않는 자 | 하나님의 대리자 • 202

항상 부정적인 태도를 가진 자 | '예'의 신앙 • 204

자존감이 없는 자 | 아름다운 시와 같은 존재 • 206

세상에 매료되어 사는 자 | 무엇에 매료되어 사는가? • 208

자의식이 없는 자 | 나는 하나님의 자녀다 • 210

자녀의 신앙을 소홀히 하는 자 | 물려 주어야 할 유산 • 212

불평을 항상 입에 달고 사는 자 | 감사거리만을 찾자 • 214

기도의 가치를 모르는 자 | 가치를 알아야 한다 • 216

제4부 영적인 성숙을 위한 심방설교문

섬김의 삶을 살지 못하는 자 | 겸손히 섬기는 삶 • 220
교회에 문제가 많다고 하는 자 | 문제 없는 교회는 없다 • 222
목회자에게 무관심한 자 | 뵈뵈와 같이 • 224
말씀대로 살지 않는 자 | 적용이 중요하다 • 226
사명 감당하기를 힘들어 하는 자 | 내 어깨에 짊어진 십자가 • 228
전도를 가볍게 여기는 자 | 전도가 본업입니다 • 230
성경을 멀리하는 자 | 순금보다 더 사모하는 말씀 • 232
봉사하기를 힘들어 하는 자 | 왕을 위해 일하는 사람 • 234
협력하지 못하는 자 | 협력이 아름답다 • 236
대인관계가 바르지 못한 자 | 낮아져야만 영혼을 얻는다 • 238
성령 충만이 필요한 자 | 성령 충만을 사모해야 한다 • 240
회개하지 못하는 자 | 회개의 은혜 • 242
기독교의 핵심적 가치를 모르는 자 | 믿음, 소망, 사랑 • 244
사랑의 실천을 힘들어 하는 자 | 사랑의 빚 • 246
내세우기를 좋아하는 자 | 겸손한 자가 높임을 받는다 • 248
지혜가 부족하다고 하는 자 | 지혜는 하나님께서 주신다 • 250
이웃을 사랑하지 못하는 자 | 그가 먼저 사랑하셨음이라 • 252
목회만 성직이라고 생각하는 자 | 목사만 성직이 아니다 • 254
믿음의 확신이 없는 자 | 믿음은 확신하는 것이다 • 256
믿음의 고백이 빈약한 자 | 믿음을 따라 역사하심 • 258
신앙생활이 불규칙적인 자 | 하나님을 집중하는 삶 • 260
천국을 확신하지 못하는 자 | 천국은 있습니다 • 262
예배에 항상 지각하는 자 | 하나님이 받으시는 예배 • 264
직분에 부담감을 갖는 자 | 부담이 곧 사명이다 • 266
허물 들추기를 좋아하는 자 | 허물을 덮는 힘 • 268
생활이 아름답지 못한 자 | 그리스도의 향기 • 270

행함이 없는 믿음을 가진 자 | 억지로라도 해보라 • 272
교회에 관심과 사랑이 없는 자 | 교회를 사랑하는 자 • 274
소문이 아름답지 못한 자 | 아름다운 별명 • 276
열심이 없는 자 | 열심을 품고 • 278
자기 분수를 모르는 자 | 필요한 자리에 있는 것 • 280
신앙고백이 메마른 자 | 내 잔이 넘치나이다 • 282
이웃과 화평하지 못한 자 | 두 가지 큰 계명 • 284
영적으로 깨어있지 못한 자 | 마귀가 노리고 있다 • 286
예수 믿는 보람을 못 느끼는 자 | 예수 믿는 보람을 느끼는가? • 288
주님에 대한 사랑이 식어진 자 | 나를 더 사랑하느냐 • 290
희생하기를 원하지 않는 자 | 한 알의 밀알처럼 • 292
직분감당을 소홀히 하는 자 | 말씀과 기도에 전념할 수 있도록 • 294
신앙생활이 규칙적이지 않은 자 | 전투적인 신앙생활 • 296
열정이 식어진 자 | 치는 대로 얻는다 • 298
성경공부에 참석하지 않는 자 | 바로 알고, 바로 믿어야 한다 • 300
자신의 충성이 가치 없다고 생각하는 자 | 소박한 충성 • 302
영적인 감각이 없는 자 | 가장 무서운 질병 • 304
합심기도를 피하려고 하는 자 | 합심하여 드리는 기도 • 306
종말을 확신하지 않는 자 | 인자의 때도 그러하리라 • 308
바른길을 가지 않는 자 | 어떤 길을 가고 있습니까? • 310
성수주일을 하찮게 여기는 자 | 포기를 통해 받은 영광 • 312
교회를 가볍게 여기는 자 | 축복도 중고로 받는다 • 314
이단에 현혹되고 있는 자 | 이단을 경계하라 • 316
믿음의 시각이 불확실한 자 | 하나님만 믿습니다 • 318
전도하지 않는 자 | 전도는 왜 해야만 하는가? • 320
믿음이 불확실한 자 | 겨자씨 한 알만 한 믿음 • 322
예배와 모임에 잘 빠지는 자 | 모이기에 힘쓰자 • 324
다른 사람을 수용하지 못하는 자 | 수용할 줄 알아야 한다 • 326

나눔의 삶을 실천하지 못하는 자 | 나눔이 축복이다 • 328
간절함과 사모함이 없는 자 | 하늘 양식으로 부요한 자 • 330
말과 행동이 거친 자 | 주의 장막에 머무를 자 • 332
기도생활이 없는 자 | 영혼의 호흡 • 334
죄 문제를 가볍게 보는 자 | 죄는 삶의 문제이다 • 336
찬송의 삶이 없는 자 | 찬송해야 할 이유 • 338
하나를 이루지 못하는 자 | 하나 됨의 능력 • 340
하나님의 은혜를 구하지 않는 자 | 여호와를 만날 자 • 342
기도응답이 더디다고 하는 자 | 하나님께서 정하신 때 • 344
예수님의 가치를 모르고 있는 자 | 지혜와 지식의 모든 보화 • 346
제사 때문에 힘들어 하는 자 | 제사는 귀신에게 하는 것 • 348
영적지도자를 가볍게 보는 자 | 크게 쓰임 받는 사람 • 350
자신의 신앙을 돌아보지 않는 자 | 구원받을 수 있을까? • 352
헌신하는 것을 낭비로 보는 자 | 칭찬받은 낭비 • 354
끈기 있게 기도하지 못하는 자 | 강청과 끈기 있는 기도 • 356
신앙의 향기가 없는 자 | 향기로운 삶 • 358
찬양이 메마른 자 | 온 땅에 어찌 그리 아름다운지요 • 360

제5부 축하와 위로를 위한 심방설교문

새로 등록한 가정 | 축복받은 오벧에돔 가정 • 364
새로 등록한 성도 | 욥의 인생체험 • 367
새로 등록한 가정 | 신령한 젖을 사모하라 • 370
새로 등록한 가정 | 장막 터를 넓히며 • 373
이사한 가정 | 아브라함의 장막 • 376
입주한 가정 | 여호와를 경외하는 자의 복 • 379
사업을 시작하는 성도 | 꿈을 가져야 한다 • 382
사업을 확장하는 성도 | 정직 • 385

장례를 치룬 가정 | 부모 : 참된 안식 • 389
장례를 치룬 가정 | 갑작스런 죽음 : 더 나은곳 • 392
장례를 치룬 가정 | 남편 : 너를 지으신 자 • 395
장례를 치룬 가정 | 아내 : 새 하늘과 새 땅 • 398

제6부 교회력에 따른 절기설교문

새해 | 때를 따라 사는 삶 • 402
설날 | 여호와를 만날 자 • 404
삼일절 | 사랑하는 민족을 위해서라면 • 406
종려주일, 고난주간 | 희생이 있는 삶 • 408
부활절 | 부활의 신앙 • 410
어린이주일 | 순종은 절대 손해 보지 않는다 • 412
어버이주일 | 효의 종교 • 414
성령강림주일 | 초월하게 하시는 성령님 • 416
맥추절 | 맥추절을 지킵시다 • 418
추석 | 추석은 감사의 명절 • 420
종교개혁주일 | 말씀의 권위 • 422
추수감사절 | 만 번의 감사 • 424
성서주일 | 내 발에 등, 내 길에 빛 • 426
성탄절 | 하늘에 민감한 사람 • 428

[종합대표기도문]

제1부 심방 대표기도문

새로 믿는 가정 • 434 | 등록한 가정 • 435 | 입주한 가정 • 436 | 사업을 시작하는

성도 • 437 | 신혼가정 • 438 | 출산한 가정 • 439 | 고민하던 문제가 해결된 가정 • 440 | 건강을 되찾은 성도 • 441 | 구원의 확신이 없는 성도 • 442 | 불화가 있는 가정 • 443 | 이혼한 가정 • 444 | 고난당하는 성도 • 445 | 시험에 든 성도 • 446 | 핍박받는 성도 • 447 | 수험생을 둔 가정 • 448 | 방황하는 자녀를 둔 가정 • 449 고부간의 갈등이 있는 가정 • 450 | 병환 중인 부모님을 모시고 있는 가정 • 451 억울한 일을 당한 가정 • 452 | 생활에 지쳐 있는 성도 • 453 | 교회를 출석하지 않는 성도 • 454 | 헌금에 시험 든 가정 • 455 | 믿음이 흔들리고 있는 성도 • 456 | 목사님께 상처받은 성도 • 457 | 식구가 믿지 않는 성도 • 458 | 교회 문제로 시험에 든 가정 • 459 | 성도 간의 문제로 시험에 든 가정 • 460 | 은혜를 깨닫지 못하는 성도 • 461 | 성수주일이 어려운 성도 • 462 | 남편이 믿지 않는 성도 • 463 | 이단에 미혹된 성도 • 464 | 신앙에 동요가 있는 성도 • 465 | 사업에 실패한 성도 • 466 | 실직을 당한 성도 • 467 | 자녀를 먼저 보낸 가정 • 468 | 장애아를 키우고 있는 가정 • 469 | 자녀가 해외에 나간 가정 • 470 | 자녀가 군에 가게 된 가정 • 471 | 자살의 충동을 느끼는 성도 • 472 | 질병이 찾아온 성도 • 473 | 만성피로에 시달리고 있는 성도 • 474 | 중병을 앓고 있는 성도 • 475 | 병원에 입원 중인 성도 • 476 | 수술을 하는 성도 • 477 | 장기입원중인 성도 • 478 | 불치병(난치병)을 앓고 있는 성도 • 479 | 자녀가 아픈 가정 • 480 | 자녀가 수술하는 가정 • 481 | 부모님이 치매인 가정 • 482 | 원인 모를 질병을 앓고 있는 성도 • 483

제2부 축복 대심방 대표기도문

일반적인 성도의 가정 • 486 | 사업을 경영하는 가정 • 487 | 믿음이 신실한 가정 • 488 | 홀로 신앙생활 하는 가정 • 489 | 먼 거리에 있는 가정 • 490 | 연로한 교우 가정 • 491 | 초신자 가정 • 492 | 생활이 바쁜 가정 • 493 | 환자의 가정 • 494 | 중직자 가정 • 495 | 젊은 부부 가정 • 496 | 중년 부부 가정 • 497 | 문제와 아픔이 있는 가정 • 498

제3부 구역예배(속회, 셀, 목장) 대표기도문

소원을 두고 행하게 하소서 • 500 | 영혼구원에 마음을 다하게 하소서 • 501 | 배우고 익힌 것을 실천할 수 있게 하소서 • 502 | 생명의 역사가 있게 하소서 • 503 | 연약한 지체들을 붙드소서 • 504 | 교회를 든든히 세울 수 있게 하소서 • 505 | 거룩한 낭비가 있게 하소서 • 506 | 사랑의 마음이 깊어지게 하소서 • 507 | 작은 교회임을 잊지 말게 하소서 • 508 | 저희의 가정을 붙들어 주소서 • 509 | 가정에 우환과 불행을 막아주소서 • 510 | 나눔과 교제가 기쁨이 되게 하소서 • 511 | 상한 감정을 치유하여 주소서 • 512 | 모임의 구성원을 붙들어 주소서 • 513 | 꼭 필요한 일꾼으로 쓰임 받게 하소서 • 514 | 서로를 향한 섬김이 있게 하소서 • 515 | 새 가족을 축복하소서 • 516 | 선교하는 모임이 되게 하소서 • 517 | 주님을 본받아 더욱 순종하게 하소서 • 518 | 날마다 부흥하는 모임이 되게 하소서 • 519 | 먼저 그 나라와 의를 구하게 하소서 • 520

제4부 구역(속회, 셀)모임 헌금기도문

자원하여 드리게 하소서 • 522 | 주님을 섬기는 일에 사용되게 하소서 • 523 | 온전한 예물이 되게 하소서 • 524 | 좀 더 풍성히 드릴 수 있게 하소서 • 525 | 기쁨으로 드리게 하소서 • 526 | 옥합을 깨뜨린 여인의 심정이 되게 하소서 • 527 | 선하고 아름답게 뿌려지게 하소서 • 528 | 신령한 제물로 받으소서 • 529 | 주님의 축복을 담아낼 수 있게 하소서 • 530 | 행복한 헌금생활이 되게 하소서 • 531 | 하늘에 쌓아두는 자가 되게 하소서 • 532 | 분에 넘치도록 드린 모습이 되게 하소서 • 533 | 자원하여 드리는 믿음이 되게 하소서 • 534 | 물질로 믿음을 고백하게 하소서 • 535 | 가진 것 전부라도 드릴 수 있게 하소서 • 536

제5부 구역(속회, 셀)모임 다과 및 식사기도문

축복의 통로가 되게 하소서 • 538 | 주님의 귀한 복을 더하여 주소서 • 539 | 더 좋은 것으로 채워주소서 • 540 | 축복을 경험하는 삶이 되게 하소서 • 541 | 필요한 모든 것들을 채워주소서 • 542 | 아브라함의 축복을 받게 하소서 • 543 | 때를 따라 먹여주시고 입혀주소서 • 544 | 보배롭고 존귀한 일꾼이 되게 하소서 • 545 | 섬기는 기쁨이 더하여지게 하소서 • 546 | 영육 간에 복을 더하여 주소서 • 547 | 복되고 아름다운 일들이 넘쳐나게 하소서 • 548

제6부 회의와 모임 대표기도문

제직회를 할 때 | 교회를 위하는 마음이 앞서게 하소서 • 550
월례회를 할 때 | 은혜롭게 잘 마무리 되게 하소서 • 551
기관총회를 할 때 | 주님의 뜻을 담아내게 하소서 • 552
구역장, 권찰 모임을 가질 때 | 각오와 다짐을 새롭게 하게 하소서 • 553
교사모임을 가질 때 | 영적인 농부의 마음을 갖게 하소서 • 554
성가대(찬양대)모임을 가질 때 | 영혼을 담은 찬양이 되게 하소서 • 555
남전도(선교)회 모임을 가질 때 | 얼음냉수 같은 전도(선교)회가 되게 하소서 •556
여전도(선교)회 모임을 가질 때 | 믿음의 족적을 남긴 여인들처럼 살게 하소서 • 557
성경공부 모임을 가질 때 | 엠마오의 제자처럼 마음이 뜨겁게 하소서 • 558
기도 모임을 가질 때 | 주님과 기도로 소통하게 하소서 • 559
전도 모임을 가질 때 | 생명 있는 날까지 전하게 하소서 • 560
봉사모임을 가질 때 | 축복받는 현장이 되게 하소서 • 561
심방성구 • 562

심방설교문

제1부 | 치유와 회복을 위한 심방설교문

제2부 | 고난과 극복을 위한 심방설교문

제3부 | 비전과 축복을 위한 심방설교문

제4부 | 영적인 성숙을 위한 심방설교문

제5부 | 축하와 위로를 위한 심방설교문

제6부 | 교회력에 따른 절기설교문

심방자의 기도

_ 노진향

주님!
저희를 도우시고 보호하소서.

무시당하는 자들을 건지시고,
핍박 받는 자들을 불쌍히 여기소서.

궁핍한 자들에게 자신을 보이시고
약하여 넘어진 자들을 꼭 일으키소서.

상처받고 약한 자들을 높이시고,
질병으로 고통 받는 자들을 고치소서.

길 잃고 헤매는 자들을 붙잡으시고
곁길로 나갔던 자들을 돌아올 수 있게 하소서.

양식이 없는 자들의 그릇을 빌어 주시고,
헐벗고 굶주린 자들을 먹이소서.

상처받고 억울한 자들을 높이시고,
억압에 눌린 자들의 결박을 풀어주소서.

외롭고 고독한 자들을 안아 주시고,
버림받고 소외당한 자들의 벗이 되어주소서.

모든 사람이
주님만이 홀로 하나님이시며
예수 그리스도가 하나님의 아들이시며
저희는 하나님의 백성이고
주님께서 기르시는 양임을 알게 하소서

1부

치유와 회복을 위한
심방설교문

[고침받기를 바라는 자] 하나님의 사랑

나를 고치셨나이다

· 찬송 | 472장, 263장   · 성경 | 시편 30편 1~5절

"여호와여 내가 주를 높일 것은 주께서 나를 끌어내사 내 원수로 하여금 나로 말미암아 기뻐하지 못하게 하심이니이다 여호와 내 하나님이여 내가 주께 부르짖으매 나를 고치셨나이다 여호와여 주께서 내 영혼을 스올에서 끌어내어 나를 살리사 무덤으로 내려가지 않게 하셨나이다 주의 성도들아 여호와를 찬송하며 그의 거룩함을 기억하며 감사하라 그의 노염은 잠깐이요 그의 은총은 평생이로다 저녁에는 울음이 깃들일지라도 아침에는 기쁨이 오리로다"

위로와 권면/sermon

영국 황실에 「피터 구르터」라는 유명한 바이올리니스트가 있었습니다. 그는 영광스럽게도 [스트라디바리우스]라고 하는 세계적으로 유명한 바이올린을 가지고 핀란드에서 연주할 기회를 얻었습니다. 세계 최고의 악기로 연주하게 되었다는 기쁨으로 흥분한 그는 실수로 바이올린을 떨어뜨리고 말았습니다. 깨진 악기를 바라보며 망연자실하지 않을 수 없었습니다.

그런데 어느 날, 런던에서 악기를 손질하는 기사가 찾아와 그 악기를 고쳐보겠다고 나섰습니다. 그 후, 고쳐진 바이올린으로 시범 연주를 하게 되었을 때 새것이었을 때보다 더 아름다운 소리가 청아하게 울려 퍼지면서 청중을 감동시켰다고 합니다.

오늘 말씀에 시인은 "여호와 내 하나님이여 내가 주께 부르짖으매 나를 고치셨나이다"라고 고백합니다. 시인이 '나를 고치셨다'고 고백하는 것이 무엇인지 정확히 알 수 없지만 그에게 뭔가 망가진 것이 있었다는 것을 보여 주고 있습니다. 육체가 병들었을 수도 있고, 마음이 온통 상처투성이였을 수도 있고, 어쩌면 인생 자체가 망가져 있을 수도 있습니다. 그러나 하나님께 부르짖으매 자기의 기도를 들으시고 망가진 데를 다시 고쳐 주셔서 새롭게 시작하도록 도우셨다는 것입니다.

그래서 그는 이 시를 마무리하면서 "내가 잠잠하지 아니하고 … 내가 주께 영원히 감사하리이다" 라고 고백하고 있습니다(12절).

성도(직분)님, 돌이켜 보면 우리의 삶도 아프고 상한 곳이 수없이 많음을 발견합니다. 우리는 사랑하시는 당신의 자녀이기에 우리가 알지 못하고, 깨닫지 못하고, 느끼지 못하는 가운데서도 치유하시는 하나님이십니다. 그래서 우리는 실족한 자리에서도 다시 일어설 수 있는 것입니다. 절망의 자리에서도 소망을 가질 수 있는 것입니다. 나를 고쳐 주시고 일으켜 주시는 하나님의 사랑을 생각하며, 위로를 받으시고 오늘 시인이 고백한 뜨거운 감사의 기도를 드릴 수 있기를 소원합니다.

축복기도/prayer

하나님은 저희의 상한 곳을 어루만져 주시고, 아픈 곳을 치유하시는 분이심을 믿습니다. 저희보다 저희를 더 잘 아시기에 저희가 느끼지 못하는 가운데서도 치유의 손길을 펴시는 하나님이심을 믿습니다. 오늘 저희에게도 시편기자와 같은 감사기도가 있게 하여 주옵소서. 주님의 은혜를 늘 우리의 작은 입술로 읊조릴 수 있는 삶이 되게 하여 주옵소서. 예수님의 이름으로 기도합니다. 아멘

[용서하지 못하는 자] 마음의 평안

상한 마음의 치유

· 찬송 | 218장, 196장   · 성경 | 마태복음 18장 21~22절

"그 때에 베드로가 나아와 이르되 주여 형제가 내게 죄를 범하면 몇 번이나 용서하여 주리이까 일곱 번까지 하오리까 예수께서 이르시되 네게 이르노니 일곱 번뿐 아니라 일곱 번을 일흔 번까지라도 할지니라"

위로와 권면/sermon
우리의 마음이 건강하지 못한 그 배후, 그리고 마음에 상처를 입은 배후에는 반드시 사람이 있습니다. 사람 중에도 우리는 비교적 가까운 사람들에게 상처를 받습니다. 또한 살면서 내 뜻대로 일이 이루어지지 않아서 스트레스를 받기도합니다. 살면서 받은 상처든지, 아니면 스트레스든지 그 이면에는 분명 사람이 존재한다는 것입니다. 이 때 우리는 이것을 먼저 생각해야 합니다.
그러면 과연 나는 사람들에게 상처를 받기만 했고, 나는 다른 사람들에게 상처를 입히지 않았나? 하는 것입니다. 내 자신은 잘 모르겠고, 느낄 수 없겠지만 지금 이순간도 내가 준 상처 때문에 고통 받는 사람들이 있다는 사실을 알아야 합니다.

만약 내가 준 상처 때문에 고통받는 사람이 있다면 나는 그 사람이 내게 어떻게 해 주기를 원할까요? 아마도 그 사람이 나를 용서해 주기를 원할 것입니다. 그런데 놀라운 것은 나는 아무리 생각해 보아도 그 사람에게 준 상처가 기억나지 않는다는 것입니다. 뭔가 생각이 나고 기억이 나야 가서 용서를 빌든지 어떻게 하든지 할 것인데 참으로 답답한 일입니다. 그러기에 마음의 상처가 치유받기 위해서는 전적으로 내가 마음으로부터 상대방을 용서하는 일이 필요합니다.

오늘 말씀에 예수님은 '형제가 내게 죄를 범하면 몇 번이나 용서해 주어야만 하느냐'는 베드로의 질문에 일곱 번뿐 아니라 일곱 번을 일흔 번까지라도 용서하라고 하셨습니다. 이것은 무한정 용서하라는 말씀입니다. 용서하는 자만이 용서를 받을 수 있습니다. 그리고 마음의 상처를 치유받을 수 있습니다. 용서하지 않으면 내 마음이 일평생 위장된 분노 속에 갇혀서 괴롭힘을 당합니다. 평안을 누리지 못합니다. 얼마나 안타깝고 끔찍한 일입니까? 그러므로 내 마음의 평안과 자유를 위해서도 용서해야만 합니다. 오늘 주님이 말씀하신 대로 일곱 번을 일흔 번까지라도 말입니다.
용서의 은혜가 성도(직분)님에게 있기를 기도하겠습니다.

축복기도/prayer
상한 마음을 치유하시는 주님, 저희가 혹 받은 상처로 인하여 괴로워하고 있습니까? 용서해야만 내 마음을 치유가 있음을 기억하여, 용서할 수 있는 은혜를 더하여 주시옵소서. 또한 저희로 인하여 상처받고 괴로워하고 있는 사람들은 없는지요? 그들의 상한 마음을 치유하여 주시고, 고통의 기억들을 잊어버릴 수 있는 은혜를 더하여 주옵소서. 그리하여 주님이 주신 자유와 평안을 누리며 사는 삶이 되게 하옵소서. 예수 그리스도의 이름으로 기도합니다. 아멘

[뇌혈관질환으로 쓰러진 자] 믿음의 카드

믿음은 가능하다

· 찬송 | 441장, 620장   · 성경 | 히브리서 11장 1~2절

"믿음은 바라는 것들의 실상이요 보이지 않는 것들의 증거니 선진들이 이로써 증거를 얻었느니라"

위로와 권면/sermon

미국의 선교사인 '스탠리 존스'는 일평생을 인도에 가서 복음을 전하며 산 사람입니다. 인도에서는 그를 성자로 추앙하고 있습니다. 하루는 그가 쓰러졌습니다. 중풍에 걸린 것입니다. 그때 그의 나이가 89세였습니다. 젊은 나이에 쓰러져도 다시 일어나기가 쉽지 않은 것이 중풍인데 90세 가까운 나이에 쓰러졌으니 무슨 희망이 있겠습니까? 미국 보스턴으로 후송이 되었는데, 그는 자기를 치료하는 의사들에게 이런 부탁을 했습니다.

"선생님! 제게 한 가지 부탁이 있습니다. 저를 보실 때마다 이렇게 외쳐주시기 바랍니다."
"어떻게 말입니까?"
"스탠리 존스! 나사렛 예수 그리스도의 이름으로 명하노니 일어나 걸어라! 이렇게 외쳐 주십시오."
의사가 그 말을 듣고 웃었습니다.
"아니, 선교사님! 저는 베드로도 아니고 요한도 아니고 또 부흥사도 아닌데 제가 어떻게 그런 말을 외칠 수가 있겠습니까?" 그러나 스탠리 존스가 억지로 강권하니까 의사는 어쩔 수 없이 볼 때마다 그렇게 외쳤습니다.
"스탠리 존스! 나사렛 예수 그리스도의 이름으로 명하노니 일어나 걸어라!" 그때마다 그는 침상에 누워 있다가 큰 목소리로 "아멘! 아멘!"으로 화답을 했습니다. 어떤 일이 일어났을까요? 놀랍게도 6개월 만에 완쾌가 되었습니다. 그리고 선교지로 다시 돌아가 죽을 때까지 충성을 다했습니다.

어떻게 90세에 가까운 노환자가 중풍에서 완쾌될 수 있었을까요? 의학적으로는 불가능한 일입니다. 그러나 믿음은 가능합니다. 왜냐하면 오늘 말씀대로 믿음은 바라는 것들의 실상이기 때문입니다.
초대 교부인 성 어거스틴은 "믿음은 우리가 보지 못하는 것을 믿는 것이고, 믿음의 보상은 우리가 믿는 것을 보는 것이다"라고 했습니다. 믿음에는 확신이 따르고, 확신은 행동을 하게 하고 열매를 맺게 한다는 사실입니다. 믿음의 큰 역사를 이루게 합니다.
성도(직분)님도 이 믿음의 카드를 사용하셔서 병상에서 일어나는 믿음의 큰 역사를 경험하는 신앙의 사람이 되시기를 축복합니다.

축복기도/prayer
믿음의 부요함을 원하시는 주님, 병상에 누워계신 성도(직분)님을 돌아보시옵소서. 이럴 때 낙심치 말게 하시고 믿음의 카드를 사용할 수 있는 성도(직분)님이 되게 하여 주시옵소서. 믿음의 언어를 사용하게 하시고, 믿음의 고백을 드릴 수 있게 하여 주시옵소서. 또한 믿음을 선포하게 하셔서 믿음대로 되는 능력과 축복을 경험하게 하여 주옵소서. 예수 그리스도의 이름으로 기도합니다. 아멘

[원치 않는 질병에 시달리는 자] 만나주시는 하나님

가시 같은 아픔

· 찬송 | 300장, 440장   · 성경 | 고린도후서 12장 7~10절

"여러 계시를 받은 것이 지극히 크므로 너무 자만하지 않게 하시려고 내 육체에 가시 곧 사탄의 사자를 주셨으니 이는 나를 쳐서 너무 자만하지 않게 하려 하심이라 이것이 내게서 떠나가게 하기 위하여 내가 세 번 주께 간구하였더니 나에게 이르시기를 내 은혜가 네게 족하도다 이는 내 능력이 약한데서 온전하여짐이라 하신지라 그러므로 도리어 크게 기뻐함으로 나의 여러 약한 것들에 대하여 자랑하리니 이는 그리스도의 능력이 내게 머물게 하려 함이라 그러므로 내가 그리스도를 위하여 약한 것들과 능욕과 궁핍과 박해와 곤고를 기뻐하노니 이는 내가 약한 그때에 강함이라"

위로와 권면/sermon
우리 삶에는 저마다 가시 같은 아픔들이 있습니다. 이 땅을 살아가는 사람들 중에 가시 같은 아픔이 없는 사람은 거의 없습니다. 우리 뿐만 아니라 이 땅을 살아가는 대부분의 사람들도 가시 같은 아픔이 있을 것입니다.

오늘 말씀에 사도바울도 가시 같은 아픔이 있었습니다. 그 아픔의 강도가 얼마나 컸던지 사도바울은 그것을 육체의 가시라고도 표현하고 있고 사탄의 사자라고도 표현을 했습니다. 성경학자들은 바울이 말한 가시를 그의 육체적인 질병으로 보고 있습니다. 그 질병 때문에 사도바울은 말할 수 없는 고통을 겪었다는 말씀입니다. 그리고 이 질병을 놓고 얼마나 기도했던지 주님께 세 번 간구했다고 표현하고 있습니다. 여기서 '간구'라는 표현이 가슴을 뭉클하게 만들지 않습니까? 그냥 기도한 것이 아니라, 통사정을 하다시피 자기의 육체적인 질병을 놓고 하나님께 부르짖었다는 말입니다. 그런데 놀라운 것은 사도바울이 그 질병을 놓고 하나님께 간구하다가 하나님의 능력을 체험했다는 것입니다. 더욱 믿음이 강화되고, 하나님의 신비, 그리스도의 능력이 자기에게 있음을 깨닫게 되었습니다.

성도(직분)님, 우리들도 원치 않는 질병에 시달릴 때가 있습니다. 우리 주변에도 그런 사람들이 많이 있는 것을 봅니다. 사람이 질병 가운데 놓일 때만큼 서글프고 간절할 때가 또 어디에 있을까요. 그런데 우리는 바울과 같이 그 간절함을 하나님께 내놓을 줄 알아야 합니다. 간절히 하나님을 찾으면 치료의 하나님을 만나게 해 주시고, 능력의 하나님, 응답의 하나님을 만나게 해 주십니다. 하나님이 우리를 얼마나 사랑하시는지를 피부 깊숙이 경험할 수 있습니다. 그러므로 낙심하지 마시고 하나님을 더욱 더 간절히 찾으시기 바랍니다.

축복기도/prayer
저희의 약함을 아시는 주님, 저희에게도 가시 같은 아픔들이 얼마나 많은지 모릅니다. 그것이 육체의 질병일 때도 있고, 마음의 아픔일 때도 있습니다. 주님, 가시 같은 아픔이 있을 때 사도바울과 같이 그 아픔을 놓고 주님께 간절히 부르짖을 수 있게 하여 주옵소서. 주님을 간절히 찾을 수 있게 하여 주시옵소서. 그리하면 바울에게 응답을 주신 하나님이 저희에게도 응답해 주실 줄 믿습니다. 하나님의 사랑과 섭리를 깨닫게 하실 것을 믿습니다. 주님을 더욱 높이고 앞세우는 삶을 살게 하실 것을 믿습니다. 예수 그리스도의 이름으로 기도합니다. 아멘

[치유가 늦어져서 실족한 자] 치료의 하나님

하나님이 주목하신 사람

· 찬송 | 217장, 91장   · 성경 | 사도행전 14장 8~10절

"루스드라에 발을 쓰지 못하는 한 사람이 앉아 있는데 나면서 걷지 못하게 되어 걸어 본 적이 없는 자라 바울이 말하는 것을 듣거늘 바울이 주목하여 구원받을 만한 믿음이 그에게 있는 것을 보고 큰 소리로 이르되 네 발로 바로 일어서라 하니 그 사람이 일어나 걷는지라"

위로와 권면/sermon

세상에는 걷고 싶어도 걸을 수 없는 수많은 사람들이 있습니다. 불의의 사고로 그렇게 된 사람들도 있지만 나면서부터 걸을 수 없는 장애를 입은 사람들도 있습니다. 그들의 간절한 소원은 단 한번만이라도 죽기 전에 걸어보는 것일 것입니다. "나도 저 사람들처럼 한 번만이라도 자유롭게 걸어보고 싶다." 이것이 뼛속까지 사무친 그들의 소원일 것입니다. 걷고는 싶은데 걷지 못하는 안타까움, 이 얼마나 속상하고 절망스런 일이겠습니까?

그런데 오늘 말씀에 등장하는 앉은뱅이는 이상하게도 단지 일어서는 것이 그의 소원이 아니었음을 보여주고 있습니다. 그는 태어나면서부터 앉은뱅이로 살았던 사람이지만, 그의 관심은 단지 일어서는 데 있었던 것이 아니라, 바울의 설교를 귀담아 듣는 데 있었습니다. 이를테면 육신적인 것보다는 영원한 것에 그의 소원을 두고 있었던 것입니다. 이런 그였기에 수많은 사람들이 그곳에 있었지만 유독 바울의 관심이 그에게 집중될 수밖에 없었고 마침내 육신의 병도 고침 받게 되는 축복을 누리게 되었습니다.

오늘 말씀에 앉은뱅이가 설교를 하고 있는 바울에게 주목받았다는 것은 곧 하나님께 주목받았다는 것입니다. 그의 믿음이 하나님께 검증된 것입니다. 이처럼 하나님께 주목받기만 하면 인생이 달라집니다. 눈앞에 펼쳐진 세상이 다르게 보이기 시작합니다.

성도(직분)님, 지금 육체의 질병으로 마음고생이 심하신 줄 압니다. 오늘 말씀에 위로를 받으며 마음을 다잡아 보시기 바랍니다. 우리가 믿는 하나님은 치료하시는 하나님이십니다(출15:26). 조금 더 용기를 내셔서 하나님이 인정하시는 믿음의 단계로 나아가 봅시다. 반드시 하나님께서 성도(직분)님을 주목하실 것이고, 치료하시는 하나님의 손길을 경험하게 하실 것입니다.

축복기도/prayer
사랑의 주님, 지금 육체의 질병으로 고통받고 있는 성도(직분)님을 주목해 주시기를 원합니다. 실족하지 않도록 그의 믿음을 붙들어 주옵소서. 하나님은 반드시 치료하시는 하나님이심을 굳게 믿게 하여 주옵소서. 고치시는 하나님이심을 조금도 의심치 말게 하여 주옵소서. 믿음이 흔들리기 쉬운 이때이지만 조금 더 용기를 낼 수 있게 도와주시옵소서. 더욱 강한 믿음으로 승부를 걸 수 있는 성도(직분)님이 되게 하여 주옵소서. 반드시 치료하시는 하나님의 손길을 경험하게 하실 것을 믿습니다. 예수 그리스도의 이름으로 기도합니다. 아멘

[난치병으로 힘들어 하는 자] 하나님을 앙망함

절망은 희망의 다른 이름

· 찬송 | 354장, 407장   · 성경 | 이사야 40장 31절

"오직 여호와를 앙망하는 자는 새 힘을 얻으리니 독수리가 날개치며 올라감 같을 것이요 달음박질하여도 곤비하지 아니하겠고 걸어가도 피곤하지 아니하리로다"

위로와 권면/sermon

'절망은 희망의 다른 이름이다'라는 책이 있습니다. 박진식 씨가 쓴 책입니다. 그분은 2남 1녀 가운데 막내로 태어나 다들 우량아라고 부러워할 만큼 건강한 유년시절을 보냈습니다. 그런데 일곱 살 무렵부터 몸에 이상이 생겼습니다. 아홉 살이 되자 주변의 사물을 붙잡지 않으면 일어나거나 앉거나 눕지도 못하는 지경에 이르고 말았습니다. 병명은 '부갑상선기능항진증에 의한 각피석회화증'이라는 희귀병이었습니다. 시간이 지나면서 남아도는 칼슘이 석회로 변해, 몸에 차곡차곡 쌓여 엉겨 붙는 병이었습니다.

의사들은 20대를 넘기지 못한다고 했습니다. 몸은 점점 굳어 갔고 손가락 하나 제대로 움직일 수가 없게 되었습니다. 그는 죽어가는 육신을 보듬고 이해할 수 없는 절망에 울어야 했습니다. 그러나 흔적도 없이 죽어가기에는 너무 억울한 것입니다. 그래서 그는 자신의 이런 기막힌 인생을 기록하여, 스스로 불행하다고 생각하는 이 세상 모든 사람들에게 한 줄기 희망의 빛이 되기로 결심하였습니다.

손에 볼펜을 끼고 컴퓨터 키보드를 한 자씩 두드리기 시작했습니다. 내일을 알 수 없는 절망과 불행 속에서 독학으로 영어와 한문을 공부하고 다방면의 독서와 시 습작에도 정성을 쏟았습니다. 몸이 점점 돌로 변해가는 처절한 고통을 당하면서도 결코 절망하지 않는 30대 젊은이의 이야기입니다.

덴마크 철학자 「키에르 케고오르」는 그의 저서를 통해 '절망은 죽음에 이르는 병'이라고 했습니다. 또한 절망이 얼마나 유해한지, 희망의 신학자로 알려진 「위르겐 몰트만」박사는 "절망은 재앙을 부르는 가장 나쁜 죄다."라고 말했습니다.

성도(직분)님, 절망하는 자에게는 미래가 없습니다. 절망하는 자에게는 행복도 없습니다. 그러므로 어떻게든 절망을 물리쳐야만 합니다. 이럴 때일수록 하나님을 앙망하시기 바랍니다. 하나님을 앙망해야만 새 힘을 얻을 수 있고, 다시 일어설 수 있습니다. 희망을 노래할 수 있습니다. 희망을 포기하지 마세요. 희망이 없는 곳은 지옥밖에 없습니다.

축복기도/prayer
사랑의 주님, 지금 깊은 한숨에 젖어 있는 성도(직분)님을 긍휼히 여겨 주시옵소서. 그의 마음을 위로하여 주시고 주의 능력의 팔로 붙잡아 주시기를 원합니다. 어서 속히 지금의 상황을 딛고 일어설 수 있도록 도와주시기를 원합니다. 성도(직분)도 이럴 때일수록 더욱 하나님을 앙망할 수 있게 하여 주옵소서. 전심을 다하여 하나님을 의뢰함으로 새 힘을 얻을 수 있게 하여 주옵소서. 예수 그리스도의 이름으로 기도합니다. 아멘

[암으로 투병 중인 자] 소망의 하나님

살아계신 하나님을 믿는 자

· 찬송 | 171장, 471장   · 성경 | 시편 43편 5절

"내 영혼아 네가 어찌하여 낙심하며 어찌하여 내 속에서 불안해 하는가 너는 하나님께 소망을 두라 그가 나타나 도우심으로 말미암아 내 하나님을 여전히 찬송하리로다"

위로와 권면/sermon

오늘 주님이 주신 말씀이 성도(직분)님께 큰 위로와 용기가 되기를 소원합니다. 성도(직분)님은 생존하시는 하나님을 믿으시죠? 우리가 생존하시는 하나님을 믿는 것이 참으로 중요합니다. 생존하시는 하나님을 믿을 때 다음과 같은 축복이 주어지기 때문입니다.

첫째로, 낙심치 않는다는 것입니다. 오늘 본문에 시편 기자는 "내 영혼아 네가 어찌하여 낙심하느냐"라고 했습니다. 우리가 세상을 살아가다 보면 낙망하고 낙심하는 일들이 얼마나 많습니까? 질병, 생활고, 사업 실패, 배신 등 이루 말할 수 없이 많습니다. 우리 인간은 질그릇같이 연약한 존재이기 때문에 낙심 앞에 속수무책일 때가 많습니다. 그러나 자기를 믿으면 낙망하기 쉬워도 생존하시는 하나님을 믿으면 낙망하지 않습니다. 왜냐하면 하나님은 우리의 소망이 되시기 때문입니다. 우리를 도우실 수 있는 분이기 때문입니다. 우리가 의지할 수 있는 분이기 때문입니다. 사람은 의지할 대상이 있으면 절대 낙망하지 않습니다. 부모를 의지하는 아이들이 낙망하는 것 봤습니까? 의지할 대상이 있는 것은 그만큼 행복한 삶인 것입니다.

지금 성도(직분)님도 깨지기 쉽고 부서지기 쉬운 질그릇 같은 상황일지라도, 이럴 때일수록 하나님께 소망을 두시기 바랍니다. 끝까지 낙망치 않는 믿음으로 하나님을 바라보실 수 있기를 바랍니다. 하나님이 분명히 도우실 것입니다. 둘째는, 하나님을 찬송하게 됩니다. 오늘 본문의 시편 기자는 "낙심의 때에도 낙심하지 않고, 불안의 때에도 불안하지 않고, 하나님을 바라고, 그가 나타나 도우심으로 말미암아 여전히 찬송하리로다"고 했습니다. 찬송은 평안하고 기쁠 때만 하는 것이 아닙니다. 불안하고 실패할 때도, 질병 가운데 있을 때에도, 절망 가운데 있을 때에도 부르는 것이 찬송입니다. 왜냐하면 하나님은 언제나 살아계신 하나님이시기 때문입니다.

성도(직분)님이 지금 육체적으로나 정신적으로 매우 힘든 상황이시겠지만, 하나님이 듣고 계실 것을 생각하며 찬송하실 수 있기를 바랍니다. 그리하면 하나님께서 지옥 같은 암 덩어리를 녹여 주시고 생존하시는 하나님을 더욱 증거할 수 있는 길로 이끄실 것을 믿습니다.

축복기도/prayer
치료하시는 주님, 지금 가장 연약한 가운데 있을 성도(직분)님을 붙들어 주옵소서. 낙심하지 않도록 그 마음을 지켜 주옵소서. 이럴 때일수록 하나님의 섭리하심을 바라보며 주님을 더욱 의지하게 하시고, 주님께 소망을 둘 수 있게 하여 주옵소서. 어떤 방향으로든 우리 주님이 반드시 치료하실 것을 믿습니다. 깨끗이 낫게 하실 것을 믿습니다. 예수 그리스도의 이름으로 기도합니다. 아멘

[약함 때문에 힘들어 하는 자] 약한 것을 자랑함

약한 데서 온전하여 지리라

· 찬송 | 214장, 374장   · 성경 | 고린도후서 12장 7~9절

"여러 계시를 받은 것이 지극히 크므로 너무 자만하지 않게 하시려고 내 육체에 가시 곧 사탄의 사자를 주셨으니 이는 나를 쳐서 너무 자만하지 않게 하려 하심이라 이것이 내게서 떠나가게 하기 위하여 내가 세 번 주께 간구하였더니 나에게 이르시기를 내 은혜가 네게 족하도다 이는 내 능력이 약한 데서 온전하여짐이라 하신지라 그러므로 도리어 크게 기뻐함으로 나의 여러 약한 것들에 대하여 자랑하리니 이는 그리스도의 능력이 내게 머물게 하려 함이라"

위로와 권면/sermon

이런 이야기가 있습니다. 한 번은 사슴이 강가에 물을 먹으러 가서 물에 비친 자신의 모습을 보았습니다. 거기에 비친 자신의 다리가 너무 볼품없었습니다. 막대기처럼 길게 뻗은 다리가 자기 몸 중에서 제일 못생긴 것이라고 생각했습니다. 그리고 자신의 자랑스런 뿔을 보았습니다.
참으로 아름답고 자랑스런 뿔이었습니다. 왕관 같았습니다. 사슴은 "다리야, 다리야, 어쩜 이렇게 못생겼니 너도 내 뿔처럼 잘생겼으면 얼마나 좋겠니?"하고 한숨을 쉬었습니다. 그런데 잠시 후에 물 먹으러 온 사슴을 사자가 습격했습니다. 못생긴 다리로 열심히 달려서 도망을 갔습니다. 비록 못생긴 다리이지만 위급한 상황에서 생명을 구해주는가 싶었습니다. 그런데 그만 잘생긴 뿔이 나무에 걸려서 사자에게 잡히고 말았습니다.

구약 성경에 나온 사람들 중에 요즘 말로 가장 꽃미남을 꼽으라면 다윗의 아들인 압살롬을 꼽을 수 있습니다. 그는 얼굴도 잘생겼지만, 머리카락이 얼마나 멋있었는지 모릅니다. 그런데 쿠데타를 일으켰다가 실패한 압살롬이 도망을 가다가 그 아름다운 머리카락이 나무에 걸려 상대방 장수인 요압의 창에 찔려 죽고 말았습니다.

성도(직분)님, 우리는 약한 것 때문에 망하지 않습니다. 오히려 강한 것 때문에 망합니다. 오늘 말씀을 보면 사도바울은 그리스도인들에게 약한 것을 자랑하라고 권면합니다. 자신의 약함 때문에 주님을 더욱 의지하게 되고 그로 말미암아 자신의 능력이 아닌 그리스도의 능력으로 사는 것이, 잘난 맛에 교만하여 자기 능력으로 사는 것과는 감히 비교가 되지 않았기 때문입니다. 그러므로 약함을 통하여 주님께 더욱 가까이 가는 사람들의 약함은, 그분의 능력을 공급받아 사는 것이기 때문에, 곧 강함임을 잊지 말아야하겠습니다.

축복기도/prayer
강함이 되시는 주님, 오늘 말씀을 통하여 저희의 약함이 강함이 될 수 있음을 깨달으며 위로를 얻습니다. 저희로 사도 바울과 같이 강한 것보다 약한 것을 자랑할 수 있는 삶이 되게 하여 주옵소서. 그 약함 때문에 주님을 더욱 의지할 수 있게 하시고, 약함을 통하여 주님께 더욱 가까이 나아가는 삶이 되게 하여 주옵소서. 그러므로 약함을 강하게 하시는 주님의 능력 속에서 감사의 고백만 넘치는 삶이 되게 하여 주옵소서. 예수 그리스도의 이름으로 기도합니다. 아멘

[죽음을 두려워하는 자] 최선을 다하는 삶

아름다운 죽음

· 찬송 | 316장, 491장   · 성경 | 신명기 34장 1~6절

"모세가 모압 평지에서 느보 산에 올라가 여리고 맞은편 비스가 산꼭대기에 이르매 여호와께서 길르앗 온 땅을 단까지 보이시고 <중략> 여호와께서 그에게 이르시되 이는 내가 아브라함과 이삭과 야곱에게 맹세하여 그의 후손에게 주리라 한 땅이라 내가 네 눈으로 보게 하였거니와 너는 그리로 건너가지 못하리라 하시매 이에 여호와의 종 모세가 여호와의 말씀대로 모압 땅에서 죽어 뱃브올 맞은편 모압 땅에 있는 골짜기에 장사되었고 오늘까지 그의 묻힌 곳을 아는 자가 없느니라"

위로와 권면/sermon

사람은 나이 들어 기력이 쇠하면 죽게 됩니다. 병들어 죽는 것도 병이 사람의 기력을 쇠하게 만들었기 때문입니다. 그런데 오늘 말씀에 모세는 죽을 때 120세였지만 눈이 흐리지 않았고 기력이 쇠하지 않았습니다(신34:7). 모세는 결코 몸이 쇠약해져 죽은 게 아니라는 말씀입니다. 모세는 120세까지 아주 정정했습니다. 그런 모세가 어떻게 해서 죽습니까? 모세가 자신의 사명을 완수해 하나님이 세상에서 데려가셨다고 합니다.

인생이란 얼마나 오래 살았는가보다는 어떻게 살다 어떻게 죽느냐가 중요합니다. 모세의 죽음은 사명을 마친 자의 죽음입니다. 사명을 다한 자의 죽음은 아름답습니다. 사명을 다한 자의 임종에는 진정한 샬롬(평안)이 있기 때문입니다. 모세의 최후 모습은 우리에게 큰 격려와 도전을 줍니다. 우리의 최후 모습은 어떨지 생각해 보신 적이 있습니까? 아마 없을 것입니다. 그 누구도 자신이 최후를 맞는 순간 무슨 일이 벌어질지 모르기 때문입니다. 죽음은 누구에게나 걸림돌입니다. 죽음은 누구에게나 두려움의 대상입니다. 그러나 우리 그리스도인들에게는 죽음이 걸림돌이 될 수 없습니다. 죽음이란 영생을 사는 또 하나의 시작이기 때문입니다.

사도바울은 "나는 선한 싸움을 싸우고 달려갈 길을 마치고 믿음을 지켰으니… 나를 위하여 의의 면류관이 예비되었으므로(딤후 4:7~8)"라고 말합니다. 여기서 선한 싸움, 달려갈 길이란 하나님이 맡기신 사명을 이루려고 최선을 다했다는 뜻입니다. 믿음 안에서는 '최고'가 아니라 '최선'을 다하는 사람이 귀한 인생입니다.

성도(직분)님, 하나님이 언제 우리를 데려가실지 모르지만, 아름다운 죽음을 맞기 위하여 믿음 안에서 항상 최선을 다하는 삶이되시기 바랍니다.

축복기도/prayer
은혜로우신 하나님, 죽음은 누구에게나 걸림돌이요 두려움의 대상이지만 사명을 다한 자의 죽음은 안식이요 평안인 줄 믿습니다. 저희로 모세와 같이 이 땅에서의 사명을 마친 후 아름다운 죽음을 맞이할 수 있는 복을 받게 하옵소서. 바울과 같이 맡겨진 사명을 이루려고 선한 싸움을 싸우며 달려가는 모습이 있게 하시고, 믿음 안에서 최선을 이루는 삶이 되게 하여 주옵소서. 예수 그리스도의 이름으로 기도합니다. 아멘

[아이를 수태하지 못하는 자] 응답의 축복

강렬한 아픔, 강렬한 소원

• 찬송 | 407장, 369장   • 성경 | 사무엘상 1장 10~18절

"한나가 마음이 괴로워서 여호와께 기도하고 통곡하며 서원하여 이르되 만군의 여호와여 만일 주의 여종의 고통을 돌보시고 나를 기억하사 주의 여종을 잊지 아니하시고 주의 여종에게 아들을 주시면 내가 그의 평생에 그를 여호와께 드리고 삭도를 그의 머리에 대지 아니하겠나이다 그가 여호와 앞에 오래 기도하는 동안에 엘리가 그의 입을 주목한즉 한나가 속으로 말하매 입술만 움직이고 음성은 들리지 아니하므로 엘리는 그가 취한 줄로 생각한지라 <중략> 엘리가 대답하여 이르되 평안히 가라 이스라엘의 하나님이 네가 기도하여 구한 것을 허락하시기를 원하노라 하니 이르되 당신의 여종이 당신께 은혜입기를 원하나이다 하고 가서 먹고 얼굴에 다시는 근심 빛이 없더라"

위로와 권면/sermon

인생에서 받는 상처가 많이 있지만 그 중에 하나는 소망하는 것이 이루어지지 않았을 때의 상처입니다. 잠언서 13장 12절의 말씀을 보면 "소망이 더디 이루어지면 그것이 마음을 상하게 하거니와 소원이 이루어지는 것은 곧 생명나무니라"고 말씀합니다.

우리가 알듯이 본문의 주인공인 한나는 무자한 여인이었습니다. 자식이 없었습니다. 그로 인하여 같이 살고 있는 작은댁인 브닌나에게도 무시를 당하고 괴롭힘을 당했습니다. 한 여인이 아이를 낳지 못한다는 그 자체가 커다란 아픔인데 무시까지 당하며 괴롭힘을 받았으니 그 고통의 깊이가 얼마나 컸겠습니까?

그러나 그녀의 깊은 고통, 강렬한 아픔이 소원을 품게 만들었고 하나님께 강렬한 기도를 드리도록 만든 것입니다. 우리 인생에 깊은 고통, 강렬한 아픔이 있다고 해서 그것 때문에 절망할 필요는 없습니다. 깊은 고통, 강렬한 아픔을 인하여 강렬한 소원을 품을 수만 있다면 이것보다 더 귀한 것은 없는 것이고, 강렬한 소원을 가지고 하나님을 강렬하게 찾을 수만 있다면 응답받지 못할 것이 없습니다.

한나는 자식이 없는 강렬한 아픔이 강렬한 소원을 품게 만들었고, 또 그녀에게서 강렬한 기도가 나오게 했습니다. 그리고 응답의 축복을 누리게 되었습니다.
오늘 성도(직분)에게 있는 그 강렬한 아픔이, 강렬한 소원을 품게 되는 동기가 되도록 해 보시기 바랍니다. 그리고 그 강렬한 소원을 하나님께 강렬하게 아룀으로, 한나와 같이 귀한 응답을 축복으로 누릴 수 있기를 주님의 이름으로 축복합니다.

축복기도/prayer
연약한 자의 아픔을 어루만져 주시는 하나님, 오늘 성도(직분)님의 아픔을 어루만져 주옵소서. 그 아픔을 누가 헤아릴 수 있겠습니까? 주님이 헤아려 주옵소서. 그 아픔을 만져 주시옵소서. 절망하지 않도록 도와주시옵소서. 아픔이 뼛속 깊숙이 파고들 때, 오늘 말씀에 한나와 같이 강렬한 그 아픔을 인하여 강렬한 소원을 품을 수 있게 하시고, 그 강렬한 소원을 주님께 아룀으로 응답하시는 주님을 만날 수 있게 하옵소서. 예수 그리스도의 이름으로 기도합니다. 아멘

[불치병으로 생을 포기한 자] 하나님을 갈망함

하나님만 바라라

· 찬송 | 471장, 488장   · 성경 | 시편 42편 1~5절

"하나님이여 사슴이 시냇물을 찾기에 갈급함 같이 내 영혼이 주를 찾기에 갈급하니이다 내 영혼이 하나님 곧 살아계신 하나님을 갈망하니니 내가 어느 때에 나아가서 하나님의 얼굴을 뵈올까<중략> 내 영혼아 네가 어찌하여 낙심하며 어찌하여 내 속에서 불안해 하는가 너는 하나님께 소망을 두라 그가 나타나 도우심으로 말미암아 내 하나님을 여전히 찬송하리로다"

위로와 권면/sermon
본문 말씀을 기록한 시편 기자는 깊은 낙심에 빠졌었습니다. 그런데 그 낙심을 극복할 수 있는 방법을 찾아 본문 5절에서 이렇게 고백하고 있습니다. "너는 하나님께 소망을 두라"

하나님은 당신께 소망을 두는 자들에게 불안과 낙심을 극복하는 새 힘을 주십니다. 그러므로 불안하고 절망한 영혼이 위로를 받고 새 힘을 얻을 수 있는 비결은 바로 하나님께 소망을 두는 것입니다. 그러면 우리가 바라보는 하나님은 어떤 분이십니까? 살아계신 분입니다. 오늘 본문에도 시편기자는 '내 영혼이 살아계신 하나님을 갈망한다'고 고백하고 있습니다. 우리가 하나님을 바라볼 때 낙심을 극복하고 새 힘을 얻을 수 있는 이유가 바로 이것입니다. 성도(직분)님도 이 하나님을 끝까지 신뢰하실 수 있기를 바랍니다. 그리고 하나님은 반석이신 분입니다. 본문 9절에 시편기자는 하나님을 일컬어

"내 반석이신 하나님"이라고 말했습니다. 하나님은 든든한 반석이 되시기 때문에 하나님을 바라보는 사람은 어떤 상황 속에서도 흔들리지 않고 견고하게 설 수 있습니다. 그리고 하나님은 도우시는 하나님이십니다.

본문 5절에 시편 기자는 "그나 나타나 도우심으로 말미암아 내 하나님을 여전히 찬송하리로다"고 고백하고 있습니다. 따라서 낙심 속에 있을 때, 우리를 도우시는 하나님을 바라보아야만 합니다. 지금 성도(직분)님은 많이 침체되어 있는 것 같습니다. 제가 무슨 말로 권면을 하고 위로를 해도 그것이 성도(직분)님께는 가슴에 와 닿지 않을 것입니다. 그럼에도 불구하고 믿음으로 이끌어 줘야만 하는 것이 제 사명인 것 같습니다.

성도(직분)님, 낙심하지 마시기 바랍니다. 오늘 살다가 내일 죽는 한이 있더라도 끝까지 최선을 다해야만 하지 않겠습니까? 최선을 다하는 인생이 아름다운 것이요, 최선을 다하는 인생이 후회가 없는 것입니다. 우리 주님은 성도(직분)님을 외면하지 않는다는 이 믿음을 끝까지 붙드셔야 합니다. 하나님이 내게 주신 삶의 분량이 다하는 그날까지 절대로 소망을 접지 마시기를 간절히 부탁드립니다.

축복기도/prayer
심령이 가난한 자를 외면치 않으시는 하나님 아버지, 이 절박한 현장을 돌아보시옵소서. 오랜 병마에 시달려 살 소망까지 끊겨진 성도(직분)님을 불쌍히 여겨 주옵소서. 못 고칠 질병이 없으신 주님, 고쳐 주시기를 원합니다. 낫게 하여 주시기를 원합니다. 살아계신 하나님을 소리 높여 찬양할 수 있도록 은총을 베풀어 주옵소서. 예수 그리스도의 이름으로 기도합니다. 아멘

[인생에 아픔이 많은 자] 하나님을 경험함

주 밖에는 복이 없나이다

· 찬송 | 543장, 304장   · 성경 | 시편 16편 1~2절

"하나님이여 나를 지켜 주소서 내가 주께 피하나이다 내가 여호와께 아뢰되 주는 나의 하나님이시오니 주 밖에는 나의 복이 없다 하였나이다"

위로와 권면/sermon

오늘 말씀을 기록한 다윗은 참으로 인생에 아픔이 많았던 사람입니다. 잘 나가는가 싶었는데 갑자기 도망자의 신세가 된 적도 있었고, 목숨을 연명하기 위하여 미친 사람 흉내를 내야만 하는 수치스런 때도 있었고, 자식의 반란으로 인하여 신발도 제대로 신지 못한 채 황급히 망명길에 오른 적도 있었던 사람입니다. 그런 인생을 살면서 다윗인들 왜 하나님을 원망하며 자신의 처지를 비관한 적이 없었겠습니까? 그러나 그가 자신의 인생에 감당할 수 없는 아픔이 많았기에 그는 누구보다 하나님께서 자기와 함께 하심을 강하게 체험한 사람입니다.

그가 남긴 시편의 주옥 같은 시들은 거의 대부분이 자신이 당했던 절체절명(絶體絶命)의 위기 속에서 구원하시는 하나님을 노래하고 있습니다. 그는 인생의 아픔을 통해서 다양하게 함께하시는 하나님을 만난 것입니다. 그러했기에 그는 하나님이 복의 근원이시라는 것을 새삼 깨닫게 된 것입니다. 그래서 오늘 말씀에 그가 고백하기를 "주는 나의 주시오니 주 밖에는 나의 복이 없다"고 하였습니다.

인생에 아픔이 없고 질고가 없다면 나에게 함께하시는 하나님이 어떤 하나님인지를 모르고 삽니다. 그러니 아픔이 있고 질고가 있다는 것은 불행이 아니라, 내 인생은 하나님이 일하시는 장소요, 살아계신 하나님을 뼛속 깊숙이 체험하는 축복의 현장인 것입니다.

성도(직분)님, 우리의 삶에는 아픔과 괴로움이 얼마나 많습니까? 그 안타까움으로부터 자유하고 싶은 마음 또한 얼마나 간절합니까? 하지만 내게 향하신 하나님의 손길이 선하심을 끝까지 믿고, 다윗처럼 아픔을 통해서 하나님을 경험하는 삶을 살아야겠습니다. 그리하여 우리도 다윗과 같이 우리 자신의 인생을 통해서 하나님을 찬양하는 시를 고백할 수 있는 삶이 되어야겠습니다.

"하나님이여 나를 지켜 주소서 내가 주께 피하나이다 내가 여호와께 아뢰되 주는 나의 하나님이시오니 주 밖에는 나의 복이 없다 하였나이다" 아멘

축복기도/prayer
사랑의 하나님, 저희는 아픔과 괴로움이 있을 때 빨리 그것으로부터 벗어나기만을 바랐습니다. 그러나 이제 저희도 인생에 아픔이 있을 때, 다윗과 같이 고백할 수 있는 아름다운 믿음이 있게 하여 주옵소서. 아픔을 불행이라 생각하지 않게 하시고, 하나님을 더 가까이 만나는 기회로 삼게 하옵소서. 아픔을 통해서 하나님을 더 깊이 경험하는 삶이 되게 하옵소서. 저희도 저희의 인생을 통하여 하나님을 찬양하는 시를 고백할 수 있게 하옵소서. 예수 그리스도의 이름으로 기도합니다. 아멘

[인생이 초라하다고 생각하는 자] 붙들린 인생

멋진 인생, 탁월한 인생

· 찬송 | 150장, 380장   · 성경 | 열왕기하 2장 1~11절

"여호와께서 회오리 바람으로 엘리야를 하늘로 올리고자 하실 때에 엘리야가 엘리사와 더불어 길갈에서 나가더니<중략> 두 사람이 길을 가며 말하더니 불 수레와 불말들이 두 사람을 갈라놓고 엘리야가 회오리 바람으로 하늘로 올라가더라"

위로와 권면/sermon

지혜의 보고라 불리는 유대인의 지혜서 탈무드에 보면 인생의 모습을 여러 종류의 짐승에 비유하는 말이 나옵니다. 한 살은 왕이고, 두 살은 돼지, 열 살은 염소, 열여덟 살은 말, 결혼한 나이는 당나귀, 중년은 개, 노년은 원숭이라고 비유했습니다. 그 이유를 들어보면 참 일리가 있는 것 같습니다.

한 살은 모든 사람이 모여서 얼러 주고 비위를 맞춰 주니까 왕 같은 나이일 것입니다. 그리고 두 살은 흙탕 속에서도 좋다고 뒹구는 나이이니까 돼지 같은 나이이고, 열여덟 살은 덩치가 커져서 힘을 자랑하게 되는 말 같은 나이일 것입니다. 결혼을 하면 가정이라는 멍에 때문에 힘겹게 살아야 하니까 당나귀 같은 나이라고 볼 수 있고, 그런가 하면, 가족을 먹여 살리느라 헐떡거리며 살아가는 중년은 개 같은 나이이고, 노년은 어린아이처럼 되어가지만 누구의 관심도 끌지 못하는 원숭이 같은 나이입니다. 그럴듯한 비유가 아닌가 생각합니다.
산다는 것이 어찌 보면 정말 왕같이 태어나서 원숭이 같이 끝나는 것이 아닌가 생각이 문득 듭니다. 세월이 가면서 점점 초라해지고 시들어 가는 것이 인생입니다. 그러나 또 한편 우리 인생을 살펴볼 때, 이런 비유에 전적으로 동감할 수 없는 경우가 있다고 생각합니다. 그것은 한평생 사는 인생이지만 그 인생을 참으로 영광스럽고 정말 탁월하게 멋진 인생으로 살아가는 사람들이 있기 때문입니다. 살아도 단순히 사는 것이 아니고, 죽어도 그냥 죽어 없어지지 않는 참으로 멋지고 영광스러운 인생들이 우리 가운데 있습니다.

성경에서 그런 사람을 한사람 꼽으라면 엘리야입니다. 시작하는 것도 그랬고, 생의 마지막 순간까지 탁월한 인생의 모습을 보여 주고 있습니다. 그가 탁월한 인생을 살았던 것은 하나님께 온전히 붙들린 인생을 살았기 때문입니다. 오늘 우리도 하나님께 붙들린 인생이 되면 엘리야와 같이 멋진 인생 탁월한 인생을 살아갈 수 있습니다. 영광스러운 인생을 살아갈 수 있습니다.
성도(직분)님, 하나님께 온전히 붙들린 내 삶이 되게 해달라고 간절히 기도하시기를 주님의 이름으로 축복합니다.

축복기도/prayer
능력의 주님, 저희로 하여금 세월이 가면서 점점 초라해지고 시들어 가는 인생을 살지 말게 하시고, 엘리야와 같이 멋진 인생, 영광스러운 인생을 살아갈 수 있게 하옵소서. 살아 있을 때 하나님께 온전히 붙들린 인생이 되어, 좀 더 하나님을 위하여 걸출하게 쓰임 받는 인생이 되게 하시고, 죽어도 그냥 죽어 없어지지 않는 인생이 되게 하옵소서. 예수 그리스도의 이름으로 기도합니다. 아멘

[외롭고 쓸쓸한 자] 혼자가 아님

찾아오시는 하나님

· 찬송 | 419장, 374장   · 성경 | 창세기 28장 10~19절

"야곱이 브엘세바에서 떠나 하란으로 향하여 가더니 한 곳에 이르러는 해가 진지라 거기서 유숙하려고 그 곳의 한 돌을 가져다가 베개로 삼고 거기 누워 자더니 꿈에 본즉 사닥다리가 땅 위에 서 있는데 그 꼭대기가 하늘에 닿았고 또 본즉 하나님의 사자들이 그 위에서 오르락내리락 하고 또 본즉 여호와께서 그 위에 서서 이르시되 나는 여호와니 너의 조부 아브라함의 하나님이요 이삭의 하나님이라 네가 누워 있는 땅을 내가 너와 네 자손에게 주리니 네 자손이 땅의 티끌 같이 되어 네가 서쪽과 동쪽과 북쪽과 남쪽으로 퍼져나갈지며 땅의 모든 족속이 너와 네 자손으로 말미암아 복을 받으리라<후략>"

위로와 권면/sermon

'모래 위의 발자국'이라는 시가 있습니다. 바닷가 모래밭에 두 개의 발자국이 놓여 있었습니다. 그 발자국 하나는 내 것이고 또 하나는 하나님의 것이었습니다. 오랫동안 나 있던 두 개의 발자국은 어느 곳에서 한 개의 발자국으로 바뀌어 있었습니다.
직감적으로 이 사람은 그 때가 자신의 인생길에서 가장 힘들고 어려운 때임을 알았습니다. 그러자 화가 났습니다. 내가 제일 힘들 때 하나님이 떠나시다니, 어떻게 이럴 수 있는가? 화를 내는 그 사람을 향해 주님은 조용히 말씀하십니다.
"그 발자국은 네 발자국이 아니라 내 발자국이란다. 네가 너무나 힘들어하기에 내가 너를 업고 갔단다."
오늘 말씀에 형의 장자권을 빼앗기 위해 아버지를 속이고 형을 속인 야곱은 결국 도망자의 신세가 되고 말았습니다. 자기를 죽이겠다는 형의 보복이 두려웠기 때문입니다. 외삼촌의 집으로 도망가던 야곱은 해가 지자 결국 얼마 가지 않아 광야에서 유숙할 수밖에 없는 처량한 신세가 되고 맙니다. 사나운 야생 동물의 소리만이 들려오는 쓸쓸하고 어두운 광야에서 두려움 가운데 돌베개를 베고 잠을 청하던 그에게 하나님이 찾아오셨습니다. 그가 비록 잘못은 했지만 축복을 사모했던 사람이었기 때문에 하나님이 그를 찾으신 것입니다. 그리고 그의 두렵고, 쓸쓸하고, 외로운 자리에 함께해 주시고 놀라운 축복의 말씀으로 위로와 용기를 주셨습니다.

성도(직분)님, 이와 같이 우리가 믿는 하나님은 찾아오시는 하나님이십니다. 우리의 외롭고 쓸쓸한 자리, 절망과 실패의 자리를 놓치지 않고 찾아오셔서 위로와 용기와 꿈과 비전을 심어 주시는 아버지 하나님이십니다. 성도(직분)님이 그 하나님을 더욱 의지할 수 있기를 주님의 이름으로 축복합니다.

축복기도/prayer
연약한 인생을 홀로 버려두지 않으시는 하나님, 감사합니다. 외롭고 쓸쓸한 야곱을 찾으셔서 위로와 용기와 꿈을 심어 주셨던 하나님께서 지희의 연약한 인생 가운데도 찾아오셔서 동일한 은혜와 사랑으로 함께하실 것을 믿습니다. 그 하나님을 더욱 의지하고 바라보며 사모하는 삶이 되게 하여 주옵소서. 더욱 소망하며 굳게 붙드는 삶이 되게 하여 주옵소서. 예수 그리스도의 이름으로 기도합니다. 아멘

[자살의 충동을 느끼는 자] 비전의 사람

붙들고 살아야 할 것

· 찬송 | 134장, 421장 　　· 성경 | 창세기 12장 1~4절

"여호와께서 아브람에게 이르시되 너는 너의 고향과 친척과 아버지의 집을 떠나 내가 네게 보여 줄 땅으로 가라 내가 너로 큰 민족을 이루고 네게 복을 주어 네 이름을 창대하게 하리니 너는 복이 될지라 너를 축복하는 자에게는 내가 복을 내리고 너를 저주하는 자에게는 내가 저주하리니 땅의 모든 족속이 너로 말미암아 복을 얻을 것이라 하신지라 이에 아브람이 여호와의 말씀을 따라갔고 롯도 그와 함께 갔으며 아브람이 하란을 떠날 때에 칠십오 세였더라"

위로와 권면/sermon

요즘 우리 사회는 자살 관련 사건이 끊이질 않고 있습니다. OECD 국가 중 자살률 1위라는 불명예를 갖고 있는 나라가 바로 대한민국입니다. 세상을 살다보면 정말 살기 싫을 때가 있습니다. 여기서 딱 죽으면 좋겠다고 생각될 때가 있습니다.

그렇다면 사람들은 왜 자살을 하는 것일까요? 꿈을 잃어버렸기 때문입니다. 더 이상 삶에 희망이 보이지 않기 때문입니다. 이렇게 살 바에야 차라리 죽는 것이 낫다고 생각하기 때문입니다. 그래서 죽음을 결심합니다. 그러나 자살은 가장 용기 없는 사람의 선택입니다. 왜냐하면 힘든 일을 피하고 쉬운 길을 선택하기 때문입니다. 그래서 자살은 부끄러운 행동이고, 하나님이 주신 생명을 자기 마음대로 결정짓는 죄입니다.

그러나 비전의 사람은 마음가짐이 다릅니다. 실패가 거듭되어도 "괜찮아 그럴 수도 있지. 잘 안 될 때도 있지. 괜찮아 평생 이렇게 살지 않을 거야. 내 인생 이렇게 살도록 정해져 있지 않아." 이런 다짐을 합니다. 사람은 무엇을 붙들고 사느냐가 중요합니다. 사람은 붙들고 있는 것을 말하고, 또 그것 때문에 죽기 때문입니다.

오늘 함께 읽은 본문의 말씀은 하나님께서 아브라함을 부르시고 위대한 약속을 주시는 말씀입니다. 그리고 그 부름에 응답한 아브라함의 모습을 기록하고 있습니다.
오늘 말씀은 우리가 붙들고 살아야 할 것, 세 가지를 보여 주고 있는데 첫째는 비전입니다. 비전은 인생의 이정표이기 때문입니다. 둘째는 가치입니다. 그래야 시간과 물질을 투자할 수 있기 때문입니다. 셋째는 하나님의 인도하심입니다. 왜냐하면 하나님은 영원토록 우리를 인도하시는 분이시기 때문입니다.
성도(직분)님도 아브람이 붙들었던 이 세 가지를 붙들고 살면 삶이 분명히 달라질 것입니다. 의욕이 넘치는 인생이 될 것입니다. 아브라함의 하나님이 성도(직분)님의 하나님이시기 때문입니다. 오늘 주신 말씀으로 삶에 대한 용기와 희망을 가질 수 있기를 축복합니다.

축복기도/prayer
자비로우신 하나님, 오늘 저희로 하여금 아브라함이 붙들었던 것을 붙들고 살아갈 수 있게 하옵소서. 인생의 이정표가 되는 비전을 붙들 수 있게 하시고, 시간과 물질을 투자할 수 있는 가치를 붙들 수 있게 하옵소서. 그리고 하나님의 인도하심을 붙들고 사는 삶이 되게 하옵소서. 그리하여 아브라함처럼 믿음으로 승리하고 성공하는 인생이 되게 하여 주옵소서. 예수 그리스도의 이름으로 기도합니다. 아멘

[혼자라고 생각하는 자] 함께하시는 하나님

절대 혼자가 아니다

·찬송 | 382장, 283장   ·성경 | 열왕기상 19장 13~18절

"엘리야가 듣고 겉옷으로 얼굴을 가리고 나가 굴 어귀에 서매 소리가 그에게 임하여 이르시되 엘리야야 네가 어찌하여 여기 있느냐 그가 대답하되 내가 만군의 하나님 여호와께 열심이 유별하오니 이는 이스라엘 자손이 주의 언약을 버리고 주의 제단을 헐며 칼로 주의 선지자들을 죽였음이오며 오직 나만 남았거늘 그들이 내 생명을 찾아 빼앗으려 하나이다.<중략> 그러나 내가 이스라엘 가운데에 칠천 명을 남기리니 다 바알에게 무릎을 꿇지 아니하고 다 바알에게 입맞추지 아니한 자니라"

위로와 권면/sermon

북이스라엘 아합과 이세벨의 정권 하에 활동했던 위대한 선지자 엘리야도 갈멜산에서 바알선지자들과의 싸움에서 승리를 경험하고 난 후 심한 영적 침체에 빠지게 되었습니다. 이세벨 왕후가 자기를 죽이겠다는 말 한마디에 겁이 덜컥 나서 광야로 도망간 엘리야는, "네가 어찌하여 여기 있느냐"(13)고 말씀하시는 하나님의 물음에 "내가 만군의 하나님 여호와께 열심이 유별하오니 이는 이스라엘 자손이 주의 언약을 버리고 주의 제단을 헐며 칼로 주의 선지자들을 죽였음이오며 오직 나만 남았거늘 그들이 내 생명을 찾아 빼앗으려 하나이다"라고 원망 섞인 대답을 합니다(14).

이제 하나님의 백성들은 다 죽고 자신만 홀로 남았다는 것입니다. '나 혼자서 무엇을 하겠느냐 그럴 바에야 차라리 나도 죽는 것이 낫지 않겠느냐'는 엘리야의 말에 대하여 하나님께서는 놀라운 말씀을 하십니다.

"내가 이스라엘 가운데에 칠천 명을 남기리니 다 바알에게 무릎을 꿇지 아니하고 다 바알에게 입 맞추지 아니한 자니라"(18).

우리가 어렵고 실패했을 때 우리는 자칫 '모두가 나를 떠나가고 모두가 나를 외면하고 나를 무시한다. 나만 외톨이다.' 이런 생각을 갖기 쉽습니다. 자괴감에 빠지고 절망합니다. 그러면서 하나님도 원망하고, 하나님을 찾지 않습니다.

오늘 말씀은 아무리 그런 때에라도 하나님은 우리와 함께하시고, 모두가 나를 떠나도 하나님은 떠나지 않고 나와 함께하신다는 것을 보여 주고 있습니다.

성도(직분)님, 오늘 말씀을 마음에 꼭 새겨 두시기 바랍니다. 아무리 혼자라고 생각되고, 외톨이라고 생각될 때에도 우리는 절대 혼자가 아닙니다. 하나님이 우리와 함께하시고 우리를 지켜 주십니다(사 41:10). 그 하나님을 날마다 경험하는 삶이 되시기를 주님의 이름으로 축복합니다.

축복기도/prayer

언제나 저희와 함께하시는 하나님, 저희가 어렵고 힘들 때, 혼자라고 생각될 때, 하나님을 원망한 적이 없었는지 되돌아봅니다. 하나님은 어느 때나 저희를 홀로 버려두지 않으시고, 저희와 함께하시는 분이심을 잊지 말게 하여 주옵소서. 모두가 떠나가도 하나님께서는 절대로 저희 곁을 떠나지 않으신다는 것을 굳게 믿고 살아가는 삶이 되게 하옵소서. 예수 그리스도의 이름으로 기도합니다. 아멘

[억울한 일을 당한 자] 시각의 변화

하나님에 대한 시각

· 찬송 | 10장, 191장   · 성경 | 하박국 3장 16~19절

"내가 들었으므로 내 창자가 흔들렸고 그 목소리로 말미암아 내 입술이 떨렸도다 무리가 우리를 치러 올라오는 환난 날을 내가 기다리므로 썩이는 것이 내 뼈에 들어왔으며 내 몸은 내 처소에서 떨리는도다 비록 무화과나무가 무성하지 못하며 포도나무에 열매가 없으며 감람나무에 소출이 없으며 밭에 먹을 것이 없으며 우리에 양이 없으며 외양간에 소가 없을지라도 나는 여호와로 말미암아 기뻐하리로다 주 여호와는 나의 하나님이시시라 나의 발을 사슴과 같게 하사 나를 나의 높은 곳으로 다니게 하시리로다"

위로와 권면/sermon

오늘 말씀에 하박국 선지자를 보면 그는 하나님에게 불만이 많았습니다. 그의 불평은 이런 것들입니다. 악인의 강포로 말미암아 부르짖어도 하나님은 들은 체 만 체 한다는 것입니다(1:2). 거짓된 자들을 방관하시고 악인이 자기보다 의로운 사람을 핍박하고 죽이는데도 본체만체한다는 것입니다(1:13). 그는 하나님의 백성들이 이방 사람들에게 압제당하는 것을 보고는 하나님께 이렇게 불평을 쏟아놓고 있는 것입니다. 심지어 그는 이렇게까지 말합니다. "주께서 어찌하여 우리를 바다의 물고기나 곤충 같게 하십니까? 그들이 우리를 바다고기 같이 곤충같이 잡는 것이 마땅합니까?"(1:14~17의역)

그런데 이런 그의 불평과 불만이 우리가 잘 아는 찬양으로 바뀝니다. "비록 무화과나무가 무성하지 못하며 포도나무에 열매가 없으며 감람나무에 소출이 없으며 밭에 먹을 것이 없으며 우리에 양이 없으며 외양간에 소가 없을지라도 나는 여호와로 말미암아 즐거워하며 나의 구원의 하나님으로 말미암아 기뻐하리로다"(3:17,18).
앞의 불평과 찬양 사이에 차이점은 무엇입니까? 상황이 변했습니까? 아닙니다. 이스라엘이 이방 사람 앞에서 꼼짝 못하는 안타까운 현실은 그대로입니다. 똑같은 현실을 놓고 하나님에 대해서 제대로 알지 못할 때는 하나님께 대들고 따지는 듯 하는 모습이었는데, 하나님을 제대로 알게 되자 있는 자리에서 그대로 하나님께 찬양할 수밖에 없었던 것입니다. 상황이 달라진 것이 아니라, 하나님을 바라보는 시각이 바뀐 것입니다.

성도(직분)님, 우리도 하나님을 바라보는 시각이 바뀌면 불평이 변하여 찬양이 될 수 있습니다. 원망이 변하여 감사가 될 수 있습니다. 우리가 처한 상황에 관계없이 말입니다. 어렵고 힘들수록 우리가 믿는 하나님을 제대로 알아가는 것이 중요합니다. 그래야 넘어지지 않습니다. 하박국 선지자의 찬양이 성도(직분)님에게도 있기를 주님의 이름으로 축복합니다.

축복기도/prayer
능력의 하나님, 저희도 하박국 선지자와 같이 하나님을 바라보는 시각이 달라지게 하여 주옵소서. 하나님을 바라보는 시각이 달라짐으로 악인을 위하여도 기도할 수 있는 마음을 갖게 하시고, 핍박하는 자를 위해서도 품을 수 있는 여유로운 마음이 되게 하여 주옵소서. 불평이 변하여 찬양이 되게 하시고, 슬픔이 변하여 기쁨이 되게 하여 주옵소서. 예수 그리스도의 이름으로 기도합니다. 아멘

[처해진 환경을 두려워하는 자] 온전히 내어맡김

하나님의 전권

· 찬송 | 375장, 432장   · 성경 | 마태복음 10장 29~31절

"참새 두 마리가 한 앗사리온에 팔리지 않느냐 그러나 너희 아버지께서 허락하지 아니하시면 그 하나도 땅에 떨어지지 아니하리라 너희에게는 머리털까지 다 세신 바 되었나니 두려워하지 말라 너희는 많은 참새보다 귀하니라"

위로와 권면/sermon
다섯 살 어린 아들이 아빠가 지붕을 수리하느라고 걸쳐 놓은 사다리를 타고 반쯤 올라가다 멈추었습니다. 올라가다 보니 무섭습니다. 밑을 내려다보니 내려가기도 무섭고, 올라가려니 올라가는 것은 더 무섭습니다. 어쩔 줄 모르다가 울기 시작합니다. 잠시 전에 연장을 사러 나갔던 아빠가 아들의 울음소리를 듣고는 달려와 두 팔을 벌렸습니다.
"아들아, 아빠가 받아줄 테니 손을 놔."

이 아이가 손을 놓으면 아빠를 믿는 것이고, 손을 놓지 않으면 아빠를 믿지 못하는 것입니다. 이 어린 아들이 "아빠, 나는 아빠를 믿는데, 손을 놓지는 못하겠어."하고 운다면, 믿는다는 말은 가짜입니다. 믿으면 아무 염려 없이 손을 놓는 것입니다.

우리 인생도 이럴 때가 있습니다. 올라가야 할 목표가 있어 시작을 했습니다. 거뜬히 아무 문제가 없이 목표지점까지 갈 수 있을 것이라 생각했는데, 가다 보니 나를 둘러싼 사건과 환경들이 변수를 가져오고, 자신감은 떨어지고, 이럴 수도 저럴 수도 없는 상황에 놓일 때가 있습니다. 이럴 때 우리는 어떻게 해야 하겠습니까? 하나님께 전적으로 맡기는 것입니다.

오늘 말씀에서 예수님은 하나님의 전권을 말씀하고 계십니다. 하찮은 것 참새 한 마리까지도 하나님께서 전권을 가지고 계시다는 것입니다. 그러니 두려워하지 말라는 것입니다. 하나님께서 우리의 머리털까지 다 세고 계시다는 것입니다.

성도(직분)님, 우리가 처해진 환경을 두려워하지 않고 살 수 있는 비결은 하나님을 온전히 믿고 그분께 맡기면 됩니다. 우리가 하나님을 믿고 손을 놓으면 그분의 품이 나를 책임져 주십니다. 모든 위험에서 막아 주시고 의로운 길로 인도해 주십니다. 그러므로 하나님께 맡기는 삶이 되시기를 축복합니다.

축복기도/prayer
능력의 하나님, 저희가 믿는 하나님은 하찮은 참새 한 마리도 거두시고 보호하시는 하나님이심을 믿습니다. 저희의 인생에 어려움을 만날 때 책임져 주시는 하나님이 계심을 잊지 않는 삶이 되게 하옵소서. 저희로 하나님께 전적으로 맡기는 삶을 살아가게 하시고, 그분을 온전히 의지하는 삶이 되게 하옵소서. 하나님께서는 모든 것의 전권을 가지고 계시다는 것을 한순간도 놓치지 않게 하옵소서. 예수 그리스도의 이름으로 기도합니다. 아멘

[믿음이 흔들리는 자] 예수님을 바라봄

확신만 있다면

· 찬송 | 85장, 374장   · 성경 | 히브리서 12장 2절

"믿음의 주요 또 온전하게 하시는 이인 예수를 바라보자 그는 그 앞에 있는 기쁨을 위하여 십자가를 참으사 부끄러움을 개의치 아니하시더니 하나님 보좌 우편에 앉으셨느니라"

위로와 권면/sermon
우리에게 황금의 입으로 알려질 만큼 설교를 잘했던 교부「크리소스톰」은 로마에 의한 기독교의 박해가 한창일 때 황제 앞에 끌려가게 되었습니다. 그리고 황제는 그를 삭막한 독방에 집어넣으라고 했습니다. 그러자 신하가 말했습니다.
"황제 폐하, 그것은 모르시는 말씀입니다. 예수 믿는 사람들은 혼자 있는 것을 얼마나 좋아하는지 모릅니다. 혼자 있는 동안 하나님과 교제한다고 하기 때문에 독방에 두는 것은 저 사람을 유익하게 하는 것입니다."
황제는 다시 명령을 내렸습니다. "그래? 그러면 악질 죄인들하고 같은 방에 넣어라."
그랬더니 다른 신하가 말렸습니다. "아닙니다. 그것은 더 위험합니다. 저 사람은 아무리 악질이라도 변화시켜서 새사람으로 만듭니다. 도리어 기독교인들이 더 늘어나게 될 것입니다." 황제는 노발대발하면서 소리쳤습니다. "그러면 어쩔 수 없지! 당장 그놈의 목을 쳐라!" 그러자 신하들이 다시 만류했습니다.

"아이고 폐하, 그리스도인은 순교당하는 것을 가장 큰 상으로 여기고 있습니다. 처형당할 때 두려워하거나 우는 사람을 보지 못했습니다. 오히려 얼굴에 광채가 나고 기뻐합니다. 처형이야말로 그에게 제일 좋은 것을 안겨 주는 것입니다."

목숨을 위협하는 위험이 와도 '있으면 먹고 없으면 금식하고 죽으면 천국 간다.'는 확신만 있으면 됩니다. 이 확신만 있으면 사도바울과 같이 '나는 어떤 형편에 처하든지 내 믿음이 흔들리지 않는다.'고 고백할 수 있습니다(빌4:12).

성도(직분)님, 지금 무엇 때문에 성도(직분)님의 믿음이 흔들리고 있습니까? 사람 때문입니까? 환경 때문입니까? 오늘 말씀에 히브리서 기자가 권면한 대로 믿음의 주요 온전하게 하시는 이인 예수님을 바라보실 수 있기를 바랍니다. 십자가에서 오래 참으셔서 우리의 구원을 이루어 내신 예수님을 생각하세요. 그리하면 성도(직분)님도 담대한 믿음을 보여 주는 신앙의 사람이 될 수 있습니다.

축복기도/prayer

믿음의 주요 온전케 하시는 주님, 사랑하는 성도(직분)님이 흔들리는 믿음이 되지 않기를 원합니다. 주님을 향한 확신에 찬 믿음을 갖기를 원합니다. 사도바울과 같이 어떤 형편에 처하든지 자족하는 믿음이 되기를 원합니다. 그 어떤 상황 속에서도 하나님을 믿는 믿음의 능력을 보여 주기를 원합니다. 저희의 믿음을 굳게 하여 주옵소서. 예수 그리스도의 이름으로 기도합니다. 아멘

[하나님의 도우심을 불신하는 자] 도우시는 하나님

에벤에셀의 하나님

· 찬송 | 585장, 214장   · 성경 | 사무엘상 7장 3~14절

"사무엘이 이스라엘 온 족속에게 말하여 이르되 만일 너희가 전심으로 여호와께 돌아오려거든 이방신들과 아스다롯을 너희 중에서 제거하고 너희 마음을 여호와께로 향하여 그만을 섬기라 그리하면 너희를 블레셋 사람의 손에서 건져내시리라 이에 이스라엘 자손이 바알들과 아스다롯을 제거하고 여호와만 섬기니라<중략> 블레셋 사람들이 이스라엘에게서 빼앗았던 성읍이 에그론부터 가드까지 이스라엘에게 회복되니 이스라엘이 그 사방 지역을 블레셋 사람들의 손에서 도로 찾았고 또 이스라엘과 아모리 사람 사이에 평화가 있었더라"

위로와 권면/sermon

오늘 말씀은 사무엘이 제사장이 된 후에 이스라엘 백성들을 바로 잡는 장면을 기록하고 있습니다. 사무엘이 백성들을 모아놓고 이방신을 버리고 하나님만을 바로 섬길 것을 강하게 말합니다(3절). 그리고 다시 온 이스라엘을 미스바로 모이게 한 후 금식을 하며 회개하게 합니다. 그런데 이 정보가 블레셋으로 새어 들어갔고, 블레셋 방백들이 이스라엘을 치러 올라왔습니다.

온 이스라엘이 아무런 무장도 없이 미스바에 모여 있었고, 모두 다 금식을 해서 힘이 없었기 때문에 그냥 치기만 하면 이기는 싸움이었습니다. 겁에 질린 이스라엘 백성들이 사무엘에게 구원을 요청했고 (8) 사무엘은 하나님께 번제를 드리면서 부르짖습니다. 그때 절호의 기회라고 생각한 블레셋이 진격해 옵니다. 어떻게 되었을까요? 하나님께서 번개를 내리셔서 그 번개가 블레셋 진영으로만 떨어지게 하십니다. 정말 요상한 일이죠? 그런데 번개가 머리 위로 수도 없이 떨어진다고 생각해 보세요. 얼마나 무섭고 끔찍한 일입니까? 그래서 블레셋이 뿔뿔이 흩어져 도망가기 시작했습니다. 폭격으로 쑥밭이 된 적진을 공격하는 것은 식은 죽 먹기입니다. 이스라엘이 도망치는 블레셋 사람들을 미스바에서 벧갈 아래까지 쫓아가 진멸합니다.

이렇게 대승을 거두고 돌아오자 사무엘이 커다란 돌을 하나 취하여 세우고는 그 이름을 '에벤에셀'이라고 했습니다. '여호와께서 여기까지 도우셨다.'는 뜻입니다. 여기까지 도우셨다는 뜻은 처음부터 도우셨다는 뜻입니다.

성도(직분)님, 이스라엘을 도우신 하나님은 오늘 우리들도 도우시는 하나님이십니다. 처음부터 도와주시고, 지금도 도와주시고, 앞으로도 도와주시는 하나님이십니다. 자기 주관적 시각 때문에 우리가 그것을 느끼지 못할 뿐이지요. 우리가 믿는 하나님은 에벤에셀의 하나님이심을 잊지 말아야겠습니다.

축복기도/prayer

도우시는 하나님, 오늘 저희에게 역사하시는 하나님도 에벤에셀의 하나님이심을 믿습니다. 지금까지 살아온 저희의 인생에 도우시는 하나님의 손길이 없었더라면 삶을 지탱해 나가기가 매우 어려웠을 것입니다. 저희에게서 어느 한순간도 눈을 떼지 아니하시고 지키시고 도우시는 하나님을 찬양합니다. 하나님이 여기까지 도우셨다는 에벤에셀을 저희의 마음속에도 깊게 새겨 놓을 수 있게 하여 주옵소서. 예수 그리스도의 이름으로 기도합니다. 아멘

[답답하고 괴로운 일이 있는 자] 은혜로 덮는 삶

덮어야 산다

· 찬송 | 338장, 303장   · 성경 | 사도행전 16장 22~34절

"무리가 일제히 일어나 고발하니 상관들이 옷을 찢어 벗기고 매로 치라 하여 많이 친 후에 옥에 가두고 간수에게 명하여 든든히 지키라 하니 그가 이러한 명령을 받아 그들을 깊은 옥에 가두고 그 발을 차꼬에 든든히 채웠더니 한밤중에 바울과 실라가 기도하고 하나님을 찬송하매 죄수들이 듣더라 이에 갑자기 큰 지진이 나서 옥터가 움직이고 문이 곧 다 열리며 모든 사람의 매인 것이 다 벗어진지라 간수가 자다가 깨어 옥문들이 열린 것을 보고 죄수들이 도망한 줄 생각하고 칼을 빼어 자결하려 하거늘 바울이 크게 소리 질러 이르되 네 몸을 상하지 말라 우리가 다 여기 있노라 하니<후략>"

위로와 권면/sermon
사람들이 처한 환경이 같을지라도 그들이 갖는 태도는 3가지로 나타납니다. 절망적으로 생각하는 사람이 있고, 운명이니까 체념하는 경우도 있으며, 끝까지 소망을 갖고 걷는 자가 있습니다.

오늘 본문에 나오는 바울과 실라 두 사도는 극한 상황 속에서도 낙심하거나 체념하거나 하지 않고 절망의 상황 속에서도 소망을 가졌습니다. 그러면 그들은 절망의 상황 속에서도 어떤 소망의 모습을 보였습니까? 기도했습니다. 찬송했습니다. 발에 채워진 차꼬나 손에 채워진 수갑에 개의치 않고 열심히 기도를 드렸습니다.
더욱이 오늘 말씀에 보면 그 시간이 한밤중이었다고 했습니다. 일반인들도 한밤중이면 몸이 가장 무겁게 내려앉는 시간인데 죄수의 신

분으로 내몰려 고통을 겪고 있는 바울과 실라는 그 몸과 마음이 어 떠했겠습니까? 그런데 바울과 실라는 더 큰 소리로 기도하고 더 큰 소리로 찬송을 불렀습니다. 그랬더니 갑자기 큰 지진이 나고, 옥터가 움직이고, 문들이 다 열리며, 매인 것이 다 벗어지는 역사가 일어났습니다.

오늘 우리가 인생의 답답하고 괴로운 일이 생길 때 바울과 실라를 통해서 무엇을 배울 수 있습니까? 더욱 기도하는 것입니다. 더욱 찬송하는 것입니다. 절망으로 내 인생을 덮는 것이 아니라. 기도로, 찬송으로 내 인생을 덮는 것입니다. 그리할 때 하나님의 음성을 듣는 길로 인도함을 받을 수 있습니다. 확실한 하나님의 역사를 체험하는 길로 인도함을 받을 수 있습니다.
성도(직분)님, 어렵고 힘든 때일수록 절망으로 내 인생을 덮는 것이 아니라, 바울과 실라와 같이 기도로 덮고, 찬송으로 덮는 믿음을 가집시다.

축복기도/prayer
인생을 굽어 살피시는 하나님, 이 시간 말씀을 통하여 절망적 상황에서도 소망을 잃지 않았던 두 사도를 만났습니다. 그들은 극한 상황 속에서도 기도했습니다. 찬송했습니다. 저희도 두 사도와 같은 상황에 놓였을 때, 그 같은 믿음을 보일 수 있게 하여 주옵소서. 절망으로 인생을 덮는 것이 아니라 기도와 찬송으로 저희 인생을 덮게 하옵소서. 그리할 때 찬송이 떠나지 않는 길로 인도함을 받게 될 줄 믿습니다. 힘든 때일수록 더욱 기도하게 하시고 찬송하게 하옵소서. 예수 그리스도의 이름으로 기도합니다. 아멘

[잘못된 습관이 있는 자] 믿음의 결단

습관이 문제이다

· 찬송 | 196장, 274장   · 성경 | 에베소서 4장 22~24절

"너희는 유혹의 욕심을 따라 썩어져 가는 구습을 따르는 옛 사람을 벗어 버리고 오직 너희의 심령이 새롭게 되어 하나님을 따라 의와 진리의 거룩함으로 지으심을 받은 새사람을 입으라"

위로와 권면/sermon

어느 산골에 사는 형제가 어린 소를 길들이게 되었습니다. 형은 고삐를 잡고 아우는 뒤에서 쟁기로 밭을 갈았습니다. 아우가 뒤에서 고삐를 잡고 있는 형에게 "형님, 이리 가세요. 형님 저리 가세요."하면서 길을 들여놓았습니다. 그리고는 충분히 훈련을 시킨 며칠 후에 동생이 혼자 소를 끌고 쟁기질을 하러 나왔습니다.

그런데 소에게 아무리 "이랴, 이랴" 하면서 소리치고 때려도 소가 움직이지를 않는 것입니다. 동생이 가만히 생각해 보니 형님과 소를 길들일 때 '형님'을 불러가며 쟁기질을 하던 것이 생각났습니다. 그래서 소에게 이렇게 소리쳐 보았습니다. "형님, 앞으로 가세요." 그러자 소가 신통하게 말귀를 알아듣고는 밭을 가는 것입니다.

짐승도 습관이 되면 그것이 나쁜 것이든 좋은 것이든 벗어나기가 힘들어지는 것입니다. 이와 같이 사람도 길들여진 습관에서 벗어나기가 매우 어렵습니다. 그래서 우리나라 속담에도 '세 살적 버릇이 여든까지 간다.'는 말이 있습니다.

미국 뉴욕 타임즈에서 "슬픈 인간의 불행은 습관의 문제이다"라는 제목으로 정신의학계와 심리학자들의 연구를 소개한 적이 있습니다. 좋은 습관은 사람에게 행복을 가져다 주지만 안 좋은 습관은 사람을 불행하게 한다는 것입니다. 우리가 어떤 습관을 가졌느냐에 따라 삶의 내용은 달라질 수 있습니다. 좋은 습관은 우리의 삶을 건강하고 아름답게 만들어 갈 수 있지만, 나쁜 습관은 우리를 병들게 하고 우리의 생애까지도 무너뜨릴 수 있습니다. 좋은 습관은 하나님을 위하여 더 소중한 것을 위해 쓰임 받을 수도 있습니다. 오늘 말씀에 사도 바울은 '옛사람을 벗어버리고 새사람을 입으라'고 권면하고 있습니다.

지금 성도(직분)님에게 안 좋은 습관이 무엇입니까? 그것을 빨리 끊어버리실 수 있기를 바랍니다. 몸을 병들게 하고 인생을 병들게 하는 것이라면 빨리 끊어버리셔야 할 것입니다. 끊기가 힘드실 수 있을 것입니다. 그래서 믿음이 필요한 것입니다. 믿음으로 결단하고 끊을 수 있는 방법을 찾아보세요. 하나님이 지혜를 주실 것입니다. 끊을 수 있는 용기와 힘을 주실 것입니다. 믿음의 결단이 있는 자에게 하나님이 함께하시고 도와주십니다.

축복기도/prayer
사랑의 주님, 오늘 우리는 어떤 습관을 갖고 있는지요. 주님이 기뻐하시는 거룩한 습관을 갖고 있는지요. 혹 나쁜 습관을 갖고 있다면, 우리의 육신적인 건강과 영적인 건강을 위하여 빨리 끊어버릴 수 있게 하여 주옵소서. 끊기가 힘들다면 믿음으로 끊을 수 있는 방법을 찾게 하시고, 하나님의 지혜를 구하게 하옵소서. 하나님이 기뻐하시는 좋은 습관을 보여 주셨던 예수님처럼, 저희도 그 모습을 닮아가게 하옵소서. 예수 그리스도의 이름으로 기도합니다. 아멘

[교회 일 하다가 실족한 자] 하나님의 만져 주심

우리도 넘어질 수 있습니다

· 찬송 | 543장, 458장   · 성경 | 민수기 11장 11~15절

"모세가 여호와께 여짜오되 어찌하여 주께서 종을 괴롭게 하시나이까 어찌하여 내게 주의 목전에서 은혜를 입게 아니하시고 이 모든 백성을 내게 맡기사 내가 그 짐을 지게 하시나이까 이 모든 백성을 내가 배었나이까 내가 그들을 낳았나이까 어찌 주께서 내게 양육하는 아버지가 젖 먹는 아이를 품듯 그들을 품에 품고 주께서 그들의 열조에게 맹세하신 땅으로 가라 하시나이까 이 모든 백성에게 줄 고기를 내가 어디서 얻으리이까 그들이 나를 향하여 울며 이르되 우리에게 고기를 주어 먹게 하라 하온즉 책임이 심히 중하여 나 혼자는 이 모든 백성을 감당할 수 없나이다"

위로와 권면/sermon

오늘 말씀에 보면 지도자 모세도 힘을 잃고 탄식하는 모습을 발견하게 됩니다. '온유한 사람'이라는 별명이 붙은 모세도 하나님 앞에 상한 마음으로 탄식하는 모습이 기록되어 있습니다. 자신을 죽여 달라고 하나님 앞에 불평하며 하소연합니다. 더 이상 못하겠다고, 힘들어 죽겠다고, 쉬게 해달라고 부르짖습니다. 이처럼 모세도 이스라엘 백성을 이끄는 지도자이기 전에 연약함을 지닌 사람인지라, 이렇게 쓰러지는 모습을 보이고 있는 것입니다.

오늘 우리도 사실 주의 일을 열심히 하다 보면 때로는 짜증날 때도 있고, 귀찮을 때도 있습니다. 때로는 불평이 생길 때도 있습니다. 포기하고 싶을 때도 있습니다. 때로는 모세처럼 지쳐 쓰러져서 죽고 싶을 때도 있을 것입니다. 사람인데 왜 없겠습니까? 없는 것이 이상

하고, 있는 것이 당연한 것입니다. 사람은 언제라도 넘어지고 쓰러질 수 있는 연약한 존재입니다. 가벼운 바람 앞에서도 눈조차 제대로 뜨지 못하는 것이 사람입니다.

그럼에도 불구하고 주어진 일에 최선을 다하면 사랑이 풍성하신 우리 하나님께서 그 마음을 만져 주시고 헤아려 주십니다. 더 큰 위로로 함께하여 주십니다. 더 큰 응답으로 이끌어 주십니다. 더 큰 축복으로 채워 주십니다. 왜 하나님께서 당신의 사랑하는 종이 힘들어 하는 것을 두고만 보시겠습니까?

성도(직분)님, 오늘 우리도 주님을 위하여 충성하다가 넘어지고 실족할 수 있지만, 그럴 때일수록 더더욱 하나님을 의지하고 간절히 찾아야겠습니다. 모세처럼 투정을 부리더라도 그분을 찾아야 합니다. 불평을 쏟아내더라도 그분을 바라보아야만 합니다. 분명히 연약한 마음을 헤아려 주시고 큰 믿음으로 강화시켜 주실 것입니다.

축복기도/prayer
은혜의 주님, 저희도 주님의 일을 하다가 짜증날 때도 있었고, 귀찮을 때도 있었습니다. 실족하여 넘어질 때도 있었습니다. 아직도 연약한 믿음 때문인 것을 깨닫습니다. 저희가 주어진 일에 최선을 다하며 성실히 충성할 수 있도록 믿음을 강하게 하여 주옵소서. 주님의 일을 하다가 힘을 잃게 되었을 때, 하나님을 더욱 간절히 찾을 수 있게 하시고, 연약한 마음을 헤아려 주시고 회복시켜 주시는 은혜를 경험하게 하여 주옵소서. 예수 그리스도의 이름으로 기도합니다. 아멘

[약함 때문에 힘들어 하는 자] 하나님만 의지함

약함도 강함이 될 수 있다

· 찬송 | 384장, 344장   · 성경 | 사사기 3장 15~30절

"이스라엘 자손이 여호와께 부르짖으매 여호와께서 그들을 위하여 한 구원자를 세우셨으니 그는 곧 베냐민 사람 게라의 아들 왼손잡이 에훗이라 이스라엘 자손이 그를 통하여 모압 왕 에글론에게 공물을 바칠 때에…<중략> 그가 이르러 에브라임 산지에서 나팔을 불매 이스라엘 자손이 산지에서 그를 따라 내려오니 에훗이 앞서가며 그들에게 이르되 나를 따르라 여호와께서 너희의 원수들인 모압을 너희의 손에 넘겨 주셨느니라 하매 무리가 에훗을 따라 내려가 모압 맞은편 요단강 나루를 장악하여 한 사람도 건너지 못하게 하였고 그 때에 모압 사람 약 만명을 죽였으니 모두 장사요 모두 용사라 한 사람도 도망하지 못하였더라 그 날에 모압이 이스라엘 수하에 굴복하매 그 땅이 팔십년 동안 평온하였더라"

위로와 권면/sermon

「리오넬 메시」는 아르헨티나가 자랑하는 세계적인 축구선수입니다. 빠른 돌파와 현란한 드리블로 유명하지만, 축구선수치곤 169cm라는 작은 키 때문에 더 화제가 됩니다. 어릴 때 성장호르몬 이상으로 키가 작았던 그는 힘든 치료과정을 이겨내고 최고의 선수가 되었습니다. 한번 공을 잡으면 잘 뺏기지 않고 잘 넘어지지도 않는 메시를 보고 AP통신은 '낮은 무게중심과 절묘한 밸런스'가 그의 장점이라고 분석했습니다. 키가 작아 다른 선수보다 중심을 잘 잡는다는 말입니다. 물론 이것만으로 대선수가 된 건 아니지만, 그는 자신의 단점을 장점으로 바꾸는 능력이 있었던 것입니다. 오늘 말씀에 왼손

잡이 사사 에훗이 소개되고 있는데, 그는 오른손을 쓰지 못하는 장애인이었습니다. 이런 그가 이스라엘을 구원하는 걸출한 사사가 되었습니다. 그는 충분히 자신의 인생을 비관하거나, 부모를 원망하거나, 더 나아가 하나님을 원망할 수도 있었지만 그렇게 하지 않았습니다. 오히려 자신의 약점 때문에 하나님을 더욱 간절히 바라보고 의지했습니다. 이런 그에게 하나님께서 은혜를 주시니 이스라엘을 구원하는 강한 자가 될 수 있었던 것입니다. 사람은 누구에게나 약점이 있습니다. 이 지구상에 약점이 없는 완벽한 사람은 한 사람도 없습니다. 우리도 그 중의 한 명입니다.

성도(직분)님, 자신의 약점 때문에 너무 힘들어 하거나 기죽은 삶이 되지 않기를 바랍니다. 약점도 하나님께 붙들린 바 되면 강점이 될 수 있습니다. 그러므로 자신의 정체성을 분명히 하고 삶의 중심을 바로 잡고 하나님을 의지하는 것이 중요합니다. 그리하면 에훗과 같이 하나님의 은혜로 결코 넘어지지 않고 인생의 목표를 이루어갈 수 있습니다. 하나님께 쓰임받는 위대한 신앙인이 될 수 있습니다. 그렇게 되기를 주님의 이름으로 축복합니다.

축복기도/prayer
사랑의 하나님, 오늘 우리에게도 약점이 있습니까? 그것 때문에 자신을 비관하거나 주변을 원망하거나 하나님을 원망했던 적은 없었는지요? 오늘 말씀을 통해서 생각을 바꾸게 하시고, 방향을 바꾸게 하여 주옵소서. 에훗처럼 더욱 하나님을 의지하고 더욱 간절히 찾을 수 있는 믿음의 사람이 되게 하여 주옵소서. 하나님을 온전히 의지하면 강함으로 이끌어 주시는 주님의 은혜 속에서 살 수 있음을 잊지 않게 하여 주옵소서. 예수 그리스도의 이름으로 기도합니다. 아멘

[마음에 평안이 없는 자] 주님을 신뢰함

평안을 누리는 자

· 찬송 | 412장, 413장   · 성경 | 이사야 26장 3~4절

"주께서 심지가 견고한 자를 평강하고 평강하도록 지키시리니 이는 그가 주를 신뢰함이니이다 너희는 여호와를 영원히 신뢰하라 주 여호와는 영원한 반석이심이로다"

위로와 권면/sermon
「페트라르카」라는 심리학자의 말에 따르면 마음의 평안에는 다섯 가지의 적이 있다고 합니다.
첫 번째 적은 욕심입니다.
욕심에 사로잡히면 결코 만족하지 못하고 아름다운 것을 보지 못합니다. 그 아름다운 것을 자기의 것으로 소유하려고 합니다.
두 번째는 지나친 성취욕입니다.
그러다 보면 승부욕으로 변하여 경쟁이 되어 버립니다. 여기에 평안이 있을 수 없습니다.
세 번째는 질투입니다.
시기 질투는 평화의 적입니다.
네 번째는 분노입니다.
마음에 분을 가지고 있는 사람은 평안할 수 없습니다.
다섯 번째는 교만입니다.
자기 우월감과 열등감은 다 교만입니다. 이 교만 가운데 빠진 사람은 결코 평안할 수 없습니다.

오늘 말씀은 우리가 평안을 누릴 수 있는 방법을 말씀해 주고 있습니다. 이사야 선지자는 "주께서 심지가 견고한 자를 평강하고 평강하도록 지키시리니 이는 그가 주를 신뢰함이니이다"라고 말합니다. 하나님을 신뢰하는 자, 의지하는 자가 평안을 누린다는 것입니다.

우리가 평안을 누리지 못하는 근본적인 이유가 무엇일까요? 하나님을 온전히 신뢰하지 못하기 때문입니다. 하나님께서는 당신을 온전히 신뢰하고 의지하는 자에게 평강하고 평강하도록 붙들어 주십니다.

그래서 우리는 주님을 신뢰하는 심지가 견고해지도록 힘써야 합니다.

성도(직분)님은 주님을 신뢰하는 심지가 견고해지셔서 평강하도록 지키시는 주님의 은총을 받아 누리시기를 주님의 이름으로 축복합니다.

축복기도/prayer

평강의 하나님, 오늘 저희는 평안을 누리고 있는지요. 혹 불안과 염려 가운데 살고 있는 것은 아닌지요. 평안의 복을 누리지 못하고 있다면 그동안 저희의 믿음이 주님을 온전히 신뢰했는지를 점검해 볼 수 있게 하여 주옵소서.

만약 주님을 온전히 신뢰하지 못했다면 지금부터라도 주님을 온전히 신뢰할 수 있도록 은혜를 더하여 주옵소서. 또한 평안의 적이 되는 세상 것들을 멀리할 수 있는 결단과 의지가 있게 하여 주옵소서. 온전히 주님만 가까이 하고 의지하는 삶이 되게 하여 주옵소서. 예수 그리스도의 이름으로 기도합니다. 아멘

[하나님은 불공평하다고 하는 자] 아름다운 보석

공평하신 하나님

• 찬송 | 304장, 570장   • 성경 | 시편 97편 1~2절

"여호와께서 다스리시나니 땅은 즐거워하며 허다한 섬은 기뻐할지어다 구름과 흑암이 그를 둘렀고 의와 공평이 그의 보좌의 기초로다"

위로와 권면/sermon

뇌성마비 시인인 송명희씨의 시 가운데 '나'라는 제목의 시가 있습니다.

"나 가진 재물 없으나 / 나 남이 가진 지식 없으나 / 나 남에게 있는 건강 있지 않으나 / 나 남이 없는 것 있으니 / 나 남이 못 본 것을 보았고 / 나 남이 듣지 못한 음성 들었고 / 나 남이 받지 못한 사랑 받았고 / 나 남이 모르는 것 깨달았네 / 공평하신 하나님이 나 남이 가진 것 나 없지만 / 공평하신 하나님이 나 남이 없는 것 갖게 하셨네."

이 시를 쓴 그녀는 또한 이렇게 고백합니다.
"하나님이 내게 보이는 재물이나 지식이나 건강을 주지 않으셨기 때문에 불편함도 없지 않습니다.
그러나 나에게는 눈에 보이는 것 대신에 보이지 않는 것을 많이 주셨음을 고백하지 않을 수 없습니다. 재물이 없으나 천국의 재물을 많이 주셨고, 지식이 없으나 예수님을 아는 고상한 지식을 주셨으며, 건강한 몸이 없으나 건강한 영혼을 주셨으니 왜 공평하신 하나님을 찬양하지 못하겠습니까? 하나님은 나에게 공평하신 하나님입니다. 하나님이 나에게 아무것도 주지 않으셨지만, 예수 그 이름을 보석으로 주셨기 때문입니다. 또한 공평하신 하나님이라 찬양할 수 있는 한 가지 이유만으로도 나는 너무 많이 가졌습니다. 사람들은 자신이 가진 것은 보지 않고 남에게 있는 것만을 쳐다봅니다.
그렇기 때문에 공평하신 하나님이 불공평하신 하나님으로 보이게 됩니다. 누가 무엇을 가졌느냐 부러워하기에 앞서 나에게 무엇을 주셨나 생각하고 공평하신 하나님을 노래하는 마음들은 얼마나 아름다운 보석입니까?"

성도(직분)님, 오늘 우리의 삶은 어떻습니까? 공평하신 하나님을 느끼며 살고 있는지요. 나에게 없는 것만을 생각하고 그것을 들추어내며 불평을 앞세우고 있는 것은 아닌지요? 어느 한쪽으로 치우치는 것은 사람이지 하나님이 아니십니다. 우리가 믿는 하나님은 공평하신 하나님이십니다. 우리도 송명희 시인처럼 공평하신 하나님을 노래해 봅시다. 우리도 그녀처럼 아름다운 보석이 될 수 있습니다.

축복기도/prayer
사랑의 하나님, 그동안 저희 눈에 보이는 것들로 인하여 하나님께 불평했던 것들을 회개합니다. 불공평하신 하나님으로 생각했던 불신앙을 회개하오니 용서하여 주옵소서. 이제는 공평하신 하나님을 의심치 않으며, 그 하나님을 느끼며, 경험하며 사는 삶이 되게 하여 주옵소서. 공평하신 하나님을 높이며, 찬양하며 사는 아름다운 보석이 되게 하여 주옵소서. 예수 그리스도의 이름으로 기도합니다. 아멘

[정신력이 약한 자] 넉넉히 이김

마음을 바꾸면 된다

· 찬송 | 300장, 491장   · 성경 | 빌립보서 4장 11~13절

"내가 궁핍하므로 말하는 것이 아니니라 어떠한 형편에든지 나는 자족하기를 배웠노니 나는 비천에 처할 줄도 알고 풍부에 처할 줄도 알아 모든 일 곧 배부름과 풍부와 궁핍에도 처할 줄 아는 일체의 비결을 배웠노라 내게 능력 주시는 자 안에서 내가 모든 것을 할 수 있느니라"

위로와 권면/sermon

영국의 정신병 학자인 「하드필드」가 대단히 흥미로운 실험을 했습니다. 그의 실험은 사람의 정신암시가 육체의 힘에 얼마만한 영향을 주는가에 대한 것이었습니다.

3명의 남자에게 보통의 상태에서 힘껏 악력계를 쥐게 했을 때 그들의 평균 악력은 101파운드였는데, 그들에게 '당신은 참으로 약하다.'고 암시를 준 후 다시 재어보았더니 겨우 29파운드로 보통 힘의 3분의 1 이하로 떨어진 것입니다.
이번에는 '당신은 강하다'는 암시를 준 후 재어 보았더니 무려 142파운드에 달하는 결과가 나오는 것이었습니다. 이 실험은 나는 강하다는 적극적인 정신상태로 충만해지자 그들의 체력은 소극적이고 부정적이었던 상태 때보다 무려 다섯 배나 증가했다는 것을 밝혀 주고 있습니다.
그렇습니다. 우리의 마음을 바꾸기만 하면 쉽게 포기할 것도 새로운 변화를 경험할 수 있는 능력의 현장으로 바꿀 수 있습니다.
오늘 말씀에 사도바울은 약한 마음이 밀려올 때마다 이렇게 외쳤습니다. "내게 능력 주시는 자 안에서 나는 모든 것을 할 수 있다!"
우리 같으면 백 번이라도 포기할 수밖에 없는 그 혹독한 사명의 길을, 그가 넉넉히 이기며 달려갈 수 있었던 정신이 이 한 구절에 그대로 배어 있습니다.

성도(직분)님, 약한 마음이 밀려올 때마다 그 유혹을 뿌리치고 사도바울처럼 외쳐 보십시오.
"내게 능력 주시는 자 안에서 나는 모든 것을 할 수 있다!"
내게 능력을 더하시는 주님을 신뢰하고 의지하면 수없이 주저앉을 상황 속에서도 마음을 추스를 수 있습니다. 위로와 용기를 얻고 처한 상황을 넉넉히 이기며 힘 있게 달려갈 수 있습니다. 그 믿음을 잃지 않기를 주님의 이름으로 축복합니다.

축복기도/prayer
능력의 주님, 오늘 저희에게도 사도바울이 가졌던 믿음을 갖게 하옵소서. 약한 마음이 밀려올 때마다 "내게 능력 주시는 자 안에서 나는 모든 것을 할 수 있다"고 담대하게 외치게 하옵소서. 그 믿음으로 그 어떤 혹독한 상황속에서도 넉넉히 이기며 달려가게 하시고, 승리를 얻는 믿음이 되게 하여 주옵소서. 그래서 약할 때마다 능력으로 역사해 주시는 주님을 경험하는 삶이 되게 하실 것을 믿습니다. 예수 그리스도의 이름으로 기도합니다. 아멘

[믿음과 확신이 연약한 자] 그리스도의 사랑

마지막 남은 한 줄

· 찬송 | 432장, 359장   · 성경 | 로마서 8장 31~39절

"그런즉 이 일에 대하여 우리가 무슨 말 하리요 만일 하나님이 우리를 위하시면 누가 우리를 대적하리요 자기 아들을 아끼지 아니하시고 우리 모든 사람을 위하여 내주신 이가 어찌 그 아들과 함께 모든 것을 우리에게 주시지 아니하겠느냐 누가 능히 하나님께서 택하신 자들을 고발하리요 의롭다 하신 이는 하나님이시니 누가 정죄하리요 죽으실 뿐 아니라 다시 살아나신 이는 그리스도 예수시니 그는 하나님 우편에 계신 자요 우리를 위하여 간구하시는 자시니라<후략>"

위로와 권면/sermon

바이올린의 귀재 「파가니니」에 관한 일화입니다.

하루는 파가니니가 많은 관중들 앞에서 연주를 하게 되었습니다. 한참 정신없이 연주를 하는데 갑자기 줄 하나가 툭 끊어져 버렸습니다. 보통 사람들 같았으면 당황한 나머지 그 자리에서 내려와 버렸을 것입니다. 그러나 그는 남은 세 줄을 가지고 정성을 다해서 계속해서 연주를 했습니다. 또 잠시 뒤에 두 번째 줄이 끊어져 버렸습니다. 그래도 파가니니는 당황하지 않고, 최선을 다해서 계속해서 연주했습니다.

잠시 뒤에는 세 번째 줄마저도 힘을 이기지 못하고, 끊어져 버리고 말았습니다. 그러나 파가니니는 마지막 남은 한 줄을 가지고서도 자기의 연주를 성공적으로 잘 끝냈다고 합니다.

그렇습니다. 오늘 우리가 살아가다 보면 인생의 이런 저런 줄들이 끊어질 때가 있습니다. 또 끊어질 줄 알고 살아야만 합니다. 건강의 줄도 끊어질 때가 있고, 인정의 줄도 끊어질 때가 있습니다. 혈연의 줄도, 사업의 줄도 끊어질 때가 있습니다. 우리는 으레 끊어질 줄 알고 살아야만 합니다.

그러나 오늘 말씀에 확신에 찬 사도바울의 고백대로 하나님과 나 사이를 연결해 주는 믿음의 줄, 이 줄 하나만 단단히 붙들고 있으면 우리는 얼마든지 인생을 아름답게 연주하면서 풍성한 삶을 누릴 수 있습니다.

사랑하는 성도(직분)님, 사도바울의 하나님을 향한 확신에 찬 이 고백을 오늘 우리의 고백으로 연결되도록 해봅시다.
"누가 우리를 그리스도의 사랑에서 끊으리요 환난이나 곤고나 박해나 기근이나 적신이나 위험이나 칼이랴" 아멘.
아무도 우리를 그리스도의 사랑에서 끊을 수 없습니다.

축복기도/prayer

믿음을 더하시는 주님, 저희의 인생 가운데서도 이런 저런 줄이 끊어질 때가 있습니다. 그때마다 하나님의 사랑을 의심하고, 믿음이 흔들릴 때가 있습니다.
오늘 말씀에 사도바울의 확신에 찬 고백이 저희의 고백이 되게 하여 주옵소서. 믿음의 줄을 단단히 붙들 줄 아는 믿음의 사람이 되게 하옵소서.
그리하여 그 어떤 상황속에서도 인생에게 베푸신 주님의 은혜를 누리는 삶이 되게 하여 주옵소서. 인생을 아름답게 연주할 수 있는 삶이 되게 하옵소서. 예수님의 이름으로 기도합니다. 아멘

[하나님을 온전히 의지하지 않는 자] 완전한 맡김

맡기면 책임져 주신다

· 찬송 | 369장, 405장　　· 성경 | 잠언 16장 1~3절

"마음의 경영은 사람에게 있어도 말의 응답은 여호와께로부터 나오느니라 사람의 행위가 자기 보기에는 모두 깨끗하여도 여호와는 심령을 감찰하시느니라 너의 행사를 여호와께 맡기라 그리하면 네가 경영하는 것이 이루어지리라"

위로와 권면/sermon

오늘 말씀에 잠언서 기자는 맡김의 축복에 대해서 말씀하고 있습니다. 맡기면 하나님이 책임져 주신다는 것입니다. 하나님을 믿는 믿음이 무엇입니까? 쉽게 말해서 그분께 맡기는 것입니다. 믿음의 힘은 의탁에 있는 것입니다.

영성가 「헨리 나우웬」이 어느 날 그의 아버지와 함께 서커스 구경을 갔습니다. 공연에서 그네 타기 곡예사 다섯 명이 멋진 묘기를 보여주었습니다. 그 중 세 명은 '나는' 역이었고, 두 명은 '잡는' 역이었습니다. '나는' 사람들은 공중으로 높이 치솟았습니다. '잡는' 이의 강한 손에 붙들리기 전에는 모든 것이 아슬아슬했습니다.
나우웬은 곡예사들의 용기에 감탄했습니다. 또한 이 아름다운 공연을 보고 '맡김'의 원리를 깨달았습니다.

"상대방이 자신의 손을 잡으려면 일단 내가 잡고 있는 그넷줄을 놓아야 한다. 움켜쥐었던 손을 펴야 비로소 새로운 차원의 삶에 들어설 수 있다. 내가 붙들고 있는 '그네'의 줄을 놓아야 '잡는 이' 여호와 하나님이 내 손을 잡고 아름다운 비행을 할 수 있다. 그래야 꿈의 세계를 날 수 있다."
그는 완전한 맡김에 대해서 이야기하고 있는 것입니다.

성도(직분)님, 오늘 우리가 하나님께 맡기는 행위가 무엇일까요? 그것은 바로 기도입니다. 기도에서 최고의 승부처는 하나님께 온전히 맡기느냐 못 맡기느냐의 고개입니다. 이 고개를 넘으면 하나님의 응답과 축복을 받는 새로운 세계가 나타납니다.
사랑하는 성도(직분)님, 믿음으로 하나님께 맡겨 보시기 바랍니다. 그분께 온전히 맡기고 전심으로 기도해 보세요. 반드시 하나님께서 책임져 주시는 복된 삶을 살게 될 것입니다.

축복기도/prayer
우리의 기도를 들어 주시는 하나님, 그동안 저희의 기도를 돌아봅니다. 주님께 온전히 맡기는 기도를 했는지요. 기도의 최고 승부처는 온전히 맡기느냐 못 맡기느냐의 고개임을 잊지 말게 하여 주옵소서. 주님께 온전히 맡겨야 주님이 우리 손을 붙잡고 아름다운 비행을 할 수 있음을 잊지 말게 하여 주옵소서.
그리고 우리는 꿈의 날개를 펴고 새로운 응답의 세계를 경험하는 축복의 인생이 될 수 있다는 것을 가슴속 깊이 새기게 하여 주옵소서. 예수 그리스도의 이름으로 기도합니다. 아멘

[영적인 침체에 놓인 자] 깨어 있는 신앙

사탄이 당신을 찾는다

· 찬송 | 350장, 358장   · 성경 | 고린도후서 11장 14~15절

"이것은 이상한 일이 아니니라 사탄도 자기를 광명의 천사로 가장하나니 그러므로 사탄의 일꾼들도 자기를 의의 일꾼으로 가장하는 것이 또한 대단한 일이 아니니라 그들의 마지막은 그 행위대로 되리라"

위로와 권면/sermon
바다에 사는 물고기 중에 '군함'이라는 뜻의 이름을 가진 「맨오브워」라는 물고기가 있습니다. 맨오브워는 「노메우스」라는 물고기와 공생관계를 맺고 있습니다. 맨오브워는 때때로 강한 바람이나 파도가 일 때 해변까지 밀려오기도 합니다. 그런데 그 이름을 군함이라는 뜻으로 부르는 것은 돛같이 생긴 지느러미를 바다 위로 내놓고 떠 다니기 때문입니다. 이 녀석은 자신이 가지고 있는 치명적인 무기를 적에게 전혀 눈치 채지 않게 하고 다닙니다.

무려 30m까지 뻗을 수 있는 무수한 촉수에는 치명적인 독이 묻어 있습니다. 이 촉수들을 물밑으로 늘어뜨리고 다니면서 물 위로는 자신을 우아한 무지개 빛깔의 거품처럼 보이도록 위장을 하고 다니는 것입니다. 그런데 이 물고기는 먹이 사냥을 할 때면 노메우스라는 작은 물고기의 도움을 받습니다.

노메우스는 맨오브워의 독에 면역이 되어서 무서운 촉수들 사이에서 삽니다. 그리고 그 촉수들 사이를 왔다 갔다 하면서 다른 물고기들을 유인하는 것입니다. 큰 물고기들이 노메우스를 만만하게 보고 덤벼들기만 하면 그 즉시 맨오브워의 촉수에 걸려 온 몸이 마비가 되고 노메우스와 맨오브워는 식사를 해결하게 되는 것입니다.

오늘 말씀에 사도바울은 사탄도 이렇게 자기 자신을 광명의 천사로 가장하고 우리를 속인다는 것을 언급하고 있습니다. 우리가 사탄이 파놓은 함정에 걸려들지 않으려면 믿음의 눈을 바로 뜨고 깨어 잠들지 말아야 합니다. 깨어 있는 신앙생활을 해야만 합니다. 영적으로 잠드는 순간 우리는 사탄에게 삼킴을 당하고 맙니다.

영국에 영적 부흥 운동을 일으켰던 「찰스 스펄전」목사님은 '당신이 주님을 찾지 않으면 사탄이 당신을 찾는다.'는 말을 남겼습니다.
그렇습니다. 우리가 주님을 찾지 않으면 사탄이 우리를 찾습니다. 영적으로 잠들지 않도록 깨어 있는 신앙생활을 하실 수 있기를 주님의 이름으로 축복합니다.

축복기도/prayer
능력의 주님, 오늘 저희의 믿음의 현주소가 어떤지 점검해 보기를 원합니다. 사탄의 계략에 걸려들고 있는 신앙의 모습은 아닌지요. 믿음의 눈을 바로 떠서 사탄의 실체를 바로 볼 수 있게 하여 주옵소서.
영적으로 잠자는 신앙이 되지 않게 하여 주시고, 항상 깨어 있는 신앙이 되게 하여 주옵소서.
그리하여 사탄의 그 어떤 계략에도 넘어지지 않고 능히 물리칠 수 있는 담대한 믿음이 되게 하여 주옵소서. 천국 갈 때까지 영적으로 승리하는 믿음이 되게 하여 주옵소서. 예수 그리스도의 이름으로 기도합니다. 아멘

[사람 때문에 상처를 받는 자] 소망의 하나님

나의 소망은 주께 있나이다

· 찬송 | 86장, 96장   · 성경 | 시편 39편 4~7절

"여호와여 나의 종말과 연한이 언제까지인지 알게 하사 내가 나의 연약함을 알게 하소서 주께서 나의 날을 한 뼘 길이만큼 되게 하시매 나의 일생이 주 앞에는 없는 것 같사오니 사람은 그가 든든히 서 있는 때에도 진실로 모두가 허사뿐이니이다(셀라) 진실로 각 사람은 그림자 같이 다니고 헛된 일로 소란하며 재물을 쌓으나 누가 거둘는지 알지 못하나이다. 주여 이제 내가 무엇을 바라리요 나의 소망은 주께 있나이다"

위로와 권면/sermon

우리는 살아가면서 많은 것에 소망을 둡니다. 때로 그것이 물질일 수도 있고 사람일 수도 있습니다. 물론 그것은 필요한 일입니다. 그러나 우리 모두가 경험하지만, 믿었던 그것들이 우리를 아프게 하고 실망시킬 때가 얼마나 많습니까?

우리가 물질 때문에 얼마나 아픔을 많이 겪습니까? 있으면 있는 대로 힘들고 없으면 없는 대로 힘든 것이 물질입니다. 또 사람 때문에 우리가 얼마나 많은 상처를 받습니까? 그런데 멀리 있는 사람이 나를 아프게 하는 것이 아닙니다. 가까운 사람들이 나를 힘들게 하고 아프게 합니다. 그러나 아프게 하고 힘들게 한다고 우리가 그것들을 포기할 수 있습니까? 포기할 수는 없습니다.

특히 사람들이 그렇습니다. 남편이, 아내가, 자식이, 가까운 사람이 나를 힘들게 한다고 포기할 수 있습니까? 포기할 수 없습니다. 따라서 사람은 사랑의 대상일 뿐입니다. 사람은 믿음의 대상이 아닙니다. 믿는 순간 힘들어지고 아픔이 발생하는 것입니다. 그저 내가 사랑하는 것으로 만족해야 합니다. 그 사람에게 믿음이나 희망이나 소망을 걸면 반드시 실망하기 마련입니다.

성도(직분)님, 오늘 말씀에 시편기자의 고백대로 우리가 믿어야 할 분, 우리가 기대를 가져야 할 분은 오직 하나님뿐입니다. 하나님께 소망을 두면 실망할 일이 없습니다. 상처받을 일도 없고 아플 일도 없습니다. 하나님만이 우리의 진정한 소망이 되십니다.

"주여 나의 소망은 주께 있나이다."라고 고백한 시편기자의 아름다운 신앙고백을 성도(직분)님의 가슴에 품고 읊조려 볼 수 있기 바랍니다. 주님께서 성도(직분)님에게 위로를 주시고, 마음의 평안을 더하여 주실 것입니다.

축복기도/prayer

소망의 하나님, 저희도 삶 속에서 일어나는 여러 가지 일들로 인하여 마음 아파할 때가 많음을 고백합니다. 그때마다 오늘 시편기자의 고백을 떠올리게 하여 주옵소서. 사람은 믿음의 대상이 아니라 사랑의 대상임을 기억하게 하시고, 저희가 믿어야 할 분은 오직 하나님 한 분뿐임을 잊지 말게 하여 주옵소서.
오직 하나님께만 소망을 둠으로 모든 아픔과 실망할 일들을 넉넉히 이겨낼 수 있는 삶이 되게 하여 주옵소서. 예수 그리스도의 이름으로 기도합니다. 아멘

[믿음에서 멀어지고 있는 자] 후회 없는 인생

잘될 때 조심해야 한다

· 찬송 | 218장, 338장　　· 성경 | 열왕기상 10장 14~29절

"솔로몬의 세입금의 무게가 금 육백육십 달란트요 그 외에 또 상인들과 무역하는 객상과 아라비아의 모든 왕들과 나라들과 고관들에게서도 가져온지라 솔로몬 왕이 쳐서 늘인 금으로 큰 방패 이백 개를 만들었으니 매 방패에 든 금이 육백 세겔이며 또 쳐서 늘인 금으로 작은 방패 삼백 개를 만들었으니 매 방패에 든 금이 삼마네라 왕이 이것들을 레바논 나무 궁에 두었더라 <후략>"

위로와 권면/sermon

많은 사람이 만사형통을 원하는데 우리는 살아가면서 형통하고 잘될 때 문제가 생길 수 있다는 것을 깨닫게 됩니다. 힘들고 어려울 때는 정신을 차리게 되지만 편안하고 넉넉하면 해이해지기 때문입니다. 이것은 신앙적으로도 마찬가지입니다.

고난이 있을 때는 하나님을 찾다가도 편안해지면 다른 곳에 마음이 가는 경우가 많습니다. 우리는 오늘 말씀에서 그 예를 발견하게 되는데 당시 솔로몬은 주변 사람들에게 큰 인기였습니다. 그래서 '온 세상 사람들이 다 하나님께서 솔로몬의 마음에 주신 지혜를 들으며 그의 얼굴을 보기 원하여 왔다'(24절)고 할 정도로 많은 사람들이 찾아왔습니다. 솔로몬의 영화는 하늘 높은 줄 모르고 올라가고 있었습니다(23절). 그런데 여기서부터 문제가 생겼습니다. 너무 넉넉하고 부족함이 없어서일까요? 물질이 잘못 쓰이고 있었습니다. 금으로 방패를 만들고 상아보좌를 만들어 금을 입혔습니다(17,18). 이것은 솔로몬이 물질을 잘못 쓰고 있다는 방증입니다. 물론 하나님께서 그에게 부(富)를 초기에 약속해 주신 것은 사실이지만, 그것으로 자기를 자랑하고 드러내는 것에 사용하라고 주신 것은 아닙니다. 하나님의 뜻을 높이고, 그분께 영광을 돌리는 일에 사용하라고 주신 것입니다. 그런데 솔로몬은 그렇게 하지를 않았습니다.

오늘 우리의 삶은 어떻습니까? 경제적인 안정과 풍요가 생기면서 혹시 하나님과 멀어지지는 않았는지요? 기도 시간, 봉사 시간, 예배 시간, 말씀 보는 시간, 주님을 위해서 사용하는 물질이 줄어들고 있는 것은 아닌지요? 혹시 다른 아성을 쌓고 있지는 않느냐는 것입니다.

성도(직분)님, 하나님께로 관심을 돌려야만 합니다. 하나님이 우리의 주인이 되게 해야만 합니다. 그렇지 않으면 솔로몬과 같이 후회만 남는 인생이 될 수 있기 때문입니다. 솔로몬의 인생을 한마디로 요약하자면 성령으로 시작했다가 육체로 마친 삶을 산 사람입니다. 우리도 연약한 인간이지라 그렇게 될 수 있다는 사실을 꼭 마음 판에 새겨야만 하겠습니다.

축복기도/prayer

교만한 자를 대적하시는 하나님, 혹 저희가 주님의 은혜를 새까맣게 잊고 살고 있는 것은 아닌지 되돌아봅니다. 주님이 주신 은혜인데 그것을 육욕을 채우기 위하여 남용하고 있는 것은 아닌지 되돌아봅니다. 겸손한 마음으로 주님을 더욱 가까이 하게 하여 주옵소서. 하나님께만 관심을 갖게 하여 주옵소서. 날마다 하나님이 우리의 주인 되심을 고백하며 시인하는 삶이 되게 하여 주옵소서. 예수 그리스도의 이름으로 기도합니다. 아멘

[말씀을 받지 못하는 자] 영혼의 가난

말씀을 말씀으로

· 찬송 | 266장, 200장   · 성경 | 느헤미야 8장 3~6절

"수문 앞 광장에서 새벽부터 정오까지 남자나 여자나 알아들을 만한 모든 사람 앞에서 읽으매 뭇 백성이 그 율법책에 귀를 기울였는데 그 때에 학사 에스라가 특별히 지은 나무 강단에 서고 그의 곁 오른쪽에 선 자는 맛디댜와 스마와 아나야와 우리야와 힐기야와 마아세야요 그의 왼 쪽에 선자는 브다야와 미사엘과 말기야와 하숨과 하스밧다나와 스가랴와 므술람이라 에스라가 모든 백성 위에 서서 그들 목전에 책을 펴니 책을 펼 때에 모든 백성이 일어서니라 에스라가 위대하신 하나님 여호와를 송축하매 모든 백성이 손을 들고 아멘 아멘 하고 응답하고 몸을 굽혀 얼굴을 땅에 대고 여호와께 경배하니라"

위로와 권면/sermon
1931년 노벨평화상을 받은 「제인 아담스」는 척수장애인입니다. 그녀는 시카고에서 대부호의 딸로 태어나 의과대학에 입학했습니다. 그러나 척수장애로 학업을 포기하는 좌절을 겪었습니다. 제인은 충격을 잊기 위해 유럽여행에 나섰습니다. 그러나 그녀는 영국 런던의 빈민굴을 방문한 후 큰 충격을 받았습니다. 지구상에 이렇게 비참한 사람들이 있는 줄 몰랐습니다. 그 날부터 제인은 가난한 사람들의 친구가 되겠다고 결심을 합니다. 제인은 낡은 집을 구입해 청소년들에게 글을 가르쳤고, 가출한 소녀들을 사랑으로 교화했습니다. 미국 시카고에도 가난한 사람들을 위한 시설을 설립했습니다.
이것이 바로 그 유명한 헐 하우스(Hull House)입니다. 헐 하우스는 1889년에 설립된 복지시설로 영어사전에도 나옵니다. 제인 아담스

의 인생을 바꾸어 놓은 말씀이 바로 오늘 말씀입니다. 그녀는 이 말씀을 통해 겸손과 사랑을 배웠습니다.

그런데 오늘날 많은 그리스인들이 수없이 말씀을 듣고도 변화가 일어나지 않는 이유는 무엇일까요? 설교자를 통하여 전해지는 하나님의 말씀을 그분의 말씀으로 받는 것이 아니라 사람의 말로 받기 때문입니다. 그러나 하나님께서는 말씀을 잘 증거할 사람을 세워서 하나님의 뜻을 전하기 때문에 말씀을 해석하여 전하는 설교자의 설교는 곧 하나님의 말씀인 것입니다. 그러므로 말씀에 대한 존중과 말씀을 전하는 자에 대한 존중이 없이는 말씀을 들어도 하나님의 은혜로 이어질 수 없습니다. 말씀을 받지 못하니 항상 영혼의 가난이 지속되는 것입니다. 누리는 신앙생활이 아니라, 눌리는 신앙생활이 되는 것입니다. 그러므로 우리의 영적 성장의 기초가 되고, 내 마음에 성령이 역사하시는 변화를 경험하려면 말씀을 잘 받을 수 있어야 합니다.

축복기도/prayer

거룩하신 주님, 오늘 저희가 말씀을 듣는 태도가 어떤지 돌이켜봅니다. 혹 하나님의 말씀을 사람의 말로 받고 있는 것은 아닌지요. 만약 그렇다면 회개할 수 있게 하시고, 말씀을 하나님의 말씀으로 잘 받을 수 있는 저희의 심령이 되게 하여 주옵소서. 말씀에 대한 권위와 그 말씀을 전하는 자에 대한 존중이 있게 하여 주옵소서. 하나님의 말씀을 잘 받아서 저희의 마음에 성령이 역사하시는 것을 경험하게 하옵소서. 예수 그리스도의 이름으로 기도합니다. 아멘

[기도의 자리가 식어진 자] 간절한 기도

울더라도 뿌려야한다

· 찬송 | 496장, 368장   · 성경 | 시편 126편 1~6절

"여호와께서 시온의 포로를 돌려보내실 때에 우리는 꿈꾸는 것 같았도다 그 때에 우리 입에는 웃음이 가득하고 우리 혀에는 찬양이 찼었도다 그 때에 뭇 나라 가운데에서 말하기를 여호와께서 그들을 위하여 큰 일을 행하셨다 하였도다 여호와께서 우리를 위하여 큰 일을 행하셨으니 우리는 기쁘도다 여호와여 우리의 포로를 남방 시내들 같이 돌려보내소서 눈물을 흘리며 씨를 뿌리는 자는 기쁨으로 거두리로다 울며 씨를 뿌리러 나가는 자는 반드시 기쁨으로 그 곡식 단을 가지고 돌아오리로다"

위로와 권면/sermon

오늘 말씀은 성전에 올라가는 노래라는 표제어가 붙어 있습니다. 곧 성전에 올라가면서 부르던 찬양이라는 말씀입니다.

이스라엘 백성들이 성전에서 멀리 떨어진 곳으로부터 성전에 예배하러 오면서 부르던 찬양인데 이 시편 126편은 이스라엘의 해방을 배경으로 하고 있습니다.

우리나라도 과거에 나라를 잃고 고통을 당해 본 경험이 있습니다. 이스라엘 역시 바벨론에게 패망하여 70년간 바벨론 포로생활을 경험하면서 이런 일들을 뼈가 녹을 정도로 체험하였을 것입니다. 짧은 구절이지만 "우리가 바벨론의 여러 강변 거기에 앉아서 시온을 기억하며 울었도다"(시137:1)는 말씀이 그들의 바벨론 포로의 고통이 얼마나 참기 힘들었는지 잘 표현해 주고 있습니다. 바벨론의 포로로 비참한 노예 생활을 해야 했던 이스라엘 백성들이 할 수 있는 일이라곤 하나님을 향해 우는 것이 전부였습니다. 민족의 해방을 염원하며 눈물로 기도의 씨를 뿌리는 일이었습니다. 이것이 그들이 할 수 있는 일의 전부였습니다. 오늘 말씀은 바로 이런 눈물로 뿌린 기도의 씨에 대한 하나님의 응답을 노래하는 찬양입니다.

성도(직분)님, 오늘 우리에게도 울어야 할 일들이 얼마나 많습니까? 눈물로 씨를 뿌려야 할 일들이 얼마나 많습니까? 자녀, 가정, 교회 등 눈물로 씨를 뿌려야 할 일들이 한두 가지가 아닙니다. 그런데 어느 때부터인가 우리의 눈물이 메말라가고 있다는 느낌을 받습니다. 눈물이 없으면 같이 없어지는 것이 웃음입니다. 눈물과 웃음이 사라지니 우리의 꿈도 함께 사라질 수밖에 없는 것입니다.

오늘 말씀에 시편기자는 우리에게 '눈물로 씨를 뿌리라'고 말씀합니다. 우리 하나님은 눈물 뒤에 반드시 거둠의 기쁨이 있게 하시는 분이시라는 것을 잊지 말아야겠습니다.

축복기도/prayer
사랑의 주님, 저희로 눈물이 있는 신앙이 되게 하여 주옵소서. 주님 앞에 바로 서지 못하는 자신을 위하여 탄식하며 울 수 있게 하시고, 자녀를 위하여, 가정을 위하여, 교회를 위하여 눈물의 기도를 드릴 수 있는 신앙이 되게 하여 주옵소서. 또한 온갖 위협 앞에 놓인 이 민족과 이웃을 위하여 탄식하며 기도할 수 있는 마음을 주시옵소서. 눈물이 있는 자에게는 기쁨도 있게 하시는 하나님이심을 믿습니다. 예수 그리스도의 이름으로 기도합니다. 아멘

[과거의 죄가 청산되지 않은 자] 발목을 잡는 것

주저앉히는 은혜

・찬송 | 277장, 252장　　・성경 | 창세기 32장 22~32절

"밤에 일어나 두 아내와 두 여종과 열한 아들을 인도하여 얍복 나루를 건널새 그들을 인도하여 시내를 건너게 하며 그의 소유도 건너가게 하고 야곱은 홀로 남았더니 어떤 사람이 날이 새도록 야곱과 씨름하다가 자기가 야곱을 이기지 못함을 보고 그가 야곱의 허벅지 관절을 치매 야곱의 허벅지 관절이 그 사람과 씨름할 때에 어긋났더라 그가 이르되 날이 새려하니 나로 가게 하라 야곱이 이르되 당신이 내게 축복하지 아니하면 가게 하지 아니하겠나이다 그 사람이 그에게 이르되 네 이름이 무엇이냐 그가 이르되 야곱이니이다 그가 이르되 네 이름을 다시는 야곱이라 부를 것이 아니요 이스라엘이라 부를 것이니 이는 네가 하나님과 및 사람들과 겨루어 이기었음이니라<후략>"

위로와 권면/sermon

오늘 말씀을 보면 앞만 보고 달려온 한 인생이 소개되고 있습니다. 그는 우리가 너무나도 자주 들었던 야곱이라는 인물입니다.
앞만 보고 달려온 야곱의 20년의 생애가 바로 오늘 말씀에 기록된 얍복강 나루입니다. 이 얍복강만 건너면 그가 타향살이 20년의 세월 동안 그토록 그리워하던 고향입니다. 하지만 그는 그 강을 건너지 못합니다. 왜일까요? 20년 전 그가 아픔을 주고 떠났던 형의 진노하는 모습이 눈앞에 어른거려 두려웠기 때문입니다. 20년 전 한 번 떠나면 끝이고 다시는 생각지 않을 것이라던 그 죄가 오늘 자신의 발목을 잡고 있는 것입니다.

여기서 우리가 알아야 할 것은 청산되지 않은 죄는 언젠가 반드시 드러나 인간을 정죄한다는 것입니다. 인간은 자신이 지은 죄를 잊어 버릴 수 있습니다. 그러나 그런다고 해서 그 죄가 없어지는 것은 아닙니다. 그 죄는 하나님 앞에서 반드시 인간을 정죄하게 될 것입니다. 이 죄 문제를 해결 받을 수 있도록 하나님께서 야곱을 얍복강 나루에 주저앉히셨습니다. 야곱은 허벅지 관절이 깨지기까지 주저앉고 났더니 지난날 살아온 삶의 진실이 보입니다. 지금까지 죄인인 자신이 하나님의 은혜가 아니었으면 살 수 없었음을 고백한 것입니다. 이제 옛 사람을 벗어버리고 새사람으로 거듭난 야곱에게 하나님이 야곱 대신 '이스라엘'이란 새 이름을 주셨습니다.

성도(직분)님, 오늘 우리도 청산되지 않은 죄가 있다면 하나님 앞에서 반드시 청산해야만 합니다. 그렇지 않으면 그 죄가 계속 내 인생의 발목을 잡고 있고, 언젠가는 나를 정죄하게 될 것입니다. 하나님의 축복은 죄 사함 받고 거듭난 사람에게 주어지는 은혜의 선물임을 기억하셨으면 합니다.

축복기도/prayer

은혜의 주님, 오늘 저희에게도 하나님께 반드시 청산해야만 할 죄가 있는 것은 아닌지 되돌아봅니다. 깨닫는 은혜를 더하여 주셔서 반드시 청산해야만 할 죄가 있다면 엎드려 회개할 수 있게 하시고, 주님의 용서를 구할 수 있게 하여 주옵소서.
회개하는 자에게 주님의 한없으신 사죄의 은총을 더하여 주실 것을 믿습니다. 새롭게 거듭난 삶을 살게 하여 주실 것을 믿습니다. 예수 그리스도의 이름으로 기도합니다. 아멘

[교회 다녀도 행복하지 않다고 하는 자] 행복의 하나님

네 행복을 위하여

· 찬송 | 215장, 95장   · 성경 | 신명기 10장 12~15절

"이스라엘아 네 하나님 여호와께서 네게 요구하시는 것이 무엇이냐 곧 네 하나님 여호와를 경외하여 그의 모든 도를 행하고 그를 사랑하며 마음을 다하고 뜻을 다하여 네 하나님 여호와를 섬기고 내가 오늘 네 행복을 위하여 네게 명하는 여호와의 명령과 규례를 지킬 것이 아니냐 하늘과 모든 하늘의 하늘과 땅과 그 위의 만물은 본래 네 하나님 여호와께 속한 것이로되 여호와께서 오직 네 조상들을 기뻐하시고 그들을 사랑하사 그들의 후손인 너희를 만민 중에서 택하셨음이 오늘과 같으니라"

위로와 권면/sermon

오늘 말씀은 모세를 통하여 이스라엘 백성들에게 주시는 하나님의 말씀입니다. "내가 오늘 네 행복을 위하여 네게 명하는 여호와의 명령과 규례를 지킬 것이 아니냐".
이 말씀에서 우리는 당신의 사랑하는 백성들을 향하신 하나님의 마음이 어떠하신지 읽을 수 있습니다. 그것은 오늘 말씀에서 보여 주고 있듯이 행복하게 살기를 원하신다는 것입니다.
"내가 오늘 네 행복을 위하여"라고 하셨습니다. 이 말씀대로 하나님은 오늘 우리들의 행복을 원하십니다. 우리들이 행복하게 사는 것을 진심으로 원하고 계십니다. 절대로 불행하게 되거나 잘못되기를 바라지 않으십니다. 그래서 행복에 이르는 길을 일러 주고 계십니다. 그 길이 무엇입니까?
'여호와의 명령과 규례를 지키라'는 것입니다. 그러면 행복할 것이라고 말씀하십니다.

오늘날 사람들은 행복을 위해서 이런 저런 많은 이야기를 합니다. '돈이 있어야 한다', '건강해야 한다', '사회적 지위가 있어야 한다', '연줄이 있어야 한다', '잘 살아야 한다' '보험을 잘 들어야 한다' 등등. 그런데 하나님은 그것으로 행복할 수 있는 것이 아니라, 하나님의 명령과 규례를 지키면 행복하다고 말씀하십니다. 즉, 믿음으로 살면 행복하게 된다는 말씀입니다. 예수 잘 믿고, 예배생활 잘하고, 하나님의 말씀을 귀담아 잘 듣고 그대로 행하면 행복하게 된다는 말씀입니다. 단순합니다. 복잡하지 않습니다. 하나님은 우리가 복잡하게 하는 것을 원하시지 않습니다. 말씀 그대로 단순하게 믿고 따르는 것을 원하십니다. 우리를 행복한 사람으로 만들어 주시기 위해서 말이죠.

성도(직분)님, 잊지 맙시다. 하나님은 우리가 행복하기를 원하십니다. 우리는 그분의 자녀이기 때문입니다. 그 어떤 부모도 자녀가 행복하기를 원하지 불행하기를 원하지 않습니다. 하물며 하나님이겠습니까? 하나님이 주시는 행복을 누릴 수 있는 삶이 되시기 바랍니다.

축복기도/prayer
사랑의 하나님, 오늘의 말씀 속에서 사랑하는 백성을 향하신 하나님의 마음을 느낍니다. 우리가 주님을 위한다고 하지만 어찌 하나님의 사랑과 비교할 수 있겠습니까? 주님께서 행복의 길을 일러 주신 대로 잘 지켜 행함으로 행복하게 하시는 주님의 은총을 경험하게 하옵소서. 예수 그리스도의 이름으로 기도합니다. 아멘

[아버지 자리가 없는 가정] 가정의 질서

상실된 부성의 회복

· 찬송 | 557장, 559장 · 성경 | 창세기 9장 18~29절

"방주에서 나온 노아의 아들들은 셈과 함과 야벳이며 함은 가나안의 아버지라 노아의 이 세 아들로부터 사람들이 온 땅에 퍼지니라 노아가 농사를 시작하여 포도나무를 심었더니 포도주를 마시고 취하여 그 장막 안에서 벌거벗은지라 가나안의 아버지 함이 그의 아버지의 하체를 보고 밖으로 나가서 그의 두 형제에게 알리매 셈과 야벳이 옷을 가져다가 자기들의 어깨에 메고 뒷걸음쳐 들어가서 그들의 아버지의 하체를 덮었으며 그들이 얼굴을 돌이키고 그들의 아버지의 하체를 보지 아니하였더라 노아가 술이 깨어 그의 작은 아들이 자기에게 행한 일을 알고 이에 이르되 가나안은 저주를 받아 그의 형제의 종들의 종이 되기를 원하노라 하고<후략>"

위로와 권면/sermon

안타깝게도 지금 우리가 사는 이 시대는 질서가 다 무너져 내리고 있습니다. 가정의 질서, 교회의 질서, 사회의 질서가 다 무너져 내리고 있습니다. 계층 간의 질서도 무너져 내리고 있습니다. 우리 사회 전반에 걸쳐 질서가 무너지면서 많은 문제점들이 나타나고 있습니다. 문제가 한두 가지가 아닙니다. 그렇다면 '그 원인이 어디에 있을까?' 하는 것입니다. 여러 가지 원인을 유추해 볼 수 있겠지만 근본 원인은 바로 '부성(父性)의 상실'에 있습니다.

성경을 보십시오. 특히 구약 성경은 인간 사회에서 아버지의 자리를 얼마나 소중하게 지켜 주려 하는지 모릅니다. 오늘 말씀인 창세기 9장을 보면 노아가족의 일화가 소개되어 있습니다. 대홍수가 지나간

후 노아는 농업을 시작하여 포도를 재배해서 포도주를 빚었습니다. 그런데 너무 과하게 마셔서 만취했는데 그만 벌거벗은 채 잠이 들고 말았습니다.

세 아들 중의 하나인 함이 그 광경을 보고는 나가서 두 형제에게 사실을 말한 모양입니다. 그러자 셈과 야벳은 옷을 가지고 들어가 아버지를 덮어드립니다. 술에서 깨어난 노아는 셈과 야벳에게는 축복을 하면서도 함에게는 저주를 내립니다. 아버지의 하체는 수치를 의미합니다. 그래서 자식이 아버지의 하체를 보는 것은 금기입니다. 그만큼 부성을 지키는 것이 중요한 것입니다. 부성이 무너지면 부성만 무너지는 것이 아니요, 전반적인 질서가 다 무너지고 맙니다. 그래서 성경은 노아의 일화뿐 아니라, 여러 부분에서 이런 부성의 중요함을 일깨워 주고 있습니다.

성도(직분)님, 상실된 부성이 회복되면 가정이 회복되고, 이 시대의 무너진 질서도 회복될 수 있음을 꼭 기억해 두셨으면 합니다.

축복기도/prayer

사랑의 하나님, 아버지의 자리를 지켜 주는 자녀와 가정이 되게 하옵소서. 부성이 무너지면 부성만 무너지는 것이 아니요, 전반적인 질서가 다 무너지고 만다는 것을 잊지 말게 하여 주옵소서. 여러 부분에서 부성의 중요함을 깨달아 가정에서 부성이 상실되지 않도록 아버지의 자리를 잘 지켜주는 자녀와 가정이 되게 하옵소서.
하나님 아버지의 위치를 온전히 지켜드린 예수 그리스도의 이름으로 기도합니다. 아멘

[기도하지 않는 중직자] 아름다운고백

기도의 분향

· 찬송 | 361장, 364장   · 성경 | 시편 141편 1~2절

"여호와여 내가 주를 불렀사오니 속히 내게 오시옵소서 내가 주께 부르짖을 때에 내 음성에 귀를 기울이소서 나의 기도가 주의 앞에 분향함과 같이 되며 나의 손 드는 것이 저녁 제사 같이 되게 하소서"

위로와 권면/sermon

성경에 보면 기도에 관한 내용이 참으로 많이 기록되어 있습니다. 그만큼 주의 백성들은 기도 없이는 살 수 없다는 말씀입니다. 기도는 영적인 호흡이라고 하지 않습니까? 사람이 육신의 생명을 유지하기 위하여 호흡을 쉬지 말아야 하듯 영적인 생명을 유지하기 위해서는 기도생활을 한시도 쉬어서는 안 됩니다. 특별히 성도(직분)님은 교회의 평신도 대표자이면서 목사를 가장 가까이서 보필하는 사람입니다. 따라서 형편과 처지를 초월하여 늘 기도에 힘써야 할 책임과 의무가 있는 사람임을 잊지 말아야 하겠습니다.

오늘 본문에 다윗은 자신의 기도에 대하여 분향이라는 말을 쓰고 있습니다. 분향은 사르는 것을 뜻합니다. 구약시대에 제사장은 성전에 있는 분향단에서 매일 아침과 저녁에 향을 살랐습니다. 다윗은 자신의 기도가 이같이 되게 해달라고 간구하고 있습니다. 다윗의 생애를 돌아보면 결코 편치 않은 삶이었습니다. 젊었을 때는 사울의 칼날을 피하여 도망 다녀야 했고, 왕이 되어서도 자식들 때문에 눈물이 떠나지 않는 삶을 살았습니다. 그런데도 그는 매일 쉬지 않는 기도를 하나님 앞에 드리기를 소원했습니다.

성도(직분)님도 바쁘고 힘들겠지만, 오늘 말씀에 다윗의 이 기도제목을 성도(직분)님의 기도제목으로 삼으셨으면 합니다. 그래서 교우들이나 하나님이 성도(직분)님을 보실 때, 늘 엎드리는 사람으로 기억 될 수 있기를 바랍니다.

자녀들에게도 마찬가지입니다. 늘 주님 앞에 엎드리는 아버지(어머니)로 기억될 수 있기를 바랍니다. 그러면 훗날에 성도(직분)님이 지난날을 돌아보며 회상할 때, 시편 23편에 다윗이 읊조린 그 고백이 성도(직분)님의 입에서도 흘러나오게 될 것입니다.

"여호와는 나의 목자시니 내게 부족함이 없으리로다 그가 나를 푸른 풀밭에 누이시며 쉴 만한 물가로 인도하시는도다<후략>".

이 시는 다윗이 노년기에 자신의 삶을 회상하며 하나님 앞에 드린 고백입니다. 이 아름다운 고백이 성도(직분)님에게도 있기를 주님의 이름으로 축복합니다.

축복기도/prayer

부르짖기를 원하시는 주님, 다윗의 아름다운 간절한 소원이 오늘 저희의 소원이 되기를 원합니다. 바쁘고 힘든 삶을 살고 있지만, 그럴수록 기도의 자리를 놓치시 않는 삶이 되게 하여 주옵소서. 매일 쉬지 않는 기도가 주님께 드려질 수 있게 하시고, 주님과 성도들에게 늘 엎드리는 사람으로 기억될 수 있게 하옵소서. 훗날에, 지나온 세월을 돌아보게 될 때, 다윗과 같은 아름다운 믿음의 고백을 주님께 드릴 수 있게 하옵소서. 예수 그리스도의 이름으로 기도합니다. 아멘

[감성이 메말라 있는 자] 하나님의 체온

온 땅에 어찌 그리 아름다운지요

· 찬송 | 79장, 85장   · 성경 | 시편 8편 1~9절

"여호와 우리 주여 주의 이름이 온 땅에 어찌 그리 아름다운지요 주의 영광이 하늘을 덮었나이다<중략> 사람이 무엇이기에 주께서 그를 생각하시며 인자가 무엇이기에 주께서 그를 돌보시나이까 그를 하나님보다 조금 못하게 하시고 영화와 존귀로 관을 씌우셨나이다 주의 손으로 만드신 것을 다스리게 하시고 만물을 그의 발아래 두셨으니 곧 모든 소와 양과 들짐승이며 공중의 새와 바다의 물고기와 바닷길에 다니는 것이니이다 여호와 우리 주여 주의 이름이 온 땅에 어찌 그리 아름다운지요"

위로와 권면/sermon

우리가 이 땅을 살다 보면 부르고 또 불러도 싫증나지 않는 이름이 있습니다. 가령 '어머니'라는 이름이 그런 이름일 것이라고 생각합니다. 눈을 감고 '어머니!' 하고 부르면 가슴에 와 닿는 것이 있습니다. 또 연애시절에는 사랑하는 사람의 이름을 부를 때 가슴이 저려오고 마음에 파장이 일어나면서 온몸이 짜릿짜릿합니다. 가슴이 벌렁 벌렁거립니다.

오늘 말씀에 다윗도 이런 감성의 소유자가 아니었나 싶습니다. 다윗은 여호와의 이름을 부르면서 체온을 느끼고 있습니다. 이렇게 읊조리면서 말입니다.

"여호와 우리 주여 주의 이름이 온 땅에 어찌 그리 아름다운지요". 그러면서 그는 가슴속에 하나님의 체온을 느끼고 있는 것입니다.

성도(직분)님, 오늘 우리는 하나님의 이름을 부를 때마다 하나님의 체온을 가슴 깊이 느끼고 있는지요? 하나님께서는 당신의 이름을 부르면서 체온을 느끼는 사람을 통해서 일하십니다.
똑똑한 사람, 많이 배운 사람, 지식 있는 사람, 능력 있는 사람을 통해서 일하시는 것이 아닙니다.
오늘 말씀 2절을 보면 그 사실을 알 수 있습니다. 어린아이라 할지라도 하나님의 이름을 부르면 그를 통해서 일하신다는 주님의 약속입니다. 바로 그 대표적인 인물이 다윗입니다. 그는 어린 나이에 하나님의 이름을 들고 나가서 적장 골리앗을 단숨에 죽였습니다. 어릴 때 자신의 체험을 오늘 말씀에 담고 있는 것입니다.

성도(직분)님, 오늘 우리도 주의 이름을 부르면서 그분을 체온으로 느낄 수 있어야 합니다. 주의 이름을 많이 부르는 자, 그런 사람이 다윗처럼 영광스럽고 복된 인생을 살 수 있습니다.
"여호와 우리 주여 주의 이름이 온 땅에 어찌 그리 아름다운지요".
그분을 느끼는 삶이 되시기를 주님의 이름으로 축복합니다.

축복기도/prayer
사랑의 주님, 오늘 저희는 주님의 이름을 부를 때 어떤 느낌을 갖는지요. 가슴속에 당신의 체온을 느끼고 있는지요. 저희로 하여금 다윗과 같은 감성의 소유자가 되게 하여 주옵소서. 하나님의 이름을 부르면서 가슴에 와 닿는 그 무엇이 있게 하시고, 하나님의 이름을 부르면서 가슴속으로 당신의 체온을 느낄 수 있게 하여 주옵소서. 다윗과 같이 하나님의 이름을 부르다가 당신 앞에서 영광스런 인생을 살게 하여 주옵소서. 예수 그리스도의 이름으로 기도합니다. 아멘

[은혜를 깨닫지 못하는 자] 은밀하신 하나님

보이지 않는 하나님의 은혜

· 찬송 | 391장, 301장   · 성경 | 신명기 32장 9~12절

"여호와의 분깃은 자기 백성이라 야곱은 그가 택하신 기업이로다 여호와께서 그를 황무지에서, 짐승이 부르짖는 광야에서 만나시고 호위하시며 보호하시며 자기의 눈동자 같이 지키셨도다 마치 독수리가 자기의 보금자리를 어지럽게 하며 자기의 새끼 위에 너풀거리며 그의 날개를 펴서 새끼를 받으며 그의 날개 위에 그것을 업는 것 같이 여호와께서 홀로 그를 인도하셨고 그와 함께 한 다른 신이 없었도다"

위로와 권면/sermon
평생을 가난한 이웃을 위하여 일생을 바친 「마더 테레사」의 '악의 꽃'이라는 책에 보면 이런 이야기가 나옵니다. 한 아들이 정원에서 놀다가 돌에 걸려 넘어져 다쳤습니다. 그러자 아버지는 아들을 얼른 안고 약을 바르고 치료해 주었습니다. 아이를 재운 후 아버지는 정원에 나가서 돌을 골라냅니다. 사랑하는 아들이 다시는 넘어져서 다치지 않게 하기 위해서 돌을 골라내는 것입니다.
우리는 많은 경우 치료하시는 하나님만을 생각하며 감사드립니다. 그러나 우리가 알지 못하는 사이에, 우리가 잠든 사이에, 우리 앞에 있는 장애물을 치우시는 하나님의 보이지 않는 은혜는 잘 깨닫지를 못합니다. 그러나 하나님은 우리가 알지 못하는 은혜를 더 많이 베풀고 계시다는 사실을 잊지 말아야 합니다.
오늘 말씀에 모세는 광야생활이 거의 다 끝나갈 무렵에 지난 40년

간의 광야생활을 되돌아보면서, 이스라엘 백성이 무사히 광야생활을 마치고 가나안 땅에 들어갈 수 있었던 것은 전적인 하나님의 은혜로 된 것임을 고백하고 있습니다. 그 하나님의 은혜 가운데 그들이 알 수 없게 은밀히 역사하신 하나님의 은혜가 얼마나 많았겠습니까? 모세는 그것을 너무나 잘 알고 있었기에 지금 그 하나님의 은혜를 찬양으로 남기며 고백하고 있는 것입니다.

성도(직분)님, 우리에게 향하신 하나님의 은혜는 보이는 은혜보다 보이지 않는 은혜가 더 많습니다. 조용히 하나님의 은혜를 생각해 봅시다. 그러면 우리가 알지 못하는 은밀한 하나님의 은혜가 있었기에 우리가 이렇게 지금까지 살아올 수 있었음을 깨닫게 될 것입니다.

이 사실을 다시 한 번 깨닫고 하나님께 감사와 영광을 돌릴 수 있는 믿음의 사람이 되시기를 축복합니다.

축복기도/prayer

은혜 베푸시기를 즐겨 하시는 하나님 아버지, 이 시간 조용히 하나님의 은혜를 더듬어 봅니다.

저희의 인생 가운데서도 보이지 않게 역사하시고 함께하신 하나님의 은혜가 있음을 깨닫고 느끼기를 원합니다.

그 은혜가 있었기에 오늘 저희가 여기까지 살아올 수 있었음을 감사할 수 있게 하여 주옵소서.

나의 나 된 것은 하나님의 은혜로 된 것이라고 고백하며 증거하는 삶이 되게 하여 주옵소서. 예수 그리스도의 이름으로 기도합니다. 아멘

[생활환경이 어려워진 자] 믿음의 시각

믿음의 눈으로 바라보니

· 찬송 | 215장, 382장   · 성경 | 빌립보서 4장 11~13절

"내가 궁핍하므로 말하는 것이 아니니라 어떠한 형편에 처하든지 나는 자족하기를 배웠노니 나는 비천에 처할 줄도 알고 풍부에 처할 줄도 알아 모든 일 곧 배부름과 배고픔과 풍부와 궁핍에도 처할 줄 아는 일체의 비결을 배웠노라 내게 능력 주시는 자 안에서 내가 모든 것을 할 수 있느니라"

위로와 권면/sermon

한 여 집사님이 이사를 가게 되었습니다. 남편이 사업에 실패하고 풍까지 맞아 거의 반신불수가 되었습니다. 있던 재산 다 날리고 허름한 아파트 지하창고를 개조한 집으로 이사를 했습니다. 공기도 퀴퀴하고 방도 하나여서 다 큰 아들 딸을 데리고 살기에는 정말 열악한 환경이었습니다. 그런데 이 여 집사님은 심방 온 목사님이 어떻게 위로의 말씀을 전해야 할지 주저하고 있을 때 이렇게 말했습니다.

"목사님! 정말 감사해요. 이 위로 다 전도할 사람들이네요. 문들을 보니까 교패가 하나도 없어요. 전도의 사명을 감당하라고 이곳에 보내셨으니 너무 너무 감사해요."

성도(직분)님, 이 여 집사님에게는 집안이 망하여 퀴퀴한 지하실로 이사하게 된 것이 엄청난 불행일까요? 아닙니다. 하나님을 기쁘시게 할 수 있는 또 다른 기회가 그녀에게 주어졌을 뿐입니다. 육신적으로는 초라하기 그지없을지라도 믿음의 눈으로 바라보니 거기에 전도할 대상자가 눈에 보이고, 이 일을 위하여 하나님께서 나를 이곳에 보내셨다고 믿음의 고백을 합니다.

하나님은 바로 이런 자를 통하여 영광을 받으시고, 하나님 나라는 이런 자들을 통하여 펼쳐져 나가는 것입니다. 신앙의 사람에게 필요 없는 단어 중 하나가 불행이란 단어입니다. 왜냐하면 어떤 형편에 처하든지 견고한 믿음으로 하나님께 영광을 돌리며 살면 되는 것입니다.

오늘 말씀에 사도바울이 그것을 담대하게 고백하며 전하고 있는 것입니다. 이 말씀에 위로를 얻기를 바랍니다.

지금 성도(직분)님의 형편이 어렵게 되어서 매우 안타깝지만, 지금의 상황을 초월하여 믿음의 눈으로 하나님의 뜻을 바라볼 줄 아는 것 그것이 신앙의 힘입니다.

성도(직분)님도 어떤 형편에 처하든지 변함없는 믿음의 고백으로 주님을 기쁘시게 할 수 있는 보배로운 주님의 사람이 되시기를 축복합니다.

축복기도/prayer

믿음을 주시는 주님, 성도(직분)님으로 하여금 어떠한 형편에 처하든지 하나님께 영광 돌리며 사는 삶이 되게 하옵소서. 어떤 형편에 처하든지 하나님께 영광 돌리지 못할 형편은 없다는 것을 마음에 담아둘 수 있게 하옵소서. 사도바울과 같이 "내게 능력 주시는 자 안에서 내가 모든 것을 할 수 있느니라"는 믿음으로 감당 못할 환경도 넉넉히 이겨갈 수 있는 신앙의 사람이 되게 하옵소서. 어떤 형편에 처하든지 하나님의 섭리하심과 뜻하심을 찾아낼 수 있는 믿음의 시각이 있게 하옵소서. 예수 그리스도의 이름으로 기도합니다. 아멘

[꿈을 잃어버린 자] 소망의 힘

기적을 낳는 소망

· 찬송 | 428장, 384장   · 성경 | 빌립보서 2장 13절

"너희 안에서 행하시는 이는 하나님이시니 자기의 기쁘신 뜻을 위하여 너희에게 소원을 두고 행하게 하시나니"

위로와 권면/sermon

전남 담양군에서 농사를 짓는 41세 된 김인찬 씨는 일곱 살 때 형과 놀다가 왼쪽 눈의 시력을 다쳤습니다. 그 이후로 오른 쪽 눈에도 하얗게 안개가 끼기 시작하더니, 열네 살이 되었을 때는 완전히 시력을 잃고 말았습니다.

중학교를 공부해야 하는 나이였지만 중학교를 포기하고 그때부터 10년 동안을 방안에 틀어박혀 먹고 자고 놀기만 하였습니다. 처음 3년 동안은 매일 꿈에 학교가 보였는데, 시각적 기억들이 머릿속에서 지워지면서 꿈도 꾸지 않게 되었습니다.

25살이 되던 해, 아버지가 송아지 한 마리를 사다 주며 키워보라고 하자, 앞을 볼 수 없음에도 뿔에 받히고 뒷발에 채여 가며 송아지를 키우기 시작했습니다. 그렇게 송아지라도 키우기 시작하자, 마음속에 두 가지 소망이 생겼습니다.

하나는, 결혼하는 것이고, 또 하나는, 눈을 뜨는 것입니다. 사람들은 모두 인찬 씨의 소망이 다 불가능하다고 말했습니다. 그도 그럴 것이 시력을 잃은 눈은 이미 병원에서 치료 불가능 판정이 나 있었고, 결혼도 역시 어떤 여자가 시골의 시각장애인에게 시집을 오겠습니까? 그런데 이 소망이 이루어졌습니다.

37살 되던 해에, 인찬 씨가 신앙생활을 하는 교회에서, 중국 자매 교회를 통해 중매를 한 것입니다. 중국 교포가 시집 왔는데, 지금은 하나님께서 아이를 셋이나 주셨습니다. 그리고 남은 또 하나의 소망은 마흔 살이 되던 작년에 이루어졌습니다. 불가능 판정이 났던 눈이 기적적으로 되살아 난 것입니다. 시력을 회복하여 처음 빛을 보았을 때, 그의 마음이 어떠했겠습니까? 자기의 눈으로 아내와 세 아이를 보았을 때 그 기쁨은 말로다 형언하기가 어려웠을 것입니다.

성도(직분)님, 꿈을 포기하지 마세요. 소망을 접지 마세요. 실패했어도 소망을 놓치지 않는 사람은 무너지지 않습니다. 병들었어도 비전을 붙들고 있는 사람은 죽지 않습니다. 아무리 극심한 고난이 겹쳐서 다가와도 소망에 불타는 사람에겐 그 고난이 오히려 자극제가 되어 더 열심히 사는 능력이 됩니다. 소망은 그런 것입니다. 특히 하나님 안에서 갖는 소망은 사람에게 가장 큰 힘과 능력이 됩니다. 인생을 바꾸어 놓습니다. 하나님이 도와주시기 때문입니다.

축복기도/prayer

소원을 두고 행하게 하시는 하나님, 성도(직분)님이 꿈을 포기하지 않도록 붙들어 주옵소서. 비전을 품고 다시 일어설 수 있도록 도와주시옵소서. 어렵고 힘들수록 하나님을 더욱 의지할 수 있는 강한 믿음을 주시고, 하나님을 간절히 찾음으로 소망의 항구로 인도하시는 주님의 능력을 경험할 수 있게 하옵소서. 하나님은 당신을 간절히 의지하는 자를 능력의 오른손으로 붙드시는 것을 믿습니다. 예수 그리스도의 이름으로 기도합니다. 아멘

[열등감에 사로잡힌 자] 만족한 삶

비교하면 있는 것도 잃어버린다

· 찬송 | 429장, 368장   · 성경 | 마태복음 25장 14~30절

"또 어떤 사람이 타국에 갈 때 그 종들을 불러 자기 소유를 맡김과 같으니 각각 그 재능대로 한 사람에게는 금 다섯 달란트를 한 사람에게는 두 달란트를, 한 사람에게는 한 달란트를 주고 떠났더니 다섯 달란트 받은 자는 바로 가서 그것으로 장사하여 또 다섯 달란트를 남기고 두 달란트 받은 자도 그같이 하여 또 두 달란트를 남겼으되 한 달란트 받은 자는 가서 땅을 파고 그 주인의 돈을 감추어 두었더니<후략>"

위로와 권면/sermon
오늘 말씀은 예수님이 달란트를 비유로 들어 하신 말씀입니다. 달란트라는 말은 재능이라는 뜻이지만, 비유할 당시에는 직접적으로 돈이었기 때문에, 돈에 대하여 이야기하는 것이 더욱 실제적인 것입니다. 주인은 각자에게 다르게 맡겼습니다. 어떤 이에게는 다섯 달란트, 어떤 이에게는 두 달란트, 또 어떤 이에게는 한 달란트를 맡겼습니다. 다섯 달란트와 두 달란트를 받은 사람은 그 길로 즉시 가서 장사를 했습니다. 주인이 자신에게 이것을 맡겼을 때는 이윤을 남기라고 주신 것으로 생각했기 때문입니다. 그래서 배를 남겼습니다. 그런데 한 달란트 받은 사람은 달랐습니다. 그는 받은 것을 그대로 땅에 묻어버렸습니다. '주인이 나중에 달라고 할 것이 당연하니까 그 때 되면 그냥 파서 주면 되겠지.'했습니다. 앞의 두 사람과 마지막 사람과의 다른 점은 무엇입니까? 비교하고 있다는 것입니다. 앞의 두 사람은 주인이 맡겨 준 것에 대한 생각을 했다면, 뒤의 한 사람은 그런 것은 안중에도 없고 누구는 얼마, 누구는 얼마, 그렇게 비교만 했다는 것입니다.

하나님이 주시는 복은 이와 같습니다. 하나님은 우리 모두에게 복을 주시는 분이십니다. 우린 이것을 잊고는 남의 것과 비교하기만 합니다. 그래서 남보다 못하다는 주관적인 판단이 서면 자신은 복을 받지 못했다고 생각하고 열등감에 사로잡혀서 항상 불만만 갖습니다. 진취적으로 앞을 향해 나가질 못합니다. 그런 자는 결국 그 있는 것도 다 빼앗기고 마는 것입니다. 다 잃어버린다는 것입니다.

성도(직분)님, 주님께서 이 비유를 통하여 무엇을 말씀하시고자 하시는 것일까요? 남과 비교하지 말고 지금 있는 것 가지고 하나님과 동행하는 삶을 살라는 것입니다. 하나님은 우리에게 그것이 복 있는 인생이라는 것입니다. 비교하다 보면 열등감에 사로잡혀서 하나님의 은혜도 잃어버리고, 감사도 잃어버리고, 나에게 있는 소중한 것들을 모두 잃어버릴 수 있습니다. 하나님과 동행하는 삶이 되기를 주님의 이름으로 축복합니다.

축복기도/prayer
복 있는 인생을 살기를 원하시는 주님, 저희도 알게 모르게 다른 사람과 제 자신을 비교하면서 살았음을 솔직히 고백합니다. 남의 것을 제 것과 비교하면서 살았습니다. 그래서인지 이제껏 만족을 느끼지 못하는 삶을 살았던 것 같습니다. 주님, 이제는 남과 비교하지 않고 주님이 제게 주신 것에 감사하며 주님과 동행하는 삶이 되게 하여 주옵소서. 예수 그리스도의 이름으로 기도합니다. 아멘

당신의 예술에 사로잡혀

_ 루드비히 반 베토벤
(LUDWIG VAN BEETHOVEN)
1770~1827

오, 제 영혼을 인도하소서.
오, 이 깊은 수렁에서
제 영혼을 들어 올리소서.
당신의 예술에 사로잡혀
강력한 화염처럼
위로 치솟게 하소서

당신만이
지식을 가지고 계십니다.
당신만이
영감을 불러일으킬 수 있습니다.

2부

고난과 극복을 위한
심방설교문

[깊은 절망에 빠진 자] 하나님을 바라봄

깊은 절망에 빠졌을 때

· 찬송 | 337장, 407장   · 성경 | 13편 1~6절

"여호와여 어느 때까지니이까 나를 영원히 잊으시나이까 주의 얼굴을 나에게서 어느 때까지 숨기시겠나이까 나의 영혼이 번민하고 종일토록 마음에 근심하기를 어느 때까지 하오며 내 원수가 나를 치며 자랑하기를 어느 때까지 하리이까 여호와 내 하나님이여 나를 생각하사 응답하시고 나의 눈을 밝히소서 두렵건대 내가 사망의 잠을 잘까 하오며 두렵건대 나의 원수가 이르기를 내가 그를 이겼다 할까 하오며 내가 흔들릴 때에 나의 대적들이 기뻐할까 하나이다 나는 오직 주의 사랑을 의지하였사오니 나의 마음은 주를 기뻐하리이다 내가 여호와를 찬송하리니 이는 주께서 내게 은덕을 베푸심이로다"

위로와 권면/sermon
유대인 작가 「엘리 비젤(Elie Wiesel)」이 쓴 '밤'이라는 책을 보면, 유대인들이 나치에 의해서 무방비 상태로 죽임을 당하던 때의 생생한 증언들이 나옵니다. 비젤은 유대인이라는 이유로 여러 수용소 등을 전전하면서 유대인들이 참혹하게 처형당하는 광경을 직접 목격하였습니다. 그는 자기 어머니와 누이의 죽음을 보았으며, 아버지가 산 채로 화형을 당하는 광경을 보아야만 했습니다. 그는 그 참혹한 광경을 회상하면서 "우리가 이렇게 고통을 당하는데 하나님은 어디에 계시는가?"라고 묻습니다. 유대인의 무고한 죽음을 당하는 순간에도, 희망의 근거인 하나님이 침묵하고 있다는 것은 그에게 모든 희망이 사라진 것으로 보였습니다.
오늘 말씀에 등장하는 다윗도 똑같은 경험을 하였습니다. 그는 깊은 절망에 빠졌을 때 하나님을 찾고 또 찾았습니다. 그러나 평소에 그렇게 가깝게 느껴졌던 하나님의 모습이 보이지 않았습니다. 아무리 외쳐도 하나님의 음성이 들리지 않았고, 종일토록 근심하며 하나님을 구하여도 발견할 수 없었습니다. 그러나 그때 다윗은 그 자리에 주저앉아 낙심하지 않고 계속하여 하나님을 구합니다. 자신이 절망에 빠져 어려움을 당할 때 원수들에 의해 무너지지 않게 해달라고 하나님께 요청합니다. 그리고 자신이 오직 주님의 사랑을 의지하고, 주님의 구원을 기뻐하겠다고 다짐합니다.

이와 같은 다윗의 모습은 오늘 우리의 인생에 위기가 찾아왔을 때, 우리가 어떻게 대처해야만 하는지 그 비결을 가르쳐 주고 있습니다. 그것은 어려울수록 더욱 하나님께 매달리는 것입니다. 그분의 구원을 바라보며 기뻐하고 찬송하는 것입니다.

성도(직분)님, 지금 주저앉을 수밖에 없는 상황입니까? 더욱 하나님께 매달려 보시기 바랍니다. 그분의 구원을 바라보며 기쁨의 찬송을 불러보시기 바랍니다. 하나님은 오직 성도(직분)님 편이십니다.

축복기도/prayer
오늘 저희도 다윗과 같이 깊은 절망에 빠졌을 때, 하나님을 찾고 또 찾을 수 있게 하옵소서. 아무리 외쳐도 하나님의 음성이 들리지 않아도 낙심치 않고 계속하여 하나님을 구할 수 있게 하옵소서. 이것이 하나님을 신앙하는 사람이 인생에 위기가 찾아 왔을 때 대처하는 방법임을 잊지 말게 하여 주옵소서. 예수 그리스도의 이름으로 기도합니다.
아멘

[현실이 암담하다고 하는 자] 믿음의 시각

캄캄한 현장이 벌어진다 할지라도

· 찬송 | 383장, 432장   · 성경 | 열왕기하 6장 14~19절

"왕이 이에 말과 병거와 많은 군사를 보내매 그들이 밤에 가서 그 성읍을 에워 쌌더라 하나님의 사람의 사환이 일찍이 일어나서 나가보니 군사와 말과 병거가 성읍을 에워쌌는지라 그의 사환이 엘리사에게 말하되 아아, 내 주여 우리가 어찌하리이까 하니 대답하되 두려워하지 말라 우리와 함께 한 자가 그들과 함께 한 자보다 많으니라 하고<후략>"

위로와 권면/sermon

우리는 어떤 문제를 만날 때 가장 먼저 무엇을 생각합니까? 상황 앞에서 무엇을 봅니까? 모든 인생 문제의 해결은 우리의 시각에 달려 있습니다. 좌우와 앞뒤에 벌어지는 상황만을 살펴보는 수평적 시각으로 보느냐, 아니면 신앙인으로서 위를 바라보고 능력을 베풀어 주시는 하나님을 바라보느냐 하는 겁니다.

오늘 말씀에 보면 엘리사의 사환이 그랬습니다. 아람 군대가 온통 사방팔방을 에워쌌을 때 너무나 기가 막혔습니다. 성경은 사람이 말을 할 때 감탄사 같은 것은 잘 기록하지 않습니다. 그런데 오늘 말씀을 보면 이 사환이 얼마나 혼백이 나갔는지 그 군대를 보면서 "아아 내 주여 우리가 어찌하오리까?" 라며 탄식을 합니다(15).

그때에 엘리사는 조용히 하나님께 기도를 합니다.

"여호와여 원하건대 그의 눈을 열어서 보게 하옵소서."(17)

눈앞에 펼쳐진 그 상황밖에 보지 못하는 그의 어두운 영안을 밝게 해달라고 기도를 합니다. 그럴 때 하나님께서 그의 눈을 열어 주셨습니다. 그러자 방금까지 보이지 않던 불 말과 불 병거가 산에 가득 차 있는 모습을 보면서 "하나님께서 더 힘 있고 더 많은 군대로 우리를 돕고 계시는구나."하는 것을 그제야 깨닫습니다. 그래서 시편 기자의 고백은 귀한 것입니다. "내가 산을 향하여 눈을 들리라 나의 도움이 어디서 올까 나의 도움은 천지를 지으신 여호와에게서로다"(시 121:1~2).

성도(직분)님, 우리의 눈앞에 캄캄한 현장이 벌어진다 할지라도, 천지를 지으신 여호와 하나님께로부터 오는 도움의 손길을 볼 수 있어야 합니다. 우리를 돕고 계시는 하나님을 볼 수 있는 수직적인 시각이 필요한 것입니다. 그리하면 눈앞에 캄캄한 일이 벌어진다 할지라도 우리는 주님을 의지함으로 평안을 누릴 수 있습니다. 담대한 믿음의 사람이 될 수 있습니다. 부디 성도(직분)님은 이럴 때일수록 더욱 하나님을 바라봄으로 이 귀한 은혜를 경험하는 축복의 주인공이 되시기를 간절히 소원합니다.

축복기도/prayer
사랑의 주님, 저희도 시편기자와 같이 하나님을 향하여 눈을 드는 삶이 되게 하여 주옵소서. 언제나 도움의 손길을 펴시는 하나님을 볼 수 있는 영안이 있게 하여 주옵소서. 눈앞이 캄캄한 일이 벌어진다 할지라도 저희를 돕고 계시는 하나님을 인하여 찬송할 수 있게 하시고, 그 이름을 높이며 선포하는 삶이 되게 하옵소서. 예수 그리스도의 이름으로 기도합니다. 아멘

[고난이 저주라고 생각하는 자] 불순물 제거장치

변장한 하나님의 축복

· 찬송 | 312장, 400장   · 성경 | 119편 65~71절

"여호와여 주의 말씀대로 주의 종을 선대하셨나이다 내가 주의 계명들을 믿었사오니 좋은 명철과 지식을 내게 가르치소서 고난 당하기 전에는 내가 그릇 행하였더니 이제는 주의 말씀을 지키나이다 주는 선하사 선을 행하시오니 주의 율례들로 나를 가르치소서 교만한 자들이 거짓을 지어 나를 치려 하였사오나 나는 전심으로 주의 법도를 지키리이다 그들의 마음은 살져서 기름덩이 같으나 나는 주의 법을 즐거워하나이다 고난 당한 것이 내게 유익이라 이로 말미암아 내가 주의 율례들을 배우게 되었나이다"

위로와 권면/sermon

하나님은 축복을 주실 때 고난의 보자기에 싸서 주신다는 말이 있습니다. 그래서 혹자는 "고난은 변장한 하나님의 축복이다."라는 말을 했습니다. 이처럼 하나님은 은혜와 복을 주실 때 반드시 고난을 겸하여 주십니다. 왜냐하면 우리는 쉽게 교만해질 수 있는 죄에 약한 존재이기 때문입니다. 그래서 20세기의 위대한 영적 지도자인 C. S. 루이스는 "타락한 인생에게 고난마저 없다면 얼마나 교만할 것인가!"라고 했습니다. 타락한 인생은 고난이 없이는 하나님을 향한 진정한 신뢰를 배울 수 없습니다. 진정한 순종을 배우지를 못합니다. 시련과 고통은 우리의 연단을 위해 하나님께서 사용하시는 고마운 일꾼들입니다. 우리 인생에 닥치는 폭풍우와 바람이 있었기 때문에 우리의 설익은 품성이 하나님의 아름다운 품성으로 꼴 지워지는 것입니다. 시련과 고난이 없이는 우리는 속이 꽉 찬 사람이 되지 못합니다. 비바람 궂은 날씨를 견딘 작물이 알이 잘 영근 곡식이 되듯이, 빈속을 가진 쭉정이 같은 연약한 사람이 되지 않으려면, 우리는 연단을 받아야 합니다.

성도(직분)님, 우리에게 있는 시련과 고난은 우리의 신앙과 인격을 단련하는 통로입니다. 그래서 오늘 말씀에 시편기자는 "고난 당하기 전에는 내가 그릇 행하였더니 이제는 주의 말씀을 지키나이다"(67) 했고, "고난 당한 것이 내게 유익이라 이로 말미암아 내가 주의 율례들을 배우게 되었나이다"(71)라고 고백했습니다.

그러므로 우리 인생에 닥쳐오는 고난과 시련은 우리의 성품에서 불순물과 거친 것을 제거해내는 하나님의 유용한 도구들임을 잊지 마시고, 지금 당한 고난을 끝까지 인내하셔서 신앙의 큰 유익을 얻을 수 있기를 간절히 소원합니다.

축복기도/prayer

사랑의 주님, 오늘 저희는 쉽게 교만해질 수 있는 연약한 존재임을 깨닫습니다. 그러므로 시련과 고통을 통하여 저희를 겸손한 사람으로 빚으시는 하나님의 사랑을 느낄 수 있게 하시고, 주님을 닮아가는 아름다운 품성으로 변화되는 축복을 받을 수 있게 하옵소서. 또한 고난을 피하는 삶이 아니라 고난 속에 숨겨진 주님의 축복을 발견할 줄 아는 지혜의 사람이 되게 하옵소서. 예수 그리스도의 이름으로 기도합니다. 아멘

[하나님의 섭리를 깨닫지 못하는 자] 하나님의 섭리

형통한 날과 곤고한 날

· 찬송 | 397장, 478장   · 성경 | 전도서 7장 13~14절

"하나님께서 행하시는 일을 보라 하나님께서 굽게 하신 것을 누가 능히 곧게 하겠느냐 형통한 날에는 기뻐하고 곤고한 날에는 되돌아보아라 이 두 가지를 하나님이 병행하게 하사 사람이 그의 장래 일을 능히 헤아려 알지 못하게 하셨느니라"

위로와 권면/sermon

옛날 중국 북방 요새에 한 노옹이 살고 있었는데 어느 날 이 노옹의 말이 오랑캐 땅으로 달아났습니다. 마을 사람들이 이를 위로하자 노옹은 조금도 애석한 기색 없이 태연하게 말했습니다.
"누가 아오? 이 일이 복이 될는지?"
몇 달이 지난 어느 날, 그 말이 오랑캐의 준마를 데리고 왔습니다. 마을 사람들은 노인의 말대로 정말 이것이 복이 되었다는 사실을 알고 이를 치하하자 노옹은 조금도 기쁜 기색 없이 태연하게 말합니다.
"누가 아오? 이 일이 화가 될는지?"

그런데 어느 날, 말 타기를 좋아하는 노옹의 아들이 그 오랑캐의 준마를 타다가 떨어져 다리가 부러졌습니다. 마을 사람들이 이를 위로하자 노옹은 조금도 슬픈 기색이 없이 태연하게 다시 말합니다.
"누가 아오? 이 일이 복이 될는지?"
그로부터 1년이 지난 어느 날, 오랑캐가 대거 침입해 오자 마을 장정들은 이를 맞아 싸우러 나갔다가 모두 전사하고 말았습니다. 그러나 노옹의 아들만은 절름발이었기 때문에 무사했다는 이야기입니다. 여기에서 생겨난 말이 '인간만사 새옹지마'라는 말입니다. 인간 세상에서 복이 화가 되고, 화가 복이 되는 순간들이 너무 많기 때문에 그렇습니다. 이 세상일을 볼 때 그 변화가 너무 깊어 측량할 수가 없습니다. 그런데 이 비밀을 전도서 기자가 명쾌하게 밝혀주고 있습니다. 창조주 하나님이 '형통한 날'과 '곤고한 날', 이 두 가지를 병행하게 하셨다는 것입니다. 날씨도 항상 맑은 날만 있는 것이 아니고, 비 오는 날도 있듯이, 하나님께서도 인간의 삶 속에 이 두 가지를 두셨다는 것입니다.

이것은 전적인 하나님의 섭리입니다. 하나님이 그렇게 하신 것입니다. 그러므로 우리는 어떠한 경우라 하더라도 하나님의 섭리를 확신하고 그분을 의지하고 바라볼 수 있어야합니다. 그리하면 우리도 형통한 날에는 기쁨을 누리게 되고, 곤고한 날에는 귀한 교훈을 얻게 되는 복된 삶을 살게 될 것입니다.

축복기도/prayer
섭리하시는 하나님, 저희로 하나님의 섭리하심을 깨닫는 지혜가 있게 하옵소서. 창조주 하나님께서는 형통한 날과 곤고한 날을 병행하게 하셨다는 것을 기억하여, 어느 날에 처하든지 하나님을 의뢰하면서 살아갈 수 있게 하옵소서. 형통한 날에는 하나님을 기뻐하면서 더욱 감사할 수 있게 하시고, 곤고한 날에는 자신의 삶을 되돌아보며 하나님이 주시는 교훈을 얻을 수 있게 하옵소서. 예수 그리스도의 이름으로 기도합니다. 아멘

[생활이 곤고하다고 생각하는 자] 하나님을 가까이함

하나님도 근심하신다

· 찬송 | 338장, 183장   · 성경 | 사사기 10장 16절

"자기 가운데서 이방 신들을 제하여 버리고 여호와를 섬기매 여호와께서 이스라엘의 곤고로 말미암아 마음에 근심하시니라"

위로와 권면/sermon

우리가 믿는 하나님도 근심하십니다. 우리는 "어떻게 하나님이 근심하실까?" 의아해할 수 있겠지만 하나님은 분명히 근심하시는 분이십니다. 그런데 하나님이 근심하시는 것은 다른 것보다도 우리 때문에 근심하시는 것입니다.

오늘 말씀에 보면 하나님께서 이스라엘의 곤고함으로 말미암아 마음에 근심하셨다고 했습니다. 따라서 우리의 곤고함을 보시고 하나님이 근심하시는 분이십니다.

그리고 우리의 영혼을 만지시고 곤고한 내 삶을 만져 주십니다. 그래서 우리는 하나님을 가까이 해야만 하는 것입니다. 그분께 아뢰고 기도해야만 합니다. 기도할 때 하나님은 확실한 기도 응답을 주십니다. 그러므로 기도한 경험이 많은 사람일수록 응답의 체험을 많이 하게 되어 있습니다. 그리고 기도 응답의 체험이 많은 사람들은 어떤 일들을 당해도 당황하지 않고 주님을 부인하지 않습니다.

백동조 목사님이 시무하시는 목포 사랑의 교회 현관에는 이런 표어가 붙어 있다고 합니다.

"죽더라도 예배드리자", "쓰러져도 새벽기도 하자", "못 먹어도 성경 읽자", "굶더라도 십일조하자."

하나님의 백성들에게 하나님을 대면하는 시간보다 더 복된 시간은 없습니다. 할 수 있으면 우리는 하나님을 힘써서 찾아야만 합니다. 그래야 우리의 곤고한 삶이 기쁨과 희망으로 넘칠 수 있습니다.
성도(직분)님, 곤고한 생활 때문에 힘드십니까? 마음이 답답하고 하루하루가 지겹게 느껴지십니까? 하나님께서도 그 곤고한 사람 가운데 있는 자를 보시며 근심하고 계십니다.

성도(직분)님, 우리의 곤고한 영혼을 만져 주시는 하나님을 가까이 하실 수 있기를 바랍니다. 우리의 곤고한 영혼을 만져 주실 이는 하나님 한 분밖에 없습니다. 그분을 힘써서 찾고 기도함으로 곤고한 영혼에 단비를 내려 주시는 주님의 은혜를 경험하시기 바랍니다. 그리하여 어떤 일을 당해도 주눅 들지 않고 기쁜 찬송을 부를 수 있는 담대한 믿음의 사람이 되시기 바랍니다.

축복기도/prayer
근심하시는 하나님, 오늘 말씀을 통하여 저희가 믿는 하나님도 저희 때문에 근심하신다는 사실을 깨닫습니다. 그리고 저희의 영혼을 만져 주시고 곤고한 삶을 만져 주시는 하나님이심을 깨닫습니다. 그 하나님을 가까이할 수 있는 저희의 삶이 되게 하여 주옵소서. 그 하나님을 힘써 찾고 기도함으로 응답의 체험이 많아지는 삶이 되게 하옵소서. 확신을 가지고 담대하게 나아가는 믿음의 사람이 되게 하옵소서. 예수 그리스도의 이름으로 기도합니다. 아멘

[징계를 받고 있다고 생각하는 자] 사랑의 증거

사랑하기 때문에

· 찬송 | 543장, 569장   · 성경 | 히브리서 12장 6~8절

"주께서 그 사랑하시는 자를 징계하시고 그가 받아들이시는 아들마다 채찍질 하심이라 하였으니 너희가 참음은 징계를 받기 위함이라 하나님이 아들과 같이 너희를 대우하시나니 어찌 아버지가 징계하지 않는 아들이 있으리요 징계는 다 받는 것이거늘 너희에게 없으면 사생자요 친아들이 아니니라"

위로와 권면/sermon

길을 가는데 공원벤치에서 중학교 학생들이 담배를 피우고 있습니다. 그 모습을 보고 모두가 속으로 한마디씩 하면서 지나가지만 가서 그 학생들을 제지하거나 책망하는 사람은 아무도 없습니다. 세상이 무서우니까 그러다가 무슨 봉변을 당할지도 모른다는 생각에서 그냥 지나가기도 하지만, 더 중요한 이유는 내가 사랑하고 내가 기대하는 내 아들, 내 딸이 아니기 때문입니다. 만약 내 아들이 그러고 있으면 당장 달려가서 한 대 때리거나 크게 야단칠 것입니다. 왜냐하면 내가 사랑하는 아들이요, 내가 기대하는 딸이기 때문입니다.

하나님 아버지도 마찬가지입니다. 당신의 아들이 아니고 당신의 백성이 아니면 웬만큼 잘못해도 그냥 내버려 둡니다. 징계를 하지 않습니다. 그래서 많은 시편의 기자들은 왜 악인이 형통하냐? 고 따지기도 했습니다만, 악인이 형통한 것은 그들이 하나님의 백성이 아니기에 잠시 그 상태로 내버려 두시기 때문입니다.

그러나 하나님의 백성들이, 하나님의 자녀들이 잘못하면 하나님은 그들을 사랑하시기 때문에 그냥 두지 않고 그들을 책망하십니다. 그렇게 살아서는 안 되기에 그들을 징계하십니다. 그래서 올바른 삶을 살도록 이끄십니다. 우리에게 고난이 있다는 것은 하나님이 우리를 사랑하시는 증거요 우리가 하나님의 백성이 되고 자녀가 되었음을 증거해 주는 것입니다.

영국의 위대한 영성가 C. S. 루이스는 "우리에게 고난이 없다면 무엇으로 하나님의 사랑을 느낄 수 있겠는가?"라고 말했습니다. 사랑하기 때문에 고난이 있습니다. 사랑하기 때문에 채찍이 있습니다. 그러므로 우리는 고난당할 때 불평과 원망을 앞세울 것이 아니라 그 고난 속에서 하나님의 사랑을 더욱 느낄 수 있도록 기도해야만 하겠습니다. 하나님은 나의 아버지이십니다.

축복기도/prayer
은혜로우신 하나님, 하나님은 저희를 사랑하시는 하나님이심을 믿습니다. 하나님은 저희를 사랑하시기 때문에 징계도 하시는 하나님이심을 깨닫습니다.
그러므로 저희에게 하나님의 징계 같은 것이 느껴질 때, 불평하거나 원망하지 말게 하시고, 자신의 삶을 철저히 돌아보며 성찰할 수 있게 하여 주옵소서. 그리하여 어긋난 것은 바로 잡을 수 있게 하시고, 잘못된 것은 바로 고칠 수 있는 결단이 있게 하옵소서. 또한 징계를 통하여 저희를 올바른 삶으로 이끄시는 하나님의 사랑에 더욱 감사하고 영광을 돌릴 수 있게 하옵소서. 예수 그리스도의 이름으로 기도합니다.
아멘

[실패 때문에 좌절하고 있는 자] 숨겨진 길을 찾아냄

길을 찾는 사람만이

· 찬송 | 375장, 308장   · 성경 | 15장 25~28절

"이에 다윗과 이스라엘 장로들과 천부장들이 가서 여호와의 언약궤를 즐거이 메고 오벧에돔의 집에서 올라왔는데 하나님이 여호와의 언약궤를 멘 레위 사람을 도우셨으므로 무리가 숫송아지 일곱 마리와 숫양 일곱 마리로 제사를 드렸더라<중략> 이스라엘 무리는 크게 부르며 뿔 나팔과 나팔을 불며 제금을 치며 비파와 수금을 힘 있게 타며 여호와의 언약궤를 메어 올렸더라"

위로와 권면/sermon

우리가 살다 보면 성공하리라 믿었던 것에 대하여 실패를 경험할 때가 있습니다. 사람은 누구나 실패를 경험하게 됩니다. 그러나 모두 같은 반응을 보이는 것은 아닙니다. 어떤 사람들은 실패에 매몰되어서 헤어 나오지 못 합니다. 실패로 인한 공허함을 이겨 내지 못해 자포자기하거나 인생을 허비하기도 합니다. 반면 자신의 실패를 성공으로 연결하는 사람도 있습니다. 그들은 실패한 원인을 찾아 연구하고 노력하다가 그 속에서 성공의 가능성을 발견합니다.

오늘 말씀에 소개되는 다윗도 실패를 성공으로 연결한 사람입니다. 다윗은 하나님의 은혜로 왕이 되었을 때, 이제까지 방치되어 오던 하나님의 법궤를 예루살렘 성으로 들여오려고 했습니다. 그런데 갑자기 소가 날뛰어서, 소를 진정시키려고 하다가 웃사가 죽는 큰 어려움에 처하게 됩니다. 이제 다윗의 계획은 실패로 끝나는 듯합니다. 그는 하나님의 궤를 옮겨오는 일에 두려움을 느낍니다. 이처럼 한 번 실패를 경험한 사람이 똑같은 일에 다시 도전하는 것은 무척이나 어려운 일입니다. 그러나 다윗은 하나님의 궤가 머문 오벧에돔의 집이 복을 받는 모습을 보고 법궤를 들여오는 일을 다시 시도합니다. 결국 다윗은 법궤를 들여오는 일에 멋지게 성공을 합니다. 이는 다윗이 자신의 실패를 정확히 파악하고 하나님의 말씀대로 정확하게 계획을 세워 법궤를 운반했기 때문입니다(대상 15장).

성도(직분)님, 오늘 말씀이 주는 교훈이 무엇일까요? 실패 속에서 길을 찾았다는 것입니다. 오늘날 우리도 세상을 살면서 실패할 수 있습니다. 실패는 누구에게나 찾아옵니다. 다만 그 실패 속에서 길을 찾는 사람만이 성공을 거둘 수 있습니다. 고(故) 정주영 회장이 현대 신화를 이룰 수 있었던 것은 실패 속에서 길을 찾았기 때문입니다. 그래서 그가 남긴 좌우명이 "시련은 있을지라도 실패는 없다"입니다.

성도(직분)님, 실패 속에서 다시금 길을 찾아보시기 바랍니다. 성공의 키워드가 분명히 보일 것입니다.

축복기도/prayer

은혜의 주님, 저희가 하나님을 섬기지만 세상을 살면서 종종 실패할 때가 있음을 고백합니다. 그러나 하나님을 섬긴다고 하여 실패가 없는 것이 아니라, 실패는 누구에게나 찾아오는 것임을 잊지 말게 하옵소서. 실패 속에서 낙심하거나 실족하지 않게 하시고, 문제의 원인을 찾아내어 다시 시도할 수 있는 믿음의 사람이 되게 하옵소서. 우리 주님은 저희의 실패 속에 성공의 키워드를 숨겨놓고 계신 줄 믿습니다.
예수 그리스도의 이름으로 기도합니다. 아멘

[고난 때문에 힘들어 하는 자] 고난의 유익함

고난이 주는 유익함

· 찬송 | 341장, 342장   · 성경 | 시편 119편 71~72절

"고난당한 것이 내게 유익이라 이로 말미암아 내가 주의 율례들을 배우게 되었나이다 주의 입의 법이 내게는 천천 금은보다 좋으니이다"

위로와 권면/sermon

북해도에서 청어를 잡아 런던 시장에 내다 파는 어부들에게는 공통된 고민거리가 있었습니다. 청어를 싣고 런던에 도착해 보면 고기들이 이미 죽어 있었던 것입니다. 그래서 이들은 어떻게 하면 청어를 싱싱하게 살아 있는 채로 시정에 내다 팔 수 있을지를 늘 고민하였습니다.

그런데 참으로 이해할 수 없는 일이 있었습니다. 어부 중에 한 사람은 언제나 싱싱한 청어를 내다 파는 것이었습니다. 알고 보니 그의 방법은 청어를 담은 어항에 메기 한 마리를 넣는 것이었습니다. 메기가 어항에 들어오면 청어들은 메기를 피하려고 계속 헤엄쳐 다니므로 죽지 않는다는 것이었습니다.

성도(직분)님, 지금 많이 힘드시죠? 넘어지거나 실족하지 마시기 바랍니다. 하나님이 우리에게 종종 고난을 허락하실 때가 있습니다. 그것은 우리를 죽은 믿음이 아닌, 산 믿음을 가진 온전한 그리스도인으로 세우시기 위한 그분의 사랑이요 애정입니다.

잘 아시듯이, 우리의 믿음은 시간이 지남에 따라 점점 식을 수도 있고, 아예 잃어버릴 수도 있습니다. 또한 빼앗길 수도 있습니다. 사탄은 지금도 여전히 우리의 믿음을 빼앗으려고 우는 사자같이 삼킬 자를 찾아다니고 있기 때문입니다(벧전 5:8).

그러므로 우리는 깨어 있어야 합니다. 그러나 안타깝게도 그렇지 못할 때가 얼마나 많습니까? 그때 하나님께서는 우리가 정신을 차리도록 하시기 위하여 고난을 통하여 흔들어 깨우시는 것입니다. 그러니 고난이 하나님의 사랑이지요. 고난이 그분의 은혜이지요.

그래서 오늘 말씀에 시편 기자는 "고난당한 것이 내게 유익이라 이로 말미암아 내가 주의 율례들을 배우게 되었나이다."라고 감사의 고백을 한 것입니다. 성도(직분)님도 하나님이 주시는 고난의 유익함에 대하여 감사의 고백을 드리며 찬양할 수 있는 믿음의 사람이 되시기를 축복합니다.

축복기도/prayer
사랑의 주님, 저희로 고난을 통하여 저희의 신앙을 흔들어 깨우시는 하나님의 사랑과 은혜를 깨닫게 하옵소서. 시간이 지남에 따라 저희의 믿음이 식어지고, 신앙의 게으름이 올 수 있기 때문에, 하나님께서는 고난을 통하여 저희의 잠자는 신앙을 흔들어 깨우시는 줄 믿습니다.
그러므로 하나님이 허락하시는 고난에 대하여 감사할 수 있게 하시고, 고난을 달게 받을 수 있는 기쁨이 있게 하여 주옵소서. 예수 그리스도의 이름으로 기도합니다. 아멘

[모든 것을 포기한 자] 도우시는 하나님

포기하지 않으면 된다

· 찬송 | 337장, 400장   · 성경 | 시편 43편 1~5절

"하나님이여 나를 판단하시되 경건하지 아니한 나라에 대하여 내 송사를 변호하시며 간사하고 불의한 자에게서 나를 건지소서 주는 나의 힘이 되신 하나님이시거늘 어찌하여 나를 버리셨나이까 내가 어찌하여 원수의 억압으로 말미암아 슬프게 다니나이까 주의 빛과 주의 진리를 보내시어 나를 인도하시고 주의 거룩한 산과 주께서 계시는 곳에 이르게 하소서 그런즉 내가 하나님의 제단에 나아가 큰 기쁨의 하나님께 이르리이다 하나님이여 나의 하나님이여 내가 수금으로 주를 찬양하리이다 내 영혼아 네가 어찌하여 낙심하며 어찌하여 내 속에서 불안해 하는가 너는 하나님께 소망을 두라 그가 나타나 도우심으로 말미암아 내 하나님을 여전히 찬송하리로다"

위로와 권면/sermon

1995년 12월 8일, 프랑스의 세계적인 여성잡지 엘르(Elle)의 편집장이며 준수한 외모와 화술로 프랑스 사교계를 풍미하던 43세의 「장 도미니크 보비」가 뇌졸중으로 쓰러졌습니다. 3주 후, 그는 의식을 회복했지만 전신마비가 된 상태에서 유일하게 왼쪽 눈꺼풀만 움직일 수 있게 되었습니다.

얼마 후, 그는 눈 깜빡임 신호로 알파벳을 지정해 글을 썼습니다. 그런 식으로 대필자인 「클로드 망디빌」에게 20만 번 이상 눈을 깜박여 15개월 만에 쓴 책이 '잠수복과 나비'입니다. 책 출간 8일 후, 그는 심장마비로 그토록 꿈꾸던 나비가 되었습니다. 그는 서문에서 이렇게 썼습니다. "흘러내리는 침을 삼킬 수만 있다면 세상에서 가장 행복한 사람입니다."

그의 말에 따르면 자연스런 들숨과 날숨을 가진 것만으로도 우리는 행복한 사람입니다. 불평과 원망은 행복에 겨운 자의 사치스런 신음입니다.

성도(직분)님, 혹 지금 어려운 일들로 인하여 힘들어하고 있습니까? 그러나 길은 잃어도 희망을 포기하지 않으면 길을 찾을 수 있습니다. 기회는 위기 덕분이고 내면의 진가는 외면의 고통 덕분이라는 것을 기억해 보세요. 어렵다고 포기만 하지 않으면 됩니다. 만신창이가 되어도 사는 길은 분명히 있습니다. 넘어진 곳이 일어서는 곳이라는 것을 기억합시다. 별은 멀리 있기에 아름다운 것처럼, 축복은 조금 멀리 있어 보일 때 오히려 인생에 있어서 보약이 된다는 것을 기억합시다.

그러므로 오늘 말씀에 시인이 고백한 대로 낙심하지 맙시다. 불안해하지 맙시다. 우리에겐 도우시는 하나님이 계십니다. 우리를 붙들고 계시는 하나님이 계십니다. 그 하나님을 소망하실 수 있기를 바랍니다.

축복기도/prayer

소망의 하나님, 저희가 절대로 포기하지 않는 삶을 살아가게 하옵소서. 포기하지 않으면 분명히 희망을 찾게 되는 줄 믿습니다. 포기하지 않으면 분명히 주님의 축복을 담아내는 인생이 되게 하실 것을 믿습니다. 낙망하지 않으면 우리를 도우시는 하나님을 날마다 경험하는 삶이 되게 하실 것을 믿습니다. 도우시는 하나님을 굳게 의지하게 하옵소서. 예수 그리스도의 이름으로 기도합니다. 아멘

[어렵고 힘든 상황에 놓인 자] 기도의 줄

기도는 실패가 없다

· 찬송 | 88장, 369장   · 성경 | 야고보서 5장 13~18절

"너희 중에 고난당하는 자가 있느냐 그는 기도할 것이요 즐거워하는 자가 있느냐 그는 찬송할지니라 너희 중에 병든 자가 있느냐 그는 교회의 장로들을 청할 것이요 그들은 주의 이름으로 기름을 바르며 그를 위하여 기도할지니라 믿음의 기도는 병든 자를 구원하리니 주께서 그를 일으키시리라 혹시 죄를 범하였을지라도 사하심을 받으리라<후략>"

위로와 권면/sermon

아일랜드의 한 청년이 결혼식을 하루 앞두고 사랑하는 약혼녀가 익사하는 아픔을 당했습니다. 그는 슬픔을 극복하지 못하고 절망의 늪에 빠졌습니다. 친구들과 주위 사람들의 권유에 따라 이 청년은 아픔의 장소를 피하여 캐나다로 갔습니다. 그러나 그곳에 안주하기도 전에 고향에 계신 어머니가 중병으로 죽음을 기다리고 있다는 소식이 들려왔습니다.

그는 죽고 싶었습니다. 세상의 모든 불행이 한꺼번에 자기를 향하여 토네이도처럼 몰려오는 것 같았습니다. 그 청년은 하나님 앞에 무릎을 꿇었습니다. 그리고 흐느끼며 부르짖었습니다. "주님! 어머니의 병을 고쳐 주세요. 응답해 주세요. 평생을 하나님의 영광을 위하여 살겠습니다."고 결단의 기도를 드렸습니다.

그 순간 하나님의 놀라운 위로와 평화가 가슴 속 깊이 스며들었습니다. 이때 떠오른 영감으로 지은 찬송이 "시험 걱정 모든 괴롬 없는 사람 누군가 부질없이 낙심 말고 기도드려 아뢰세" 찬송가 369장입니다. 그리고는 고향에 전화해서 어머니의 안부를 물었습니다. 그는 중병을 앓던 어머니가 거짓말처럼 완전히 치료되었다는 기쁜 소식을 들었습니다. 이 청년이 바로 「조지프 스크리븐」입니다. 스크리븐이 울부짖으며 드린 기도는 어머니를 살려내는 기적을 일으켰습니다.

오늘 말씀은 기도에 대한 확실한 응답과 하나님의 역사하심에 대하여 우리에게 확신을 주고 있는 말씀입니다. 어렵고 힘들 때, 하나님께 기도 무릎을 꿇을 줄 아는 자는 절대로 넘어지지 않습니다. 왜냐하면 하나님은 실패가 없는 분이시고, 그분께 기도하는 우리의 기도 또한 실패가 없기 때문입니다.

어렵고 힘들 때, 더욱 기도의 줄을 놓지 않는 성도(직분)님 되시기 바랍니다. 하나님의 은혜의 빗줄기가 우리의 갈급한 영혼을 촉촉이 적실 것입니다.

축복기도/prayer
사랑의 하나님, 지금도 하나님께서는 기도무릎의 능력을 저희들에게 공급해 주시기를 원하고 계시는 줄 믿습니다. 저희로 하여금 언제나 기도의 능력을 공급받을 수 있는 믿음의 삶이 되게 하시고, 특히 어렵고 힘들 때, 더욱 간절히 하나님을 향하여 두 손을 높이 들고 부르짖을 수 있는 기도의 사람이 되게 하여 주옵소서. 지금도 하나님께서는 갈급한 영혼에게 하늘 문을 여셔서 은혜의 빗줄기를 내려 주시고 계시는 줄 믿습니다. 예수 그리스도의 이름으로 기도합니다. 아멘

[직장에서 해고당한 자] 하나님의 역사

전화위복(轉禍爲福)

· 찬송 | 344장, 546장   · 성경 | 고린도전서 10장 13절

"사람이 감당할 시험 밖에는 너희가 당한 것이 없나니 오직 하나님은 미쁘사 너희가 감당하지 못할 시험 당함을 허락하지 아니하시고 시험 당할 즈음에 또한 피할 길을 내사 너희로 능히 감당하게 하시느니라"

위로와 권면/sermon

1800년대 초 미국 어느 세관에서 일하던 남성이 갑자기 해고를 당했습니다. 그는 낙심한 채로 집에 돌아와 아내에게 자기가 직장에서 해고된 것을 이야기하면서 괴로워했습니다.

"나는 이제 어떻게 하지? 나는 정말 무능한 사람인 모양이야."

아내가 그를 위로해 주었습니다.

"여보, 힘내세요! 당신은 평소에 글 쓰는 것을 좋아했잖아요. 그러니 지금부터라도 글을 쓰시면 될 거예요."

"아니 무얼 먹고 살려고?"

"제가 이럴 때를 대비해서 푼푼이 모아 놓은 돈이 있어요. 그 돈이면 일 년은 걱정하지 않고 살 수 있을 거예요."

"일 년 안에 잘 팔리는 글을 쓸 수 있을까?"

"당신이 하나님을 의지하면 하나님께서 당신을 도우실 거예요."

두 사람은 그 자리에서 무릎을 꿇었습니다. 하나님을 의지하는 심정으로 하나님의 도우심을 구하면서 간절히 기도했습니다. 과연 그로부터 얼마 되지 않아서 그는 한편의 장편소설을 발표했습니다.

그리고 대히트를 쳤습니다. 미국이 낳은 소설 가운데 가장 위대한 작품으로 꼽힌 것입니다. 그 소설의 제목은 "주홍글씨(The Scarlet Letter)"입니다.

작가의 이름은 나다나엘 호손(Nathaniel Hawthorne)입니다. 그의 삶 속에 던져진 하나의 나쁜 상황이 오히려 그를 무명의 사람에서 역사적인 인물로 바꾸어 놓은 것입니다. 이와 같이 하나님께서는 당신을 의지하는 자에게 피할 길을 예비하시고 그 발걸음을 좋은 곳으로 인도하시는 분이십니다. 절망의 현장을 희망의 현장으로 바꾸어 놓으시는 하나님이십니다.

성도(직분)님도 지금 직장을 잃게 되어 많이 힘드시겠지만, 이럴 때일수록 주님의 말씀을 붙들고, 주님을 더욱 의지하실 수 있기를 바랍니다. 우리가 믿는 하나님은 반드시 전화위복(轉禍爲福)이 되게 해 주시는 하나님이십니다. 우리의 안 좋은 환경이 하나님의 역사를 경험하기에 가장 좋은 현장이 될 수 있습니다. 지금도 살아계셔서 역사하시는 하나님을 만나는 축복의 현장이 될 수 있습니다.

축복기도/prayer

돌보시는 하나님, 성도(직분)님의 마음을 붙들어 주옵소서. 실족하지 않도록 주님의 능력으로 지켜 주시기를 원합니다. 지금 안 좋은 상황일지라도 합력하여 선을 이루시는 주님을 바라보며 끝까지 인내할 수 있게 하여 주옵소서. 하나님을 굳게 의지하는 자를 반드시 복된 길로 이끄실 것을 믿습니다. 더 좋은 자리로 인도하실 것을 믿습니다. 전화위복이 되게 하시는 예수 그리스도의 이름으로 기도합니다. 아멘

[극심한 어려움을 겪고 있는 자] 길을 열어 주심

하늘 보좌를 향하여

· 찬송 | 407장, 539장   · 성경 | 미가 7장 7절

"오직 나는 여호와를 우러러보며 나를 구원하시는 하나님을 바라보나니 나의 하나님이 나에게 귀를 기울이시로다"

위로와 권면/sermon
비행 항공술의 선구자인 『핸드리 페이지』가 어느 날 최신 비행기를 타고 에어쇼에 참가하게 되었습니다. 많은 사람들이 지켜보는 가운데 멋진 이륙에 성공했습니다. 그런데 한참 묘기를 보이며 비행기를 조종하는데 뒤에서 무엇인가 갉아대는 소리가 들렸습니다.
고개를 돌려보니 아뿔사! 쥐가 들어온 것입니다. 이 쥐는 비행 묘기를 하는 동안 긴장하여 전기배선을 닥치는 대로 갉아대는 것이었습니다. 만약 합선이 된다거나 전선이 끊기면 비행기는 추락할 수밖에 없는 것입니다. 그것을 생각하니 가슴이 철렁 내려앉았습니다. 내려다보니 바다와 사막뿐이었습니다. 불시착을 하면 되겠지만, 비행기의 효능뿐 아니라 자신의 명예에 치명타가 될 것 같아서 차마 그럴 수가 없었습니다. 할 수 있는 것은 기도밖에 없었습니다.
그 때 영감이 섬광처럼 뇌리를 스쳐갔습니다. '나머지는 주님께 맡기고 하늘 보좌를 향해 높이 높이 비행하라!' 핸들을 바짝 끌어당겨 고도를 최대한으로 높였습니다. "위로 위로, 더 높이 보좌를 향해 올라라! 하늘 높이 올라가자!"
그런데 이상한 일이 일어났습니다. 쥐가 갉아대는 소리가 들리지 않는 겁니다. 위로부터 내려 주시는 음성에 순종하여 높이 높이 비행하자마자 신기하게도 쥐가 죽어버린 것입니다. 후에 안 일이지만, 쥐는 사람보다 더 많은 산소를 필요로 하는 동물이라는 것입니다. 그래서 높이 비행하자 산소가 부족하여 죽어버린 것입니다.

우리는 문제가 생기면 현실을 바라보고 그곳으로 내려가야 일이 쉽게 해결될 것으로 생각합니다. 그래서 아래만을 바라볼 때가 많습니다. 그러나 그 순간 하나님을 바라보고 기도하면 하나님이 살 길을 열어 주십니다.

성도(직분)님, 오늘 본문에 미가 선지자가 결심한 말씀을 마음에 새겨보시기 바랍니다. 우리를 도우실 분은 하나님밖에 없습니다. 하나님만이 우리의 구원자이십니다. 하늘을 우러러 하나님을 바라보세요. 하나님께 도움을 요청하세요. 그러면 하나님이 들으시고 지금의 상황에서 헤쳐 나갈 수 있는 길을 분명히 열어 주실 것입니다. 하나님은 성도(직분)님 편이십니다.

축복기도/prayer
구원의 주님, 지금 성도(직분)님이 극심한 어려움을 겪고 있습니다. 그의 고통을 누가 헤아릴 수 있겠습니까? 사람의 말이 그에게 얼마나 위로가 되겠습니까? 하나님만이 진정한 위로자시요, 구원자이신 것을 믿습니다. 성도(직분)님이 하늘을 우러러 하나님을 바라볼 수 있게 하옵소서. 하나님께 도움을 요청할 수 있게 하옵소서. 우리 하나님께서 헤쳐 나갈 수 있는 길을 분명히 열어 주실 것을 믿습니다. 하나님은 성도(직분)님의 편이신 것을 믿습니다. 예수 그리스도의 이름으로 기도합니다. 아멘

[환난 앞에서 흔들리고 있는 자] 두려워하지 않음

참 신앙과 가짜 신앙

· 찬송 | 450장, 546장   · 성경 | 베드로전서 4장 12~13절

"사랑하는 자들아 너희를 연단하려고 오늘 불 시험을 이상한 일 당하는 것 같이 이상히 여기지 말라 오히려 너희가 그리스도의 고난에 참여하는 것으로 즐거워하라 이는 그의 영광을 나타내실 때에 너희로 즐거워하고 기뻐하게 하려 함이라 너희가 그리스도의 이름으로 치욕을 당하면 복 있는 자로다 영광의 영 곧 하나님의 영이 너희 위에 계심이라"

위로와 권면/sermon

참 신앙과 가짜 신앙을 어떻게 구분할 수 있을까요?
참 신앙은 아무리 어려운 일이 다가와도 결코 흔들리지 않습니다. 참 신앙을 가진 자들에게는 환난이라는 것은 도리어 하나의 기회로 여길 뿐입니다.
그래서 오늘 말씀에 베드로는 불 시험을 이상한 것으로 보지 말고 오히려 당연한 것으로 받아들이라는 것입니다. 왜냐하면, 그 시험을 지나면 더 기쁘고 즐거운 모습이 있기 때문입니다. 그래서 참 신앙을 가진 자는 환난을 두려워하지 않습니다. 오히려 환난을 즐기는 자가 됩니다. 환난 후에 있을 더 큰 기쁨을 보기 때문입니다.

하지만 참 신앙이 아닐 때는 다릅니다. 참 신앙이 아닐 때는 조그마한 어려움이 와도 넘어집니다. 그 안에 생명 자체가 없었기 때문입니다. 신앙의 뿌리가 없었기 때문에 바람이 조금만 세게 불어도 뿌리 채 뽑혀 날아가고 마는 것입니다.

알곡과 쭉정이가 어떻게 다릅니까? 약간의 바람만 불면 이 둘의 차이는 금방 알아볼 수 있습니다. 알곡은 바람이 불어도 그냥 있습니다. 속이 꽉 찼기 때문입니다. 하지만 쭉정이는 바람 부는 대로 이리저리 나뒹구는 것입니다. 속이 비어있기 때문입니다.

성도(직분)님, 환난은 바로 바람과 같은 것입니다. 이것을 통하여 참된 신앙은 더욱 연단 받는 것이고, 그렇지 못한 신앙은 자신의 본래의 모습, 곧 신앙 없음을 드러내는 것입니다. 그러므로 우리가 참 신앙인라면 환난이 와도 기뻐하고, 그 환난을 즐길 줄 알아야 합니다. 그리스도의 고난에 참여하는 것으로 생각하면서 말입니다. 그리스도의 이름으로 환난을 받으면 영광의 영, 곧 하나님의 영이 우리 위에 계심을 잊지 말아야겠습니다.

축복기도/prayer
은혜의 주님, 오늘 저희는 주님이 보시기에 참신앙의 소유자입니까? 아니면 가짜 신앙의 소유자입니까?
저희의 신앙의 현주소가 어떠한지를 깨닫는 은혜를 더하여 주옵소서. 그리하여 주님이 인정하시는 참 신앙을 소유한 신앙의 사람이 되게 하여 주옵소서. 고난이 와도, 환난이 닥쳐도 끄떡 않고 오히려 즐길 수 있게 하시고, 주님을 위해서라면 불속에라도 뛰어들 수 있는 참신앙의 사람으로 살게 하옵소서. 예수 그리스도의 이름으로 기도합니다. 아멘

[하나님을 바라보지 못하는 자] 눈물의 기도

야곱의 눈물

· 찬송 | 315장, 407장   · 성경 | 호세아 12장 3~6절

"야곱은 모태에서 그의 형의 발뒤꿈치를 잡았고 또 힘으로는 하나님과 겨루되 천사와 겨루어 이기고 울며 그에게 간구하였으며 하나님은 벧엘에서 그를 만나셨고 거기에서 우리에게 말씀하셨나니 여호와는 만군의 하나님이시라 여호와는 그를 기억하게 하는 이름이니라 그런즉 너의 하나님께로 돌아와서 인애와 정의를 지키며 항상 너의 하나님을 바랄지라"

위로와 권면/sermon

오늘 말씀은 기도하는 야곱의 모습을 가장 잘 보여 주고 있는 말씀입니다. 야곱은 하나님께 기도할 때 울며 간구했습니다. 울며 간구했다는 것은 하나님께 통사정하며 부르짖었다는 말입니다. 결코 포기하지 않는 집념을 가지고, 하나님께 매달려 기도한 것입니다. 야곱이 이렇게 기도한 이유가 무엇일까요?

그는 벼랑 끝에 선 것 같은 인생의 문제에 직면해 있었기 때문입니다. 자기 스스로 해결할 수 있는 문제가 아니었습니다. 하나님이 만져주시지 않으면 그는 절망의 벼랑 끝에서 헤어 나온다는 것이 도무지 불가능했습니다. 그랬기에 그는 울며 기도했고, 천사를 붙잡고 축복을 받기까지 결사적으로 부르짖어 기도했습니다. 야곱은 자신이 절망의 벼랑 끝에 서있었지만 모든 문제를 해결해 주시는 하나님을 붙잡으면 해결될 줄 믿은 것입니다.

성도(직분)님, 세상이 우리에게 주는 것은 완전한 것이 없습니다. 모든 것이 불완전한 것들뿐입니다. 우리는 불완전한 것들에 기대를 걸거나 미련을 가져서는 안 됩니다.

그래서 완전하신 하나님을 바라보아야 하는 것입니다. 크게 하심과 강하게 하심이 다 하나님의 손에 달려있습니다. 부하거나 가난하게 하심도 다 하나님의 손에 달려있습니다. 높이기도 하시고 낮추기도 하시는 것이 다 하나님께 있는 것입니다. 우리를 향하신 하나님의 축복의 씨앗은 야곱이 드린 것 같은 애절한 눈물의 기도를 통해 자랍니다. 기도의 거름을 통해 자라는 것입니다.

성도(직분)님, 우리도 우리 스스로 해결할 수 없는, 벼랑 끝에 선 것 같은 문제가 있을 때, 도무지 헤쳐 나갈 수 있는 길이 보이지 않을 때, 오늘 말씀의 야곱처럼 하나님께 애절한 눈물의 기도를 드려봅시다. 하나님께서 우리의 영혼을 어루만져주시고 확실한 회복의 은혜를 더하여 주실 것입니다.

축복기도/prayer

함께하시는 하나님, 저희는 스스로 해결할 수 없는 문제가 있을 때 어떤 태도를 취했는지요? 오늘 야곱의 기도를 보면서 저희도 하나님께 간절히 부르짖을 수 있는 기도의 사람이 되게 하여 주옵소서. 야곱이, 하나님께서 모든 문제를 해결해 주실 것을 믿고 간구하였듯이, 오늘 저희도 그와 같은 믿음을 가지고 주님께 간구할 수 있게 하여 주옵소서. 야곱이 주님께 간절히 기도함으로 회복의 은혜를 체험했듯이, 저희에게도 그와 같은 기도의 은혜가 있게 하여 주옵소서. 예수 그리스도의 이름으로 기도합니다. 아멘

[시험을 이기지 못하는 자] 시험을 이기는 비결

하나님을 다급하게 한 사람

· 찬송 | 400장, 546장   · 성경 | 창세기 22장 1~14절

"그 일 후에 하나님이 아브라함을 시험하시려고 그를 부르시되 아브라함아 하시니 그가 이르되 내가 여기 있나이다 여호와께서 이르시되 네 아들 네 사랑하는 독자 이삭을 데리고 모리아 땅으로 가서 내가 네게 일러 준 한 산 거기서 그를 번제로 드리라 아브라함이 아침에 일찍이 일어나 나귀에 안장을 지우고 두 종과 그의 아들 이삭을 데리고 번제에 쓸 나무를 쪼개어 가지고 떠나 하나님이 자기에게 일러 주신 곳으로 가더니 제 삼일에 아브라함이 눈을 들어 그 곳을 멀리 바라본지라 이에 아브라함이 종들에게 이르되 너희는 나귀와 함께 여기서 기다리라 내가 아이와 함께 저기 가서 예배하고 우리가 너희에게로 돌아오리라 하고<후략>"

위로와 권면/sermon

오늘 말씀은 아브라함이 하나님의 말씀에 순종하여 이삭을 번제로 드리는 내용입니다. 아브라함이 이삭을 죽이려 하자 하나님께서 아주 다급하게 아브라함을 부르시는 장면이 우리의 시선을 고정시킵니다. 아브라함이 하나님께 이삭을 제물로 드릴 때 어떤 모습이었습니까? 하나님은 능히 죽은 자를 다시 살리시는 분임을 믿음으로 드립니다. 이런 믿음으로 칼을 들고 이삭을 내리치려고 하자 하나님이 다급해하십니다. 하나님이 좀처럼 사람의 이름을 두 번 부르신 적이 없는데, 성경에서 처음으로 사람의 이름을 두 번 부르신 장면이 바로 오늘 말씀에 아브라함을 부르시는 장면입니다. 우리가 매 순간 순종하고 하나님의 말씀대로 나가면 하나님이 정신이 없어지고 주변 사람이 정신이 없어집니다. 이것이 바로 하나님 자녀가 갖는 위력입니다.

다니엘이 사자 굴에 끌려갈 위기에 처했을 때, 자기 목숨이 걸린 문제인데도 너무도 초연했습니다. 하나님의 말씀에 조금도 흐트러짐이 없었습니다. 그런데 왕이 근심했습니다(단6:14). 이것이 중요한 원리입니다. 하나님의 자녀라고 하면서 날마다 근심 걱정이 떠나지 않는 이유가 무엇입니까? 하나님을 어정쩡하게 믿기 때문입니다. 이 길도 아니고 저 길도 아니고 날마다 고민이요 고통뿐입니다. 걱정이 많은 사람들은 어정쩡한 사람들입니다. 우리는 이런 자세를 버려야 하겠습니다.

성도(직분)님, 우리에게 찾아온 시험을 이기는 비결이 무엇입니까? 철저히 믿는 믿음입니다. "이삭을 죽이면 다시 살려주시겠지" 하고 칼을 뽑는 믿음, "사자 굴에 들어가도 절대로 기도는 쉴 수 없어, 들어가서도 기도할 거야." 하고 기꺼이 사자 굴에 들어가는 믿음, 이런 믿음이 시험에 들지 않고, 시험을 이깁니다. 이런 사람에게 하나님이 피할 길을 예비해주시고, 큰 믿음의 사람으로 세우십니다. 성도(직분)님도 이런 믿음의 사람임을 기억하시기 바랍니다.

축복기도/prayer
믿음의 본을 보이신 주님, 저희로 아브라함처럼 하나님을 철저히 믿는 믿음을 갖게 하옵소서. 다니엘처럼 하나님을 철저히 믿는 믿음으로 그 어떤 시험 앞에서도 담대할 수 있게 하옵소서. 그 어떤 두려운 일을 만난다 할지라도 담대한 믿음으로 넉넉히 이기는 삶을 살아갈 수 있게 하옵소서. 하나님을 만족시켜 드리는 큰 믿음의 사람이 되기를 원합니다. 예수 그리스도의 이름으로 기도합니다. 아멘

[시험 때문에 불평하는 자] 시험의 유익

시험이 복이다

· 찬송 | 342장, 336장   · 성경 | 야고보서 1장 2~4절

"내 형제들아 너희가 여러 가지 시험을 당하거든 온전히 기쁘게 여기라 이는 너희 믿음의 시련이 인내를 만들어 내는 줄 너희가 앎이라 인내를 온전히 이루라 이는 너희로 온전하고 구비하여 조금도 부족함이 없게 하려 함이라"

위로와 권면/sermon
우리나라 개화기 때의 일입니다. 예수님을 믿는 한 사람이 남의 집에 하인으로 있었습니다. 하인이었지만, 열심히 하나님을 믿어서 집사님이 되었습니다. 주인은 하인이 교회에 나가는 것이 못 마땅했지만, 자기 할 일은 어김없이 해 놓는 하인이라, 내버려 둘 수밖에 없었습니다. 그런데 이제 집사가 되어 하인 주제에 교회란 곳에서 집사 대접을 받는 것이 꼴사납고 우스웠습니다. 그래서 하루는 하인을 불러다 놓고는 이렇게 빈정댔습니다.

"이보게, 나는 예수를 믿지 않아도 아무 시험도 없이 잘 만 사는데, 자네는 예수를 믿는데도 왜 늘 어려운 시험을 당하는 것인가? 그럴 바에야 예수를 믿지 않는 게 더 낫지 않겠나?"

그러자 이 하인 집사님은 이렇게 대답을 했습니다.

"주인님 노하지 말고 들어주십시오. 가령 말입니다. 사냥 중에 사슴 두 마리가 있어 쏘았는데 한 마리는 즉사하고 한 마리는 다리에 맞아 피를 흘리며 도망간다면, 주인께서는 어느 쪽 사슴을 보고 달려 가시겠습니까?"

"그야 죽은 놈은 내 수중에 든 것이나 다름없으니 산 놈부터 쫓아가 잡아야지."

"옳습니다. 마찬가지로 시험이 없는 것은 영혼이 죽어 마귀의 것이 되어버렸으므로 마귀가 내버려 두기 때문입니다. 그러나 하나님의 뜻대로 살려는 사람은, 마귀가 이를 방해하여 자기 수하에 넣으려고 온갖 노력을 다하니 시험이 있을 수밖에 없는 것입니다."

그렇습니다. 신실한 성도에게 시험은 필수입니다. 사탄 마귀가 우리를 넘어뜨리려고 가만히 내버려 두지 않습니다. 그러나 시험을 이기면 우리의 신앙은 한층 더 성숙된 신앙으로 나아갈 수 있습니다. 선장은 파도를 무서워하지 않습니다. 파도 앞에서 위축되지 않습니다. 왜냐하면 파도와 싸워 이기면 한층 더 노련한 선장이 된다는 것을 알고 있기 때문입니다. 그러므로 시험이 올 때는 감사해야 합니다.

우리 성도(직분)님도 오늘 말씀에 힘을 얻으셔서 시험 앞에서 감사하시고, 시험을 잘 이겨내실 수 있기를 주님의 이름으로 축복합니다.

축복기도/prayer

영광의 하나님, 오늘 성도(직분)님이 시험을 당하여 힘들어하고 있습니다. 오늘 말씀을 통하여 위로와 힘을 얻기를 소망합니다. 성도(직분)님이, 신실한 성도에게는 시험이 필수임을 잊지 말게 하여 주시고, 시험을 통하여 한층 더 성숙한 신앙으로 나아갈 수 있게 하여 주옵소서 시험이 올 때는 신앙의 내공을 쌓는 기회로 삼게 하시고, 기뻐하고 감사할 수 있게 하여 주옵소서. 예수 그리스도의 이름으로 기도합니다. 아멘

[고난과 핍박을 당하고 있는 자] 고난의 축복

고난이 없으면 영광도 없다

· 찬송 | 341장, 383장   · 성경 | 골로새서 1장 24~25절

"나는 이제 너희를 위하여 받는 괴로움을 기뻐하고 그리스도의 남은 고난을 그의 몸 된 교회를 위하여 내 육체에 채우노라"

위로와 권면/sermon

나치 독일 치하에서 고난을 당했던 「코리」의 이야기는 예수님을 믿는 우리에게 많은 교훈과 감동을 줍니다. 수용소에 갇힌 사람들은 매주 금요일마다 건강 상태를 조사받았습니다. 수용소의 모든 유대인은 완전히 발가벗고 줄을 지어 검사관 앞에 서야만 했습니다. 여자들의 나체 행렬 속에서 아내를 발견한 코리는 울먹이면서 소리쳤습니다. "여보, 예수님도 벌거벗기고 십자가를 지셨어요." 아내도 남편에게 소리쳤습니다. "그래요. 예수님을 따라가는 것이니 걱정하지 마세요." 모욕과 부끄러움과 절망의 고통을 품고 있던 나체 행렬의 유대인들은 이 부부의 대화를 듣고 새로운 용기를 얻었다고 합니다. 많은 그리스도인들이 신앙생활을 하면서 고난이 없기를 원하고, 고난이 온다 할지라도 빨리 지나가기를 바라지만 주님을 위해서 받는 고난이라면 자랑스럽고 영광스러운 일입니다.

오늘 말씀을 기록한 사도바울은 예수님을 믿기 전보다 믿은 후에 수없이 많은 고난과 핍박을 받았습니다. 그러나 그는 자신이 예수님 때문에 받게 되는 고난을 한 번도 후회한 적이 없었습니다. 오히려 고난에 동참하기를 적극 원했던 그였습니다. 그래서 그는 오늘 말씀에도 그리스도의 남은 고난을 자신의 육체에 채우는 삶을 살겠노라고 당당하게 선포하고 있는 것입니다.

성도(직분)님, 지금 당하고 있는 고난과 핍박 때문에 너무나 힘드시죠? 그러나 힘내세요. 예수님도 고난의 주님이셨고, 그분의 제자들도 고난 받기를 주저하지 않았습니다. 고난은 예수님을 믿는 자에게 깊게 새겨지는 그분의 흔적입니다. 우리에게 고난이 없다면 주님과 함께 받을 영광도 없습니다. 우리가 고난 가운데 있을 때 얻게 되는 축복도 있습니다. 평소에는 듣지 못 했던 하나님의 음성을 들을 수 있다는 것입니다.

그래서 영국이 낳은 위대한 영성가 C.S. 루이스는 "고난은 하나님의 음성을 크게 들을 수 있는 확성기이다."라는 말을 했습니다. 영광만 얻기를 바라는 이 시대에 예수님을 위하여 고난 받기를 기뻐하고 즐거워하는 신앙의 사람이 되기를 축복합니다.

축복기도/prayer
은혜의 주님, 저희는 신앙생활하면서 고난이 없기를 원하고, 고난이 온다 할지라도 빨리 지나가기를 원했습니다. 그러나 예수님 때문에 받는 고난이라면 피하지 말게 하시고, 후회하지 말게 하여 주옵소서. 오히려 고난에 적극 동참할 수 있는 믿음을 갖게 하옵소서. 주님을 위한 고난이라면 자랑스럽고 영광스럽게 생각할 수 있는 믿음이 되게 하여 주옵소서. 주님의 몸 된 교회를 위해서도 주님이 남기신 고난을 육체에 채우는 삶을 살게 하여 주옵소서. 예수 그리스도의 이름으로 기도합니다. 아멘

[역경을 극복하지 못하는 자] 극복의 카드

나는 강력한 존재

· 찬송 | 359장, 585장   · 성경 | 시편 7편 1~8절

"여호와 내 하나님이여 내가 주께 피하오니 나를 쫓아오는 모든 자들에게서 나를 구원하여 내소서 건져낼 자가 없으면 그들이 사자 같이 나를 찢고 뜯을까 하나이다 여호와 내 하나님이여 내가 이런 일을 행하였거나 내 손에 죄악이 있거나 화친한 자를 악으로 갚았거나 내 대적에게서 까닭 없이 빼앗았거든 원수가 나의 영혼을 잡아 내 생명을 땅에 짓밟게 하고 내 영광을 먼지 속에 살게 하소서(셀라)<중략> 여호와께서 만민에게 심판을 행하시오니 여호와여 나의 의와 나의 성실함을 따라 나를 심판하소서"

위로와 권면/sermon
역경을 극복할 수 있는 신앙의 비결은 고난을 당했을 때 자신의 장점을 바라볼 줄 아는 것입니다. 오늘 말씀이 이를 보여주고 있습니다. 오늘 말씀을 보면 시편 기자가 너무 교만한 것 아닌가 하는 생각을 갖기 쉬운데 이 말씀은 "원수에 비해서 내가 하나님 앞에 정당하다" "나는 하나님께만 매달린다."는 뜻입니다. "나는 하나님의 자녀이다. 그러니 쉽게 무너질 존재가 아니다." 이런 말입니다.
그러므로 나는 하나님의 자녀, 하나님의 고귀한 종이란 것을 잊지 말아야 합니다. 세상 사람들은 어떻게 생각할지 몰라도 예수님의 피로 다시 거듭난 우리는 하나님 앞에 귀중한 존재들입니다. 눈에 넣어도 아프지 않은 존재들입니다. 그러므로 우리는 주님 앞에서 우리가 얼마나 강력한 존재인지를 확인해야만 하지 않겠습니까?
여호수아와 갈렙을 보십시오. 가나안 땅을 정탐하고 돌아온 다른 사람들은 벌벌 떨면서 두려워했지만, 두 사람만큼은 담대한 믿음의 고백을 하지 않았습니까?

"그 땅 백성을 두려워하지 말라 그들은 우리의 먹이라 그들의 보호자는 그들에게서 떠났고 여호와는 우리와 함께 하시느니라"(민14:9) 그들이 왜 이런 고백을 한 것입니까? 하나님의 자녀들은 그분이 함께 하시기 때문에 강력한 존재이기 때문입니다.

성도(직분)님, 우리의 인생에 어려움이 있을 때마다 우리가 꺼내들어야 할 카드는 "나는 강한 사람이다. 나는 강력한 사람이다" 이것입니다. 그러므로 인생에 어려움이 올 때에 "내가 얼마나 강력한 존재인가?" 이것을 보여 줄 수 있는 그분의 자녀가 되어야 합니다.

우리에게 다른 카드는 필요 없습니다. "나는 강한 사람이다. 내게 능력 주시는 자 안에서 내가 모든 것을 할 수 있다." 이것 하나면 됩니다.

축복기도/prayer
존귀하신 하나님, 고난을 당했을 때 장점을 바라볼 줄 아는 믿음이 있게 하여 주옵소서. 저희는 하나님 앞에서 고귀한 종들임을 잊지 말게 하여 주옵소서. 하나님이 강하시니 저희도 강력한 존재임을 잊지 말게 하여 주옵소서. 저희의 인생에 어려움이 올 때마다 "나는 강력한 사람이다" 믿음의 함성을 외치게 하시고, 이 믿음을 붙들고 살게 하여 주옵소서. 낙심하거나 실망하는 일이 없게 하여 주옵소서. 예수 그리스도의 이름으로 기도합니다. 아멘

[환난 때문에 마음이 상한 자] 환난의 즐거움

환난이 와도 즐거워할 수 있다

· 찬송 | 336장, 410장   · 성경 | 로마서 5장 1~6절

"그러므로 우리가 믿음으로 의롭다하심을 받았으니 우리 주 예수 그리스도로 말미암아 우리가 믿음으로 서 있는 이 은혜에 들어감을 얻었으며 하나님의 영광을 바라고 즐거워하느니라 다만 이뿐 아니라 우리가 환난 중에도 즐거워하나니 이는 환난은 인내를, 인내는 연단을, 연단은 소망을 이루는 줄 앎이로다 소망이 우리를 부끄럽게 하지 아니함은 우리에게 주신 성령으로 말미암아 하나님의 사랑이 우리 마음에 부은바 됨이니 우리가 아직 연약할 때에 기약대로 그리스도께서 경건하지 않은 자를 위하여 죽으셨도다"

위로와 권면/sermon

오늘 말씀은 참으로 특이한 말씀입니다. 환난이 왔는데도 즐거워한다고 합니다. 어떻게 환난이 왔는데도 즐거워할 수 있을까요? 사도 바울은 그 이유를 말하고 있습니다. "이는 환난은 인내를, 인내는 연단을, 연단은 소망을 이루는 줄 앎이로다."(3,4절)

왜 우리가 환난 중에 기뻐할 수 있는 것일까요? 환난 자체를 보는 것이 아니라, 환난의 연계 고리를 보기 때문입니다. 환난 다음에 인내를 주시고, 인내 다음에 연단을 주시고, 연단 다음에 제일 마지막으로 소망이 있습니다.

 예수님을 믿는 사람은 그것을 알기 때문에 환난이 왔는데도 즐거워할 수 있는 것입니다. 이것은 하나님의 자녀만이 가질 수 있는 즐거움입니다. 세상 사람들에게는 이런 즐거움이 없습니다. 그들은 이 세상이 전부인 것으로 알고, 현재에 얽매여 사는 존재이기 때문입니다. 그래서 현재에 일어나는 일들 때문에 일희일비(一喜一悲)하면서 삽니다.

우리는 지금 현재를 보고 뛰는 존재가 아니라, 마지막을 보고 뛰는 존재입니다. 환난 많은 이 땅 위를 살아가고 있지만 마지막 천국을 바라보고 사는 존재입니다.
그래서 예수 믿는 사람들은 이 땅 위에서 살지만 하늘을 바라보고 사는 존재입니다. 그래서 예수님도 "세상에서는 너희가 환난을 당하나 담대하라"고 응원하십니다(요 16:33).

성도(직분)님, 우리는 현재 환난을 당할지라도 이 마지막을 바라보면서 즐거워하고, 현재 있는 모든 일들을 소화하고, 담대하게 나아갈 수 있어야 하겠습니다. 그날의 영광을 위하여 말입니다.

축복기도/prayer
소망의 하나님, 지금까지 살면서 하나님의 자녀만이 가질 수 있는 즐거움을 갖고 살았는지 되돌아봅니다. 환난을 당하면서도 즐거워 해본 적이 있었는지요.
오늘 말씀을 마음 깊이 새기길 원합니다. 현재에 일어나는 일들 때문에 일희일비하는 인생이 아니라, 천국을 소망하며 지금을 인내할 수 있게 하옵소서. 환난 앞에서 주눅 든 인생이 아니라 담대한 인생이 되게 하여 주옵소서. 예수 그리스도의 이름으로 기도합니다. 아멘

[큰일을 당해도 하나님을 찾지 않는 자] 하나님을 찾음

여기에 계신 하나님

· 찬송 | 214장, 393장   · 성경 | 창세기 28장 10~22절

"내가 너와 함께 있어 어디로 가든지 너를 지키며 너를 이끌어 이 땅으로 돌아오게 할지라 내가 네게 허락한 것을 다 이루기까지 너를 떠나지 아니하리라 하신지라 야곱이 잠이 깨어 이르되 여호와께서 과연 여기 계시거늘 내가 알지 못하였도다<중략> 야곱이 아침에 일찍 일어나 베개로 삼았던 돌을 가져다가 기둥으로 세우고 그 위에 기름을 붓고 그곳 이름을 벧엘이라 하였더라 이 성의 옛 이름은 루스더라"

위로와 권면/sermon

야곱이 형의 보복이 두려워 도망칠 때 우리는 보통 야곱이 소년이나 건장한 청년 정도일 것으로 생각하지만 놀랍게도 성경에 나와 있는 연대를 살펴보면 이때 야곱의 나이는 70세 전후였을 것으로 추정하고 있습니다. 야곱이 나중에 흉년을 피해 애굽으로 내려가서 바로를 만날 때가 130세였고, 그때 아들 요셉이 애굽의 총리로 있을 때의 나이가 39살이었습니다.

결국 야곱이 91세에 요셉을 낳은 것인데 요셉을 낳을 때가 외삼촌의 집에서 떠난 해입니다. 야곱이 삼촌 집에서 14년을 살았으니까 외삼촌 집을 향하여 가던 때를 계산하면 77세인데 라헬과 결혼한 후 수년을 아이가 없어 맘 고생하였다는 것을 계산하면 이때 야곱의 나이는 70세 전후가 아닌가 생각합니다.

그러면 그 70여 년의 세월 동안 야곱이 왜 하나님에 대한 이야기를 못 들었겠습니까? 아버지 이삭과 할아버지 아브라함에게 나타나 역사하신 하나님에 대해서 수도 없이 많은 이야기를 들었으리라고 생각합니다. 그런데 지금 정말 하나님을 가장 필요로 하는 이 순간 그는 하나님을 생각하지 못 합니다. 하나님이 이곳에 계신다는 사실조차 모릅니다.

성도(직분)님, 오늘 우리도 마찬가지입니다. 정말 큰일을 당하고 큰 시련을 당하게 되면 하나님을 찾을 것 같은데, 그렇지 않다는 것입니다. 하나님을 잊어버리고, 하나님을 찾지 못하고, 하나님께 기도하지 못할 때가 많습니다.

그러나 오늘 말씀은 아무리 그런 때에라도 하나님은 우리와 함께 하시고, 모두가 나를 떠나도 하나님은 떠나지 않고 우리와 함께 하신다는 것을 보여주고 있습니다. 그러므로 우리는 어떤 상황 속에서도 절대 혼자가 아님을 기억하면서 우리와 함께하시는 하나님을 놓치지 않는 삶을 살아야 하겠습니다.

축복기도/prayer
은혜의 주님, 저희로 정말 하나님을 가장 필요로 하는 순간, 하나님을 생각지 못하는 어리석음이 없게 하여 주옵소서. 저희의 마음 중심에 언제나 저희와 함께하고 계시는 하나님을 느낄 수 있게 하시고, 그 하나님을 항상 의뢰하는 인생이 되게 하옵소서. 그 어떤 상황 속에서도 저희와 함께하고 계시는 하나님을 놓치지 않는 삶이 되게 하옵소서. 예수 그리스도의 이름으로 기도합니다. 아멘

[위기 상황에 놓인 자] 주님만 바라봄

한 가닥 줄만 있으면

· 찬송 | 379장, 407장   · 성경 | 시편 62편 5~8절

"나의 영혼아 잠잠히 하나님만 바라라 무릇 나의 소망이 그로부터 나오는도다 오직 그만이 나의 반석이시요 나의 구원이시요 나의 요새이시니 내가 흔들리지 아니하리로다 나의 구원과 영광이 하나님께 있음이여 내 힘의 반석과 피난처도 하나님께 있도다 백성들아 시시로 그를 의지하고 그의 앞에 마음을 토하라 하나님은 우리의 피난처시로다(셀라)"

위로와 권면/sermon
「제임스 와트」라는 사람이 그린 [소망]이라는 유명한 명화가 있습니다. 이 명화의 내용을 보면 지구가 있는데 그 지구 위에 남루하게 옷을 입은 어떤 소녀가 앉아 있습니다. 그리고 그 소녀가 거기서 바이올린을 켜고 있습니다. 그런데 그 바이올린 줄을 가만히 보면 그 줄들이 가닥가닥 끊겨 있습니다.
그리고 오직 하나의 줄만 남아 있습니다. 이 소녀는 그 하나밖에 없는 바이올린 줄을 가지고 열심히 악기를 켜고 있는 것입니다. 줄이 정상적으로 모두 있어도 바이올린을 켜기 어려운데 가닥가닥 끊어지고 하나밖에 없으니 얼마나 어렵겠습니까? 그러나 그 줄을 가지고 소녀는 열심히 바이올린을 켜고 있습니다. 그것이 바로 [소망]이라는 명화입니다.

성도(직분)님, 인맥의 줄이 끊어지고 세상 줄과 믿었던 사람과의 관계도 끊어져 배신당하고 나 혼자만 남은 것 같을지라도, 하나님과 내가 교통할 수 있는 한 가닥 줄만 있으면 우리의 인생을 아름답게 노래할 수 있습니다.

그래서 오늘 말씀에 시인은 자기 아들이 비정의 칼을 휘두르고 있는 고통 속에서도 묵묵히 하나님만을 바라보며 주님만을 의지하고 있습니다.

"나의 영혼아 잠잠히 하나님만 바라라 무릇 나의 소망이 그로부터 나오는도다"(5)

성도(직분)님, 지금 모든 것이 고통스러우십니까? 오늘 말씀에 시인과 같이 묵묵히 하나님만을 바라보며 그분을 의지해 보시기 바랍니다. 하나님께서 소망이 되실 것입니다. 반석이 되어 주시고, 구원이 되어 주실 것입니다. 요새가 되어 주시고 피난처가 되어 주실 것입니다. 오로지 나를 끝까지 사랑해주실 분은 이 세상에 하나님 외에는 아무도 없습니다. 시인과 같이 주님만을 바라보고 주님만을 의지하심으로 하늘에서 임하는 역사를 경험하시기 바랍니다.

축복기도/prayer

소망의 하나님, 지금 성도(직분)의 상황이 매우 힘들고 어렵습니다. 모든 것이 고통스러운 상황입니다. 도와주시옵소서.
무엇보다도 이런 때에 오늘 말씀에 시인과 같이 당황하지 아니하고 잠잠히 하나님만을 바라볼 수 있는 믿음이 성도(직분)님에게 있게 하여 주옵소서. 주님만을 온전히 의지할 때, 다시금 인생을 아름답게 노래할 수 있는 소망의 강가로 이끄실 줄로 믿습니다. 구원의 하나님을 더욱 찬양할 수 있는 길로 이끄실 줄 믿습니다. 예수 그리스도의 이름으로 기도합니다. 아멘

[하나님은 침묵만 하신다고 말하는 자] 침묵의 음성

하나님의 침묵

· 찬송 | 217장, 529장   · 성경 | 시편 50편 16~21절

"악인에게는 하나님이 이르시되 네가 어찌하여 내 율례를 전하며 내 언약을 네 입에 두느냐 네가 교훈을 미워하고 내 말을 네 뒤로 던지며 도둑을 본즉 그와 연합하고 간음하는 자들과 동료가 되며 네 입을 악에게 내어주고 네 혀로 거짓을 꾸미며 앉아서 네 형제를 공박하며 네 어머니의 아들을 비방하는도다 네가 이 일을 행하여도 잠잠하였더니 네가 나를 너와 같은 줄로 생각하였도다 그러나 내가 너를 책망하여 네 죄를 네 눈앞에 낱낱이 드러내리라 하는도다"

위로와 권면/sermon
일본의 기독교 작가인 「엔도 슈사꾸」의 책 중에 '침묵'이라는 책이 있습니다. 그 책에서 일본의 기독교가 탄압을 받는 장면이 나옵니다.
예수 믿는다는 이유로 사람들을 핍박합니다. 예수를 부인하면 살려주지만, 부인하지 않으면 바닷가에 나무를 세워 거꾸로 매달고 밀물 때에 물에 잠겨 죽게 합니다. 그리고 땅을 파고 머리를 거꾸로 처박고 흙을 메웁니다.
이러한 핍박의 고난 속에 한 신부가 '하나님 정말 당신은 계십니까? 어찌하여 당신은 침묵만 하고 계십니까?'라고 절규합니다. 그때 하나님은 그의 마음속에 함께하셔서 말씀하십니다. '저들이 고통받는 현장에 나도 함께 있다. 나도 그들과 같이 함께 핍박을 받고 있고, 나도 그들과 같이 함께 고난을 당하고 있다.'

우리는 하나님이 침묵하고 계실 때, 이 침묵으로 인하여 하나님을 인간의 수준으로 축소시키는 경향이 있습니다. 그래서 사람들은 하나님에 대하여 회의하고, 의심하고 하나님을 우상화시켜버립니다. 그러나 하나님께서 침묵하시니 '하나님은 계시지 않는가 보다.' 아니면 '우리와 같으신 분인가 보다.'라고 생각한다면 큰 잘못입니다. 오늘 말씀에 하나님이 "네가 이 일을 행하여도 내가 잠잠하였더니 네가 나를 너와 같은 줄로 생각하였도다."(21)라고 하신 말씀이 바로 그 뜻입니다.

성도(직분)님, 하나님은 침묵하시는 분이십니다. 내가 악을 행하건, 선을 행하건 하나님은 말씀하시지 않습니다. 우리가 고난을 당해도 하나님은 침묵하십니다. 그러나 하나님의 침묵 속에 메시지가 있습니다. 그래서 우리는 하나님의 침묵 속에도 나에게 주시는 말씀이 있다는 것을 깨달아야 합니다. 하나님의 침묵 속에도 우리에게 들려주시는 그분의 분명한 음성이 있습니다. 그 음성을 들을 수 있기를 소원합니다.

축복기도/prayer
은혜로우신 하나님, 저희로 하나님의 침묵하심은 침묵이 아님을 깨닫게 하옵소서. 하나님의 침묵하심 속에도 메시지가 있음을 느낄 수 있게 하옵소서. 그러므로 하나님의 침묵하심 때문에 낙심하거나 실족하지 말게 하시고, 하나님의 침묵 속에서 그분의 메시지를 깨달아 알 수 있는 영적 성숙이 있게 해달라고 기도하게 하옵소서. 예수님의 이름으로 기도합니다. 아멘

참된 정원

_ 베네딕투수
(Benedictus)
480-547

은혜로우시고 거룩하신 하나님 아버지,

당신을 알 수 있는 지혜를 주시고

당신을 이해할 수 있는 지성을 주시며

당신을 찾는데 필요한 부지런함을 주시고

당신을 기다리는 인내를 주시며

당신을 볼 수 있는 눈을 주시고

당신을 묵상할 수 있는 마음을 주시며

당신을 전할 수 있는 생명을 주소서.

우리 주님 예수 그리스도의 영의 능력으로써!

3부

비전과 축복을 위한
심방설교문

[복 받기를 바라는 자] 성경적 신앙

하나님의 영광을 위하여

· 찬송 | 20장, 331장   · 성경 | 고린도전서 10장 31~33절

"그런즉 너희가 먹든지 마시든지 무엇을 하든지 다 하나님의 영광을 위하여 하라 유대인에게나 헬라인에게나 하나님의 교회에나 거치는 자가 되지 말고 나와 같이 모든 일에 모든 사람을 기쁘게 하여 자신의 유익을 구하지 아니하고 많은 사람의 유익을 구하여 그들로 구원을 받게 하라"

위로와 권면/sermon

1858년 미국 뉴욕 한 가정에 다리는 절고, 눈은 잘 안 보이고, 호흡에 문제가 있는 소아마비 아이가 태어났습니다. 처음에 부모는 하나님을 원망했으나 곧 생각을 바꾸어 아이를 선물로 여기고 하나님께 감사했습니다. 부모는 날마다 아이를 어루만지며 이렇게 말했습니다. "하나님은 너를 사랑하신단다. 하나님이 너와 늘 함께하시고 지키신단다. 너를 귀히 쓰신단다."
그러자 놀라운 일이 생겼습니다. 이 아이가 28세 때 뉴욕시장이 되었고 그 후 주지사와 미국 부통령을 거쳐 43세의 나이로 미국 대통령이 됩니다.
이 사람이 바로 미국의 26대(1901~1909) 대통령「시어도어 루스벨트」입니다. 부모의 기도대로 하나님이 지켜주셨기 때문입니다.
하나님께서는 우리가 고백하는 대로 우리에게 복을 주시는 분이십니다. 그런데 우리가 복을 말하면서 꼭 알아야 할 것이 있습니다. 우리에게 왜 복을 주시는지를 알아야 합니다.

세상 사람들은 일반적으로 복을 자신과 자신 주변의 사람들의 것으로 생각합니다. 그러나 우리는 그렇지 않습니다. 복을 받으려는 이유도, 은혜를 받으려는 이유도 하나님께 영광을 돌리고 다른 사람들에게 나누어 유익을 주기 위함입니다. 복을 받아 자신만 유익되게 하려는 것을 우리는 기복주의 신앙이라고 합니다.

그러나 복을 받아 하나님을 위해 사용하며, 이웃을 위해 사용하려는 것은 하나님이 원하시는 성경적 신앙이라고 할 수 있습니다. 우리가 이 성경적 신앙을 앞세워서 그분의 도우심을 구한다면 분명히 함께 하시고, 형통의 길로 이끄실 것입니다.

성도(직분)님은 하나님이 원하시는 성경적 신앙의 사람이 되셔서 복에 복을 더하시는 하나님의 은총을 받아 누리실 수 있기를 축복합니다.

축복기도/prayer
영광을 받으시기에 합당하신 주님, 저희로 주의 이름의 영광을 위하여 사는 삶이 되게 하옵소서.
사도 바울의 권면대로 먹든지 마시든지 무엇을 하든지 다 하나님의 영광을 위하여 할 수 있게 하시고, 하나님의 교회에나 사람들에게 거치는 자가 되는 삶이 되지 말게 하여 주옵소서.
하나님을 기쁘게 하고 모든 사람을 기쁘게 하며, 나 자신의 유익보다는 다른 사람의 유익을 구할 줄 아는 삶이 되게 하옵소서. 그리하여 주님께 구하는 것마다 응답받는 축복을 누리게 하옵소서. 예수 그리스도의 이름으로 기도합니다. 아멘

[성공하기를 원하는 자] 축복의 보고

축복은 말씀에 있다

· 찬송 | 134장, 217장   · 성경 | 요한복음 21장 1~11절

"그 후에 예수께서 디베랴 호수에서 또 제자들에게 자기를 나타내셨으니 나타내신 일은 이러하니라 시몬 베드로와 디두모라 하는 도마와 갈릴리 가나 사람 나다나엘과 세베대의 아들들과 또 다른 제자 둘이 함께 있더니 시몬 베드로가 나는 물고기 잡으러 가노라 하니 그들이 우리도 함께 가겠다 하고 나가서 배에 올랐으나 그 날 밤에 아무 것도 잡지 못하였더니 날이 새어갈 때에 예수께서 바닷가에 서셨으나 제자들이 예수이신 줄 알지 못하는지라 예수께서 이르시되 얘들아 너희에게 고기가 있느냐 대답하되 없나이다 이르시되 그물을 배 오른편에 던지라 그리하면 잡으리라 하시니 이에 던졌더니 물고기가 많아 그물을 들 수 없더라<중략> 시몬 베드로가 올라가서 그물을 육지에 끌어 올리니 가득히 찬 물고기가 백쉰세 마리라 이같이 많으나 그물이 찢어지지 아니하였더라"

위로와 권면/sermon

우리나라에서 볼펜 하면 떠오르는 회사가 있습니다.『모나미』입니다. 1963년에 '모나미 153볼펜'을 내놓아 우리나라의 필기구 시장에 큰 획을 그은 문구업체입니다.

이 볼펜은 40년 가까이 국내에서 가장 많이 쓰인 히트 상품인데, 지금까지 약 34억 자루가 생산되었고, 이것을 이어놓으면 자그마치 지구 둘레를 12바퀴나 돈 것이 된다고 합니다.

이 기적의 모나미 153볼펜은 1962년 경복궁 문구 박람회에서 사람이 볼펜을 사용하는 것을 보고 신선한 충격을 받은 창업주『송삼석』회장이 볼펜을 생산할 수 있는 공장도, 기술도 없었던 상황에서 만든 것입니다. 그런데 왜 하필이면 이 볼펜의 이름이 153볼펜일까요?

그것은 창업주『송삼석』회장이 직접 붙인 것인데, 요한복음 21장을 묵상하다가 예수님의 제자 베드로가 예수님께서 지시하신 대로 그물을 던졌더니 그물이 찢어질 정도로 153마리의 고기를 잡았다는 것에서 영감을 얻어 모나미 볼펜의 이름을 153이라고 붙인 것입니다. 성경을 묵상하다가 얻은 영감대로 이름만 붙였는데도『모나미 153』은 한국 국민의 대표적인 필기구로 사랑을 받게 되었습니다.

성도(직분)님, 그렇습니다. 축복은 말씀에 있습니다. 성공과 승리도 말씀에 있습니다. 행복도, 풍성함도 말씀에 있습니다. 이 말씀을 듣고 묵상하고 순종하는 자에게 153의 역사가 일어날 것입니다. 하나님의 능력이 나를 움직이는 것을 경험하게 될 것입니다.

축복기도/prayer
말씀으로 축복하시는 주님, 저희로 말씀의 능력을 굳게 믿으며 사는 삶이 되게 하옵소서. 승리도 말씀에 있음을 믿습니다. 축복도 말씀에 있음을 믿습니다. 성공도 말씀에 있음을 믿습니다.
말씀을 듣고 묵상하기에 마음을 쏟을 수 있게 하시고, 말씀의 능력이 저희를 움직여 가는 것을 경험하는 삶이 되게 하여 주옵소서. 이 땅 위를 살아가는 동안 말씀의 보화를 캐내는 삶이 되게 하여 주옵소서. 예수 그리스도의 이름으로 기도합니다. 아멘

[하나님의 복을 믿지 못하는 자] 축복의 키워드

왜 복을 받지 못하는 것일까?

· 찬송 | 440장, 449장   · 성경 | 사무엘상 15장 22절

"사무엘이 이르되 왕이 스스로 작게 여길 그 때에 이스라엘 지파의 머리가 되지 아니하셨나이까 여호와께서 왕에게 기름을 부어 이스라엘 왕을 삼으시고 또 여호와께서 왕을 길로 보내시며 이르시기를 가서 죄인 아말렉 사람을 진멸하되 다 없어지기까지 치라 하셨거늘 어찌하여 왕이 여호와의 목소리를 청종하지 아니하고 탈취하기에만 급하여 여호와께서 악하게 여기시는 일을 행하였나이까<중략> 사무엘이 이르되 여호와께서 번제와 다른 제사를 그의 목소리를 청종하는 것을 좋아하심 같이 좋아하시겠나이까 순종이 제사보다 낫고 듣는 것이 숫양의 기름보다 나으니"

위로와 권면/sermon

우리는 보통 하나님이 복을 주신다고 하면 그 말씀이 별로 마음에 와 닿지 않습니다. 하나님이 복을 주신다고 하면 머리로는 '아멘'이 되는데 가슴 쪽으로 오면 고개가 갸우뚱거려집니다. 왜 이렇게 되는 것일까요? 복을 받는다는 말은 많이 들었는데, 실제로 복을 받아본 경험이 별로 없어서 그런 것입니다.

성경을 보게 되면 얼마나 많은 사람들이 말씀에 순종하여 복을 받았는지 알 수 있습니다. 실로암 못에 가서 눈을 씻으면 볼 수 있다는 예수님의 말씀을 들은 환자는 즉시 실로암 못으로 달려갑니다(요 9:1~12). 제사장에게 몸을 보이면 고침 받는다는 말을 들은 10명의 한센병인은 모두 제사장에게로 달려가다가 고침을 받습니다(눅 17:11~21). 물 항아리에 물을 채웠다가 이제 잔치 자리에 가져다 주라는 예수님의 명령을 받은 사람들은 의심하지 않고 가져다 주니 그 어느 것보다 맛있는 포도주가 되었습니다(요 2:1~11).

이 같은 기적의 동력은 무엇일까요? 순종입니다. 성경이 우리에게 하나님과 말씀에 대해 요구하는 것은 믿고 순종하라는 것입니다. 그럴 때 하나님은 우리에게 복을 주신다는 것입니다.

성도(직분)님, 하나님은 우리가 당신의 복을 누리는 삶을 살기를 원하십니다. 잘되기를 원하시고, 형통하기를 원하십니다. 그런데 만약 우리가 하나님의 복을 받지 못하고 있다면 그 근본적인 이유는 하나님이 아니라 우리에게 있는 것입니다.

오늘 말씀은 복을 받는 키워드(key word)가 '순종'이란 것을 보여주고 있습니다. 순종할 수 있는 자리는 다 피해 다니기 때문에 우리에게 하나님의 복이 임하지 않는 것입니다. 하나님은 살아계신 분이십니다. 하나님의 말씀은 살아있습니다(히4:12). 복을 받으려면 순종이 제사보다 낫고 듣는 것이 숫양의 기름보다 낫다는 주님의 말씀을 마음 판에 새겨두어야 할 것입니다.

축복기도/prayer

제사보다 순종을 원하시는 주님, 저희로 순종의 사람이 되게 하옵소서. 저희가 하나님의 능력을 경험하지 못하는 삶을 사는 근본적이 이유는 말씀에 대한 순종이 없기 때문임을 깨닫습니다. 순종할 수 있는 자리는 다 피해 다녔기 때문임을 깨닫습니다. 하나님이 저희에게 요구하시는 것은 순종의 욕구를 충족시키는 것임을 잊지 말게 하옵소서. 순종의 사람으로 거듭나도록 은혜를 더하여 주옵소서. 예수 그리스도의 이름으로 기도합니다. 아멘

 [미래에 대한 두려움을 갖고 있는 자] 믿음의 담대함

두려워말며 담대하라

· 찬송 | 347장, 358장   · 성경 | 여호수아 1장 1~9절

"여호와의 종 모세가 죽은 후에 여호와께서 모세의 수종자 눈의 아들 여호수아에게 말씀하여 이르시되 내 종 모세가 죽었으니 이제 너는 이 모든 백성과 더불어 일어나 이 요단을 건너 내가 그들 곧 이스라엘 자손에게 주는 그 땅으로 가라 내가 모세에게 말한 바와 같이 너희 발바닥으로 밟는 곳은 모두 내가 너희에게 주었노니<중략> 이 율법책을 네 입에서 떠나지 말게 하며 주야로 그것을 묵상하여 그 안에 기록된 대로 다 지켜 행하라 그리하면 네 길이 평탄하게 될 것이며 네가 형통하리라 내가 네게 명령한 것이 아니냐 강하고 담대하라 두려워하지 말며 놀라지 말라 네가 어디로 가든지 네 하나님 여호와가 너와 함께 하시느니라 하시니라"

위로와 권면/sermon

군인들이 훈련을 받는 과정 가운데 '막 타워(mock tower)'라 불리는 교육이 있습니다. 우리가 흔히 알고 있는 '막 타워'는 11~13미터 정도 높이의 모형 타워를 말합니다.

인간이 공포를 느낀다는 11미터 높이의 타워에서 신병 훈련이나 유격 훈련을 받는 병사들 중에는 심한 기합과 벌을 받으면서도 두려워서 내려가지도 못하는 이들이 종종 있습니다. 반대로 훌륭히 임무를 완수하고 내려가는 병사도 있습니다. 이런 차이는 어디서 나올까요? 그 차이는 경험, 체험의 차이라 할 수 있습니다.

많은 훈련을 통해 막 타워에서 밧줄을 의지해 내려오는 방법을 터득한 병사는 줄을 신뢰하게 되고, 안전함을 느끼게 되는 것입니다. 즉

이 평안함은 경험을 통해 얻게 되는 것입니다. 우리 인생도 이와 같이 여러 번 경험하고 몇 번 살아 본다면 얼마나 좋겠습니까? 그러면 좀 여유 있게 되고, 매사에 실수하지 않고 잘 할 수 있을 텐데 말입니다. 그러나 우리 인생은 그렇지 못 합니다. 우리의 인생은 누구나 알듯이 단 일회로 끝납니다.

오늘 말씀은 가나안 땅을 향해가는 이스라엘 백성이 광야 40년의 생활을 마감하는 시기에 백성의 지도자였던 모세가 죽고 그 뒤를 여호수아가 이어가는 상황입니다. 모세와 함께 이스라엘 민족을 이끌고 왔던 여호수아였지만, 막중한 임무에 두려움을 느꼈습니다.
이런 그에게 하나님은 "모세와 함께 있었던 것 같이 너와 함께 있을 것임이니라(5절)" 말씀하십니다. 그러므로 두려워 말며 담대하라고 하나님은 말씀하십니다. 결국 이 말씀을 굳게 붙든 여호수아는 약속의 땅 가나안에 들어가게 됩니다.

성도(직분)님도 이 말씀을 굳게 붙들어 보시기 바랍니다. 모세와 함께 했던 하나님, 여호수아와 함께 했던 하나님은 오늘 성도(직분)님 과도 함께하고 계십니다.

축복기도/prayer
함께하시는 하나님, 저희에게 하나님의 함께하심을 굳게 믿는 믿음을 주옵소서. 인생의 위기 앞에서 "두려워 말고 담대하라"고 용기를 주시는 하나님의 음성을 듣게 하옵소서. 주님의 약속의 말씀을 붙들고 힘 있게 전진할 수 있게 하옵소서. 두려움 없는 믿음으로 주님의 뜻을 성취해내는 이 시대의 여호수아가 되게 하옵소서. 예수 그리스도의 이름으로 기도합니다. 아멘

[하나님이 축복하지 않는다고 하는 자] 오래 참음

복 받고 번성케 되는 믿음

· 찬송 | 379장, 546장   · 성경 | 히브리서 6장 13~18절

"하나님이 아브라함에게 약속하실 때에 가리켜 맹세할 자가 자기 보다 더 큰 이가 없으므로 자기를 가리켜 맹세하여 이르시되 내가 반드시 너에게 복 주고 복 주며 너를 번성하게 하고 번성하게 하리라 하셨더니 그가 이같이 오래 참아 약속을 받았느니라 사람들은 자기보다 더 큰 자를 가리켜 맹세하나니 맹세는 그들이 다투는 모든 일의 최후 확정이니라 하나님은 약속을 기업으로 받는 자들에게 그 뜻이 변하지 아니 함을 충분히 나타내시려고 그 일을 맹세로 보증하셨나니 이는 하나님이 거짓말을 하실 수 없는 이 두 가지 변하지 못할 사실로 말미암아 앞에 있는 소망을 얻으려고 피난처를 찾은 우리에게 큰 안위를 받게 하려 하심이라"

위로와 권면/sermon

오늘 말씀에 보면 히브리서 기자가 하나님이 아브라함에게 복을 주신 것에 대하여 이렇게 설명하고 있습니다.
"내가 반드시 너에게 복 주고 복 주며 너를 번성하게 하고 번성하게 하리라"(히6:14).
이 말씀과 같이 우리가 믿는 하나님은 당신의 사랑하는 백성들에게 복 주시기를 소원하시는 하나님이십니다. 번성케 하시기를 소원하시는 하나님이십니다. 그렇기 때문에 하나님의 복을 품은 사람이 되었으니 얼마나 감사한 일입니까? 더욱 중요한 것은 하나님이 당신의 사랑하는 백성들에게 복 주시기를, 번성케 하시기를 맹세하셨다는 것입니다. 하나님이 이렇게까지 하신 것은 그 약속이 분명하다는 강한 의지를 보여주시기 위해서입니다.

따라서 우리는 하나님께서 주시마고 약속하시고 맹세까지 하신 복과, 번성의 상속자들임을 잊지 말아야 하겠습니다. 그런데 중요한 것은 하나님의 이 놀라운 은혜를 아브라함이 어떻게 받았느냐는 것입니다. 15절을 보면 그 답이 나와 있습니다. "그가 이같이 오래 참아 약속을 받았느니라" 약속에는 반드시 기다림이 따르게 되어 있습니다. 약속은 반드시 기다림을 요구합니다. 아브라함도 하나님이 축복해 주시겠다고 약속하신 것을 그냥 받은 것이 아닙니다. 기다리다가 받았습니다. 아주 오래 기다렸습니다.

성도(직분)님, 하나님께서는 우리에게 모든 좋은 것으로 맘껏 채워주시기를 원하십니다. 번성케 하고 번성케 하며, 형통의 복으로 함께하시기를 원하십니다. 이것은 분명한 하나님의 약속입니다. 그런데 그 복을 받을 우리의 자세가 있습니다. 바로 아브라함이 보여준 오래 참는 믿음입니다. 이 믿음이 성도(직분)님에게 있으므로 복과, 번성의 상속자가 되시기를 주님의 이름으로 축복합니다.

축복기도/prayer
복의 근원이신 하나님, 저희가 믿는 하나님은 복주시기를 좋아하시고 즐겨하시는 하나님이심을 기억하게 하옵소서. 우리에게 복주시기 위하여, 번성케 하시기 위하여 맹세까지 하셨음을 잊지 말게 하여 주옵소서. 오늘 저희는 말씀을 통하여 아브라함이 어떻게 복을 받았는지를 다시 한 번 알게 되었습니다. 저희도 그 믿음을 갖게 하여 주옵소서. 오래 참아 기다리므로 모든 좋은 것으로 채워주시는 하나님을 경험하는 삶이 되게 하옵소서. 예수 그리스도의 이름으로 기도합니다. 아멘

[하나님께 복을 구하는 자] 기도의 응답

야베스의 기도

· 찬송 | 379장, 369장   · 성경 | 역대상 4장 10절

"야베스가 이스라엘 하나님께 아뢰어 이르되 주께서 내게 복을 주시려거든 나의 지역을 넓히시고 주의 손으로 나를 도우사 나로 환난을 벗어나 내가 근심이 없게 하옵소서. 하였더니 하나님이 그가 구하는 것을 허락하셨더라"

위로와 권면/sermon
오늘 말씀은 야베스라는 인물이 하나님께 구하여 응답받은 기도 내용입니다. 오늘 말씀에 야베스는 두 가지 내용을 하나님께 간구하여 응답을 받았습니다. 첫째로, 지역의 확장을 위해 복에 복을 달라고 간구합니다. 둘째로, 주의 손으로 나를 도우사 환난을 벗어나 근심이 없게 해달라고 간구합니다.

이 같은 야베스의 기도 내용을 보면 우리의 기도제목과 별반 차이점이 없지 않습니까? 그러하기에 우리에게 야베스의 기도가 매우 친숙하게 느껴지는가 봅니다. 어떻게 보면 주님의 뜻을 전혀 고려하지 않은 제 욕심만 차리는 이기적인 기도인 것 같지만, 문제는 하나님께서 이 기도를 들으셨다는 것입니다.
우리도 지역을 확장해야만 합니다. 육신의 지역은 물론 영적인 지역을 확장해야만 합니다. 지역 확장은 하나님이 기뻐하시는 것입니다. 특히 천국의 지역을 확장하는 것이야말로 하나님이 최고로 기뻐하시는 것입니다.

그리고 근심이 없는 삶을 위하여 주님을 늘 의뢰해야만 합니다. 우리가 이 땅을 사는 동안 환난과 근심 없이는 살 수 없습니다. 자고 일어나면 가장 먼저 밀려오는 것이 근심입니다. 그러나 우리 주님의 손길이 나와 함께 하시면 환난 중에도 찬송할 수 있고, 근심 중에도 기뻐할 수 있습니다.

하나님께서는 이사야 선지자의 입을 통해서도 약속을 주십니다. "두려워하지 말라 내가 너와 함께 함이라 놀라지 말라 나는 네 하나님이 됨이라. 내가 너를 굳세게 하리라 참으로 너를 도와주리라 참으로 나의 의로운 오른손으로 너를 붙들리라"

주님은 당신의 손으로 휘청거리는 우리 인생을 붙들어 주시기를 원하십니다. 환난을 면케 해 주시기를 원하십니다. 근심이 없게 하시기를 원하십니다. 이 주님의 손에 늘 붙들린 바 된 삶이 되시고, 야베스와 같이 하나님께 구하는 것마다 응답받으실 수 있는 성도(직분)님이 되시기를 주님의 이름으로 축복합니다.

축복기도/prayer
저희의 기도에 귀 기울이고 계시는 주님, 저희에게도 야베스와 같은 기도가 있게 하여 주옵소서. 지역의 확장을 위하여, 환난을 벗어나 근심이 없는 삶을 위하여 주님께 간구할 수 있게 하여 주옵소서. 그리하여 야베스가 만난 하나님을 저희도 만날 수 있게 하시고, 그가 받은 기도의 응답을 저희도 경험하며 사는 삶이 되게 하여 주옵소서. 예수 그리스도의 이름으로 기도합니다. 아멘

[감사하지 못하는 자] 축복의 그릇

감사가 축복을 부른다

· 찬송 | 28장, 429장   · 성경 | 디모데후서 3장 1~5절

"너는 이것을 알라 말세에 고통하는 때가 이르러 사람들이 자기를 사랑하며 돈을 사랑하며 자랑하며 교만하며 비방하며 부모를 거역하며 감사하지 아니하며 거룩하지 아니하며 무정하며 원통함을 풀지 아니하며 모함하며 절제하지 못하며 사나우며 선한 것을 좋아하지 아니하며 배신하며 조급하며 자만하며 쾌락을 사랑하기를 하나님 사랑하는 것보다 더하며 경건의 모양은 있으나 경건의 능력은 부인하니 이같은 자들에게서 네가 돌아서라"

위로와 권면/sermon

'죄와 벌', '카라마조프가의 형제들' 등 수많은 명작을 남긴 러시아의 대 문호 「도스토옙스키」는 그가 짧은 한 평생을 살면서 많은 고통을 겪었습니다.

그가 어릴 때 아버지가 살해당했습니다. 그래서 고아로 성장했습니다. 청년 시절에는 혁명당에 들어갔다가 체포되어 사형선고를 받고 시베리아로 유형 되어 4년간 살았으며 결혼을 하였으나 아내는 질병으로 일찍 죽고, 재혼을 하였으나 태어난 아이가 죽고 종래에는 자기 자신마저도 간질병에 걸려 평생 그 병으로 고통을 받으며 살아야 했습니다. 그런데 그는 자기의 그 무서운 질병이 자신의 신앙을 강하게 만들었고, 정신을 무장시켜 주었기에 자신의 병을 오히려 '거룩한 병'이라고 부르며 감사하였다고 합니다.

오늘 말씀은 말세에 일어날 일들에 대하여 언급하고 있습니다. 정말

이 말씀대로 지금의 사회 상황이 그렇다는 것을 보게 됩니다. 지금 이런 일들이 가속화되고 있는 이유가 무엇일까요? 핵심은 감사를 잃어버렸기 때문입니다.

오늘 우리에게 감사할 것은 얼마든지 있습니다. 그럼에도 불구하고 사람들은 감사하지 못 합니다. 교만하기 때문입니다. 교만한 사람에게는 감사가 없습니다. 교만이 감사를 볼 수 있는 마음의 눈을 가리고 있기 때문입니다. 감사는 하나님의 축복을 받는 그릇입니다. 그러나 교만은 불평을 낳는 불행의 재료입니다. 감사는 또 다른 감사를 낳는 행복의 원료입니다. 그러나 교만은 또 다른 독버섯을 만드는 불행의 씨앗입니다.
그러므로 성도(직분)님, 우리는 언제나 감사의 삶을 사는 신앙의 사람이 되어야겠습니다. 그리하면 모든 지각에 뛰어나신 하나님께서 우리를 평강에 평강으로 인도하실 것입니다(빌 4:6-7). 하나님의 축복을 담아내는 믿음의 그릇으로 사용하실 것입니다.

축복기도/prayer
은혜로우신 하나님, 저희로 감사할 것은 얼마든지 있음을 깨닫게 하옵소서. 언제나 하나님께 감사할 수 있게 하시고, 감사로 주님을 기쁘시게 할 수 있는 믿음의 사람이 되게 하옵소서. 교만이 감사할 마음의 눈을 가리지 않도록 늘 겸손으로 허리를 동이게 하시고, 감사할 조건이 불평의 조건이 되지 않도록 엎드려 기도할 수 있는 신앙의 사람이 되게 하여 주옵소서.
감사는 하늘 문을 여는 축복의 통로임을 믿습니다. 감사는 또 다른 감사를 낳는 행복의 원료임을 믿습니다. 예수 그리스도의 이름으로 기도합니다. 아멘

[인생의 멘토를 잘못 둔 자] 멘토이신 하나님

가장 좋은 멘토

· 찬송 | 96장, 540장　　· 성경 | 열왕기상 12장 6~15절

"르호보암 왕이 그의 아버지 솔로몬의 생전에 그 앞에 모셨던 노인들과 의논하여 이르되 너희는 어떻게 충고하여 이 백성에게 대답하겠느냐 대답하여 이르되 왕이 만일 오늘 이 백성을 섬기는 자가 되어 그들을 섬기고 좋은 말로 대답하여 이르시면 그들이 영원히 왕의 종이 되리이다 하나 왕이 노인들이 자문하는 것을 버리고 자기 앞에 모셔 있는 자기와 함께 자라난 어린 사람들과 의논하여 이르되 너희는 어떻게 자문하여 이 백성에게 대답하겠느냐 백성이 내게 말하기를 왕의 아버지가 우리에게 메운 멍에를 가볍게 하라 하였느니라<중략> 왕은 대답하기를 내 아버지께서 너희에게 무거운 멍에를 메게 하였으나 이제 나는 너희의 멍에를 더욱 무겁게 할지라 내 아버지는 채찍으로 너희를 징계하였으나 나는 전갈 채찍으로 너희를 징계하리라 하소서 <후략>"

위로와 권면/sermon
우리의 인생사는 "이것이냐 저것이냐"하는 문제를 놓고 선택을 할 때가 많습니다. 그리고 어떤 것을 선택하느냐에 따라 그 결과가 크게 달라질 수 있기 때문에 어떤 중요한 문제를 놓고 현명한 결정을 내리려면 지혜와 경험이 많은 사람의 조언을 듣는 것이 좋습니다. 그러므로 좋은 멘토(mentor)를 두는 것은 대단히 복된 일입니다. 멘토의 사전적 의미는 "경험 없는 사람에게 조언과 도움을 베풀어 주는 사람"입니다.
오늘 말씀에는 멘토를 잘못 선택했다가 왕국이 분열되는 큰 화를 자초한 사람이 나오는데 그는 바로 르호보암 왕입니다. 르호보암은 솔로몬 왕의 신하였던 노인들과 자신과 함께 자라난 소년들에게 각기 자문을 구했는데 노인들의 자문을 버리고 소년들의 자문을 따르고야 말았습니다. 그로 인하여 백성들의 인심을 잃었고 이스라엘이 남북으로 갈라지는 비극을 초래하고야 만 것입니다.

르호보암의 비극은 멘토를 잘못 선택함으로써 야기된 것입니다. 우리가 현명하고 사려 깊은 멘토를 선택하여 그의 조언을 따른다면 좋은 결과를 얻을 수 있지만 그렇지 못한 멘토를 선택하면 큰 화를 당할 수 있습니다. 그러므로 우리는 멘토를 잘 선택해야만 합니다.

성도(직분)님, 우리 인생에 가장 훌륭한 멘토는 하나님입니다. 다윗이 전쟁에서 승승장구할 수 있었던 것은 하나님을 멘토로 삼았기 때문입니다(삼하5:17~25). 우리의 인생을 성공하는 삶으로 나아가려면 다윗과 같이 하나님을 멘토로 삼을 줄 알아야 합니다. 하나님을 멘토로 삼는 사람이 가장 지혜로운 사람이라고 할 수 있습니다.

축복기도/prayer
사랑의 주님, 사랑하는 성도(직분)님이 좋은 멘토를 만나기를 원합니다. 더욱이 신앙의 바른길을 조언 받을 수 있는 멘토를 만나기를 원합니다. 인도하여 주옵소서.
또한 좋은 멘토의 역할을 감당하기 원합니다. 조언이 필요한 사람에게 주님의 사랑이 묻어 있는 진실한 말을 건넬 수 있는 멘토가 되게 하여 주옵소서. 그리고 우리 인생에 가장 훌륭한 멘토는 하나님임을 잊지 말게 하옵소서. 예수 그리스도의 이름으로 기도합니다. 아멘

[가난 때문에 돈만을 좇는 자] 말씀을 듣는 자리

하나님은 약점이 없습니다

· 찬송 | 94장, 380장   · 성경 | 시편 127장 1~2절

"여호와께서 집을 세우지 아니하시면 세우는 자의 수고가 헛되며 여호와께서 성을 지키지 아니하시면 파수꾼의 경성함이 헛되도다 너희가 일찍이 일어나고 늦게 누우며 수고의 떡을 먹음이 헛되도다 그러므로 여호와께서 그의 사랑하시는 자에게 잠을 주시는도다"

위로와 권면/sermon

가난 때문에 돈을 벌어야 한다고 말하고, 돈벌이 하려고 하나님 곁을 떠나면 아무리 노력해도 헛수고 가됩니다. 가난에서 해방되는 길은 가난할수록 더 열심히 하나님께 나와야 합니다. 열심히 돈만 번다고 가난이 해결되는 것이 아닙니다. 하나님이 복 주시지 않으면 모든 수고가 헛수고가 됩니다.

그래서 시편 기자는 오늘 말씀에 "너희가 일찍이 일어나고 늦게 누우며 수고의 떡을 먹음이 헛되도다"라고 했습니다(2). 주님을 멀리하고 열심히 벌어보았자 사고 한건 터지면 모든 것이 허사가 돼버리고 맙니다. 사기 한번 당하면 버는 것 몇 십 배가 날아갑니다.

'우환이 가장 큰 도둑이다'라는 속담이 있습니다. 몇 푼 더 버는 것이 중요하지 않습니다. 몇 푼 더 벌려고 하나님을 멀리할 것이 아니라, 힘들수록, 어려울수록 하나님을 더욱 의지하고 주님의 도우심을 바랄 때 하나님이 주시는 은총을 누릴 수 있습니다.

가난함 때문에 하나님께 나아와서 눈물로 기도하고 하나님을 붙들고 사는 사람들은 그 약함이 강함이 됩니다. 왜 그렇습니까? 하나님이 그 약함을 붙들어 주시기 때문입니다. 다시 말하지만 돈에는 치명적인 약점이 있습니다. 사람을 흥하게도 하지만 망하게도 하는 요소가 돈입니다. 그래서 돈 때문에 성공한 사람보다 망한 사람이 더 많습니다.

성도(직분)님, 우리는 돈(물질)이 있어야 잘 살 수 있는 존재가 아닙니다. 하나님의 말씀이 있어야 잘 살 수 있습니다. 이것은 이스라엘 백성들이 뼈에 사무칠 정도로 느낀 사실입니다.

하나님은 약점이 없습니다. 흥하게만 하고 망하게는 하시지 않습니다. 가난해도 최선을 다해서 섬기는 사람들에게 하나님이 반드시 복을 주십니다. 그러므로 경제적인 어려움 때문에 돈 벌 요량으로 하나님 섬기는 것을 뒤로 미루는 것이 아니라, 열심히 주님의 은혜와 복을 구하는 삶이 되어야 합니다. 하나님의 말씀을 들을 수 있는 자리로 열심히 나오셔야만 합니다. 그것이 가난을 극복할 수 있는 비결입니다.

축복기도/prayer
은혜로우신 하나님, 저희로 의지하고 바라는 것이 오직 하나님이게 하여 주옵소서. 일생을 다하는 동안 하나님만을 바라는 사람이 되게 하여 주시고, 하나님의 은혜를 구하는 삶이 되게 하여 주옵소서.
저희의 인생을 다 아시는 하나님께서 도움을 구할 때마다 응답하시고 은총을 더하여 주실 것을 믿습니다. 복 있는 길로 이끄실 것을 믿습니다. 하나님은 저희를 살펴보시고 붙들고 계시는 하나님이심을 믿습니다. 예수 그리스도의 이름으로 기도합니다. 아멘

[손해 보는 것을 참지 못하는 자] 큰 상을 받음

하나님의 생활방식

· 찬송 | 218장, 595장   · 성경 | 누가복음 6장 27~36절

"그러나 너희 듣는 자에게 내가 이르노니 너희 원수를 사랑하며 너희를 미워하는 자를 선대하며 너희를 저주하는 자를 위하여 축복하며 너희를 모욕하는 자를 위하여 기도하라 너의 이 뺨을 치는 자에게 저 뺨도 돌려대며 네 겉옷을 빼앗는 자에게 속옷도 거절하지 말라 네게 구하는 자에게 주며 네 것을 가져가는 자에게 다시 달라 하지 말며 남에게 대접을 받고자 하는 대로 너희도 남을 대접하라 너희가 만일 너희를 사랑하는 자만을 사랑하면 칭찬 받을 것이 무엇이냐 죄인들도 사랑하는 자는 사랑하느니라 <중략> 너희 아버지의 자비로우심 같이 너희도 자비로운 자가 되라"

위로와 권면/sermon
오늘 말씀은 예수님께서 우리에게 불가능한 일을 많이 말씀하십니다. 예컨대 원수를 사랑하라고 말씀하십니다. 죽여서도 분이 가시지 않을 것 같아서 원수인데 말이죠. 또한 이 뺨을 치는 자에게 저 뺨도 돌려대라고 말씀하십니다. 뺨을 맞는 것은 다른 곳을 맞는 것과 다르게 큰 수치감을 안겨줍니다. 장난으로도 뺨을 맞으면 열이 받고 곧바로 되갚아주고 싶어집니다.
그런데 주님은 35~36절에서 그 이유를 말씀하시는데 하나님 아버지께서 인자하시기 때문이라는 겁니다. 하나님은 은혜를 모르는 사람과 악한 사람에게까지도 인자하시다는 겁니다.
그러니 그분의 자녀 된 우리도 그 모습을 닮아 하나님의 자비하심과 같이 자비해야 한다는 것입니다. 그렇다면 하나님께서는 우리에게 단지 당신을 닮아야만 한다는 그 이유 하나만으로 이런 불가능한 일을 해야만 한다고 강요하시는 것일까요? 그렇지 않습니다. 하나님은 그런 이기적인 분이 아니십니다. 이렇게 사는 것이 당장은 바보 같을지 모르지만, 궁극적으로 보면 가장 지혜롭기 때문입니다. 이 말씀대로 사는 것이 당장은 손해 보는 일 같지만, 결국은 유익을 가져다 주기 때문입니다. 쉽게 말하면 이것은 하나님의 생활방식입니다.

성도(직분)님, 하나님의 생활방식이 미련하시겠습니까? 실패하시겠습니까? 그래서 35절에 이렇게 단언하시는 것입니다.
"그리하면 너희 상이 클 것이요. 또 지극히 높으신 이의 아들이 되리니."

이렇게 살면 반드시 하나님께서 큰 상을 주실 것이라는 약속입니다. 당신의 자녀라는 것을 확실히 보장해 주신다는 것입니다. 하나님께서는 당신의 사랑하는 백성들이 당신의 훌륭한 모습을 닮아가는 것을 아주 기뻐하시고 행복해하십니다.

축복기도/prayer
사랑의 본을 보이신 주님, 저희로 예수님을 본받아 도저히 품을 수 없는 사람도 품을 수 있게 하시고, 도저히 용서할 수 없는 사람도 용서할 수 있게 하옵소서. 해롭게 하는 자에게도 주님의 사랑을 보여 줄 수 있게 하시고, 가시 노릇을 하는 사람도 인자함으로 대할 수 있는 마음이 있게 하옵소서.

그리하여 저희로 하여금 하나님이 행복해하시는 것을 느끼는 삶이 되게 하옵소서. 예수 그리스도의 이름으로 기도합니다. 아멘

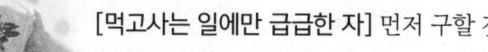

[먹고사는 일에만 급급한 자] 먼저 구할 것

영적인 앉은뱅이

· 찬송 | 312장, 427장   · 성경 | 사도행전 3장 1~10절

"제 구 시 기도 시간에 베드로와 요한이 성전에 올라갈새 나면서 못 걷게 된 이를 사람들이 메고 오니 이는 성전에 들어가는 사람들에게 구걸하기 위하여 날마다 미문이라는 성전 문에 두는 자라 그가 베드로와 요한이 성전에 들어가려 함을 보고 구걸하거늘 베드로가 요한과 더불어 주목하여 이르되 우리를 보라 하니 그가 그들에게서 무엇을 얻을까 하여 바라보거늘 베드로가 이르되 은과 금은 내게 없거니와 내게 있는 것을 네게 주노니 나사렛 예수 그리스도의 이름으로 일어나 걸으라 하고 오른손을 잡아 일으키니 발과 발목이 곧 힘을 얻고 뛰어 서서 걸으며 그들과 함께 성전으로 들어가면서 걷기도 하고 뛰기도 하며 하나님을 찬송하니 <후략>"

위로와 권면/sermon

오늘 우리는 성전 미문의 앉은뱅이를 보면서 우리 자신의 신앙의 모습을 바라보게 됩니다. 현대는 육체적인 장애보다는 정신과 영혼의 장애자들이 더 많다는 것을 무시할 수 없습니다. 우리는 육신적으로 멀쩡해서 건강하다고 생각할 수 있지만, 영적인 의미에서 보면 우리 모두가 신앙의 앉은뱅이일 수도 있다는 말씀입니다.
이것은 우리의 관심이 어디에 있고, 우리가 무엇 때문에 그렇게 정신없이 살아가고 있느냐를 생각해 보면 알 수 있습니다.

솔직히 오늘 말씀에 나오는 성전 미문의 이 앉은뱅이만 먹을 것을 위해서 걱정합니까? 아닙니다. 우리를 포함해서 모든 사람이 다 먹을 것을 위해서 걱정하고 또 그것을 위해서 정신없이 살아가고 있습니다. 따라서 어느 누구도 이것으로부터 자유로울 수 없습니다. 그렇다면 우리 모두가 다 영적인 앉은뱅이들이라는 사실입니다. 다리나 손이 없어서 구걸하는 사람들보다는 좀 고상해 보이고 깨끗해 보일지는 모르나, 영적으로 보면 우리 모두는 구걸하는 앉은뱅이일 수 있다는 사실입니다.

성도는 하나님의 말씀으로 사는 존재들이기 때문에 돈 걱정, 음식 걱정하지 말아야 한다는 얘기가 아닙니다. 보다 중요한 것은 하나님께서 무엇을 기뻐하시는지를 생각하며 지금 하나님 중심으로 살려고 노력하고 있느냐는 것입니다. 그것이 나에게 보이지 않는다면 우리는 영적인 앉은뱅이입니다.
성도(직분)님, "그런즉 너희는 먼저 그의 나라와 그의 의를 구하라 그리하면 이 모든 것을 너희에게 더하시리라"(마6:33)는 예수님의 말씀을 마음에 새겨봅시다. 우리가 믿는 하나님은 들풀도 돌보시는 분이십니다.

축복기도/prayer
사랑의 하나님, 저희는 지금 무엇 때문에 정신없이 살아가고 있는지요? 어디에 관심을 두고 살아가고 있는지요?
또한 무엇을 구하며 살고 있는지요? 저희가 하나님을 섬긴다고 하지만 세상일에 너무 치우친 삶을 살고 있는 것은 아닌지요. 주님, 저희의 삶이 하나님의 기쁨을 구하는 삶이 되게 하여 주옵소서.
하나님 중심으로 사는 삶이 되게 하여 주옵소서. 주님의 말씀대로 주님의 나라와 그 의를 구하는 삶이 되게 하여 주옵소서. 예수 그리스도의 이름으로 기도합니다. 아멘

[친절한 삶을 살지 않는 자] 인생을 바꾸는 친절

세상을 아름답게 변화시키는 것

· 찬송 | 212장, 549장   · 성경 | 창세기 24장 10~20절

"이에 종이 그 주인의 낙타 중 열 필을 끌고 떠났는데 곧 그의 주인의 모든 좋은 것을 가지고 떠나 메소보다미아로 가서 나홀의 성에 이르러 그 낙타를 성 밖 우물곁에 꿇렸으니 저녁때라 여인들이 물을 길으러 나올 때였더라 그가 이르되 우리 주인 아브라함의 하나님 여호와여 원하건대 오늘 나에게 순조롭게 만나게 하사 내 주인 아브라함에게 은혜를 베푸시옵소서. 성 중 사람의 딸들이 물 길으러 나오겠사오니 내가 우물곁에 서 있다가 한 소녀에게 이르기를 청하건대 너는 물동이를 기울여 나로 마시게 하라 하리니 그의 대답이 마시라 내가 당신의 낙타에게도 마시게 하리라 하면 그는 주께서 주의 종 이삭을 위하여 정하신 자라 <후략>"

위로와 권면/sermon

창세기 24장에는 아브라함이 연륜 있는 종에게 아들의 신붓감을 찾아오라며 '밧단아람'으로 보낸 말씀이 기록되어 있습니다. 당시 가나안 땅에는 하나님을 버리고 우상을 섬기는 타락한 문화가 판치고 있어 그곳 처녀들을 며느리로 맞아서는 안 된다고 여겼기 때문입니다. 나홀 성에 도착한 종은 하나님께 기도하면서 자기와 약대에게 친절을 베푸는 여인을 하나님이 택하신 여인으로 알겠다고 다짐했습니다. 기도를 마치기도 전에 한 여인이 물 항아리를 어깨에 메고 나왔습니다. 종이 여인에게 물을 청하자 여인은 주저하지 않고 물동이를 내려 손에 받쳐 들고 물을 마시게 했습니다. 또 당장 우물로 달려가 약대에게 먹일 물도 길었습니다.

밧단아람 지역의 물 사정은 그리 좋지 않습니다. 어렵게 물의 근원을 찾아도 30미터 정도 더 파고 들어가야 물을 얻을 수 있습니다. 그래서 성 밖의 우물을 파 놓고 공동으로 사용했습니다. 그러니 물 항아리를 지고 30미터나 되는 계단을 내려가 길어 올린 물을 다른 사람에게 나누어 주기란 쉽지 않은 일입니다. 게다가 짐승에게도 물을 먹인다는 것은 다른 사람에 대한 철저한 배려와 친절이 아니고서는 도저히 불가능한 일입니다.

아브라함의 종은 그런 리브가의 친절한 모습을 묵묵히 바라보면서 저 여인이야말로 하나님께서 택하신 여인이라는 것을 확신하였습니다. 결국 리브가는 이삭의 아내가 되어 만국의 어머니가 되었으며, 예수 그리스도의 조상이 되었습니다.

성도(직분)님, 물론 하나님의 섭리하심이기는 하지만, 이처럼 친절이 인생을 바꿀 수가 있습니다. 이름 없는 시골 여인이 만국의 어머니가 되는 축복은 그의 친절에서 나온 것입니다. 더구나 예수 그리스도의 조상이 된 것이 얼마나 놀라운 일입니까? 하나님은 친절한 사람들을 통해 세상을 더욱 아름답게 변화시키시고 역사의 주인공으로 삼으십니다.

축복기도/prayer
사랑의 주님, 저희로 친절한 사람이 되게 하옵소서. 철저한 배려와 친절 속에서 주님의 향기를 발하는 삶이 되게 하시고, 주님의 사랑을 보여줄 수 있는 삶이 되게 하옵소서. 친절한 삶을 통하여 더 많은 사람을 주님께로 인도할 수 있게 하시고, 세상을 더욱 아름답게 변화시켜 나갈 수 있게 하옵소서. 예수 그리스도의 이름으로 기도합니다. 아멘

[자기 자랑하는 자] 자랑

최고의 자랑거리

· 찬송 | 94장   · 성경 | 예레미야 9장 23~24절

"여호와께서 이와 같이 말씀하시되 지혜로운 자는 그의 지혜를 자랑하지 말라 용사는 그의 용맹을 자랑하지 말라 부자는 그의 부함을 자랑하지 말라 자랑하는 자는 이것으로 자랑할지니 곧 명철하여 나를 아는 것과 나 여호와는 사랑과 정의와 공의를 땅에 행하는 자인 줄 깨닫는 것이라 나는 이 일을 기뻐하노라 여호와의 말씀이니라"

위로와 권면/sermon
사람은 누구나 자랑하기를 좋아합니다. 자랑이 무엇입니까? 다른 사람에게 자기가 잘 한 것이나, 자기에게 있는 좋은 것을 드러내는 것입니다.
오늘 말씀은 예레미야가 자기 자랑을 일삼았던 이스라엘 백성들을 향하여 경고했던 말씀입니다. 이스라엘 백성들이 자랑하지 말아야 할 것을 자랑하면서 사니까, 그것이 하나님께 거슬렸고, 그래서 하나님이 그들에게 자랑거리를 정해 주신 것입니다.
24절은 이렇게 말씀합니다.
"자랑하는 자는 이것으로 자랑할지니 곧 명철하여 나를 아는 것과 나 여호와는 사랑과 정의와 공의를 땅에 행하는 자인 줄 깨닫는 것이라 나는 이 일을 기뻐하노라 여호와의 말씀이니라".
하나님께서는 두 가지 자랑을 하라고 하십니다.
첫째, 나를 아는 것을 자랑하라는 것입니다.

둘째, 내가 사랑과 정의와 공의로 세상을 다스리는 것을 자랑하라는 것입니다.

내가 잘나서 잘 사는 것처럼 생각하지 말라는 것입니다. 하나님이 사랑과 정의와 공의로 다스려 주시기 때문에 잘 사는 것임을 기억하고 그것을 자랑하라는 것입니다. 그러면 지금 내가 누리고 있는 것에 대해서는 어떻게 해야 합니까? 감사하면 됩니다.

멋진 남편, 예쁜 아내, 똑똑한 자식, 좋은 직장, 풍성한 물질을 주신 것은 자랑할 일이 아니라 감사할 일입니다. 우리가 자랑해야 할 것은 하나님밖에 없습니다. 우리는 하나님을 자랑하고, 하나님이 주신 것에는 감사하며 살아야 합니다. 신앙이 깊어질수록 자신의 형편은 십자가 아래 내려놓고 주님만 자랑할 줄 아는 사람이 되어야 합니다.

오늘 성도(직분)님의 가정도 하나님을 아는 것을 자랑하며 사는 삶이 되기를 주님의 이름으로 축복합니다.

축복기도/prayer
저희를 자녀로 삼아 주신 하나님, 오늘 저희가 하나님을 자랑하며 살아왔는지 돌아봅니다. 이제부터라도 저희로 하나님을 아는 것을 자랑하며 사는 삶이 되게 하옵소서.
또한 하나님이 사랑과 정의와 공의로 세상을 다스려 주신다는 것을 자랑할 수 있게 하옵소서. 저희가 자랑할 것은 오직 하나님밖에 없음을 잊지 말게 하여 주옵소서. 또한 하나님이 주신 것에는 늘 감사하며 살아가게 하옵소서. 예수 그리스도의 이름으로 기도합니다. 아멘

[마음이 약한 자] 행복과 승리

마음먹기에 달렸다

· 찬송 | : 365장, 543장   · 성경 | 잠언 4장 23~27절

"모든 지킬 만한 것 중에 더욱 네 마음을 지키라 생명의 근원이 이에서 남이니라 구부러진 말을 네 입에서 버리며 비뚤어진 말을 네 입술에서 멀리 하라 네 눈은 바로 보며 네 눈꺼풀은 네 앞을 곧게 살펴 네 발이 행할 길을 평탄하게 하며 네 모든 길을 든든히 하라 좌로나 우로나 치우치지 말고 네 발을 악에서 떠나게 하라"

위로와 권면/sermon

신라시대 때의 이야기입니다. 두 사람이 먼 여행을 떠나서 낯선 길을 가게 되었습니다. 해는 저물었고 인가를 찾지 못하였습니다. 그리고 비 또한 억수같이 쏟아지고 있었습니다. 칠흑같이 어두운 밤, 더는 갈 수가 없어서 더듬어 피할 곳을 찾았는데, 마침 동굴 하나가 보여서 거기서 하룻밤을 지내고 가야 되겠다고 생각하였습니다. 그들은 먼 길을 오면서 몹시도 피곤했기 때문에 젖은 몸을 가눌 길도 없이 그대로 깊은 잠에 빠져들었습니다. 한 사람이 한잠 자고 나서 너무 목이 말라 두리번거리며 더듬더듬 물을 찾았는데 마침 그릇에 물이 있기에 그것을 마셨습니다. 아주 꿀맛 같았습니다.

그리고 다시 잠이 들었습니다. 동녘이 밝아 아침이 되어 정신을 차려보니 자기들이 머물렀던 곳은 동굴이 아니라 무덤이었습니다. 잠결에 마셨던 물은 해골에 괴어 있는 물이었던 것입니다. 그 사람은 그것을 보는 순간, 그대로 구역질이 나서 마셨던 것, 먹었던 것을 다 토해버렸습니다. 그러고 나서 그는 중요한 것을 생각하게 됩니다. 분명히 어젯밤에는 꿀맛같이 마셨던 시원한 물인데, 오늘 아침에 사실을 아는 순간 견딜 수가 없어서 다 토해버려야 했습니다.

"여기에 어떤 차이가 있을까?" 그는 깊이 생각한 끝에 '인생사 오직 마음에 달린 것이다.'하는 단순한 진리를 깨닫게 되었습니다. 그리고 그의 한평생의 운명이 여기서 바뀌게 됩니다.

그렇습니다. 모든 것이 마음먹기에 달려있습니다. 마음을 어떻게 먹느냐에 따라서 꿀맛 같은 생수가 한순간에 썩은 물로 바뀌기도 하고, 썩은 물이 꿀맛같이 느껴지기도 하는 것입니다.

그래서 오늘 말씀에 잠언서 기자는 "모든 지킬만한 것 중에 더욱 네 마음을 지키라" 권면하고 있습니다. 우리의 행복과 승리의 삶은 환경에 달린 것이 아니라, 우리의 마음먹기에 달린 것입니다. 마음이 중요합니다.

성도(직분)님은 마음을 잘 다스리고 지키실 수 있기를 주님의 이름으로 축복합니다.

축복기도/prayer

사랑의 주님, 우리의 행복과 승리의 삶은 환경에 달린 것이 아니라, 우리 마음에 달린 것임을 다시 한 번 깨닫습니다. 저희 모두 마음을 잘 다스릴 줄 아는 지혜가 있게 하여 주옵소서. 그리하여 유혹과 미혹이 난무하는 썩은 환경 속에서도 꿀맛 같은 인생을 살아갈 수 있게 하옵소서. 주님을 기쁘시게 하는 삶이 되게 하옵소서. 예수 그리스도의 이름으로 기도합니다. 아멘

[형통하기를 원하는 자] 지켜 행함

형통의 원리

· 찬송 | 204장, 573장   · 성경 | 신명기 28장 1~6절

"네가 네 하나님 여호와의 말씀을 삼가 듣고 오늘 네게 명령하는 그의 모든 명령을 지켜 행하면 네 하나님 여호와께서 너를 세계 모든 민족 위에 뛰어나게 하실 것이라 네가 네 하나님 여호와의 말씀을 청종하면 이 모든 복이 네게 임하며 네게 이르리니 성읍에서도 복을 받고 들에서도 복을 받을 것이며 네 몸의 자녀와 네 토지의 소산과 네 짐승의 새끼와 소와 양의 새끼가 복을 받을 것이며 네 광주리와 떡 반죽 그릇이 복을 받을 것이며 네가 들어와도 복을 받고 나가도 복을 받을 것이니라"

위로와 권면/sermon

유대인들은 지금도 구약의 법들을 끌어안고 살아가고 있습니다. 미국에는 600만 명의 유대인이 사는데, 그중의 10%를 차지하고 있는 정통파는 지금도 안식일에는 여행은 물론 편지를 쓰는 것이나 엘리베이터의 버튼을 누르거나 성냥을 긋는 일까지도 하지 않습니다.

그런데 이 소수의 유대인이 거대한 미국을 이끌어가고 있습니다. '월가의 돈줄은 유대인의 호주머니로 통한다.'는 말이 있을 정도로 금융을 쥐고 있고, 세계적으로 저널리즘의 핵심에 있는 뉴욕타임스나 워싱턴 포스트를 비롯해서, 텔레비전 방송국인 NBC, CBS, ABC 3대 네트워크가 유대계입니다.

과학 분야도 역시 마찬가지입니다. 수소폭탄을 개발한 테일러나 원자력 잠수함을 만든 리코버를 비롯해서 전후의 미국 원자력 개발은 유대인이 독점하고 있으며, NASA 과학자의 절반이 유대인입니다.

맨해튼 빌딩 주인의 40%가 유대인이고, 미국 변호사의 20%, 뉴욕 의사의 과반수가 유대인입니다. 또 세계를 주름잡는 영화 회사 MGM, 파라마운트, 워너 브러더스가 유대인의 것이요, 영화계의 거성인 스티븐 스필버그도 유대인입니다.

신약과 예수님을 부인하는 유대교를 두둔하려는 것은 아니지만 하나님을 의지하는 법으로 살아가는 사람들에게 하나님은 지금도 역사하고 계심이 확실하다는 것을 보여주고 있습니다. 하나님의 역사하심을 경험하는 비결은 복잡하지 않습니다. 하나님의 백성답게 그분의 명령을 지켜 행하면 되는 것입니다. 믿음은 말씀을 많이 아는 것이 아니라, 한 말씀이라도 지켜 행하는 것입니다.

성도(직분)님, 축복의 키워드는 우리 자신임을 잊지 말아야겠습니다.

축복기도/prayer
사랑의 하나님, 저희 모두 잘되기를 원합니다. 형통하기를 원합니다. 잘되고 형통하기 위해서 주님의 말씀을 지켜 행하는 믿음이 저희에게 있게 하여 주옵소서. 주님을 온전히 의지할 수 있게 하시고, 주님의 말씀에 온전히 순종하는 삶이 되게 하여 주옵소서.
그리하여 주님이 이끄시고 함께하시는 형통의 삶이 되게 하시고, 주님의 역사하심 속에 놓인 복된 인생이 되게 하여 주옵소서. 예수 그리스도의 이름으로 기도합니다. 아멘

[감사와 믿음의 고백이 없는 자] 흔들리지 않음

모든 것 주님의 뜻대로

· 찬송 | 445장, 545장   · 성경 | 다니엘 3장 13~18절

"느브갓네살 왕이 노하고 분하여 사드락과 메삭과 아벳느고를 끌어오라 말하매 드디어 그 사람들을 왕의 앞으로 끌어온지라 느브갓네살이 그들에게 물어 이르되 사드락, 메삭, 아벳느고야 너희가 내 신을 섬기지 아니하며 내가 세운 금 신상에게 절하지 아니한다 하니 사실이냐<중략> 왕이여 우리가 섬기는 하나님이 계시다면 우리를 맹렬히 타는 풀무불 가운데서 능히 건져 내시겠고 왕의 손에서도 건져내시리이다 그렇게 하지 아니하실지라도 왕이여 우리가 왕의 신들을 섬기지도 아니하고 왕이 세우신 금 신상에게 절하지도 아니할 줄을 아옵소서"

위로와 권면/sermon

독일의 유명한 음악가인 「요한 세바스찬 바흐」가 노년이 되어 시력을 잃었을 때의 이야기입니다. 바흐는 당시 유명한 안과 의사의 희망적인 말을 듣고 수술하기로 하였습니다.

드디어 약속한 날이 되어 수술을 받았습니다. 회복을 위한 오랜 시간이 흘러 이윽고 의사가 바하의 눈에서 붕대를 풀었을 때, 침대에 둘러 서있던 자녀들이 바흐에게 이렇게 물었습니다.

"아버님 뭔가 보이세요?"

바흐가 대답했습니다. "모든 것이 주님의 뜻대로 되었다. 아무것도 보이지 않는구나!"

희망이 사라지는 순간이었습니다. 앞으로 영원히 볼 수가 없다는 사실에 그의 가족들은 큰 슬픔에 잠겼습니다.

그때 바흐는 오히려 자녀들을 위로하였습니다. 그리고 도리어 하나님께 감사의 찬송을 불렀습니다.

"보잘 것 없는 나를 주의 것 삼으사
주님만 사랑하며 나 살게 하소서"

그렇습니다. 잘되는 것만이 주님의 역사가 아닙니다. 잘되는 것만이 감사의 조건이 아닙니다. 바라던 대로 안 되는 것도 주님의 뜻일 수 있고, 때론 어려움도 감사의 조건이 될 수 있습니다. 어렵고 힘들 때 하나님께 감사하며 믿음의 고백을 드릴 수 있다면 그것은 편안할 때 하는 것과 분명히 차원이 다른 것입니다.

오늘 말씀에 다니엘의 세 친구 사드락과 메삭과 아벳느고가 그와 같은 고백을 하나님께 드리고 있습니다. 그 어떤 상황 속에서도 하나님을 향한 중심이 흔들이지 않겠다는 것입니다. 우리는 어떤 조건에서도 하나님께 대한 감사와 믿음의 고백을 드릴 수 있는 신앙의 사람이 되어야겠습니다.

축복기도/prayer
영광의 하나님, 저희 모두 언제라도 감사할 수 있게 하시고, 어느 때라고 감사하는 삶이 되게 하여 주옵소서. 잘될 때에도 더욱 감사할 수 있게 하시고, 어렵고 힘들 때에도 더욱 감사할 수 있는 삶이 되게 하여 주옵소서. 그리하여 그 어떤 조건 속에서도 하나님께 감사할 수 있는 신앙의 사람이 되게 하여 주옵소서. 전천후 감사로 하나님을 더욱 기쁘시게 할 수 있는 믿음이 사람이 되게 하여 주옵소서. 예수 그리스도의 이름으로 기도합니다. 아멘

[범사에 감사치 못하는 자] 넘치는 감사

범사에 감사하는 삶

· 찬송 | 428장, 304장   · 성경 | 데살로니가전서 5장 16~18절

"항상 기뻐하라 쉬지 말고 기도하라 범사에 감사하라 이것이 그리스도 예수 안에서 너희를 향하신 하나님의 뜻이니라"

위로와 권면/sermon

어느 날 정원을 둘러보던 왕이 깜짝 놀랐습니다. 정원에 심어 놓은 나무들과 꽃이 시들어 가고 있었기 때문입니다. 도무지 영문을 알 수 없었던 왕은 키가 작은 참나무에게 왜 이렇게 시들어 가고 있느냐고 물었습니다.

그러자 참나무는 키가 늘씬한 전나무처럼 멋지지 못하니 살아서 무엇 하겠느냐고 대답했습니다. 왕은 전나무에게 그렇다면 너는 왜 시들하냐고 물었습니다. 그랬더니 전나무는 포도나무처럼 열매를 맺지 못하니 살 의미가 없다고 대답했습니다.

다시 왕은 포도나무에게 가서 너는 왜 시들하냐고 물었습니다. 그러자 포도나무는 장미처럼 아름다운 꽃도 피우지 못하니 살 가치가 없다고 대답했습니다.

이처럼 대부분의 꽃과 나무들이 시들어 가고 있는데 그중에서 한 꽃은 무척 싱싱했습니다. 제비꽃이었습니다. 이를 신기하게 여긴 왕이 제비꽃에게 물었습니다. "어째서 너만 싱싱하냐?"

그러자 제비꽃은 이렇게 대답했습니다. "보잘것없는 저를 정원에 심어 주신 임금님의 은혜를 생각하니 키가 작고 열매가 없어도 감사해서 열심히 살고 있습니다."

성도(직분)님, 우리 그리스도인들은 어떤 모습으로 살아야 할까요? 오늘 말씀에 사도바울은 범사에 감사하면서 살아야 할 것을 말씀하고 있습니다. 사람들은 자기 힘으로 무언가를 이룰 수 있다고 생각하면 삶에서 감사가 사라지고 자만심이 생깁니다.

그러나 심는 것과 거두는 것은 사람이 할지라도, 씨앗을 자라게 하고 열매를 맺게 하는 것은 하나님이십니다. 그래서 시편 기자는 "여호와께서 집을 세우지 아니하시면 세우는 자의 수고가 헛되다"(시 127:1)고 고백했습니다.

우리는 인간이 하는 모든 수고가 하나님의 도우심 없이는 헛되다는 것을 깨달아야 합니다. 그리고 하나님께 감사할 수 있어야 합니다. 모쪼록 성도(직분)님은 범사에 하나님을 향한 감사가 넘치는 믿음의 사람이 되시기를 축복합니다.

축복기도/prayer
사랑의 하나님, 저희는 감사가 메마른 심령이 되지 않기를 원합니다. 언제나 하나님의 은혜에 감사가 흘러넘치는 삶이 되게 하여 주옵소서. 범사에 감사함으로 하나님의 도우심을 더욱 드러낼 수 있게 하시고, 감사의 토양 위에 주님이 허락하신 귀한 열매를 풍성히 거둘 수 있는 삶이 되게 하옵소서. 언제나 하나님을 향한 감사가 넘치는 삶이 되기를 소원합니다. 예수 그리스도의 이름으로 기도합니다. 아멘

[세상이 악하다고 불평하는 자] 주께서 쓰시는 사람

악조건 속에서도

· 찬송 | 176장, 433장   · 성경 | 창세기 6장 9~22절

"이것이 노아의 족보니라 노아는 의인이요 당대에 완전한 자라 그는 하나님과 동행하였으며 세 아들을 낳았으니 셈과 함과 야벳이라 <중략> 내가 땅에 홍수를 일으켜 무릇 생명의 기운이 있는 모든 육체를 천하에서 멸절하리니 땅에 있는 것들이 다 죽으리라 그러나 너와는 내 언약을 세우리니 너는 아들들과 네 아내와 네 며느리들과 함께 그 방주에 들어가고<중략> 너는 먹을 모든 양식을 네게로 가져다가 저축하라 이것이 너와 그들의 먹을 것이 되리라 노아가 그와 같이 하여 하나님이 자기에게 명하신 대로 다 준행하였더라"

위로와 권면/sermon

구약의 복은 생육하고 번성하는 것인데 오늘 말씀에 나오는 노아는 500세가 되도록 자식을 얻지 못 합니다(5:22). 이 정도라면 저주받은 인생이라고 할 만하지 않습니까? 그러나 노아는 하나님을 원망하지 않습니다. 오히려 하나님께 의롭다 인정받을 만큼 하나님 앞에서 온전히 행하였고 주님과 동행하였습니다(6:9). 그렇다고 노아의 시대가 평안한 시대는 아니었습니다.

하나님께서 세상을 심판하여 끝내겠다고 결단하리만치 썩을 대로 썩은 세상, 악할 대로 악한 세상이었습니다. 어느 한구석 희망이라곤 보이지 않는 세상이었습니다. 이렇게 노아 시대는 죄로 덮인 시대였습니다. 죄가 세상에 관영하였고, 사람의 생각은 모두 악했습니다(6:5).

그러나 노아는 이렇게 악한 세상에서 오직 하나님만 바라보며 하나님의 구원을 기대했던 것입니다. 하나님이 함께하는 사람들은 이런 악조건에 주눅 들거나 절망하지 아니하고, 악조건을 기회로 놀라운 사역을 감당하는 사람들임을 기억해야 합니다.

성도(직분)님, 오늘 우리도 노아처럼 악조건 속에서도 오히려 하나님께 귀하게 쓰임 받는 신앙인이 될 수 있습니다. 세상이 악하다고 포기해서는 안 됩니다.

어떤 사람에게는 악한 세상이 저주가 될 수 있지만 노아에게는 축복의 기회가 되었습니다. 그는 모든 인류의 조상이 되었고, 자신과 그의 가족 그리고 땅 위의 모든 생물들로 하여금 대홍수의 심판으로부터 구원을 받게 하였습니다. 악한 세상에서 노아처럼 의로움만 간직하고 있다면, 하나님은 그 사람을 통해서 그분의 일을 이루십니다.

하나님의 방법대로 쓰임 받는 사람은 악한 시대에도 여전히 존재한다는 것을 기억하면서, 그분께 쓰임 받을 수 있는 신실한 믿음의 사람이 되기 위하여 마음을 쏟아야 하겠습니다.

축복기도/prayer
사랑의 주님, 악조건 속에서도 하나님께 귀하게 쓰임 받았던 노아를 봅니다. 저희도 악조건 속에서도 하나님께 귀하게 쓰임 받을 수 있는 신앙이 되게 하여 주옵소서. 세상이 악하다고 하여 포기하지 말게 하시고, 오히려 축복의 기회로 삼을 수 있는 비전을 갖게 하옵소서. 세상이 어떠하든 하나님께 쓰임 받는 사람으로 이 시대를 살게 하옵소서. 예수 그리스도의 이름으로 기도합니다. 아멘

[여러 가지 일로 힘들어하는 자] 집중의 효과

한 가지 일만 잘해도

· 찬송 | 341장, 455장   · 성경 | 디모데전서 2장 4~7절

"하나님은 한 분이시요 또 하나님과 사람 사이에 중보자도 한 분이시니 곧 사람이신 그리스도 예수라 그가 모든 사람을 위하여 자기를 대속물로 주셨으니 기약이 이르러 주신 증거니라 이를 위하여 내가 전파하는 자와 사도로 세움을 입은 것은 참말이요 거짓말이 아니니 믿음과 진리 안에서 내가 이방인의 스승이 되었느니라"

위로와 권면/sermon
잭 웰치(Jack Welch)라는 사람이 GE의 최고 경영자가 되었을 때 그는 GE회사가 가장 잘 할 수 있는 핵심사업 11가지만 남겨두고 다른 모든 사업들에서 손을 떼는 과감한 구조조정을 감행했다고 합니다. 그 결과 GE는 세계 초일류 기업으로 다시 태어날 수 있게 되었습니다.

우리도 집중의 원리를 배워야 합니다. 사람이 여러 가지 일들을 동시에 하면서 좋은 결과를 거둘 수는 없습니다. 왈츠 곡에 재즈 춤을 추는 것과 서양 클래식 음악에 한국 고전 무용을 추려고 하면 잘 되지가 않습니다. 수영에 재능이 있는 사람은 수영 한 가지에 집중하는 것이 좋습니다. 다른 사람이 골프를 한다고 해서 골프까지 신경을 쓰게 되면 힘이 분산되어 한 가지 일도 잘 할 수 없는 사람이 됩니다. 바울은 이방인의 구원이라는 한 가지 일에 집중한 결과 큰 열매를 거둘 수 있었습니다.

오늘 우리도 무슨 일을 하든지 한 가지 일에만 집중할 수 있는 지혜가 필요합니다. 그래야 열매 다운 열매를 기대할 수가 있습니다. 과거의 성공이나 뼈아픈 실패에 연연해서도 안 됩니다. 바울은 자신의 시선과 집중에 방해되는 것들은 과감하게 정리하는 용기 있는 사람이었습니다.

성도(직분)님, 굳이 여러 가지 일에 매달리며 힘들어할 필요가 없습니다. 여러 가지 일을 잘 해낼 수 있으면 좋겠지만, 한 가지만 잘해도 성공할 수 있습니다. 하나님께 영광 돌리는 삶을 살 수 있습니다. 괜히 이것저것 하다가 육체적으로, 정신적으로 힘들게 되면 그것 때문에 불평과 불만이 쏟아져 나오고, 씻을 수 없는 상처를 받게 되는 경우가 많습니다.

오늘 하나님께서 성도(직분)님에게 주신 직업이 어떤 것인지 진지하게 고민해보며 찾아봅시다. 그리고 그 일을 놓고 기도하면서 집중해 봅시다. 그러면 사명도 찾고, 그 속에서 기쁨과 행복도 함께 찾게 될 것입니다.

축복기도/prayer
사랑의 주님, 지금 성도(직분)님이 여러 가지 일을 감당함으로 매우 힘들어 하고 있습니다. 오늘 말씀을 통하여 위로를 얻게 하여 주옵소서. 한 가지 일만 잘해도 성공할 수 있고, 하나님께 영광 돌릴 수 있다는 것을 알았사오니, 과연 주님이 성도(직분)님을 통하여 열매 맺고자 하시는 일이 무엇인지 깨닫는 은혜를 더하여 주옵소서. 그리하여 그 일을 통하여 주님을 뜻을 온전히 좇을 수 있게 하옵소서. 예수 그리스도의 이름으로 기도합니다. 아멘

[주변을 힘들게 하는 자] 인정받는 사람

시원하게 하는 사람

· 찬송 | : 463장, 289장   · 성경 | 고린도전서 16장 15~18절

"형제들아 스데바나의 집은 곧 아가야의 첫 열매요 또 성도 섬기기로 작정한 줄을 너희가 아는지라 내가 너희를 권하노니 이같은 사람들과 또 함께 일하며 수고하는 모든 사람에게 순종하라 내가 스데바나와 브드나도와 아가이고가 온 것을 기뻐하노니 그들이 너희의 부족한 것을 채웠음이라 그들이 나와 너희 마음을 시원하게 하였으니 그러므로 너희는 이런 사람들을 알아주라"

위로와 권면/sermon

오늘 말씀에 보면 「스데바나」라는 사람이 나오는데 그 사람에 대한 사도바울의 평가가 아주 인상적입니다. 18절을 보면 "그들이 나와 너희 마음을 시원케 하였으니"라고 말하고 있습니다. 이것이 스데바나라는 인물에 대해서 사도바울이 갖고 있는 인상입니다.

스데바나는 마음을 시원케 하는 사람이라는 것입니다. 그 당시 주님을 위해서 자신의 삶을 완전히 내던진 사도바울의 눈에 스데바나는 그렇게 비쳤습니다. 오늘 말씀을 대하면서 나는 어떤 사람이라고 생각하십니까?

마음을 시원케 하는 사람은 목회자뿐만 아니라 모든 사람에게 사랑을 받습니다. 칭찬을 듣습니다. 그리고 주님께도 인정을 받습니다. 주님의 12제자 가운데 주님의 마음을 시원케 해드렸던 인물을 한사람 꼽으라면 베드로를 생각해 볼 수 있습니다.

그 당시 예수님이 어떤 분이냐에 대해서 소문이 무성할 때 베드로는 주저 없이 "주는 그리스도시요 살아계신 하나님의 아들이시니이다"(마16:16)라고 고백하므로 주님의 마음을 시원케 해 드렸습니다.

주님께서 얼마나 마음이 흐뭇하고 시원하셨던지 "바요나 시몬아 네가 복이 있도다. 이를 네게 알게 한 이는 혈육이 아니요 하늘에 계신 내 아버지시니라... 내가 이 반석 위에 내 교회를 세우리니 음부의 권세가 이기지 못하리라"(마16:17-18)고 축복하셨습니다.

성도(직분)님, 시원케 하는 사람이 주님께 사랑을 받고 칭찬을 들을 수 있습니다. 사람들에게도 사랑을 받고 칭찬을 듣습니다.
이런 사람이 있으면 주변 사람이 기쁨을 얻고 용기를 갖습니다. 자랑거리가 됩니다. 이런 사람과 오래도록 교제하고 싶고, 함께하고 싶어집니다. 그리고 그런 사람이 주님이 보시기에 진정으로 복 있는 사람입니다. 모쪼록 우리 성도(직분)님은 주님과 사람을 시원케 하는 신앙의 사람이 되시기를 축복합니다.

축복기도/prayer
칭찬을 아끼지 아니하시는 주님, 그동안 저희의 신앙생활이 어떠했는지 돌이켜봅니다. 주님과 다른 사람의 마음을 시원하게 해 드리는 것은 고사하고 답답하게 하고, 속상하게 했던 것은 아닌지요.
이제부터는 주님과 목회자뿐만 아니라, 모든 사람의 마음을 시원케 하는 사람으로 살게 하여 주옵소서. 기쁨과 용기와 위로를 주는 사람이 되게 하여 주옵소서. 주님과 사람들에게 인정받고 칭찬 듣는 예수님의 사람이 되게 하여 주옵소서. 예수 그리스도의 이름으로 기도합니다. 아멘

[하나님의 약속을 믿지 못하는 자] 하나님의 때

약속에 신실하신 하나님

· 찬송 | 267장, 546장   · 성경 | 이사야 40장 28~31절

"너는 알지 못하였느냐 듣지 못하였느냐 영원하신 여호와, 땅 끝까지 창조하신 이는 피곤하지 않으시며 곤비하지 않으시며 명철이 한이 없으시며 피곤한 자에게는 능력을 주시며 무능한 자에게는 힘을 더하시나니 소년이라도 피곤하며 곤비하며 장정이라도 넘어지며 쓰러지되 오직 여호와를 앙망하는 자는 새 힘을 얻으리니 독수리가 날개치며 올라감 같을 것이요 달음박질 하여도 곤비하지 아니하겠고 걸어가도 곤하지 아니하리로다"

위로와 권면/sermon

하나님은 신실하신 분이시기에 반드시 약속을 지키십니다. 문제는 우리의 조급함입니다.
"왜 빨리하지 않으실까?", "하나님은 나를 잊으셨는가?"
조급함에서 이러한 마음을 갖게 되고, 그로 인해 실망하고 포기하게 됩니다. 그러나 하나님의 때가 있습니다. 그때는 정확합니다. 나를 위해서, 그리고 하나님의 그분 자신의 영광을 위해서 하십니다.

이스라엘이 포로가 되어 바벨론에서 생활하면서 그들은 곧 하나님께서 우리를 구원해 내실 것이라고 믿었습니다. 그리고 희망을 걸었습니다. 그런데 십 년이 지나고 이십 년, 삼십 년이 지나도 하나님의 구원은 이루어지지 않습니다. 여기에 그들이 불평을 합니다.
"하나님이 우리를 잊으셨나 보다. 우리는 버림받은 것이다." 이러한 그들에게 하나님께서 이사야 선지자를 통해서 주신 말씀이 오늘 말씀입니다. 하나님을 앙망할 때 새 힘을 얻게 되고, 그 힘으로 기다릴 때 하나님께서 구원하신다는 약속의 말씀입니다.

성도(직분)님, 오늘 우리가 기억하고 있어야 할 것은 하나님의 시간, 하나님의 때가 있다는 것입니다. 주님은 당신의 영광을 드러내시기 위해서 우리에게 꼭 필요한 때에 다가오십니다. 하나님은 신실하신 분이십니다. 하나님은 자신이 하신 약속에 신실하십니다.

문제는 나에게 있습니다. 하나님의 이 신실하심을 조급함 때문에 포기하고, 또는 잊어버리기 때문입니다. 잊지 않고 기억하면서 하나님께 기도하고, 하나님 앞에 성실한 삶을 살 때, 우리를 축복의 길로, 형통의 길로 이끌어주십니다.
성도(직분)님은 약속에 신실하신 하나님을 끝까지 의지하고 바라심으로, 성실하신 하나님을 만나는 삶이 되시기를 축복합니다.

축복기도/prayer
신실하신 하나님, 저희가 하나님의 때가 있음을 깨닫게 하옵소서. 저희에게도 하나님께서 영광을 드러내시기에 꼭 필요한 때에 다가오시는 분이심을 깨닫게 하옵소서.
그러므로 저희의 조급함 때문에 넘어지거나 실족하지 않게 하여 주시고, 약속에 실신하신 하나님을 끝까지 의지하고 바라며, 믿음으로 사는 삶이 되게 하여 주옵소서. 예수 그리스도의 이름으로 기도합니다. 아멘

[악인의 형통에 불만을 품은 자] 공의로우신 하나님

넘어질 뻔하였나이다

· 찬송 | 433장, 621장   · 성경 | 시편 73편 1~28절

"하나님이 참으로 이스라엘 중 마음이 정결한 자에게 선을 행하시나 나는 거의 넘어질 뻔하였고 나의 걸음이 미끄러질 뻔하였으니 이는 내가 악인의 형통함을 보고 오만한 자를 질투하였음이로다 그들은 죽을 때에도 고통이 없고 그 힘이 강건하며 사람들이 당하는 고난이 그들에게는 없고 사람들이 당하는 재앙도 그들에게는 없나니 그러므로 교만이 그들의 목걸이요 강포가 그들의 옷이며<중략> 내가 어쩌면 이를 알까 하여 생각한즉 그것이 내게 심한 고통이 되었더니 하나님의 성소에 들어갈 때에야 그들의 종말을 내가 깨달았나이다<후략>"

위로와 권면/sermon

오늘 말씀에 보면 시인은 악인이 형통하고, 오만한 자가 잘되고 의로운 자가 고난당하는 것에 대하여 큰 회의를 느끼고 있는 것을 봅니다. 악인은 하나님을 믿거나 의뢰하지도 않고 있는데, 하는 일마다 잘되고 형통한다는 것입니다.

죽을 때도 비참하게 죽어야 하는데 오히려 간호사 품에 안겨서 고통 없이 고이 잠들듯이 죽는다는 것입니다. 그래서 악인의 형통함을 보고 시인은 실족하고 넘어질 뻔하였다는 사실을 솔직히 고백하고 있습니다. 말하자면 하나님을 배교하고 떠날 뻔하였다는 말입니다. 그러나 그는 이렇게 고백을 합니다. "내가 어쩌면 이를 알까 하여 생각한즉 그것이 내게 심한 고통이 되었더니 하나님의 성소에 들어갈 때에야 그들의 종말을 내가 깨달았나이다"(16,17).

비록 마음이 낙심되고, 하나님을 원망하고 싶은 마음이 생겼지만, 이것을 깊이 생각하다가 성전에 들어갔을 때, 즉 예배드리면서, 기도하는 가운데 깨닫게 되었다는 것입니다. 악은 곧 망한다는 사실과 저들이 흥한 듯하지만, 미끄러지고 마치 들풀과 같아서 곧 시들어 황폐해져 버린다는 사실을 말입니다.

이러한 하나님의 섭리를 깨달은 시인은 하나님께 감사의 고백을 합니다.

"하늘에서는 주 외에 누가 내게 있으리요 땅에서는 주밖에 내가 사모할 이 없나이다"(25).

성도(직분)님, 우리가 믿는 하나님은 불의하신 분이 아닙니다. 공의로우신 분이십니다. 그러므로 예수 믿지 않는 사람들이 잘되는 것을 보며 부러워하거나 낙심할 필요가 없습니다. 하나님을 원망할 필요가 없습니다. 주님 안에 거하지 않는 삶의 결국이 어떠한지 우리는 알고 있기 때문입니다. 그러므로 우리는 어려움 가운데 있을 때 더 깊이 생각하는 지혜가 필요합니다. 그래야 오늘 시편기자처럼 다시 일어서서 하나님을 높이며 찬양할 수 있습니다.

축복기도/prayer
섭리하시는 하나님, 하나님께서는 악인의 삶에 대해서 그들이 무엇을 하든 전혀 관심이 없으심을 깨닫습니다. 또한 악인의 결국은 영원한 사망임을 깨닫습니다. 그러므로 잠시 형통한 것처럼 보이는 악인의 삶을 보며 실족하지 않게 하여 주옵소서. 하나님의 자녀로 성전을 가까이 하며 세상의 불합리함을 이겨나갈 수 있는 삶이 되게 하여 주옵소서. 예수 그리스도의 이름으로 기도합니다. 아멘

[결실이 없어 힘들어 하는 자] 때를 따라 도우심

거둘 때가 반드시 온다

· 찬송 | 242장, 496장   · 성경 | 전도서 3장 1~11절

"범사에 기한이 있고 천하 만사가 다 때가 있나니 날 때가 있고 죽을 때가 있으며 심을 때가 있고 심은 것을 뽑을 때가 있으며 죽일 때가 있고 치료할 때가 있으며 헐 때가 있고 세울 때가 있으며 울 때가 있고 웃을 때가 있으며 슬퍼할 때가 있고 춤출 때가 있으며 돌을 던져 버릴 때가 있고 돌을 거둘 때가 있으며 안을 때가 있고 안는 일을 멀리 할 때가 있으며 찾을 때가 있고 잃을 때가 있으며 지킬 때가 있고 버릴 때가 있으며 찢을 때가 있고 꿰맬 때가 있으며 잠잠할 때가 있고 말할 때가 있으며 사랑할 때가 있고 미워할 때가 있으며 전쟁할 때가 있고 평화할 때가 있느니라 <후략>"

위로와 권면/sermon

중국 당나라 때 송청이라는 유명한 약장수가 있었습니다. 그는 약을 조제하는데 탁월한 재주가 있었습니다. 그의 약을 먹고 병이 나은 사람이 많았습니다. 송청은 돈 없는 가난한 사람들에게 외상으로 약을 지어주었습니다. 연말이면 외상장부가 수십 권에 이르렀습니다. 그러나 한 번도 약 값을 독촉하는 법이 없었습니다. 그는 연말이면 외상장부를 모두 태워버리고 두 번 다시 약 값을 묻지 않았습니다. 어떤 사람은 이런 그를 '어리석은 사람'이라고 비웃었고, 어떤 사람은 '대범한 인물'이라고 추켜세웠습니다. 송청의 대답은 간단했습니다. "나는 어리석은 사람도 대범한 사람도 아닙니다. 40년 동안 약장수를 하면서 수백 권의 외상장부를 태웠지만 크게 손해 본 적은 없습니다. 약 값을 떼어먹은 사람도 있으나 나중에 출세해 약 값보다 훨씬 많은 보답을 하는 사람도 있습니다. 선을 베푸는 것이 손해 보는 장사만은 아닙니다."

그렇습니다. 열심히 심으면 반드시 거둘 때가 있습니다. 그래서 오늘 말씀에 전도서 기자는 그때에 대하여 노래하고 있는 것입니다. 모든 인생에는 때가 있습니다. 우리가 믿는 하나님도 때를 따라 역사하시는 분입니다. 또한 때를 따라 도우시는 분입니다(히 4:16).

성도(직분)님, 지금 인생의 깊은 밤을 보내고 있습니까? 힘들지만 조금 더 인내하면서 기다려 보시기 바랍니다. 밤이 깊을수록 새벽은 가깝습니다. 동트기 전의 새벽이 가장 춥지만 곧이어 해는 뜹니다. 심었다면 반드시 거둘 때가 돌아옵니다. 기쁨으로 거둘 때가 반드시 올 것입니다(시 126:5,6). 힘내세요. 주님은 성도(직분)님 편입니다.

축복기도/prayer
때를 따라 역사하시는 하나님, 저희로 범사에 기한이 있고 천하만사가 다 때가 있음을 기억하게 하옵소서. 저희로 조급한 마음을 갖지 않도록 마음을 다잡아 주시고, 때를 따라 도우시는 주님을 바라보며 열심히 심을 수 있는 마음을 갖게 하옵소서.
인생의 깊은 밤이 온다 할지라도 실족하지 말게 하시고, 만물을 주관하시고 때를 따라 역사하시는 하나님을 끝까지 신뢰할 수 있는 믿음이 되게 하옵소서. 심었으면 반드시 거두게 하시는 하나님이심을 믿습니다. 예수님의 이름으로 기도합니다. 아멘

[용납하지 못하는 자] 사람을 얻는 능력

용납은 사람을 살린다

· 찬송 | 452장, 390장   · 성경 | 에베소서 4장 1~4절

"모든 겸손과 온유로 하고 오래 참음으로 사랑 가운데서 서로 용납하고 평안의 매는 줄로 성령이 하나 되게 하신 것을 힘써 지키라 몸이 하나요 성령도 한 분이시니 이와 같이 너희가 부르심의 한 소망 안에서 부르심을 받았느니라"

위로와 권면/sermon
어떤 사람이 별로 값나가지도 않는 개 한 마리를 집에서 키웠습니다. 웬만큼 자라면 무더운 여름날 영양보충으로 쓰기 위해서였습니다. 어느 해 여름, 주인은 개를 묶은 다음 인적이 드문 들판으로 끌고 갔습니다. 개고기는 두들겨 패야만 맛이 좋다는 말을 들은 터라 개를 두들겨 패기 시작했습니다. 놀란 개가 날뛰다가 묶었던 끈이 풀어졌습니다. 개는 주인한테 맞아죽지 않으려고 도망을 쳤습니다.
주인은 "이놈이 어디로 도망을 쳤을까? 올여름 보신탕은 날아갔구나!" 생각하고 집으로 돌아오니, 개가 집에서 꼬리를 흔들며 주인을 맞고 있더랍니다.
주인은 깜짝 놀랐습니다. 그리고 그 개를 껴안고 엉엉 울면서 이렇게 말했다고 합니다. "누렁아 내가 두 번 다시 개고기를 먹으면 개자식이다."
때로는 개보다 못한 모습이 인간 아닙니까? 그러나 나를 욕하고 나를 해하려 하고 나를 비난하고 정죄하는 사람이라 할지라도 "아버지 저들을 용서하소서. 그들은 자기들이 하는 일을 알지 못하나이다" 하신 주님과 같이, 돌에 맞아 피 흘리며 "아버지, 이 죄를 그들에게 돌리지 말아주소서"라고 기도하는 스데반과 같이 용납하고 품어 줄 때, 우리는 그리스도를 얻게 될 것이요, 하나님의 나라를 얻게 될 것이며, 많은 사람을 얻게 될 것입니다(눅 23:34, 행 7:60). 고상한 사람이든, 무지한 사람이든, 믿음이 약하여 넘어진 사람이든, 우리의 관용은 사람을 살리고 사람을 얻는 능력이 될 줄 믿습니다.

성도(직분)님, 우리는 그리스도를 얻은 사람들입니다. 그리스도로 인하여 하나님 나라의 삶도 살 수 있는 능력을 가졌습니다. 이제 여기서 우리가 힘써서 남겨야 할 열매는 사람을 남기는 것입니다.

직장 생활에서든, 개인 사업을 하든, 공부를 하든, 복음을 위하여 사람을 남기고 사람을 얻는 열매를 주님께 드려야 하겠습니다. 우리가 사람을 남길 때 이것이야말로 우리의 가장 보람된 열매가 될 것입니다. 그리고 영광의 빛이 드러날 것입니다.

축복기도/prayer

모든 것을 용납하시고 품어 주신 주님, 오늘 저희도 주님을 본받아 용납하고 품을 줄 아는 주님의 사람으로 살게 하옵소서. 품을 수 없는 것까지도 품어 관용과 용납을 보여 주는 주님의 사람이 되게 하시고, 주님의 사랑의 빛을 환하게 드러내는 주님의 사람이 되게 하옵소서. 하나님의 나라를 위하여, 복음을 위하여, 사람을 얻는 열매를 주님께 드리는 삶이 되게 하여 주옵소서. 예수 그리스도의 이름으로 기도합니다. 아멘

[자녀를 신앙으로 양육하지 않는 자] 부모 된 역할

하나님의 대리자

· 찬송 | 202장, 576장   · 성경 | 신명기 6장 4~9절

"이스라엘아 들으라 우리 하나님 여호와는 오직 유일한 여호와이시니 너는 마음을 다하고 뜻을 다하고 힘을 다하여서 네 하나님 여호와를 사랑하라 오늘 내가 네게 명하는 이 말씀을 너는 마음에 새기고 네 자녀에게 부지런히 가르치며 집에 앉았을 때에든지 길을 갈 때에든지 누워 있을 때에든지 일어날 때에든지 이 말씀을 강론할 것이며 너는 또 그것을 네 손목에 매어 기호를 삼으며 네 미간에 붙여 표로 삼고 또 네 집 문설주와 바깥문에 기록할지니라"

위로와 권면/sermon

종교 개혁자였던 「요한 칼빈」선생은 "하나님께서는 가정의 부모님으로 하여금 하나님을 대신하게 하셨다."라고 말했습니다. 말하자면 각 가정의 부모님에게, 하나님께서 하시던 주된 사역 즉 인도하고, 가르치고, 양육하고, 보호하는 일을 부모님에게 맡기셨다는 말입니다. 그러니까 가정의 자녀들에게는 부모가 '하나님의 대리인'이라는 말입니다. 부모가 하나님의 대리인이기에 부모는 하나님의 역할을 해야 한다는 말입니다. 그래서 자녀들을 바로 양육하고 보호하면서, 아울러 잊지 말아야 할 것은, 자녀들을 하나님 말씀으로 양육하기에 힘써야 한다는 겁니다.

유대인들은 자녀 교육을 잘하기로 유명한데 그들의 자녀 교육의 핵심이 "쉐마교육"입니다. 이 쉐마교육을 다른 말로하면 "말씀 교육"인데, 그들은 오늘 말씀에 하나님이 명령하신 대로 자녀가 어릴 때

부터 철저하게 말씀 교육을 시키고 있습니다. 이스라엘은 변변한 지하자원도 없고 땅도 겨우 우리나라 강원도만 한 땅에 인구도 전 세계적으로 고작 이천만 명 정도밖에 되지 않습니다. 그런데 놀라운 것은 노벨상의 38%를 유대인이 받았으며 전 세계의 돈줄, 과학, 정치 등 모든 면에서 탁월한 능력을 보이고 있습니다. 바로 어렸을 때부터 부모로부터 받은 말씀교육이 빛을 발하고 있는 것입니다.

기업인이자 국회의원을 지낸 홍정욱 씨는(남궁원 씨 아들) 하버드 대학을 졸업하며 상을 세 개나 받았습니다. 그는 어렸을 때부터 철저한 과외를 했는데 성경과외를 받았다는 것입니다. 그 말씀에 대한 열정과 그 말씀의 능력이 자신을 만들었다고 그는 이미 여러 곳에서 말한 바 있습니다.

그러기에 오늘 하나님의 대리인 된 부모는 자녀들을 말씀으로 양육하고 키우는 데 게을리 하지 말아야 합니다. 자녀로 하여금 하나님의 말씀을 붙들고 살도록 하는 것이 자녀의 미래와 성공의 돕는 부모의 역할입니다.

축복기도/prayer

사랑의 하나님, 부모는 자녀를 하나님의 말씀으로 양육하는 하나님의 대리인이라는 것을 잇지 않게 하여 주옵소서. 자녀가 말씀에서 떠나지 않도록 말씀으로 양육하며 기도할 수 있는 부모가 되게 하시고, 자녀가 살아계신 능력의 하나님을 만나는 삶이 되도록 신앙으로 지도할 수 있는 부모가 되게 하옵소서. 자녀에게 하나님의 대리인 된 부모의 역할을 잘 감당할 수 있도록 은혜를 더하여 주옵소서. 예수 그리스도의 이름으로 기도합니다. 아멘

[항상 부정적인 태도를 가진 자] 긍정의 사람

'예'의 신앙

· 찬송 | 336장, 449장   · 성경 | 고린도후서 1장 18~20절

"하나님은 미쁘시니라 우리가 너희에게 한 말은 예하고 아니라 함이 없노라 우리 곧 실루아노와 디모데로 말미암아 너희 가운데 전파된 하나님의 아들 예수 그리스도는 예하고 아니라 함이 되지 아니하셨으니 그에게는 예만 되었느니라 하나님의 약속은 얼마든지 그리스도 안에서 예가 되니 그런즉 그로 말미암아 우리가 아멘 하여 하나님께 영광을 돌리게 되느니라"

위로와 권면/sermon

「커밍 워커」라고 하는 교수는 성공의 요인을 네 가지로 요약하여 말했습니다. 첫 번째는 지능입니다. 두 번째는 지식입니다. 세 번째는 기술입니다. 네 번째는 태도, 자세입니다.

워커 교수는 이 네 가지 요인 가운데 93% 이상으로 결정적인 영향을 주는 것이 있는데, 그것은 '태도'라고 말하고 있습니다. 주저하지 않는 자세, 기쁜 마음으로 찬성하고 참여하는 태도, 이러한 태도를 가진 사람은 인생을 성공적으로 살 수 있다고 합니다.

우리가 인생을 아름답게 살기 위해서, 하나님께서 주신 환경, 조건 속에서 성공적인 삶을 살기 위해서는 긍정적인 태도를 가져야 합니다. 특히 믿음의 사람으로서 우리는 더더욱 긍정적인 태도를 가져야 합니다. 믿음의 사람으로서 성공적인 영적인 삶을 살기 위하여, 그리스도를 닮은 삶을 살기 위하여, 긍정적인 태도를 가져야 합니다.

바로 '예'라고 하는 이 태도입니다. 그것은 그리스도적인 태도요, 하나님 나라의 백성의 태도입니다.

오늘 말씀 19절에 보면 사도 바울은 예수님에 대하여 이렇게 말씀합니다. "하나님의 아들 예수 그리스도는 예하고 아니라 함이 되지 아니하셨으니 그에게는 예만 되었느니라"

예수 그리스도는 '예'이십니다. '아멘'이십니다. 예수님의 생애를 돌아볼 때 그분의 삶은 아멘으로 시작해서 아멘으로 사시고, 아멘으로 끝나십니다. 예수님의 모습, 생각과 말씀, 삶의 내용이 다 '예'가 됩니다. 사도바울도 예수 그리스도께서 '예'가 되시기에 자신도 '예'한다고 하고 있습니다.

성도(직분)님, 오늘 우리도 하나님 나라의 백성으로서 그분의 제자된 삶을 살고 있기 때문에 '예'하고, '아멘' 할 수 있는 삶을 살아야 하는 것입니다. 하나님은 아멘의 사람, 긍정의 사람을 통하여 당신의 역사를 이루어나가신다는 것을 잊지 말아야겠습니다.

축복기도/prayer
순종의 본을 보이신 주님, 저희로 '예'와 '아멘'의 삶이 되게 하여 주옵소서. 그것이 하나님 나라 백성의 삶이고, 예수님의 제자가 된 그리스도인의 태도요, 생활방식임을 잊지 말게 하여 주옵소서. 주님이 기뻐하시는 것이라면 언제나 '예'만 있게 하시고, 언제나 '아멘'만 하게 하옵소서. 그리하여 주님의 크신 뜻을 이루는 삶이 되게 하여 주옵소서. 예수 그리스도의 이름으로 기도합니다. 아멘

[자존감이 없는 자] 자부심

아름다운 시와 같은 존재

· 찬송 | 95장, 312장   · 성경 | 에베소서 2장 10절

"우리는 그가 만드신 바라 그리스도 예수 안에서 선한 일을 위하여 지으심을 받은 자니 이 일은 하나님이 전에 예비하사 우리로 그 가운데서 행하게 하려 하심이라"

위로와 권면/sermon
오늘 말씀에 사도바울은 에베소 교회의 그리스도인들에게 편지를 쓰면서 "우리는 그가 만드신 바라"고 적고 있습니다.
여기서 "만드신 바"라는 말은 "하나님의 걸작품"이란 뜻입니다. 그렇습니다. 우리는 하나님의 걸작품입니다. 코가 비뚤어졌건, 키가 작건, 얼굴이 못생겼건 간에 나는 하나님의 걸작품입니다.
"만드신 바" 이 단어가 헬라어로 "포이에마"인데 여기서 '포임(poem)'이란 말이 나왔습니다. 영어 포임이란 우리가 알듯이 "시"(詩)라는 뜻입니다.
그렇다면 우리가 어떤 존재라는 것입니까? 풀이하자면 우리는 하나님의 아름다운 한편의 시와 같은 존재라는 것입니다.
"나는 하나님의 아름다운 한편의 시와 같은 존재다."

그러니 우리가 얼마나 가치 있는 존재입니까? 오늘 우리가 잘살건 못살건, 능력 있건, 능력이 없건, 똑똑하건 무식하건 간에, 하나님이 두고 보시기에 아름다운 한편의 시와 같은 존재입니다.

은행에 한 100억 원 정도 예금한 사람이 있다고 칩시다. 이런 사람은 어디서나 기죽지 않고 당당하다고 합니다. 경차를 타고 다녀도 아무렇지도 않고, 사소한 말에도 울컥하지 않는다고 합니다.

마찬가지로 내가 하나님의 걸작품이고 내 속에 천지를 창조하신 하나님이 계시는데, 우리는 웬만한 말에 울컥할 필요가 없습니다. 환경이 조금 열악해도 상처를 받을 필요가 없습니다. 내 안에 자부심이 있어야 합니다. 나를 귀하게 여기는 마음이 있어야 합니다.

성도(직분)님, 우리는 하나님이 보시기에 '아름다운 한편의 시와 같은 존재'라는 것을 마음에 새겨놓으시기 바랍니다. 그리고 더욱 성숙된 인격으로 주님께 귀하게 쓰임 받는 믿음의 사람이 되어야겠습니다.

다시 말하지만, 성도(직분)님은 하나님이 보시기에 '하나님의 아름다운 한편의 시와 같은 존재'입니다.

축복기도/prayer
저희를 만드신 하나님 아버지, 저희를 하나님의 걸작품으로 만들어 주심을 감사드립니다. 저희로 하나님이 두고 보시기에 아름다운 한편의 시와 같은 존재임을 잊지 말게 하여 주옵소서.
자신을 귀하게 여기는 마음이 있게 하시고, 자신감을 갖고 살아갈 수 있게 하옵소서. 어디서나 당당하게 하시고, 하나님의 걸작품다운 삶의 스타일을 보여 주며 사는, 매력 있는 당신의 자녀가 되게 하옵소서. 예수 그리스도의 이름으로 기도합니다. 아멘

[세상에 매료되어 사는 자] 영혼의 소중함

무엇에 매료되어 사는가?

· 찬송 | 94장, 412장   · 성경 | 누가복음 16장 19~31절

"한 부자가 있어 자색 옷과 고운 베옷을 입고 날마다 호화롭게 즐기더라 그런데 나사로라 이름하는 한 거지가 헌데 투성이로 그의 대문 앞에 버려진 채 그 부자의 상에서 떨어지는 것으로 배불리려 하매 심지어 개들이 와서 그 헌데를 핥더라 이에 그 거지가 죽어 천사들에게 받들려 아브라함의 품에 들어가고 부자도 죽어 장사되매 그가 음부에서 고통중에 눈을 들어 멀리 아브라함과 그의 품에 있는 나사로를 보고 <후략>"

위로와 권면/sermon

오늘 말씀은 한 부자와 그 집 대문에 기거하다시피 하는 거지 나사로에 관한 이야기입니다. 그런데 부자와 거지 모두 죽어 저세상으로 갔는데, 거지는 아브라함의 품으로 가서 참된 쉼을 얻는 반면, 부자는 불타는 음부에 떨어져 고통을 당하게 됩니다.

이 이야기를 읽으면서 정말 궁금한 것이 있습니다. 부자였기 때문에 음부에 떨어졌고, 거지였기 때문에 아브라함의 품으로 갔다는 말인가요? 부자는 자신의 집에서 빌어먹는 거지를 박대하지도 않았습니다. 꽤나 불편했을 텐데 말입니다.

어찌 보면 어찌 보면 꽤나 인정이 많은 부자입니다. 우리 같으면 이렇게까지 관대하지 못할 것입니다. 또한 날마다 잔치를 베풀 정도로 재물을 자기 혼자 움켜쥐고 있지도 않았습니다. 어찌 보면 이 부자는 선한 부자일 수도 있습니다. 그런데도 일방적으로 이 부자는 음부, 말하자면 지옥에 떨어지고, 거지는 아브라함의 품, 즉 천국에 들어갔다고 합니다. 만약 '부자냐 가난하냐'라는 것이 기준이 되었다면 그것처럼 불공평한 것도 없는 것입니다. 도대체 어떤 기준이 있었던 것일까요?

여기서 우리는 예수님께서 무엇에 초점을 두고 이 같은 비유를 말씀하셨는가를 알아야 합니다. 비유에 나오는 부자는 단순히 부자가 아니라, 자신이 가진 부에 매료되어 영혼을 잊어버린 사람에 대하여 말씀하고 계신 것입니다. 반대로 거지 나사로는 재물로 말하자면 아무것도 없었지만 자기의 영혼을 생각하며 하나님 나라에 소망을 둔 사람을 이야기하고 있는 것입니다. 지금도 이 땅에는 두 부류의 사람들이 살고 있습니다.

성도(직분)님, 우리는 어떻게 사는 것이 진정으로 가치 있는 삶이고 복된 삶인지를 고민하며 살아야 할 것입니다. 왜냐하면 정말 소중한 것을 영원히 잃어버릴 수도 있기 때문입니다.

축복기도/prayer
사랑의 주님, 저희는 지금 무엇에 매료되어 살고 있는지요? 그리스도인이라고 하지만 여전히 세상의 것들에 매료되어 영혼까지도 잃어버린 삶을 살고 있는 것은 아닌지요?
다시금 심령을 가다듬게 하셔서 어떻게 사는 것이 진정으로 가치 있는 삶인지를 고민하며 살아갈 수 있게 하여 주옵소서. 영혼에 초점을 맞춘 삶이 되게 하시고, 하나님 나라에 소망을 둔 삶이 되게 하옵소서. 예수 그리스도의 이름으로 기도합니다. 아멘

[자의식이 없는 자] 복 중의 복

나는 하나님의 자녀다

· 찬송 | 215장, 531장   · 성경 | 요한1서 3장 1~9절

"보라 아버지께서 어떠한 사랑을 우리에게 베푸사 하나님의 자녀라 일컬음을 받게 하셨는가 우리가 그러하도다 그러므로 세상이 우리를 알지 못함은 그를 알지 못함이라 사랑하는 자들아 우리가 지금은 하나님의 자녀라 장래에 어떻게 되지는 아직 나타나지 아니하였으나 그가 나타나시면 우리가 그와 같은 줄을 아는 것은 그의 참모습 그대로 볼 것이기 때문이니 주를 향하여 소망을 가진 자마다 그의 깨끗하심과 같이 자기를 깨끗하게 하느니라<중략> 하나님께로부터 난 자마다 죄를 짓지 아니하나니 이는 하나님의 씨가 그의 속에 거함이요 그도 범죄하지 못하는 것은 하나님께로부터 났음이라"

위로와 권면/sermon

오늘 말씀에서 사도 요한은 우리가 항상 가져야 할 중요한 자의식을 말씀하고 있습니다. 그것은 우리가 하나님의 자녀라는 사실입니다(1, 2, 7). 당시 요한이 이 편지를 쓸 때는 주후 100년경이라고 말을 합니다. 영국의 성서학자인 「바클레이」는 이때의 상황을 크게 3가지로 말하였습니다.

먼저, 이때는 2대, 3대째의 그리스도인들이 많아져서 순교 의식이 사라지고 새로운 것에 대한 감동이 어느 정도 사라진 때라고 합니다.

둘째, 이때는 그와 같은 결과로 기독교가 요구하는 규범들이 번거로운 것, 싫증 나는 것으로 생각하는 자들이 많아졌다는 것입니다.

셋째는, 박해를 받았다는 흔적이 없고 따라서 교회의 위험은 박해가 아닌 거짓 선지자들에 의한 유혹이라는 것입니다.

이러한 지적처럼 당시 성도들은 감동과 열심이 식어 버렸고, 따라서 미지근한 신앙생활을 하고 있었습니다. 이러한 신앙생활은 하나님의 자녀로서 자녀다운 삶을 살아가는 일에 게을렀을 뿐만 아니라, 책임의식이 부족했습니다. 따라서 이들에게 찾아오는 것은 당연히 거짓 선지자들의 유혹뿐이었습니다.

이것은 오늘의 그리스도인들에게도 쉽게 발견되는 모습들입니다. 하나님의 자녀라는 자의식이 없기 때문에 그분의 자녀답게 살지 못하고 휘청거리며 갈팡질팡하는 신앙생활하고 있습니다. 이러한 때에 '너희는 하나님의 자녀다'라고 강조하고 있는 사도요한의 말을 귀담아들어야 할 것입니다.

성도(직분)님, '하나님의 자녀'는 우리 그리스도인들이 항상 잊지 말고 간직해야 할 중요한 자의식입니다. 왜냐하면 하나님의 자녀는 특권 중의 특권이요, 복중의 복이기 때문입니다. 성도(직분)님은 하나님의 자녀입니다. 그분의 자녀다운 모습이 성도(직분)님의 삶을 통해서 증거 되기를 바랍니다.

축복기도/prayer
저희를 자녀로 삼아 주신 하나님, 오늘 저희에게는 하나님의 자녀라는 자의식이 있는지 되돌아봅니다. 그것이 없으므로 휘청거리는 신앙생활을 하고 있는 것은 아닌지요. 저희로 '나는 하나님의 자녀다'라는 확실한 자의식을 갖게 하여 주옵소서. 그리하여 그 어떤 환경 속에서도 하나님의 자녀로서 자녀다운 삶을 살아가게 하옵소서. 예수 그리스도의 이름으로 기도합니다. 아멘

[자녀의 신앙을 소홀히 하는 자] 복된 가문

물려 주어야 할 유산

· 찬송 | 559장, 620장   · 성경 | 디모데후서 1장 3~5절

"내가 밤낮 간구하는 가운데 쉬지 않고 너를 생각하여 청결한 양심으로 조상적부터 섬겨오는 하나님께 감사하고 네 눈물을 생각하여 너 보기를 원함은 내 기쁨이 가득하게 하려 함이니 이는 네 속에 거짓이 없는 믿음이 있음을 생각함이라 이 믿음은 먼저 네 외조모 로이스와 네 어머니 유니게 속에 있더니 네 속에도 있는 줄을 확신하노라"

위로와 권면/sermon
사람은 누구에게나 조상에게서 많은 유산을 물려받고 후손들에게도 많은 유산을 물려주고 싶어 합니다. 유산이 많으면 그만큼 부요하고 평안한 삶을 살 수 있기 때문입니다. 그런데 사람들은 유산이라 하면 눈에 보이는 물질적인 것만 생각하지만 우리 그리스도인들에게는 물질적인 것보다 훨씬 가치가 있는 소중한 유산이 있는데, 바로 신앙이라는 유산입니다. 이 유산이 소중한 이유는 이 속에 하나님의 은혜와 축복이 있기 때문입니다.

하나님은 모세를 통해 십계명을 주시면서 "나를 사랑하고 내 계명을 지키는 자에게는 천대까지 은혜를 베푸느니라"(출20:6)고 말씀하셨습니다. 즉 신앙의 유산을 대대로 계승하는 집안을 크게 축복해 주신다는 말씀입니다.
오늘 말씀에 나오는 디모데는 바울이 2절에서 밝히듯이 '믿음의 아들'이라고 칭찬할 만큼 훌륭한 청년 목회자였습니다. 그런데 디모데의 훌륭한 신앙은 바로 외조모와 어머니로부터 물려받은 것이었습니다. 디모데를 대사도 바울이 믿음의 아들로 삼을 만큼 훌륭한 신앙인이 될 수 있었던 것은 바로 조상으로부터 물려받은 신앙의 유산 덕분이었다는 것입니다. 신앙의 유산이 얼마나 값진 것인가를 보여 주는 대목입니다.

그리고 또 하나는 교회라는 유산입니다. 교회도 우리 그리스도인이 후손들에게 물려주어야 할 소중한 유산입니다. 하나님이 사람들에게 내려 주시는 축복은 교회를 통해서 공급되기 때문입니다. 그래서 교회는 은혜의 통로라고도 하는 것입니다. 이처럼 소중한 교회를 후손들에게 물려주어 후손들로 하여금 교회 중심의 신앙생활을 하게 하는 것은 후손들을 복되게 하는 것입니다.

성도(직분)님, 하나님을 섬기는 우리 모든 믿음의 가정이 이 같은 유산을 후손들에게 물려주어, 천대까지 하나님의 은혜를 누리는 복된 가문을 이루어야만 하지 않겠어요? 자녀의 신앙을 잘 세워줄 수 있는 부모가 되기를 다시 한 번 다짐해봅시다.

축복기도/prayer
호주가 되시는 주님, 저희 모든 믿음의 가정들이 다른 무엇보다 신앙이 자손 대대로 계승되는 믿음의 가문을 이루게 하여 주옵소서. 자녀들이 부모의 뒷모습을 보며 본받고자 하는 신앙의 모습이 있게 하시고, 자녀들에게는 부모가 칭찬할 수 있는 신앙의 아름다움이 있게 하여 주옵소서. 우리 가정은 주님을 향한 바른 신앙이 계승됨으로 자손 대대로 주님의 은혜와 복을 누리게 하옵소서. 예수 그리스도의 이름으로 기도합니다. 아멘

[불평을 항상 입에 달고 사는 자] 감사의 축복

감사거리만을 찾자

· 찬송 | 458장, 430장   · 성경 | 시편 37편 1~4절

"악을 행하는 자들 때문에 불평하지 말며 불의를 행하는 자들을 시기하지 말지어다 그들은 풀과 같이 속히 베임을 당할 것이며 푸른 채소 같이 쇠잔할 것임이로다 여호와를 의뢰하고 선을 행하라 땅에 머무는 동안 그의 성실을 먹을거리로 삼을지어다 또 여호와를 기뻐하라 그가 네 마음의 소원을 이루어 주시리로다"

위로와 권면/sermon

어느 교회에서 한 성도가 마음에 항상 '내가 진 십자가는 너무 무거워'하는 불평을 했다고 합니다. 그러던 어느 날 꿈에 무거운 십자가를 지고 언덕길을 올라갔는데, 얼마를 힘겹게 가보니 한 곳에 여러 개의 십자가가 있었습니다. 어디서 음성이 돌려오길 "네가 진 십자가가 무겁다고 불평만 하지 말고 여기 많은 십자가 중에서 하나 골라서 져라"고 하였습니다.

그래서 이것저것 살펴보니 번쩍번쩍 빛나는 조그만 십자가가 있어 그것을 골라 졌습니다. 그런데 이 황금으로 된 십자가는 일어서기조차 힘들 정도로 무거웠습니다.

그런데 "다시 골라 보라"는 소리가 들립니다. 이번에는 조그만 십자가인데 아름다운 장미꽃이 활짝 피어있는 십자가였습니다. 아름다운 향기도 나고 해서 골라졌습니다. 그러나 이 십자가는 무겁지는 않는데, 가시가 등을 어찌나 찌르는지 지고 갈 수가 없었습니다. 할 수 없이 다시 내려놓았습니다. 그리고는 다시 보니 예전의 자기 십자가가 가장 지기 쉽고 만만하더랍니다.

오늘 우리의 삶에도 불평거리가 얼마나 많습니까? 내 외모와 환경부터 시작하여 가족, 주변 사람, 주변 환경, 나라에 이르기까지 불평거리를 찾으라면 끝이 없을 것입니다. 이 불평거리를 찾으라면 "내가 이렇게 사소한 것까지 깊이 생각하는 사람이었나?"놀랄 정도로 많은 것을 찾아냅니다.

그러면 이것을 한 번 반대로 생각해 보세요. 나는 나의 삶의 현장에서 얼마든지 감사거리를 찾아낼 수 있는 사람입니다. 왜요? 불평거리를 잘 찾아냈으니 감사거리도 당연히 찾을 수 있는 가능성이 있는 사람이 아니겠습니까?

오늘 말씀에 다윗은 자신을 해하려 하고, 자신을 향해 음모를 꾸미는 사람들, 그리고 자신을 힘들게 하는 모든 일들을 보고 불평하지 않겠다고 말합니다. 그 결심과 함께 그렇게 살자 그는 불평거리를 이기는 사람이 되었습니다.

성도(직분)님도 이런 믿음의 사람이 될 수 있습니다. 불평거리를 이기고 감사거리를 찾는 아름다운 신앙인이 될 수 있습니다.

축복기도/prayer

항상 감사할 것을 말씀하신 주님, 저희의 삶을 돌이켜 보면 감사보다 항상 불평을 앞세우며 살았음을 고백하지 않을 수 없습니다. 가정, 교회, 일터에서도 항상 불평을 앞세우며 살았던 저희의 모습이었습니다. 이제부터는 불평보다 감사를 앞세우는 삶이 되기를 결심합니다. 이 결심이 깨지지 않도록 성령님이 도와주시옵소서. 항상 감사거리를 찾는 아름다운 모습으로 주님을 기쁘시게 할 수 있는 삶이 되게 하여 주옵소서. 예수 그리스도의 이름으로 기도합니다. 아멘

[기도의 가치를 모르는 자] 축복의 통로

가치를 알아야 한다

· 찬송 | 365장, 369장   · 성경 | 예레미야 33장 2~3절

"일을 행하시는 여호와, 그것을 만들며 성취하시는 여호와, 그의 이름을 여호와라 하는 이가 이와 같이 이르시도다 너는 내게 부르짖으라 내가 네게 응답하겠고 네가 알지 못하는 크고 은밀한 일을 네게 보이리라"

위로와 권면/sermon

옛날 어느 산골에 정말 너무나 가난하게 사는 가족이 있었습니다. 아버지는 나무를 해다 장에 팔고 어머니도 푸성귀를 해다 장에 내다 파는 등 열심히 일하는데도 끼니를 잇기가 어려울 정도로 가난했습니다. 그러던 어느 날 아랫마을에 사는 사람들이 이 집에 놀러왔다가 기이한 광경을 보았습니다.

아이들이 마당에 앉아 공기놀이를 하고 있는데 보니 그 공기 돌이 금 덩어리였습니다. 아이들은 이곳저곳을 다니며 공기 돌을 줍다가 반짝반짝 빛나는 돌을 발견하고 가져와서 공기놀이를 하고 있는 것이었습니다. 평생 금을 본 적이 없는 그 아이의 부모는 그저 빛나는 돌이겠거니 하고 생각했을 뿐이었습니다.

이처럼 가치를 모르면 활용할 줄도 모르게 되어 있습니다. 우리가 하나님께 드리는 기도도 마찬가지입니다. 기도의 가치를 알면 하나님께 간구하고 부르짖게 되어있습니다. 가치를 모르기 때문에 부르짖지 않는 것입니다.

오늘 말씀에 하나님께서는 우리가 부르짖으면 반드시 응답하시겠

다고 약속하셨습니다. 우리가 알지 못하는 크고 은밀한 일을 보여주시겠다고 약속하셨습니다.

그런데 기도하지 않아 고통을 받고 있다면, 금덩어리가 집에 있음에도 불구하고 그 가치를 몰라 가난으로 고통 받는 것과 과연 무슨 차이가 있는 것일까요?

성도(직분)님, 기도의 가치를 알고 실천에 옮기셨으면 합니다. 기도는 하나님이 당신의 자녀에게만 특별하게 주신 권세입니다. 하나님의 축복을 받을 수 있는 응답의 통로가 기도입니다. 우리에게 향하신 하나님의 크고 은밀한 일을 경험하려면 확실한 응답을 약속하신 하나님께 기도드려 아뢸 수 있어야만 합니다.

축복기도/prayer
저희의 음성 듣기를 기뻐하시는 주님, 저희로 기도의 가치를 진정으로 깨닫게 하시고 느끼게 하옵소서. 그리하여 주님께 더욱 부르짖을 수 있는 삶이 되게 하시고, 기도하는 것을 쉬지 않는 삶이 되게 하여 주옵소서.
주님께서 부르짖는 자에게 확실한 응답의 약속을 주셨사오니, 그 약속하심을 받아 누리는 삶이 되게 하시고, 날마다의 삶 속에서 하나님의 크고 은밀한 일을 경험하는 축복이 있게 하옵소서. 예수 그리스도의 이름으로 기도합니다. 아멘

변화시켜 주소서

_ 김성렬 목사

주여,

이 무디고 오만한 마음을

성령으로 변화시켜 주시오

우리의 행동마다 시편의 노래가 되고,

우리의 식사마다 성만찬의 식탁이 되오며,

우리의 방마다 성소로 화하며,

우리의 모든 생각이 기도로 변하게 해주시옵소서.

주여,

주님과 사귀며 사는

이 도를 가르쳐 주시옵소서.

4부

영적인 성숙을 위한 심방설교문

[섬김의 삶을 살지 못하는 자] 주님을 본받음

겸손히 섬기는 삶

· 찬송: 452장, 595장   · 성경: 마가복음 10장 45절

"인자가 온 것은 섬김을 받으려 함이 아니라 도리어 섬기려 하고 자기 목숨을 많은 사람의 대속물로 주려 함이니라"

위로와 권면/sermon

미국 워싱턴에 조용하면서도 밝게 살아가는 한 부인이 있었습니다. 그분은 남편이 살아 있는 동안에 남편을 헌신적으로 섬겼습니다. 남편이 떠난 후에는 자신이 해야 할 일을 찾아 이곳 저곳을 살피는 가운데 자신이 해야 할 일을 찾았습니다.

그녀는 만나는 모든 사람들에게 밝고 아름다운 미소로 답했습니다. 자신의 도움을 조금이라도 필요로 하는 사람을 만나면 도와주기를 주저하지 않았습니다. 그녀는 마음이 맞는 친구들과 실로 책갈피를 짜기 시작했습니다. 예쁘게 짠 책갈피를 도시의 이웃들에게 나눠 주면서 사람들에게 웃음을 주고, 복음을 뿌렸습니다.

그 부인이 세상을 떠났을 때 수많은 사람들이 그 부인의 죽음을 애도하기 위해 찾아왔습니다. 슈퍼마켓 점원, 우체부, 버스 기사, 거리의 청소부, 어린아이들과 청소년들, 노인에 이르기까지 그녀의 섬김이 남긴 것은 사람이었습니다.

이렇게 많은 사람을 얻었던 그분의 평소 삶이 어떠했겠습니까? 그분이야 말로 아름다운 삶이요, 성공한 삶이요, 행복하고 아름다운 삶을 사신 것이 아니겠습니까? 이러한 열매는 겸손히 섬기는 삶으로 인해 얻어지는 것임을 믿습니다.

오늘 말씀에 섬김을 말씀하신 예수님은 사람이 되어 오셔서 제자들을 섬기셨습니다. 가난하고 병든 자들, 세리와 죄인들에게 군림하신 것이 아니라, 그들을 섬기셨습니다. 먼저 다가가셨습니다. 그들의 아픔을 돌아보고, 상처를 씻어 주며, 필요를 채워 주셨습니다. 그들에게 하늘나라의 복음을 전파하셨습니다. 여기서 주님은 제자들을 얻으셨습니다. 모든 사람을 얻으셨습니다.

섬김의 삶은 주님을 본받는 삶입니다. 주님을 닮아가는 삶입니다. 주님이 칭찬하시는 삶입니다. 주님의 뜻을 이루는 삶입니다.

저와 성도(직분)님도 겸손히 섬기는 삶으로 인해 하나님께는 더 큰 은혜를 입고, 주변의 많은 사람들에게 행복을 줄 수 있는 주님의 제자가 되기를 소원합니다.

축복기도/prayer

섬김의 본을 보이신 주님, 그동안 저희가 주님을 본받아 섬김의 삶을 실천하면서 살았는지 돌이켜 봅니다. 섬김의 삶을 실천하기보다는 대접받기를 좋아하고, 높아지기를 좋아했던 삶은 아니었는지요. 이제는 주님을 본받아 겸손히 섬김의 삶을 실천하며 살 수 있도록 은혜를 더하여 주옵소서. 섬김으로 주님을 보여 줄 수 있게 하시고, 섬김으로 구원을 이룰 수 있는 사람이 되게 하여 주옵소서. 예수 그리스도의 이름으로 기도합니다. 아멘

[교회에 문제가 많다고 하는 자] 하나님의 기대

문제 없는 교회는 없다

· 찬송: 208장, 210장   · 성경: 고린도전서 1장 2~11절

"고린도에 있는 하나님의 교회 곧 그리스도 예수 안에서 거룩하여지고 성도라 부르심을 받은 자들과 또 각처에서 우리의 주 곧 그들과 우리의 주되신 예수 그리스도의 이름을 부르는 모든 자들에게 하나님 우리 아버지와 주 예수 그리스도로부터 은혜와 평강이 있기를 원하노라<중략> 형제들아 내가 우리 주 예수 그리스도의 이름으로 너희를 권하노니 모두가 같은 말을 하고 너희 가운데 분쟁이 없이 같은 마음과 같은 뜻으로 온전히 합하라 내 형제들아 글로에의 집편으로 너희에 대한 말이 내게 들리니 곧 너희 가운데 분쟁이 있다는 것이라"

위로와 권면/sermon

영국의 유명한 설교가요, 목회자인 스펄전 목사님께 어느 날 한 젊은이가 찾아왔습니다.

"목사님, 저는 교회 생활에 늘 시험을 받고 늘 지쳐 있는데 목사님, 좀 문제 없는 교회 하나 소개해 주셨으면 좋겠습니다."

이러한 요청을 받은 스펄전 목사님은 청년을 향해서 이런 유명한 얘기를 했다고 합니다.

"자네가 혹시 그런 교회를 찾으면 나에게 꼭 알려 주게. 나도 그 교회 교인이 되고 싶네. 그런데 자네는 말이야. 그런 교회를 찾거든 자네만은 절대로 그 교회 속하지 말게."

"왜요?"

"자네가 끼면 그날부터 그 교회의 완전함은 깨지고 말 테니까 말이야. 바로 자네 때문에 말이야."

바울이 편지를 보낸 고린도 교회는 정말 많은 문제를 갖고 있는 교회였습니다. 바울이 이 문제들을 해결하기 위해 쓴 편지가 고린도전후서입니다.

그런데 바울은 고린도 교회에 대하여 "하나님의 교회"라는 표현을 쓰고 있습니다(2). 문제가 있지만, 그럼에도 불구하고 그 교회는 하나님의 교회라는 것입니다. 하나님이 세워 주시고, 하나님이 사랑하시고, 하나님이 기대하시는 교회라는 말입니다.

성도(직분)님, 불완전한 인간이 모여서 형성하는 공동체는 언제나 문제가 있을 수밖에 없습니다. 문제 없기를 기대하는 것은 허구적 이상주의라고 할 수 있습니다.

그러기에 문제 없는 것이 중요한 것이 아니고, 문제를 뛰어넘어 하나님의 기대를 채워가는 것이 중요한 것입니다. 오늘도 하나님은 성도(직분)님을 통하여 당신의 기대를 채워가기를 원하십니다.

축복기도/prayer
교회의 주인이신 주님, 저희로 불완전한 인간이 모여서 형성하는 공동체는 문제가 있을 수밖에 없음을 인식하게 하옵소서. 교회에서 문제가 발생할 때, 그것을 들추어내거나 부풀리는 것이 아니라, 그 문제를 자신의 것으로 생각하여 기도할 수 있는 신앙의 사람이 되게 하여 주옵소서.

교회는 문제가 있지만 그럼에도 불구하고 하나님이 세워 주신 교회라는 것을 잊지 말게 하여 주옵소서. 예수 그리스도의 이름으로 기도합니다. 아멘

[목회자에게 무관심한 자] 아름다운 동역

뵈뵈와 같이

· 찬송: 220장, 459장   · 성경: 로마서 16장 1~2절

"내가 겐그레아 교회의 일꾼으로 있는 우리 자매 뵈뵈를 너희에게 추천하노니 너희는 주 안에서 성도들의 합당한 예절로 그를 영접하고 무엇이든지 그에게 소용되는 바를 도와줄지니 이는 그가 여러 사람과 나의 보호자가 되었음이라"

위로와 권면/sermon

오늘 말씀에 보면 겐그레아에 뵈뵈라는 성도가 있었습니다. 당시 바울은 이곳 저곳을 돌아다니면서 복음을 전하였습니다. 물론 복음을 전하면서 드는 비용은 그가 천막 만드는 일을 해서 조달했습니다. 하지만 한군데 머무르지 않고 돌아다니면서 복음을 전하는 그에게 있어 천막 만드는 일은 안정된 생활을 보장해 주지 못했습니다. 항상 부족하고 모자랐던 것입니다.

그럴 때, 오늘 말씀에 나오는 뵈뵈와 같은 자매가 바울에게 물심양면으로 도와주었습니다. 그래서 바울은 뵈뵈를 '보호자'라고 부른 것입니다. 그리고 로마에 있는 성도들에게 이런 뵈뵈라면 교제의 끈을 가져도 좋을 것이라고 추천하고 있는 것을 보게 됩니다. 그렇습니다. 뵈뵈는 때때로 바울이 어려움에 처하여 복음을 전하지 못할 지경에 이르렀을 때에, 그로 하여금 복음을 전하는 일에 전념할 수 있도록 자신이 가진 것을 사용하였습니다.

우리는 쉽게 바울 같이 위대한 신앙 지도자만 생각합니다. 그러나 그가 하나님의 일을 감당할 수 있었던 것은 뵈뵈와 같은 사람들이 그의 주변에 많이 있었기 때문입니다. 그들의 협력이야 말로 바울로 하여금 복음을 전하는 일에 최선을 다할 수 있게 하였던 것입니다. 어쩌면 뵈뵈는 그런 사람들 중 이름이 드러난 사람일 뿐일 것입니다.

성도(직분)님, 하나님의 일을 감당하는 사람들은 바울과 같이 드러난 신앙 지도자들만이 감당하는 것은 아닙니다. 뵈뵈와 같이 신앙 지도자들이 주의 일을 할 수 있도록 그를 위해 기도하고, 적극적으로 협력하는 것이 하나님의 일을 감당하는 것입니다. 하나님은 이런 성도를 보배롭게 보십니다. 이런 성도를 인하여 기쁨을 감추지 못하십니다.

신앙 지도자 역시 마찬가지입니다. 이런 성도를 두고 두고 잊지를 못합니다. 하나님께 엎드려 기도할 때마다 먼저 그의 이름을 부르며 기도합니다. 다른 사람들에게도 칭찬하고 자랑합니다. 신앙 지도자를 물심양면으로 도울 수 있는 아름다운 신앙생활이 되시기 바랍니다.

축복기도/prayer
사랑의 주님, 저희가 이제껏 신앙 지도자를 위하여 무엇을 했는지 돌이켜 봅니다. 그를 위하여 기도하고, 적극 협력하기보다는 마음을 아프게 했던 것은 아닌지요.
오늘 저희로 신앙의 지도자들이 주의 일을 할 수 있도록 그를 위해 기도하고 협력할 수 있는 신앙의 사람이 되게 하여 주옵소서. 신앙의 지도자들이 복음을 전하는 일에 전념할 수 있도록 시간과 물질을 드려 섬길 수 있게 하시고, 마음을 다하여 사랑하며 기쁨으로 수종들 수 있게 하옵소서. 예수 그리스도의 이름으로 기도합니다. 아멘

[말씀대로 살지 않는 자] 말씀의 능력

적용이 중요하다

· 찬송: 267장, 546장   · 성경: 요한계시록 22장 7절

"보라 내가 속히 오리니 이 두루마리의 예언의 말씀을 지키는 자는 복이 있으리라 하더라"

위로와 권면/sermon

어느 교회에 처음으로 취임한 신임 목사님이 있었습니다. 그는 첫 취임예배에서 아주 멋지고 놀라운 설교를 했습니다. 교인들이 얼마나 기뻐했는지 모릅니다. 우리가 정말 목사님을 잘 모셔왔다고 생각했습니다. 그 다음 주일이 되었습니다. 이 목사님이 취임 예배에서 한 설교를 똑같이 다시 했습니다.

교우들이 고개를 갸우뚱거리며 '저분이 지난 주일에 설교하신 것을 잊었나?' 하고 중얼거립니다. 그래도 이제 두 번째이니까 혹시 잊었거나, 아니면 취임예배로 너무 정신이 없어서 설교 원고를 정리하는 과정에서 착각을 했을지도 모른다는 생각을 하고 이해하고 넘어갔습니다.

그런데, 세 번째 주간에도 이 신임 목사님은 첫 번째, 두 번째 주간에 하신 설교를 똑같이 하셨습니다. 똑같은 설교를 세 번 들었을 때 교우들은 목사님을 잘못 모셔왔다고 생각을 했습니다. 한 용감한 교인이 목사님에게 물었습니다.

"목사님, 목사님은 언제 새로운 설교를 시작하시려 하십니까?"

그 목사님은 이렇게 대답했다고 합니다. "여러분들이 이 말씀을 정말로 삶 속에 적용할 때 그때 저는 새로운 설교를 시작할 것입니다."

하나님의 말씀을 내 삶에 적용하는 것이 중요합니다. 말씀은 듣기만 하라고 있는 것이 아니라, 적용하라고 있는 것입니다. 목사님의 설교에 대해서 설교는 강단에서 하되 설교의 결론은 생활 속에서 내려야 한다는 말이 있습니다. 말씀을 듣기만 할 때는 능력이 안 되지만, 적용할 때는 그 말씀이 능력이 됩니다. 기록된 말씀인 '로고스'가 역동적으로 살아 움직이는 말씀인 '레마'가 되는 것입니다.

오늘 말씀은 '성경에 예언된 하나님의 말씀을 지키는 자가 복이 있다'고 하였습니다. 성도(직분)님은 언제나 하나님의 말씀을 적용하는 삶을 사셔서 말씀이 주는 능력을 경험하며, 하나님이 주시는 귀한 복을 받아 누리는 신앙의 사람이 되시기를 축복합니다.

축복기도/prayer
말씀의 주님, 저희로 하여금 하나님의 말씀은 적용하는 것이 중요함을 잊지 말게 하여 주옵소서. 듣게 된 주님의 말씀을 잘 적용할 수 있는 믿음을 주시고, 지금도 말씀을 통하여 역사하시는 주님의 은혜를 경험하는 삶이 되게 하여 주옵소서.
주님의 말씀을 적용하며 사는 자가 능력의 삶을 사는 것임을 믿습니다. 말씀을 이루는 증인의 삶을 사는 것임을 믿습니다. 믿음으로 다가오시는 예수 그리스도의 이름으로 기도합니다. 아멘

[사명 감당하기를 힘들어 하는 자] 사랑의 크기

내 어깨에 짊어진 십자가

· 찬송: 314장, 341장   · 성경: 누가복음 9장 23~24절

"또 무리에게 이르시되 아무든지 나를 따라오려거든 자기를 부인하고 날마다 제 십자가를 지고 나를 따를 것이니라 누구든지 제 목숨을 구원하고자 하면 잃을 것이요 누구든지 나를 위하여 제 목숨을 잃으면 구원하리라"

위로와 권면/sermon

어느 집사님이 여러 사정으로 너무도 힘들게 신앙생활을 하고 있었습니다. 그래서 늘 기도할 때마다 "주님, 너무 힘듭니다."라고 부르짖었습니다. 한번은 꿈을 꾸었는데 꿈에서조차 커다란 십자가를 질질 끌고 힘겹게 길을 가고 있었습니다. 그때 마침 예수님께서 나타나셨기에 애원하듯 간청을 했습니다.

"주님, 주님은 목수시잖아요. 이 십자가가 너무 무겁습니다. 그러니 조금만 잘라 주세요." 주님은 빙그레 웃으시더니 그 십자가를 잘라 주셨습니다. 길을 가던 그는 또다시 무겁게 느껴지는 십자가를 보며 "조금만 더 잘라주세요."라고 간청했습니다.

결국 그녀는 앞으로 나아갈 때마다 주님께 더 잘라 달라고 부탁했고, 그때마다 예수님은 그녀의 소원대로 십자가를 잘라 주셨습니다. 그러다 어느덧 천국 문에 다다랐습니다. 천국 문 앞으로 깊은 계곡이 보였습니다.

그런데 그 계곡을 각 사람이 자기가 지고 있던 십자가를 내려서 계곡에 걸친 후 천국으로 건너가는 것입니다. 자신의 십자가를 바라본 그녀는 깜짝 놀랐습니다. 그 십자가는 자신의 손 안에 들어올 정도로 매우 작아져 있었기 때문입니다. 그 순간 그녀는 잠에서 깼다고 합니다. 그리고 기도하는 중에 비로소 "아무든지 나를 따라오려거든 자기를 부인하고 날마다 제 십자가를 지고 나를 따를 것이니라."고 하신 말씀의 뜻을 깨달을 수 있었다고 합니다.

성도(직분)님, 주님이 맡기신 사명을 감당하며 믿음을 살다 보면 어려움이 찾아올 수도 있습니다. 그렇다고 주님을 위해 조금도 수고하지 않고 천국까지 간다면 이런 사람은 복 있는 사람이 아니라 매우 어리석은 사람입니다.

오늘 내 어깨에 짊어진 십자가의 크기가 믿음의 크기요, 주님을 향한 사랑의 크기입니다. 더 나아가 주님께 받을 상급의 크기이기도 합니다. 크면 클수록 좋은 것이 십자가입니다. 중단하거나 포기하지 마시고 끝까지 사명 감당 잘하셔서 훗날에 영광 중에 주님을 뵈올 수 있기를 바랍니다.

축복기도/prayer

사랑의 주님, 그동안 저희는 십자가 지기를 힘들어했던 삶을 살았던 것은 아닌지 되돌아봅니다. 내 몫에 태인 십자가가 버겁고 힘들어 아예 내려놓은 상태는 아닌지요.

저희에게는 십자가를 지고 주님을 따른다는 것이 결코 쉬운 것은 아니겠지만, 그렇다고 저희가 질 수 없는 십자가를 지라고 주님이 말씀하신 것은 아닌 줄 믿습니다. 어렵고 힘들 수 있겠지만, 이 땅을 살아가는 동안 제 몫의 십자가를 지고 주님을 따를 수 있는 제자의 삶이 되게 하여 주옵소서. 예수 그리스도의 이름으로 기도합니다. 아멘

[전도를 가볍게 여기는 자] 전도의 공적

전도가 본업입니다

• 찬송: 495장, 502장   • 성경: 고린도전서 3장 10~15절

"내게 주신 하나님의 은혜를 따라 내가 지혜로운 건축자와 같이 터를 닦아 두매 다른 이가 그 위에 세우나 그러나 각각 어떻게 그 위에 세울까를 조심할지니라 이 닦아 둔 것 외에 능히 다른 터를 닦아 둘 자가 없으니 이 터는 곧 예수 그리스도라 만일 누구든지 금이나 은이나 보석이나 나무나 풀이나 짚으로 이 터 위에 세우면 각 사람의 공적이 나타날 터인데 그 날이 공적을 밝히리니 이는 불로 나타내고 그 불이 각 사람의 공적이 어떠한 것을 시험할 것임이라 만일 누구든지 그 위에 세운 공적이 그대로 있으면 상을 받고 누구든지 그 공적이 불타면 해를 받으리니 그러나 자신은 구원을 받되 불 가운데서 받은 것 같으리라"

위로와 권면/sermon
신앙인은 직업과 본업을 잘 구분해야 합니다. 직업은 이 세상에서 갖는 일거리요, 본업은 전도입니다. 우리는 세상에 사는 동안 모두 직업을 가지고 있어야 합니다. 그리고 그 직업에 충실해야만 합니다. 그러나 더 중요한 것은 본업입니다. 예수를 모르는 사람들에게는 직업이 본업일 수 있지만, 예수님을 믿는 사람들에게는 이 세상의 직업이 본업이 될 수 없습니다. 직업은 직업일 뿐입니다. 직장에서 일하면 보수를 받습니다. 일을 한 대가를 받는 것입니다. 주급, 또는 월급이나 연봉, 일당으로 받는 경우도 있습니다. 보수를 받으면 그것으로 한 달을 살아야 합니다. 일하고도 월급을 받지 못하면 정상적인 삶이 유지 될 수 없습니다. 일하고 그 대가를 받는 것은 아주 중요합니다.

그렇다면 왜 전도를 본업이라고 해야 하는 것일까요? 이 세상의 직업은 한 달, 또는 일 년을 두고 일하는 것이지만, 전도는 영원을 두고 일하는 것이기 때문입니다. 영원히 살기 위해 천국 문을 들어설 때, 주님 앞에서 인정받고 또 상급을 받을 수 있는 최고의 사역이 전도이기 때문입니다. 영원한 삶을 앞에 두고 빈곤하다면 어떻게 해야 합니까? 세상에서는 참 분주하게 열심히 산 줄 알았는데, 그날에 주님께서 영원한 시간이라는 불로 나의 공력을 시험하셨을 때, 다 타 버리고 겨우 벌거벗은 몸뚱이만 가지고 하나님 나라를 들어가게 되었다면 얼마나 가난한 것일까요? 그러니까 전도가 본업입니다.

성도(직분)님, 직업도 중요하지만 그보다 더 중요한 것은 전도입니다. 전도할 시간이 없어서 영원한 시간을 앞에 두고 받을 것이 없다면 얼마나 안타까운 일입니까? 바쁘고 시간이 없다 할지라도 하나님 나라에 들어가게 될 그날을 생각하시며 전도의 공적을 쌓아보시기 바랍니다. 우리 주님이 가장 기뻐하시는 것이 영혼구원입니다. 하늘의 상급을 넘치도록 주실 것입니다.

축복기도/prayer

증인의 사명을 주신 주님, 저희가 이 땅에서 감당해야 할 가장 큰 사명이 영혼을 구원하는 일임을 잊지 말게 하여 주옵소서. 저희가 영혼구원을 이 땅에서 감당해야 할 삶의 최우선 과제로 삼을 수 있게 하시고, 천국 문에 이를 때까지 최선을 다하여 전도하게 하여 주옵소서. 주님이 주실 상급을 바라보며 주님 나라의 지경을 확장하는 전천후 전도자가 되게 하여 주옵소서. 예수 그리스도의 이름으로 기도합니다. 아멘

[성경을 멀리하는 자] 생명의 젖줄

순금보다 더 사모하는 말씀

· 찬송: 200장, 202장   · 성경: 시편 19편 7~11절

"여호와의 율법은 완전하여 영혼을 소성시키며 여호와의 증거는 확실하여 우둔한 자를 지혜롭게 하며 여호와의 교훈은 정직하여 마음을 기쁘게 하고 여호와의 계명은 순결하여 눈을 밝게 하시도다 여호와를 경외하는 도는 정결하여 영원까지 이르고 여호와의 법도 진실하여 다 의로우니 금 곧 순금보다 더 사모할 것이며 꿀과 송이 꿀보다 더 달도다 또 주의 종이 이것으로 경고를 받고 이것을 지킴으로 상이 크니이다"

위로와 권면/sermon

아세아 방송에 [5분 성경]이라는 프로그램이 있었습니다. 성경이 없는 공산권 동포들이 받아 쓸 수 있도록 성경을 천천히 5분 동안 읽어주는 프로였습니다. 그런데 이 프로그램을 진행하면서도 실무자들에게는 의구심이 사라지질 않았습니다. "과연 이것을 듣고 받아쓰는 동포가 있을까? 괜히 헛수고하고 있는 것은 아닐까?"
그러나 놀라운 사건이 벌어졌습니다. 얼마 후, 이 방송을 듣고 일일이 받아 쓴 필사본 성경 실물이 입수되었습니다. 그리고 성경을 받아 기록한 중국 교포도 만날 수 있었다고 합니다.

성경이 얼마나 귀하고 소중했으면 성경을 몽땅 기록하였겠습니까? 성경은 영혼을 살리고 새롭게 하는 젖줄이었기 때문입니다. 젖줄이 없이는 아기가 살아남을 수 없는 것처럼, 성경의 젖줄을 통해서만이 생명이 살아날 수 있는 것입니다.
오늘 말씀 10절을 보면 순금보다도 더 사모해야 할 것은 하나님의 말씀이라는 것입니다. 시인은 왜 이렇게 고백했을까요? 말씀이 생명을 가져다 주기 때문입니다. 그래서 시인은 7절에 죽었던 영혼을 소성시킬 수 있는 것은 말씀이라고 고백하고 있습니다. 또한 우둔한 자를 지혜롭게 하는 것이 말씀이라고 고백하고 있습니다.

성도(직분)님, 하나님이 말씀으로 천지를 지으신 것처럼 성경 속에는 우리 인생을 새롭게 창조하는 하나님의 능력이 있습니다. 그 성경책을 만져보는 것도 소원인 사람들이 있습니다.
지금 그 성경이 내 손에 들려져 있다는 사실 하나만으로도 얼마나 큰 축복입니까? 감격하고 감사하시기 바랍니다. 그리고 성경을 더욱 귀하게 여기고, 말씀을 더욱 사모하시기를 바랍니다. 오늘 말씀에 시편기자의 아름다운 고백이, 성도(직분)님의 마음속에서도 솟아오르게 되는 은혜가 있기를 축복합니다.

축복기도/prayer
생명의 말씀이신 주님, 저희로 하여금 하나님의 말씀은 영혼을 소성시키는 생명의 충만이 있음을 잊지 말게 하옵소서. 죄를 정결케 하는 능력이 있음을 잊지 말게 하옵소서.
그 안에는 영원한 생명과 이 세상을 행복하고 인간답게 살아가는 진리가 있음을 잊지 말게 하옵소서. 수많은 순금보다도 하나님의 말씀을 더 사모할 수 있게 하옵소서. 오늘 시인의 고백이 저희의 고백이 될 수 있게 하옵소서. 예수 그리스도의 이름으로 기도합니다. 아멘

[봉사하기를 힘들어 하는 자] 보배롭고 귀한 존재

왕을 위해 일하는 사람

· 찬송: 305장, 333장   · 성경: 역대상 4장 23절

" 이 모든 사람은 토기장이가 되어 수풀과 산울 가운데에 거주하는 자로서 거기서 왕과 함께 거주하면서 왕의 일을 하였더라"

위로와 권면/sermon

구약의 역대상하를 보면 많은 왕들의 이름이 나와 있습니다. 그런데 그 중간에 보면 왕들이 아닌 아주 평범한 사람의 이름들이 기록되어 있는 것이 성경을 읽는 독자의 눈길을 끌게 만듭니다.

역대상 4장 11~22절에 이름이 기록되어 있는 이들의 직업은 다름 아닌 토기장이입니다. 토기장이가 뭐 그리 중요한지 성경은 그들의 이름을 놓치지 않고 기록을 해놓았습니다.

토기장이는 말 그대로 흙 그릇을 만드는 사람들입니다. 왕에 비하면 아주 낮은 신분의 사람들이요, 별 볼일 없는 하찮은 사람들입니다. 굳이 성경에 기록해 놓지 않아도 누구 하나 이것으로 인하여 트집을 잡으며 민감하게 반응할 사람들이 아닙니다. 그런데 이런 그들이 왜 성경에 기록되어 있을까 하는 것입니다.

그 정답이 바로 오늘 본문의 말씀입니다. 비록 흙을 굽고 지극히 서민의 생활을 하지만 그들이 왕을 위해 일하는 사람이었기 때문에 성경에 기록되는 귀한 존재들이 된 것입니다.

성도(직분)님, 엄밀히 말하면 사실 우리도 만왕의 왕이신 주님을 위하여 일하는 사람들입니다.
그러므로 그 일이 어떤 일이든 만왕의 왕이신 주님을 위하여 하는 일이라면, 또한 주님의 몸 된 교회를 위하여 하는 일이라면 주님께서도 우리의 이름을 결코 놓치지 않을 것입니다.
그러므로 성도(직분)님, 우리는 주님과 그분의 몸 된 교회를 위해서 하는 일이라면 즐겁고 기쁜 마음으로, 자원하여 더욱 적극적으로 할 수 있어야겠습니다.
이미 우리의 이름은 하늘나라의 생명책에 기록되었습니다. 만왕의 왕이신 예수님 때문에 보배롭고 귀한 존재들이 된 것입니다. 나 같은 죄인이 받은 은혜와 사랑치고 너무나 놀랍고 엄청난 것 아닙니까? 이 놀라운 은혜와 사랑을 무엇과 비교할 수 있겠습니까?

성도(직분)님, 이 놀라운 은혜와 사랑을 더욱 굳게 하는 삶이 되시기 바랍니다. 만왕의 왕이신 주님을 위한 충성과 헌신이 성도(직분)님의 삶 가운데 더욱 풍성해질 수 있기를 축복합니다.

축복기도/prayer
만왕의 왕이신 주님, 저희의 형편과 환경이 어떻든지 저희는 만왕의 왕이신 주님을 위하여 일하는 일꾼이라는 것을 잊지 않게 하여 주옵소서. 형편과 환경을 초월하여 만왕의 왕이신 주님을 잘 받들 수 있는 삶이 되게 하여 주옵소서.
만왕의 왕이신 주님을 위한 일이라면 이것저것 가리지 않고 최선을 다할 수 있는 일꾼이 되게 하여 주옵소서. 예수 그리스도의 이름으로 기도합니다. 아멘

[협력하지 못하는 자] 하나 됨

협력이 아름답다

· 찬송: 220장, 204장   · 성경: 시편 133편 1~3절

"보라 형제가 연합하여 동거함이 어찌 그리 선하고 아름다운고 머리에 있는 보배로운 기름이 수염 곧 아론의 수염에 흘러서 그의 옷깃에 내림 같고 헐몬의 이슬이 산들에 내림 같도다 거기서 여호와께서 복을 명령하셨나니 곧 영생이로다"

위로와 권면/sermon

우리 주변에서 미움 받는 사람, 싫어하는 사람은 어떠한 사람일까요? 그것은 아마도 이기적인 사람일 것입니다. 이기적인 사람은 제 아무리 잘났다 해도 사람들에게 인정을 받지 못합니다. 좋아하지를 않습니다. 가까이 하고 싶지를 않습니다.

이기적인 신앙을 가진 사람도 마찬가지입니다. 혼자만 잘하는 신앙생활, 혼자만 잘하는 기도생활, 혼자만 잘하는 찬양은 영광을 드러내는 것이 못됩니다. 이기적일 뿐입니다. 그러나 겸손히 협력할 줄 아는 사람은 아름답습니다. 함께하고 싶어집니다. 뿐만 아니라 공동체가 아름다워지고 힘을 얻습니다.

오늘 말씀은 다윗이 언약궤를 시온에 안치하고 온 이스라엘이 하나로 연합되어가는 그 모습을 보고 협력으로 하나 됨의 아름다움을 노래한 시입니다. 혼자 잘하는 것보다 협력하는 것이 아름다운 것입니다. 그러므로 더욱 서로가 연합해야만 합니다.

우리는 그리스도의 지체입니다.

몸의 지체가 이기적일 때 어떻게 되겠습니까?

다른 지체에게 아픔이 되고 고통이 됩니다. 모두가 같이 아픔을 당하고 고통을 당합니다. 하나님 나라와 교회가 아픔을 당하고 고통을 당합니다. 그러나 그리스도의 지체로서 서로를 돌아보며 교만하지 않고 겸손히 서로 섬기고 협력하며 하나 될 때, 우리가 있는 곳은 더욱 아름다울 수 있습니다. 그리고 거기서 더 큰 힘을 발휘할 수 있습니다.

성도(직분)님, 혼자서 잘하는 것도 중요하지만 우리 서로 협력하고, 하나 됨으로 주 안에서 기쁨을 주고, 은혜를 끼치고 시원케 하는 신앙의 사람이 되기를 힘써 봅시다. 개인은 물론이거니와 공동체도 더욱 아름다운 믿음의 공동체로 세워져 갈 것입니다. 우리 주님께서도 매우 기뻐하시고 놀라운 은총을 더하여 주실 것입니다.

축복기도/prayer

은혜의 주님, 저희가 혼자만 잘하는 신앙생활이 되지 않게 하시고, 협력할 줄 아는 신앙생활을 하게 하옵소서.

그리스도의 지체로서 서로를 돌아보며 섬기고 협력할 때 더욱 아름다워질 수 있음을 잊지 않게 하옵소서. 무엇을 하든지 서로 협력하고 하나 됨으로, 서로에게 기쁨을 주고 은혜를 끼치는 신앙생활이 되게 하여 주옵소서.

이 땅을 살아가는 동안 많은 천국 공동체의 아름다움을 보여 주는 삶이 되게 하옵소서. 예수 그리스도의 이름으로 기도합니다. 아멘

[대인관계가 바르지 못한 자] 복음에 참여함

낮아져야만 영혼을 얻는다

· 찬송: 264장, 452장   · 성경: 고린도전서 9장 19~23절

"내가 모든 사람에게서 자유로우나 스스로 모든 사람의 종이 된 것은 더 많은 사람을 얻고자 함이라 유대인들에게는 내가 유대인과 같이 된 것은 유대인들을 얻고자 함이요 율법 아래 있는 자들에게는 내가 율법 아래 있지 아니하나 율법 아래에 있는 자 같이 된 것은 율법 아래 있는 자들을 얻고자 함이요 율법 없는 자에게는 내가 하나님께는 율법 없는 자가 아니요 도리어 그리스도의 율법 아래에 있는 자이나 율법 없는 자와 같이 된 것은 율법 없는 자들을 얻고자 함이라<중략> 내가 복음을 위하여 모든 것을 행함은 복음에 참여하고자 함이라"

위로와 권면/sermon

조선시대의 거상인 「임상옥」의 자서전 '가포집'을 토대로 쓴 최인호 씨의 소설 '상도'에 보면 조선시대의 거상 임상옥이 초기에 만상 주인 홍득주라는 사람 밑에서 장사를 배울 때 배운 상업 철학이 이것입니다.

"장사는 이문을 남기는 것이 아니고 사람을 남기는 것이다."

그는 이 철학을 평생 동안 굳게 잡고 장사를 했습니다. 마침내 그는 조선시대의 상권을 장악하는 제일의 거부가 되었습니다. 그는 재산가로서만 부자가 아니라, 사람을 얻는 자로서 부자이기도 했습니다. 이 중요한 사실을 우리 모든 그리스도인들이 깊이 생각해야 합니다. 여기에 하나님의 뜻이 있음을 깨달아야만 합니다. 사람이 아무리 큰 업적을 남겼다 하더라도, 아무리 높은 자리에 있었다 할지라도, 아무리 좋은 훈련을 받았고, 좋은 선택을 했다 하더라도 그의 곁에 사람이 없다면, 그와 함께할 사람이 없다면 그는 실패자입니다. 그와 같이 우리가 아무리 신앙생활을 잘했다 할지라도 내 곁에 사람이 없다면 우리의 신앙은 어딘가 문제가 있는 것입니다.

오늘 말씀은 바로 그 부분에 대해서 말씀해 주고 있습니다. 사도바울은 많은 사람을 얻기 위해서 자신이 어떻게 했는가 하는 것을 우리에게 말씀해 주고 있습니다. 특별히 영혼을 구원하기 위해서, 그리스도의 복음에 참여하기 위하여 어떻게 했는가에 대해서 말씀해 주고 있습니다.

성도(직분)님, 바울같이 화려한 이력을 가진 사람이 한 영혼이라도 그리스도께로 인도하기 위하여 취한 태도는 오늘 우리가 반드시 닮아가야 할 모습입니다. 주변 사람들에게 보여 주는 나의 태도가 어떤지, 한번쯤 돌아볼 수 있는 계기를 가졌으면 좋겠습니다.

축복기도/prayer

낮은 곳으로 오신 주님, 신앙인인 저희의 태도를 돌아봅니다. 사도 바울은 많은 사람의 영혼을 구원하기 위하여 낮아짐의 삶을 살았습니다. 그것은 곧 우리 주님이 본을 보이셨던 삶이셨습니다.

저희도 낮아짐의 삶을 사셨던 주님을 본받게 하옵소서. 내세울 것이 많은 인생이라 할지라도, 자랑할 것이 많은 인생이라 할지라도, 사람을 얻기 위해서, 영혼을 구원하기 위하여 낮아질 수 있는 삶을 살아가게 하여 주옵소서. 예수 그리스도의 이름으로 기도합니다. 아멘

[성령 충만이 필요한 자] 변화의 주체

성령 충만을 사모해야 한다

· 찬송: 184장, 190장   · 성경: 에베소서 5장 18~21절

"술 취하지 말라 이는 방탕한 것이니 오직 성령으로 충만함을 받으라 시와 찬송과 신령한 노래들로 서로 화답하며 너희의 마음으로 주께 노래하며 찬송하며 범사에 우리 주 예수 그리스도의 이름으로 항상 아버지 하나님께 감사하며 그리스도를 경외함으로 피차 복종하라"

위로와 권면/sermon

사람이 행복하려면 무엇이 달라져야 할까요? 다른 것도 있겠지만 인간관계가 달라져야 합니다. 불행의 90%는 잘못된 인간관계에서 온다고 합니다. 부부의 관계가 원만하지 못합니다. 부모와 자식 간에 대화가 단절됩니다. 직장에서 상사와 관계가 좋지 않습니다. 동료나 부하직원과의 관계에서도 문제가 계속 발생합니다. 이래서 행복하지 못한 것입니다. 그리고 이런 문제의 원인을 다 남에게 돌립니다. 남편이, 아내가, 자식이, 부모가 옳지 않아서 내가 이렇게 불행하다고 생각을 합니다. 내가 성공하지 못하는 것도 나를 돕는 사람이 없어서라고 생각합니다.

그런데, 성령으로 충만하면 보는 것이 달라집니다. 어둠의 영이 역사하는 것이 보입니다. 그래서 어떤 사람이 잘못하는 것 때문에 상처를 받지 않습니다. 어둠의 역사라는 것을 알기 때문입니다. 불쌍히 여기고, 기도하며, 결국엔 그가 그 결점을 이기도록 돕습니다. 결국엔 승리하는 것입니다. 또한 성령 충만하면 말하는 것이 달라집니다. 자기 생각대로 말하지 않고 예수님의 마음을 담아내기 위해서 힘씁니다.
그리고 성령 충만하면 기도를 많이 하게 되어 있습니다. 마음을 주고받는 대화가 많아지면 그 대상을 닮아 가게 마련입니다.

예수님을 닮아 가는데 특히 말에서 예수님을 닮아 가게 되어 있습니다. 험담하지 않습니다. 칭찬하고 격려합니다. 부정적이고 비판적인 말을 하지 않습니다. 긍정적이고 축복의 말을 합니다. 또 믿음의 말을 합니다. 놀라운 것은 이렇게 믿음으로 하는 말들이 그대로 이루어지는 것입니다. 그대로 됩니다. 성령 충만하면 이렇게 듣고 보고 말하는 것이 변하고 그것이 모든 장벽을 초월하게 하고 끝내 승리하게 되는 기쁨을 가져옵니다.

성도(직분)님, 성령님은 우리 인생의 변화의 주체이십니다. 우리 자신은 물론 주변을 행복하게 하는 믿음의 사람이 되려면 언제나 성령 충만을 사모해야 합니다.

축복기도/prayer
성령 충만을 원하시는 주님, 저희로 성령 충만한 삶을 살게 하옵소서. 그리하여 저희 삶의 전 영역에서 달라지는 삶이 나타나게 하옵소서. 말하는 것이나 행동하는 것이 달라지게 하시고, 주님을 섬기는 모습이 달라지게 하옵소서. 저희의 인생에 변화의 주체가 되시는 성령 충만을 언제나 사모할 수 있게 하옵소서. 예수 그리스도의 이름으로 기도합니다. 아멘

[회개하지 못하는 자] 사죄의 은총

회개의 은혜

·찬송: 279장, 283장　　·성경: 요한1서 1장 8~10절

"만일 우리가 죄 없다고 말하면 스스로 속이고 또 진리가 우리 속에 있지 아니할 것이요 만일 우리가 우리 죄를 자백하면 그는 미쁘시고 의로우사 우리 죄를 사하시며 우리를 모든 불의에서 깨끗하게 하실 것이요 만일 우리가 범죄하지 아니하였다 하면 하나님을 거짓말하는 이로 만드는 것이니 또한 그의 말씀이 우리 속에 있지 아니하니라"

위로와 권면/sermon

하나님의 말씀은 듣는 이에 따라서 두 가지로 갈라집니다. 예컨대 똑같은 태양이 빛을 내리비춥니다. 얼음은 녹지만 진흙은 굳습니다. 말씀을 들을 때도 똑같은 일이 벌어집니다. 똑같은 조건에서 똑같은 내용의 말씀을 들었음에도 불구하고 한쪽에서는 회개하는 역사가 있는 반면에, 다른 한쪽에서는 오히려 강퍅해지는 일이 벌어질 수 있습니다. 그래서 하나님의 말씀을 듣고 회개하면 하나님께서 구원하신 증거입니다. 반대로 하나님의 말씀을 듣고 강퍅해지면 택함을 받지 못한 것입니다.

다윗을 생각해 봅시다. 다윗이 나단 선지자를 통하여 하나님의 말씀을 들었습니다. 선지자의 입을 통하여 증거되는 말씀을 듣게 되자 그에게 변화가 일어납니다. 죄를 깨닫게 됩니다. 죄를 깨닫게 되자 공포와 두려움이 온통 그의 마음을 휘감습니다(삼하12:1~15).

하나님이 나를 버리실 것이라는 두려움, 내 영혼을 버리실 것이라는 두려움, 나를 외면하실 것이라는 두려움, 그래서 다윗은 이 죄를 안고 하나님 앞에 절규하며 부르짖어 기도하는 내용이 시편 51편입니다. "나를 주 앞에서 쫓아내지 마시며 주의 성령을 내게서 거두지 마소서"(11). 제발 나를 버리지 말라는 것입니다. 내 영혼을 버리지 말라는 것입니다. 제발 용서해 달라는 것입니다. 이와 같이 부르짖는 다윗의 기도에 대하여 하나님이 어떻게 반응하셨습니까? 그의 기도를 들으시고 용서해 주셨습니다(삼하12:13).

오늘 말씀에도 하나님이 회개하는 자에게 어떤 반응을 보이시는지를 말씀하고 있습니다. 반드시 사죄의 은총을 더하여 주신다는 것입니다. 이것을 알고도 회개가 없다면 우리 자신이 구원받은 하나님의 자녀인지 깊이 고민해 봐야만 할 것입니다.

축복기도/prayer
사랑의 주님, 저희로 마음이 강퍅하여 죄를 깨닫지 못하는 자가 아니라, 죄를 깨닫고 주님의 용서와 은총을 구하는 자가 되게 하여 주옵소서. 주님을 향한 참된 회개가 없다면 진정한 구원도 경험할 수 없음을 잊지 말게 하여 주옵소서.
항상 죄에 민감한 자가 되게 하시고, 죄를 멀리하는 삶을 살아가게 하여 주옵소서. 주님 앞에 엎드릴 때마다 상하고 통회하는 심령을 멸시치 아니하시는 주님을 만날 수 있게 하옵소서. 예수 그리스도의 이름으로 기도합니다. 아멘

[기독교의 핵심적 가치를 모르는 자] 귀중한 진리

믿음, 소망, 사랑

· 찬송: 308장, 497장 · 성경: 고린도전서 13장 13절

"그런즉 믿음, 소망, 사랑, 이 세가지는 항상 있을 것인데 그 중의 제일은 사랑이라"

위로와 권면/sermon
낮 예배 설교를 위해 집을 나서시던 목사님이 배꼽티를 입고 교회에 가겠다고 나서는 중학생 딸과 사모님의 신경전을 보시게 되었습니다. 사모님이 딸을 불러 세우며 말씀합니다.
"얘, 너 이리 좀 와봐. 너 그 모습이 도대체 뭐니? 네가 이효리냐?"
"아니, 제 모습이 뭐가 어때서요?"
"아니, 그 모습으로 예배드리러 가겠다는 거냐?" "그럼요."
이렇게 대답한 딸이 눈을 부라리는 엄마의 눈길을 피해 아빠 목사님에게 묻습니다.
"아빠! 하나님께서 사람의 중심을 보시나요? 외모를 보시나요?"
뚱딴지같은 질문에 기가 막힌 목사님이 대답하십니다.
"야, 이 녀석아, 당연히 중심을 보시지..."
그 말씀 끝에 살며시 미소를 지으며 딸이 엄마에게 일격을 가합니다.
"그러니까 제가 하나님 앞에 중심을 보여드리겠다는데, 왜 간섭을 하세요!!!" 그렇습니다. 하나님께서는 우리의 중심을 보십니다. 중심은 우리의 마음을 가리키는 것입니다.
그렇다면, 하나님은 우리의 마음의 어떠한 것을 보실까요?

오늘 말씀에 사도 바울은 우리의 마음이 믿음과 소망과 사랑으로 채워져야 한다고 가르쳐 주고 있습니다. 우리의 신앙, 우리의 인생을 지탱해 나가는 가장 중요한 세 가지가 믿음, 사랑, 소망이라는 것입니다. 왜냐하면 기독교의 핵심적 가치와 내용은 이 세 가지이기 때문입니다. 또한 이 세 가지는 하나님 나라에 가서도 없어지지 않는 온전함의 속성을 가지고 있습니다.

하나님 나라에는 하나님을 믿지 않을 자가 없습니다. 그래서 믿음은 없어지지 않습니다. 소망도 하나님과 함께한다는 자체가 소망이 넘치는 일이기 때문에 영원합니다. 사랑 역시 하나님의 존재의 속성이기 때문에 새 하늘과 새 땅이 이루어져도 사라지지 않습니다. 그래서 이 세 가지가 중심에 제대로 자리 잡고 있으면, 우리의 인생은 흔들리지 않습니다. 그의 신앙에는 하나님께서 함께하시는 증거가 분명하게 나타납니다.

성도(직분)님, 지금 나의 중심에는 믿음, 소망, 사랑으로 채워져 있습니까? 이 귀중한 진리를 마음에 꼭 새기시기 바랍니다. 그래서 이 땅에서도 믿음, 소망, 사랑을 이루는 삶을 사시기를 주님의 이름으로 축복합니다.

축복기도/prayer
중심을 보시는 하나님, 저희의 마음이 항상 믿음과 소망과 사랑으로 채워져 있는 삶이 되게 하옵소서. 저희의 신앙, 저희의 인생을 지탱해 나가는 가장 중요한 세 가지가 믿음, 소망, 사랑임을 잊지 말게 하옵소서. 이것이 신앙의 기본임을 기억하여 항상 믿음 위에 서 있게 하시고, 주님께 소망을 두게 하시며, 하나님을 사랑하고 이웃을 사랑하는 삶이 되게 하옵소서. 예수 그리스도의 이름으로 기도합니다. 아멘

[사랑의 실천을 힘들어 하는 자] 빚을 갚는 삶

사랑의 빚

· 찬송: 213장, 436장   · 성경: 로마서 13장 8~10절

"피차 사랑의 빚 외에는 아무에게든지 아무 빚도 지지 말라 남을 사랑하는 자는 율법을 다 이루었느니라 간음하지 말라, 살인하지 말라, 도둑질 하지 말라, 탐내지 말라 한 것과 그 외에 다른 계명이 있을지라도 네 이웃을 네 자신과 같이 사랑하라 하신 그 말씀 가운데 다 들었느니라 사랑은 이웃에게 악을 행하지 아니하나니 그러므로 사랑은 율법의 완성이니라"

위로와 권면/sermon

필리핀의 부유한 사업가의 아들이 마닐라의 성서대학에 입학했습니다. 그는 기숙사의 욕실과 화장실이 불결하다고 학장에게 불평했습니다. 그러자 학장은 미소를 지으며 "내가 조치해 주지."라고 말하고는 곧장 기쁨이 가득한 얼굴로 화장실을 깨끗이 청소를 했습니다. 이 모습을 보고 당황해 하는 그 학생에게 따뜻하게 말했습니다.

"자, 이만 하면 마음에 드는가? 우리 학교는 청소부를 고용할 형편이 아니라서 모두 자원하는 심정으로 자기 일을 한다네. 사랑의 빚 진 자가 되게 함이 우리 학교의 교육 목표일세."

이 사건은 그가 졸업 후 목사가 되어 미국 시카고 자유교회에서 가난하고 소외받는 외국 학생들에게 사랑의 빚을 갚는 일에 일생을 바칠 수 있는 교훈이 되었습니다. 어려울 때마다 자기 손바닥에 십자가를 그으면서 주님께 진 사랑의 빚을 생각했습니다.
성도(직분)님, 오늘 우리도 예수님께 사랑의 빚을 진자들입니다. 굳이 그 빚을 갚지 않아도 뭐라고 할 사람은 없겠지만, 우리가 주님께 받은 은혜가 값싼 싸구려 은혜가 되지 않기 위해서는 사랑의 빚을 갚는 삶을 살아야 할 것입니다.

사랑의 빚을 갚는 생활이 어렵고 힘들 수도 있겠지만, 나를 사랑하셔서 나를 위하여 십자가에 달리신 주님을 생각한다면 나의 생명, 손과 발, 시간과 물질을 하나도 아깝지 않게 생각하며 주님께 드리는 삶을 살 수 있을 것입니다.
그리고 충분히 다른 사람을 사랑하고, 용서하고, 이해하며, 섬기는 삶을 실천할 수 있을 것입니다. 그리고 그것이 가장 큰 행복이요, 기쁨이 됨을 온 몸으로 느끼며 감사하는 삶이 될 것입니다.

축복기도/prayer

사랑의 주님, 저희로 주님께 사랑의 빚을 진 자로서 그 빚을 갚는 삶을 살아갈 수 있게 하옵소서. 주님의 사랑을 본받아 저희의 생명과 물질과 시간을 하나도 아깝지 않게 생각하며 주님께 드릴 수 있는 삶을 살아갈 수 있게 하옵소서.
주님과 같이 충분히 용서하고, 충분히 사랑하고, 충분히 섬기는 삶을 실천할 수 있게 하옵소서. 그리하여 하나님의 형상을 이룬 주님과 같이 저희도 주님의 형상을 이루는 모습이 있게 하옵소서. 예수 그리스도의 이름으로 기도합니다. 아멘

[내세우기를 좋아하는 자] 겸손의 가치

겸손한 자가 높임을 받는다

· 찬송: 212장, 455장   · 성경: 베드로전서 5장 5~6절

"젊은 자들아 이와 같이 장로들에게 순종하고 다 서로 겸손으로 허리를 동이라 하나님은 교만한 자를 대적하시되 겸손한 자들에게는 은혜를 주시느니라 그러므로 하나님의 능하신 손 아래에서 겸손하라 때가 되면 너희를 높이시리라"

위로와 권면/sermon

한 회사의 여직원이 처리할 일이 많아 야근을 하게 되었습니다. 조용한 사무실에 전화벨 소리가 요란하게 울려 퍼졌습니다. 잘못 걸려온 전화였습니다.

"전화를 잘못 하셨습니다. 편안한 밤 되시기 바랍니다."

친절하게 전화를 끊었습니다. 또 다시 전화벨 소리가 울렸습니다. 또 그 목소리였습니다.

"네 전화번호를 확인하고 전화하시면 좋겠습니다. 좋은 밤 되세요." 끊었습니다. 또 이어서 전화벨 소리가 울렸습니다. 또 그 목소리였습니다. "예. 자꾸 목소리를 들으니 너무너무 반갑습니다. 저희 회사는 파이프를 생산하는 회사입니다. 파이프가 필요하시면 이 전화번호를 기억하셨다가 꼭 전화 주십시오. 좋은 밤 되세요."

전화를 끊었습니다. 며칠 후 사장실로 전화가 걸려왔는데 상상도 할 수 없을 만큼 어마어마한 파이프를 주문했다는 것입니다.

이유인즉 "당신 회사의 여직원이 친절한 것으로 봐서 그것 하나만으로도 모든 상품의 신용가치가 있다고 생각됩니다. 그래서 주문합니다."라는 이야기였습니다.
잘못 걸려온 전화, 그것도 세 번을 연거푸 잘못 걸려온 전화의 주인공을 같은 실수를 세 번씩이나 되풀이하는 푼수로 생각했다면 서로 기분 상하는 관계로 끝나버리고 말았을 것입니다.
그러나 그 사람에게 중심을 다하여 겸손히 대했더니, 큰 유익을 주는 고객이 되었습니다. 내가 그를 어떻게 대하느냐에 따라 그는 내게 그만큼의 의미 있는 사람이 되어줍니다.

오늘 말씀에 베드로 사도도 겸손의 가치에 대하여 말하고 있습니다. "하나님은 교만한 자를 대적하시되 겸손한 자들에게는 은혜를 주시느니라"고 말입니다. 우리 같으면 교만한 사람과 겸손한 사람 중에 누구에게 더 마음이 끌리겠습니까? 당연히 겸손한 사람일 것입니다. 하나님의 마음도 같습니다. 그래서 하나님의 은혜를 받을 자는 겸손한 자인 것입니다. 오늘 우리는 누구를 대하든지 겸손으로 허리를 동이는 자세를 잃지 말아야겠습니다.

축복기도/prayer
겸손의 본을 보이신 주님, 저희도 주님을 본받아 교만하지 않고 항상 겸손한 삶을 살게 하옵소서.
하나님에 대하여도 겸손하게 하시고, 사람에 대하여도 겸손함을 잃지 않게 하여 주옵소서. 겸손한 삶을 통해 주님의 은혜를 더욱 경험하게 하시고, 주님의 몸 된 교회를 아름답게 섬기는 일꾼이 되게 하옵소서. 또한 겸손함으로 많은 사람을 주님께로 인도하는 영혼 구원의 사명을 감당할 수 있게 하옵소서. 예수 그리스도의 이름으로 기도합니다. 아멘

 [지혜가 부족하다고 하는 자] 지혜로운 삶

지혜는 하나님께서 주신다

· 찬송: 217장, 534장   · 성경: 잠언 9장 10절

"여호와를 경외하는 것이 지혜의 근본이요 거룩하신 자를 아는 것이 명철이니라"

위로와 권면/sermon
독일 베를린의 막스 플랑크 교육연구소가 15년 동안 천 명을 대상으로 나이와 지혜의 연관성을 연구했습니다. 연구소는 오랜 연구를 통해 지혜로운 사람들이 갖는 몇 가지 공통점을 밝혀냈습니다.

연구에 의하면 지혜로운 사람들은 대부분 역경을 극복했거나 고난을 체험한 경험이 있습니다. 가난한 환경에서 자라난 사람들과 일찍 인생의 어두운 단면을 체험한 사람들이 평탄한 삶을 살아온 사람보다 훨씬 지혜로웠습니다.
또한 개방적이고 창조적인 사람들이 나이가 들수록 점점 지혜의 빛을 발합니다. 연구소는 인생의 문제를 깊이 생각하는 사람들이 지혜를 얻는다고 발표했습니다. 그러나 고집이 세고 괴팍한 사람들은 나이가 들수록 지혜와 신용을 잃는다고 경고합니다.

성경은 지혜와 그 유익에 대하여 이렇게 말씀합니다.
"지혜를 얻으며 명철을 얻으라 내 입의 말을 잊지 말며 어기지 말라 지혜를 버리지 말라 그가 너를 보호하리라 그를 사랑하라 그가 너를 지키리라 지혜가 제일이니 지혜를 얻으라 네가 얻은 모든 것을 가지

고 명철을 얻을지니라 그를 높이라 그리하면 그가 너를 높이 들리라 만일 그를 품으면 그가 너를 영화롭게 하리라 그가 아름다운 관을 네 머리에 두겠고 영화로운 면류관을 네게 주리라"(잠4:5~9).

한마디로 지혜가 우리 인생의 가장 우선되는 순위를 차지한다는 말씀입니다. 그러면 우리가 이 지혜를 얻기 위해서 어떻게 해야 할까요? 잠언서 기자는 지혜를 얻는 방법에 대하여 여호와를 경외하는 것이 지혜의 근본이라고 말하고 있습니다(잠9:10).
왜냐하면 지혜는 하나님께로부터 오기 때문입니다. 그러므로 우리가 하나님을 잘 섬기면 지혜로운 삶을 살아갈 수 있습니다. 그리고 지혜로운 삶은 우리에게 하나님의 복을 받게 되는 은혜의 통로가 됩니다.
성도(직분)님은 하나님을 잘 섬기셔서 그분이 주시는 지혜를 누리는 복된 삶이 되시기를 축복합니다.

축복기도/prayer
지혜를 더하시는 하나님, 저희로 하여금 지혜가 주는 유익에 대하여 깨닫게 하옵소서. 지혜가 제일이니 지혜를 얻으라고 말씀하셨습니다. 하나님께 지혜를 구하는 삶이 되게 하여 주옵소서.
또한 하나님을 경외하는 것이 지혜의 근본이라고 하셨으니, 하나님을 잘 섬길 수 있는 주님의 자녀가 되게 하옵소서. 또한 지혜로운 삶은 하나님의 복을 받게 되는 은혜의 통로임을 기억하여 지혜로운 사람이 되기에 마음을 다할 수 있게 하옵소서. 예수 그리스도의 이름으로 기도합니다. 아멘

[이웃을 사랑하지 못하는 자] 사랑의 동격

그가 먼저 사랑하셨음이라

· 찬송: 218장, 316장   · 성경: 요한1서 4장 19~21절

"우리가 사랑함은 그가 먼저 우리를 사랑하셨음이라 누구든지 하나님을 사랑하노라 하고 그 형제를 미워하면 이는 거짓말하는 자니 보는 바 그 형제를 사랑하지 아니하는 자는 보지 못 하는 바 하나님을 사랑할 수 없느니라 우리가 이 계명을 주께 받았나니 하나님을 사랑하는 자는 또한 그 형제를 사랑할지니라"

위로와 권면/sermon

어떤 사람이 전철 안에서 독일인 남자와 대화를 나누게 되었는데, 이런 저런 이야기를 하던 독일 남자는 연락처를 적어 주겠다며 종이를 꺼내더니 안주머니에서 몽당연필 한 자루를 꺼내 흑심에 살짝 침을 발라 깨알같이 작은 글씨로 써서 줬다고 합니다. 그는 그 독일인을 보며 그들의 몸에 밴 근검절약을 볼 수 있었다고 합니다. 제2차 세계대전에서 패망한 직후, 독일인들은 근검절약을 하는 일에 최선을 다했습니다. 그 결과 잿더미 속에 쓰러진 나라를 재건하여 라인강의 기적을 일구어냈습니다. 패전의 아픔과 고통을 딛고 일어선 독일의 생명력은 바로 작은 몽당연필에 숨겨져 있었던 것입니다.

주님 품에 안긴「데레사」수녀는 노벨평화상을 받고 기자들과 인터뷰를 하면서 이런 말을 남겼습니다. "나는 아무것도 아닙니다. 어렵고 가난한 사람들에게 30년 동안 빵과 우유를 나누어 주었을 뿐인데, 이렇게 큰 상을 받게 되었습니다. 나는 그저 하나님의 손에 쥐어진 몽당연필에 불과합니다. 캘커타의 성녀로 알려진 데레사 수녀는 종교를 초월하여 죽어 가는 인도의 빈민들을 돌보고 치료하는 일에 누구보다 앞장섰습니다. 그녀는 작은 체구를 가진 힘없는 여성이지만 하나님의 손에 붙들리자 세계가 깜짝 놀랄 만큼 이웃 사랑의 실천을 몸소 보여주었던 것입니다. 하나님의 손에 붙들린 몽당연필 한 자루의 힘은 이처럼 크고 놀랍습니다.

오늘 말씀에 사도 요한은 형제사랑을 강조하고 있습니다. 형제를 사랑하지 않는 자는 하나님을 사랑하지 않는 것이라는 것입니다. 하나님을 사랑하는 것과 형제를 사랑하는 것을 동격으로 놓고 있습니다. 예수님도 그렇게 하셨습니다.

"둘째도 그와 같으니 네 이웃을 네 자신 같이 사랑하라 하셨으니"(마22:39).

우리의 마음속에 주님의 사랑으로 만들어진 형제를 사랑하는 몽당연필이 한 자루씩 있다면 이 세상은 정말 즐겁고 행복이 넘쳐날 것입니다.

축복기도/prayer

사랑의 주님, 저희 마음속에 주님의 사랑으로 만들어진 사랑이 있게 하소서. 그 사랑을 실천하는 사랑의 사람이 되게 하옵소서. 하나님을 사랑하고, 교회를 사랑하며, 이웃과 형제를 내 몸과 같이 사랑하게 하옵소서.

도저히 사랑할 수 없는 것까지도 사랑할 수 있게 하옵소서. 주님을 닮아감으로 죽음같이 강한 사랑을 보이는 주의 제자가 되게 하옵소서. 예수 그리스도의 이름으로 기도합니다. 아멘

[목회만 성직이라고 생각하는 자] 직업과 소명

목사만 성직이 아니다

· 찬송: 96장, 216장   · 성경: 골로새서 3장 23, 24절

"무슨 일이든지 마음을 다하여 주께 하듯 하고 사람에게 하듯 하지 말라 이는 기업의 상을 주께 받을 줄 아나니 너희는 주 그리스도를 섬기느니라"

위로와 권면/sermon

사람들은 일반적으로 목회자를 일컬어 '성직자'라고 부릅니다. 맞습니다. 목회자는 성직자입니다. 하고 있는 일의 성격이 종교상의 특별한 직분을 맡고 있기 때문입니다. 그런데 성경은 목회자만 성직이라고 말하고 있지 않습니다. 예수 믿는 우리 모두가 다 성직자요, 우리가 하는 일 모두가 성직이라고 말씀하고 있습니다. 목회자만 유일한 성직자로 생각하는 것은 우리의 성직에 대한 잘못된 개념 때문입니다. 흔히 우리는 목회를 하는 것만 성직으로 생각하고 있습니다.

그러나 오늘 말씀은 주님께 하는 일, 즉 주를 위하여 하는 일은 모두가 다 성스러운 일이고 그와 같은 일을 하는 직업은 모두가 성직임을 밝혀주고 있는 말씀입니다.

목회 외에는 어떤 직업도 성직이 아니라고 생각하기 때문에, 성스럽게 감당해야 할 자기 직업을 세속화하여 단순히 돈 버는 수단과 도구로 여기고, 게다가 돈을 버는 수단과 방법도 하나님의 방식을 따르지 않고 세상의 방식을 따랐습니다. 그래서 신앙과 삶의 이분법적인 괴리가 우리의 삶에서 떠나지 않게 된 것입니다.

오늘날 그리스도인들이 지닌 가장 큰 문제로 지적되는 신앙과 삶의 불일치는 바로 목회만 성직이라고 생각하는 잘못된 개념입니다. 직업을 '소명'으로 생각하는 것이 종교개혁자들의 가르침이었습니다. 음악을 잘하는 사람은 음악대학에 가는 것이 옳고, 미술을 잘하는 사람은 미술대학에 가는 것이 옳습니다. 자기의 전공과 직업을 하나님을 위해, 그리고 하나님의 뜻대로 드리면 그것이 바로 온전한 헌신이 됩니다. 이처럼 직업과 전공에 따라 각자 자기 자신을 하나님께 헌신할 때 복음은 땅 끝까지 전해질 수 있습니다.

성도(직분)님, 예수 믿는 우리들이 신앙 양심에 거리낌 없이 수행하는 모든 직업은 하나님 앞에서 다 성직임을 잊지 맙시다.
목회만 성직이라고 하고 목회 외의 모든 직업을 세속적이라고 딱지 붙이는 것은 결코 성경이 우리에게 가르쳐 주는 가르침이 아닙니다.

축복기도/prayer
사랑의 주님, 그동안 저희는 성직에 대하여 잘못 알고 있었습니다. 목사님만 성직인 줄 알고 있었습니다. 그러나 오늘 말씀을 통하여 우리가 신앙 양심에 거리낌 없이 수행하는 모든 직업이 성직임을 깨달았사오니, 저희의 전공과 직업을 통하여 주님의 영광을 나타낼 수 있게 하옵소서.
하나님의 뜻을 담아낼 수 있는 전공과 직업이 되게 하시고, 복음이 땅 끝까지 전해지는 데 쓰임 받는 도구가 되게 하옵소서. 예수 그리스도의 이름으로 기도합니다. 아멘

[믿음의 확신이 없는 자] 열매 맺는 믿음

믿음은 확신하는 것이다

· 찬송: 267장, 327장 　　· 성경: 히브리서 11장 1~3절

"믿음은 바라는 것들의 실상이요 보이지 않는 것들의 증거니 선진들이 이로써 증거를 얻었느니라 믿음으로 모든 세계가 하나님의 말씀으로 지어진 줄을 우리가 아나니 보이는 것은 나타난 것으로 말미암아 된 것이 아니니라"

위로와 권면/sermon

미션스쿨인 어느 고등학교에서 교목이 학생들에게 채플에 출석할 것을 열심히 권했습니다. 그런데 한 학생이 도무지 응하지를 않았습니다. 답답해진 교목은 그 학생을 불러 사유를 물었습니다. "왜 예배 출석을 거부하는가?"

학생이 대답합니다. "목사님! 저는 기독교가 어떤 것인지 도무지 알 수가 없습니다. 알 수가 없기 때문에 믿을 수가 없고, 믿을 수가 없기 때문에 예배에도 들어가지 않는 것입니다."

제법 논리적인 대답이었습니다. 그러자 묵묵히 듣고 있던 목사님이 제안을 했습니다. "학생! 지금 한 말을 거꾸로 한번 생각해 볼 수 있겠나?" 잠시 머뭇거리던 학생이 이렇게 말했다고 합니다. "나는 예배에 들어가지 않기 때문에 믿을 수가 없고, 믿을 수가 없기 때문에 알 수도 없습니다."

오늘 우리는 믿음이 무엇이라고 생각하고 있습니까? 신앙을 갖고 있는 사람들 중에 과연 믿음에 대하여 알고 있는 사람이 얼마나 된다고 생각하고 있습니까? 이것은 누구를 판단하기 위해서 묻는 질문이 아닙니다. 우리는 믿음에 대하여 바로 알고 있어야 하는데, 믿음을 한마디로 정의하자면 확인하는 것이 아니라 확신하는 것입니다.

믿음에는 확신이 따르고, 확신은 행동하게 하고 열매를 맺게 한다는 사실입니다. 그래서 성 어거스틴은 "믿음은 우리가 보지 못하는 것을 믿는 것이고, 믿음의 보상은 우리가 믿는 것을 보는 것이다."라고 했습니다. 하나님은 믿음 안에서 확실한 증거로 나타나는 분입니다. 알 수 없는 것을 확실히 알게 합니다. 막연한 심증만 주지 않습니다. 성도(직분)님, 오늘 우리는 이 믿음으로 하나님을 찾을 수 있는 신앙의 사람이 되어야겠습니다.

"믿음으로 모든 세계가 하나님의 말씀으로 지어진 줄을 우리가 아나니 보이는 것은 나타난 것으로 말미암아 된 것이 아니니라" 아멘

축복기도/prayer
믿음의 주요 온전케 하시는 주님, 저희는 지금 믿음을 어떻게 생각하고 있는지요? 저희들은 과연 믿음에 대하여 바로 알고 있는지요? 믿음에 대하여 바로 깨닫는 은혜를 주옵소서. 오늘 말씀을 통하여 믿음은 확인하는 것이 아니라 확신하는 것임을 알았으니, 하나님을 확신하는 믿음을 갖게 하옵소서.
저희로 하여금 믿음의 역사를 일으키고 나타낼 수 있는 삶을 살아가게 하시고, 믿음의 산 증인이 되게 하옵소서. 열심을 다하여 하나님을 찾으며 살아계신 하나님을 경험하는 삶이 되게 하옵소서. 예수 그리스도의 이름으로 기도합니다. 아멘

[믿음의 고백이 빈약한 자] 믿음의 역사

믿음을 따라 역사하심

· 찬송: 391장, 240장   · 성경: 창세기 22장 7~8절

"이삭이 그 아버지 아브라함에게 말하여 이르되 내 아버지여 하니 그가 이르되 내 아들아 내가 여기 있노라 이삭이 이르되 불과 나무는 있거니와 번제할 어린 양은 어디 있나이까 아브라함이 이르되 내 아들아 번제할 어린 양은 하나님이 자기를 위하여 친히 준비하시리라 하고 두 사람이 함께 나아가서"

위로와 권면/sermon
'기도의 사람' 또는 '고아들의 아버지'라는 별칭으로 유명한 「조지 뮬러」의 거실에 들어가면 눈에 띄는 것이 하나 있었다고 합니다. 그것은 창유리에 쓰여 있는 '여호와 이레'라는 글귀였습니다.
뮬러는 고아원에 필요한 음식과 생활필수품이 없어서 어떻게도 할 수가 없을 때, 급히 거실로 가서 햇빛에 빛나는 '여호와 이레'라는 글자를 보곤 했답니다. 그리고는 "맞아! 하나님이 필요한 것을 준비해 주실 거야."하고 말했다는 것입니다.

뮬러는 하나님께서 도와주실 것을 꿈에도 의심치 않았습니다. 전후 7년 간에 걸쳐 고아들에게 먹일 식량을 3일 이상의 분량을 가진 일이 드물었고 항상 부족했으나, 뮬러는 언제나 하나님을 믿고 의지했고, 그때마다 하나님께서는 뮬러의 믿음을 따라 미리 예비하신 것으로 놀랍게 채워 주셨습니다.
오늘 말씀에 이삭이 하나님께 드릴 번제물에 대하여 아브라함에게 묻는 말씀입니다. 이삭은 자신이 하나님께 바쳐질 번제물이라는 것을 모르고 있었습니다. 하나님이 아브라함에게만 말씀하셨기 때문입니다. "번제할 어린양은 어디 있나이까"(7)라고 물어오는 아들의 질문에 아브라함은 조금도 망설임 없이 "하나님이 친히 준비하시리라"(8)고 대답하였습니다.

하나님께 대한 믿음이 없었더라면 그는 이렇게 대답하지 못했을 것입니다. 그런데 중요한 것은 이러한 그의 고백대로 정말 하나님께서 이삭대신 번제할 어린양을 준비하셨다는 것입니다(13). 여기서 우리는 믿음을 가진 자에게 하나님은 반드시 앞서 가시며, 믿음의 좋은 선물을 준비해 주시는 분이심을 알 수 있습니다.

성도(직분)님, 오늘 우리와 함께하시는 하나님도 동일하십니다. 우리도 아브라함과 같이 주님께 믿음의 고백을 드릴 수 있다면, 그가 만난 하나님을 우리도 만나고 경험하게 될 것입니다. 항상 믿음의 고백을 주님께 드림으로, 그 믿음을 따라 역사하시는 하나님을 경험하는 삶이 되시기를 축복합니다.

축복기도/prayer
사랑의 하나님, 저희도 하나님이 도와주실 것을 꿈에도 의심치 않는 믿음을 갖게 하옵소서. 언제나 하나님을 의지할 수 있게 하시고, 믿음을 따라 예비하시는 하나님의 은혜를 경험하는 삶이 되게 하옵소서. 항상 믿음의 고백이 주님께 드려지는 삶이 되게 하시고, 주님이 원하시는 것이라면 아브라함처럼 주저하거나 망설임 없이 주님께 드릴 수 있는 믿음이 되게 하옵소서. 예수 그리스도의 이름으로 기도합니다. 아멘

[신앙생활이 불규칙적인 자] 규칙적인 신앙생활

하나님을 집중하는 삶

· 찬송: 435장, 532장   · 성경: 이사야 55장 6~9절

"너희는 여호와를 만날 만할 때에 찾으라 가까이 계실 때에 그를 부르라 악인은 그의 길을, 불의한 자는 그의 생각을 버리고 여호와께로 돌아오라 그리하면 그가 긍휼히 여기시리라 우리 하나님께로 돌아오라 그가 너를 너그럽게 용서하시리라 이는 내 생각이 너희의 생각과 다르며 내 길은 너희의 길과 다름이니라 여호와의 말씀이니라 이는 하늘이 땅보다 높음 같이 내 길은 너희의 길보다 높으며 내 생각은 너희의 생각보다 높음이니라"

위로와 권면/sermon

대표곡 '난 참 바보처럼 살았군요'로 잘 알려진 김도향 씨는 "항문 조이기"로 유명합니다. 그가 텔레비전에 비추기만 하면 기회를 놓칠세라 이 항문 조이기에 대해서 이야기 합니다. 24시간 틈만 나면 항문 조이는데 집중한다고 합니다. 그가 항문 조이기를 하는 것이 바보처럼 사는 것이 아닌 나름대로 지혜롭게 사는 것인지는 모르겠지만, 어쨌든 항문을 조이는 일에도 목을 걸고 집중하며 사는 사람이 있습니다. 어떤 사람은 하루 종일 검지손가락만 기억한다고 합니다. 정신 건강에 좋다는 것입니다.

그렇다면 우리 예수 믿는 사람들은 무엇에 집중하며 살아야 하는 것입니까? 우리는 항문도 아니고, 검지도 아닙니다. 우리는 '하나님'께 집중하면서 살아야 합니다. 하나님께 집중하면서 그분께 영광 돌리며 살고자 하는 것이 그분의 자녀 된 우리의 본분입니다.

그런데 그것은 결심하고 다짐했다고 해서 하루아침에 되는 것이 아닙니다. 그분을 찾는 꾸준한 노력과 훈련이 뒷받침되어야만 가능한 것입니다. 예컨대 우리가 가정 예배를 드리는 것도 하나님을 찾고 그분께 집중할 수 있는 좋은 방법입니다. 하나님을 경험할 수 있는 가장 좋은 방편이 예배이기 때문입니다.

매일의 생활 속에서 예배가 차지하고 있는 비중이 많으면 많을수록 우리는 그분의 뜻을 보다 더 쉽게 발견할 수 있고, 그분이 기뻐하시는 것들을 좇을 수 있는 신실한 하나님의 자녀가 될 수 있습니다.

오늘 말씀에 이사야 선지자는 "너희는 여호와를 만날 만한 때에 찾으라 가까이 계실 때에 그를 부르라"(6)고 말씀합니다.

이 말씀이 지금 성도(직분)님에게 깊은 깨달음을 주고 도전이 되는 생명의 말씀이 되기를 축복합니다.

축복기도/prayer

사랑의 주님, 저희는 지금 무엇에 집중하며 살고 있는지요? 돈입니까? 명예입니까? 학벌입니까? 권세입니까? 저희로 하여금 하나님을 가까이함이 복임을 깨닫게 하셔서 하나님께 집중하면서 살 수 있게 하옵소서. 하나님을 힘써서 찾을 수 있게 하시고, 힘써서 예배할 수 있는 삶이 되게 하여 주옵소서.

그러므로 매일의 생활 속에서 저희를 향하신 하나님의 뜻을 발견하는 삶이 되게 하시고, 하나님의 인도하심을 따라, 그분이 기뻐하시는 것을 좇는 삶이 되게 하옵소서. 예수 그리스도의 이름으로 기도합니다. 아멘

[천국을 확신하지 못하는 자] 하늘로 맞닿아 있는 종교

천국은 있습니다

· 찬송: 235장, 240장   · 성경: 고린도전서 15장 16~19절

"만일 죽은 자가 다시 살아나는 일이 없으면 그리스도도 다시 살아나신 일이 없었을 터이요 그리스도께서 다시 살아나신 일이 없으면 너희의 믿음도 헛되고 너희가 여전히 죄 가운데 있을 것이요 또한 그리스도 안에서 잠자는 자도 망하였으리니 만일 그리스도 안에서 우리가 바라는 것이 다만 이 세상의 삶뿐이면 모든 사람 가운데 우리가 더욱 불쌍한 자이리라"

위로와 권면/sermon

아주 오래 전입니다만 방송의 날을 맞아 KBS와 영국BBC가 공동 제작한 프로그램이 화제를 모은 적이 있었습니다. 이 프로그램은 위성 네트워크를 통해 세계 각국의 스튜디오를 연결, 세계인이 신에 대해 어떻게 생각하는가에 대해 토론하는 프로그램이었습니다. 토론에 앞서 한국, 미국, 나이지리아, 인도, 레바논, 멕시코, 이스라엘, 러시아, 인도네시아 등 10개 국가의 다양한 종교를 가진 1만 명의 일반인을 대상으로 신에 대한 여론 조사도 실시했습니다.

그 결과 "당신은 신을 믿는가?"라는 질문에 대해 나이지리아인의 98%, 인도인의 97%가 긍정적인 답변을 한 반면, 한국인은 42%만이 '그렇다'고 답해 최하위를 기록했습니다. '신을 위해 죽을 수 있는가?'라는 질문에도 멕시코인의 59%, 인도인의 46%가 '그렇다'고 대답을 했지만 한국인은 12%만이 신을 위해 죽을 수 있다고 대답해 역시 최하위를 기록했습니다. '신이나 전능한 존재가 우리의 생활 방식을 평가한다고 생각하는가?'라는 질문에 대해서도 인도네시아인의 94%, 인도인의 83%, 나이지리아인의 81%, 미국인의 76%가 그렇다고 대답을 했지만 42%만이 그렇다고 대답을 한 영국인에 이어 한국인은 35%로 세 분야에서 최하위 결과가 나왔습니다. 최근에 통계청에서 조사한 바에 의하면 천국 가기 위해서 교회에 다니는 사람이 15%, 마음의 평안이나 안정을 위해서 교회에 다니는 사람이 45%로 나타났습니다.

오늘 우리의 믿음은 어떻습니까? 천국이 있다고 믿고 있습니까? 천국이 실재한다는 것을 믿지 않는다면 우리가 예수를 믿을 필요가 없습니다. 우리가 예수를 믿는 근본적인 이유는 천국을 가기 위해서입니다. 기독교는 이 땅에서 하늘로 맞닿아 있는 종교입니다.
이 땅 위에 살지만 하늘을 바라보며 사는 존재가 예수 믿는 사람들입니다. 따라서 천국에 대한 확신이 없다면 오늘 말씀에 사도바울이 말한 대로 모든 사람 가운데 우리가 더욱 불쌍한 자일 수밖에 없습니다. 성도(직분)님, 천국은 있습니다. 이 믿음이 있기를 주님의 이름으로 축복합니다.

축복기도/prayer
사랑의 주님, 저희가 천국에 대하여 불확실한 믿음을 갖고 있는 것은 아닌지요? 저희에게 천국이 있다는 확신을 허락하여 주옵소서. 저희는 지금 이 땅 위에서 살아가고 있지만 하늘의 진리를 붙들고 천국을 바라보며 사는 존재들임을 잊지 말게 하여 주옵소서. 언제나 천국을 소망하는 삶이 되게 하시고, 이 땅에서도 천국의 기쁨을 누리는 삶이 되게 하여 주옵소서. 예수 그리스도의 이름으로 기도합니다. 아멘

[예배에 항상 지각하는 자] 준비된 예배

하나님이 받으시는 예배

· 찬송: 40장, 315장   · 성경: 창세기 4장 3~7절

"세월이 지난 후에 가인은 땅의 소산으로 제물을 삼아 여호와께 드렸고 아벨은 자기도 양의 첫 새끼와 그 기름으로 드렸더니 여호와께서 아벨과 그의 제물은 받으셨으나 가인과 그의 제물은 받지 아니하신지라 가인이 몹시 분하여 안색이 변하니 여호와께서 가인에게 이르시되 네가 분하여 함은 어찌됨이며 안색이 변함은 어찌됨이냐 네가 선을 행하면 어찌 낯을 들지 못하겠느냐 선을 행하지 아니하면 죄가 문에 엎드려 있느니라"

위로와 권면/sermon

순교자의 신앙으로 우리에게 본이 되시는 분인 주기철 목사님은 오산학교의 교장이었던 조만식 선생님의 제자였습니다. 후에 주기철 목사님이 산정현교회에 부임을 했을 때 조만식 선생님은 그 교회의 장로셨습니다. 어느 주일 예배 시간에 조만식 장로님이 손님 때문에 그만 예배에 늦게 참석을 하게 되었습니다.

그러자 예배 도중에 주기철 목사님이 조만식 장로님을 향해서 큰소리로 책망하셨습니다. "조 장로님, 오늘은 의자에 앉지 마십시오. 뒤에 서서 예배를 드리시기 바랍니다." 그 순간 예배에 참석했던 모든 성도가 긴장했습니다. "젊은 목회자가 연로한 장로에게, 더욱이 개인적으로는 스승인데, 아무리 목사라고 할지라도 어떻게 스승에게 함부로 대할 수 있는가."

그러나 조만식 선생님은 주기철 목사님의 말씀에 순종하여 뒤에 서서 예배를 드렸습니다. 그리고 조만식 장로님이 기도할 차례가 되자 이렇게 기도했습니다. "하나님, 저의 죄를 용서하여 주옵소서. 거룩한 주일에 하나님을 만나는 것보다 사람을 만나는 것을 더 중요하게 여긴 죄를 용서하여 주옵소서. 그리고 장로로서 하나님 앞에 드리는 예배에 본이 되지 못한 것을 용서하여 주옵소서. 그리고 목사님을 잘 보필하지 못하고 마음을 상하게 해 드린 것을 용서하여 주옵소서."

성도(직분)님, 오늘 우리는 어떻습니까? 오늘 말씀에 하나님은 가인의 제사는 받지 않으시고 아벨의 제사만 받으셨습니다. 아벨은 가인과 달리 하나님께 준비된 제사를 드렸기 때문입니다. 우리에게도 아벨처럼 예배를 위해 준비하는 마음이 필요합니다.
예배를 잘 준비하여 마음을 다하여 정성껏 예배를 드릴 때, 하나님께서는 그 예배를 통해 감동을 받으시고, 예배 중에 당신 자신을 경험하게 하시는 은혜를 부어주십니다. 예배에는 반드시 준비가 필요합니다. 준비 없는 예배는 하나님이 받지 않으십니다. 성도(직분)님도 아벨처럼 하나님께 준비된 예배를 드릴 수 있도록 기도하겠습니다.

축복기도/prayer
영과 진리로 예배하기를 원하시는 주님, 저희로 예배를 사랑할 수 있게 하옵소서. 아벨처럼 준비된 예배가 있게 하시고, 온 마음을 다하여 예배드리는 정성이 있게 하여 주옵소서. 예배에 본이 되는 생활을 할 수 있게 하시고, 예배가 중심이 되는 생활을 할 수 있게 하옵소서. 하나님이 감동하시는 예배를 드릴 수 있게 하시고, 예배를 통하여 살아계신 하나님의 임재를 느낄 수 있게 하옵소서. 예수 그리스도의 이름으로 기도합니다. 아멘

[직분에 부담감을 갖는 자] 사명감

부담이 곧 사명이다

· 찬송: 279장, 286장   · 성경: 느헤미야 1장 1~11절

"하가랴의 아들 느헤미야의 말이라 아닥사스다 왕 제이십년 기슬르월에 내가 수산궁에 있는데 내 형제들 가운데 하나인 하나니가 두어 사람과 함께 유다에서 내게 이르렀기로 내가 그 사로잡힘을 면하고 남아 있는 유다와 예루살렘 사람들의 형편을 물은즉 그들이 내게 이르되 사로잡힘을 면하고 남아 있는 자들이 그 지방 거기에서 큰 환난을 당하고 능욕을 받으며 예루살렘 성은 허물어지고 성문들은 불탔다 하는지라 내가 이 말을 듣고 앉아서 울고 수일 동안 슬퍼하며 하늘의 하나님 앞에 금식하며 기도하여 <중략> 주여 구하오니 귀를 기울이사 종의 기도와 주의 이름을 경외하기를 기뻐하는 종들의 기도를 들으시고 오늘 종이 형통하여 이 사람들 앞에서 은혜를 입게 하옵소서 하였나니 그 때에 내가 왕의 술 관원이 되었느니라"

위로와 권면/sermon

성경에서 우리가 본받아야 할 사람 중에 한 사람이 느헤미야입니다. 느헤미야는 제사장도, 선지자도 아닌 평신도 정치인이었습니다. 하나님께서는 모세에게도 나타나셨고, 예레미야에게도 말씀하셨지만, 느헤미야에게는 단 한 번도 직접적으로 나타나신 적이 없습니다. 그는 선지자의 권면도 받은 적이 없습니다. 선지자가 나타나서 "너는 예루살렘 성벽을 52일 만에 다시 쌓으라."고 한 적이 없습니다. 그럼에도 느헤미야는 자신에게 주신 사명이 무엇인지를 알았습니다. 어떻게 알았을까요? 부담감입니다. 원수들에 의하여 훼파된 예루살렘만 생각하면 목이 메이고, 눈물이 줄줄 흘러내리는 그 부담감이 바로 그의 사명이었던 것입니다.

마음 안에 가난한 사람에 대한 부담을 가진 사람이 있습니다. 그 사람과 얘기하다 보면 처음부터 끝까지 불쌍한 사람들에 관한 것뿐입니다. 관심이 온통 노숙자들에게만 쏠려 있습니다. 그것이 사명이라는 것입니다.

어떤 이들은 장애인만 생각하면 눈물이 쏟아집니다. 장애인들을 위해서 기도하자고 하면, 다른 사람들은 그냥 기도하는데 그 사람은 눈물을 흘리면서 통곡합니다. 왜 그렇습니까? 장애인들에 대한 사명이 있기 때문입니다. 어떤 이들은 구원받지 못한 영혼들을 생각하면 눈물이 쏟아집니다. 그들을 위해서 기도하자고 하면 다른 사람들은 그냥 기도하는데 그 사람은 눈물 콧물 흘리면서 기도합니다. 왜 그렇습니까? 영혼 구원에 대한 사명이 있기 때문입니다.

성도(직분)님, 오늘 우리에게는 어떤 부담감이 있습니까? 무엇에 대한 부담감이 있습니까? 그 부담감이 곧 사명임을 잊지 말아야겠습니다.

축복기도/prayer
은혜의 주님, 저희로 하여금 영적인 부담감을 갖게 하옵소서. 예수님을 만나지 못하고 방황하는 사람들을 보면 눈물이 줄줄 흘러내리고, 주님의 몸 된 교회를 생각하면 죽도록 충성하지 못하는 것이 속상한 영적인 부담감이 있게 하여 주시기를 원합니다.
그리하여 저희가 이 땅에서 살아가는 동안 주님의 사람으로서, 주님의 뜻을 온전히 이루는 삶이 되게 하옵소서. 예수 그리스도의 이름으로 기도합니다. 아멘

[허물 들추기를 좋아하는 자] 뜨겁게 사랑함

허물을 덮는 힘

· 찬송: 274장, 595장   · 성경: 베드로전서 4장 8~10절

"무엇보다도 뜨겁게 서로 사랑할지니 사랑은 허다한 죄를 덮느니라 서로 대접하기를 원망 없이 하고 각각 은사를 받은 대로 하나님의 여러 가지 은혜를 맡은 선한 청지기 같이 서로 봉사하라"

위로와 권면/sermon

눈썹이 없는 한 여인이 있었습니다. 이 여인은 눈썹 콤플렉스 때문에 늦게까지 결혼을 못하고 있었습니다.

어느 날 선을 보게 되었는데 여인의 부모는 딸을 시집보내기 위해 화장을 할 때 눈썹을 예쁘게 그려 주고, 눈썹이 없다는 것을 알리지 말라고 당부한 뒤 맞선을 보게 했습니다. 맞선은 아주 잘 이루어져 얼마 후 건실한 연탄장수 청년과 결혼하게 되었습니다.

이 여인은 매일 남편을 도와 연탄을 배달하며 즐거운 신혼을 보냈습니다. 그런데 문제가 있었습니다. 여인은 눈썹이 없다는 것을 감추기 위해 남편이 잠든 후에야 자고, 남편이 깨기 전에 일어나 화장을 하고 눈썹을 그려 넣어야 했던 것입니다.

어느 화창한 가을날, 겨울을 준비하는 집이 늘어나면서 연탄 배달도 많아졌습니다. 남편이 끄는 손수레를 열심히 밀다 보니 아내의 온 몸이 땀에 젖어 있었습니다.

손수레를 곁에 세워 두고 잠시 앉아 쉬었습니다. 남편의 얼굴은 그

나마 나은데, 아내의 얼굴은 땀으로 엉망이 되어 있었습니다.
"여보, 얼굴 좀 봐요, 땀 닦아 줄게!"
남편의 갑작스런 제의에 아내는 화들짝 놀랐습니다. 아내는 극구 사양을 했지만 남편은 막무가내였습니다. '이러다간 눈썹이 없는 것을 들키고 말텐데….' 남편의 성화에 아내는 당황했습니다. 그 순간, 남편이 몸을 돌려 아내의 얼굴에 수건을 갖다 댔습니다. "여보, 고생이 많지?" 당황한 아내는 어찌할 바를 몰랐습니다. 한참 뒤 아내의 눈에는 눈물이 흘러내렸습니다. 남편의 거친 손길은 아내의 눈썹을 건드리지 않으려고 조심스럽게 움직이고 있었던 것입니다.

성도(직분)님, 사랑은 상대의 모든 허물을 덮는 힘이 있습니다. 그래서 오늘 말씀에 베드로 사도는 그리스도인들에게 서로 뜨겁게 사랑할 것을 권면하고 있습니다. 우리는 이 땅을 살아가는 동안 더욱 뜨겁게 사랑하기에 힘써야 합니다. 예수님이 우리의 모든 허물을 십자가의 사랑으로 온전히 덮으신 것처럼 말입니다.

축복기도/prayer
서로 사랑하라 말씀하신 주님, 미움과 증오가 가득한 이 세상을 치유할 수 있는 것은 사랑밖에 없는 줄 믿습니다.
저희로 서로 뜨겁게 사랑하며 살아가게 하옵소서. 사랑하되 상대방의 모든 허물을 덮을 수 있는 사랑이 되게 하시고, 저희를 죽기까지 사랑하신 예수님의 십자가 사랑을 보여 줄 수 있는 사랑이 되게 하옵소서. 주님이 보여 주신 온전한 사랑이 저희에게도 있기를 원합니다. 사랑이라는 이름으로 살아가는 예수님의 사람이 되게 하옵소서. 예수 그리스도의 이름으로 기도합니다. 아멘

[생활이 아름답지 못한 자] 신앙의 향기

그리스도의 향기

· 찬송: 218장, 463장   · 성경: 고린도후서 2장 15~16절

"우리는 구원 받는 자들에게나 망하는 자들에게나 하나님 앞에서 그리스도의 향기니 이 사람에게는 사망으로부터 사망에 이르는 냄새요 저 사람에게는 생명으로부터 생명에 이르는 냄새라 누가 이 일을 감당하리요"

위로와 권면/sermon
오늘 말씀에 사도바울은 하나님의 자녀를 '그리스도의 향기'로 표현하고 있습니다. 하나님의 자녀는 예수님을 믿는 자들에게나 믿지 않는 자들에게나 그리스도의 향기라는 것입니다. 사도바울이 이렇게 말한 의도를 쉽게 파악할 수 있을 것입니다. 이 땅에서 하나님의 자녀로 사는 우리의 삶이 향기로운 삶이 되어야 한다는 것입니다. 썩고 악취가 나는 삶이 아닙니다. 가치 있고 비중 있는 삶을 살아야 한다는 말씀입니다.

그리스도인으로 사는 우리는 탁하고 추한 세상에 맑고 상쾌함을 줄 수 있는 산소 같은 그런 삶을 살아야 합니다. 피곤하고 짜증나는 세상에서 우리 때문에 피곤이 풀리고 살맛 나고, 살고 싶은 세상이 되어야만 합니다.
인위적으로 만들어 낸 향수나 화장품 같은 냄새가 아닙니다. 만들어 낸 향기는 시간이 지나면 없어지거나 오래 맡으면 오히려 머리가 아프거나 구토가 나지만, 주님을 닮아서 나는 향기는 시간이 지나도 없어지지 않습니다. 사람들을 기분 좋게 하고 행복하게 합니다.
이런 향내 나는 삶과 인격을 갖춘 신앙은 하루아침에 되는 것이 아닙니다. 그렇기 때문에 오늘 우리는 그런 신앙의 향기를 갖기 위해서 노력해야 할 것입니다.

성도(직분)님, 지금 우리가 살고 있는 시대는 신앙의 향기를 갖기 위해서 더욱 노력할 때입니다. 왜냐하면 기독교가 세상으로부터 많은 비난을 받고 있기 때문입니다. 심지어 불신자들은 기독교를 '개독교'라고까지 말하기를 주저하지 않습니다.

예수님이 개고, 개들이 믿는 종교라는 뜻이지요. 얼마나 안타까운 일입니까? 그러므로 우리는 그 어느 때보다도 그리스도인다운 멋진 향기, 누구라도 우리와 함께하고 싶어 하는 그런 향기, 예수 그리스도의 향기가 있는 신앙의 사람이 되도록 힘써야겠습니다.

축복기도/prayer
사랑의 주님, 사도바울이 하나님의 자녀를 그리스도의 향기로 표현하고 있습니다. 예수님을 믿는 자들에게나 믿지 않는 자들에게나 저희가 그리스도의 향기라는 것입니다.
향기를 내는 삶이 되어야 한다는 것입니다. 저희가 신앙의 향기를 내기 위해서 노력하게 하시고, 주님을 닮아가는 데 온 힘을 쏟게 하옵소서. 모든 사람들에게 예수 그리스도의 향기를 품은 사람으로 기억될 수 있게 하옵소서. 예수 그리스도의 이름으로 기도합니다. 아멘

[행함이 없는 믿음을 가진 자] 축복의 인생

억지로라도 해보라

· 찬송: 452장, 457장   · 성경: 골로새서 3장 12~15절

"그러므로 너희는 하나님이 택하사 거룩하고 사랑 받는 자처럼 긍휼과 자비와 겸손과 온유와 오래 참음을 옷 입고 누가 누구에게 불만이 있거든 서로 용납하여 피차 용서하되 주께서 너희를 용서하신 것 같이 너희도 그리하고 이 모든 것 위에 사랑을 더하라 이는 온전하게 매는 띠니라 그리스도의 평강이 너희 마음을 주장하게 하라 너희는 평강을 위하여 한 몸으로 부르심을 받았나니 너희는 또한 감사하는 자가 되라"

위로와 권면/sermon

「C. S. 루이스」가 지은 '순전한 기독교'를 보면 그는 그리스도인들에게 '가장하라'고 말합니다. 어떤 뜻인가 하면 '그런 척 하면 그렇게 된다.'는 것입니다. 실제의 삶은 의인이 아니지만, 의인이라고 믿고 의인인 척 하고 살면 나중에 의인 같은 행동의 사람이 된다는 것입니다. 교만한 사람이지만, 겸손한 듯 행동하고 오래 참음으로 행동하다보면 나중에는 진짜 겸손한 사람이 된다는 것입니다. 그래서 오늘 말씀에 사도바울은 이 같은 과정을 '옷 입으라'고 표현합니다.

자포자기한 사람은 대충 옷을 입고 다닙니다. 얼룩이 묻어도 닦아내지 않습니다. 먼지가 묻어도 털지 않습니다. 그냥 되는 대로 입는 것입니다. 신앙도 역시 마찬가지입니다. 자포자기한 사람은 대충 믿습니다. 적당히 믿습니다. 열심을 내려고 하지 않습니다. 자기 신앙에 악영향을 끼치는 것이 있어도 신경 쓰지 않습니다.

그래서 사도바울이 권면한 것이 억지로라도 옷을 입어 보라는 것입니다. 억지로라도 남의 발을 씻겨 보고, 억지로라도 겸손해져 보고, 억지로라도 긍휼을 베풀어 보고, 억지로라도 참아 보고, 억지로라도 용서해 보고, 억지로라도 기도해 보고, 억지로라도 사랑해 보고, 억지로라도 전도해 보고, 억지로라도 봉사해 보라는 것입니다. 그러면 나중에 진짜 겸손의 사람, 온유의 사람, 용서의 사람, 사랑의 사람, 기도의 사람, 전도의 사람, 봉사의 사람이 된다는 것입니다.

성도(직분)님, 주님이 기뻐하는 것이라면 억지로라도 흉내내 봅시다. 귀찮고 하기 싫어도 억지로라도 해봅시다.
그리하면 성령의 인도함을 받는 축복의 인생이 될 수 있습니다. 하나님께 귀하게 쓰임받는 보배로운 사람이 될 수 있습니다.

축복기도/prayer
지금도 저희를 위하여 열심을 내시는 주님, 억지로라도 옷을 입어 보라는 사도바울의 권면을 마음에 새기게 하옵소서.
억지로라도 용서해 보고, 억지로라도 사랑해 보고, 억지로라도 기도해 보고, 억지로라도 봉사해 보고, 억지로라도 전도해 보게 하옵소서. 억지로라도 겸손해 보고, 억지로라도 섬겨 보게 하옵소서.
그리하여 성령의 인도함을 받는 축복의 인생을 살아갈 수 있게 하옵소서. 주님이 쓰시는 보배로운 사람이 되게 하옵소서. 예수 그리스도의 이름으로 기도합니다. 아멘

[교회에 관심과 사랑이 없는 자] 신자의 기쁨

교회를 사랑하는 자

· 찬송: 210장, 380장   · 성경: 시편 122편 1~9절

"사람이 내게 말하기를 여호와의 집에 올라가자 할 때에 내가 기뻐하였도다 예루살렘아 우리 발이 네 성문 안에 섰도다 예루살렘아 너는 잘 짜여진 성읍과 같이 건설되었도다 지파들 곧 여호와의 지파들이 여호와의 이름에 감사하려고 이스라엘의 전례대로 그리로 올라가는도다 거기에 심판의 보좌를 두셨으니 곧 다윗의 집 보좌로다 예루살렘을 위하여 평안을 구하라 예루살렘을 사랑하는 자는 형통하리로다<중략> 여호와 우리 하나님의 집을 위하여 내가 너를 위하여 복을 구하리로다"

위로와 권면/sermon

성도의 특징은 교회를 사랑한다는 데 있습니다. 특별히 어느 누구를 콕 찍어서 말씀드리지 않아도 어떤 시대든지 신실한 성도의 특징은 교회를 사랑한다는 것입니다. 믿음이 좋은지 그렇지 않은지를 알려면, 교회를 얼마나 사랑하고 관심을 갖는가를 봐도 알 수 있습니다. 신앙이 좋은지 그렇지 않은지에 대한 평가 기준은 매우 다양합니다. 그런데 가장 확실한 것은 교회에 대한 관심을 보면 그 사람의 신앙을 알 수 있습니다.

신앙이 없었던 사람이 신앙을 갖게 되면 제일 먼저 나타나는 현상이 교회에 관심을 갖고 교회를 사랑한다는 것입니다. 봉사할 것을 찾아보기도 하고, 예배시간에 빠지지 않으려고 합니다. 이것은 어느 누구든 신앙의 정도에 따라 나타나는, 동일한 현상입니다.

오늘 말씀을 보면 바로 그런 모습이 잘 나타나 있습니다. '성전에 올라가는 노래'라는 표제가 붙은 시편이 120편에서 134편까지인데 시편 122편은 그 중에서 세 번째 노래입니다. 오늘 시편의 말씀에 보면 신자의 기쁨과 감격은, 성전으로 올라가서 성전 안으로 들어가는 것이라고 했습니다.

신자에게 있어서 복은 하나님의 집을 위해서 기도하고 하나님의 집을 사랑하는 것이라는 사실을, 본 시(詩)는 우리에게 분명하게 가르쳐 주고 있습니다. 화려하고 멋진 집을 지어놓고, 산해진미의 음식을 먹으며, 잘 자고, 잘 쉴 수 있는, 그런 집에서 사는 것이 복이 아니라, 교회를 바라보고 교회를 향하여 올라가는 것이 복이요, 기쁨이라는 사실입니다. 그래서 시편기자는 "주의 궁정 안에 한 날이 다른 곳에서의 천 날보다 낫다"(시 84:10)고까지 표현했습니다.

성도(직분)님, 칼빈 선생은 '하나님을 아버지로 부르는 자는 교회를 어머니처럼 사랑하게 되어 있다.'고 했습니다. 성도(직분)님도 교회 대한 관심과 사랑이 흘러넘치는 사람이 되기를 주님의 이름으로 축복합니다.

축복기도/prayer

교회를 세우신 주님, 저희로 주님의 몸 된 교회를 사랑하게 하여 주옵소서. 잠깐 예배만 드리고 사라지는 모습이 아니라, 교회에 관심을 갖고 섬길 수 있는 사랑이 있게 하여 주옵소서.

봉사할 것을 찾아보기도 하고, 섬길 수 있는 일들을 찾아서 할 수 있는 신앙의 사람이 되게 하여 주옵소서. 주님의 몸 된 교회를 내 몸같이 사랑하는 것이 주님을 사랑하는 것임을 잊지 말게 하여 주옵소서. 예수 그리스도의 이름으로 기도합니다. 아멘

[소문이 아름답지 못한 자] 복 있는 사람

아름다운 별명

· 찬송: 411장, 427장   · 성경: 사도행전 4장 36~37절

"구브로에서 난 레위족 사람이 있으니 이름은 요셉이라 사도들이 일컬어 바나바라(번역하면 위로의 아들이라)하니 그가 밭이 있으매 팔아 그 값을 가지고 사도들의 발 앞에 두니라"

위로와 권면/sermon
한국 기독교 120년 사에 한국교회를 대표할 수 있는 사람 중의 한 분으로 故 한경직 목사님을 들 수 있습니다. 실향민들을 중심으로 한 영락교회를 개척하여 오늘날 5만 명이나 되는 대형교회로 성장을 시켰고, 설교를 통하여 수많은 영혼들이 구원을 받게 한 설교자로도 유명한 분입니다.
1992년 그의 나이 90세 되던 때에는 종교분야의 노벨상으로 알려진 템플턴상 수상자로 선정되기도 하였습니다.

故 한경직 목사님은 목회 일선에서 은퇴한 후에도 아름다웠습니다. 좋은 환경과 좋은 거처를 마다하고 남한산성 영락여자신학원 소유의 보잘것없는 18평짜리 단층집을 그의 거처로 삼았습니다.
한경직 목사님은 그 집에서 한평생 자기 재산 없이 살아온 욕심 없는 그의 일생을 98세로 마감했습니다. 그의 죽은 이후에 성도들은 그의 이름 앞에 '빈손의 성자'라는 별명을 붙여 주었습니다.

오늘 말씀에 구브로에서 태어나 예루살렘 교회에 출석하는 요셉이라는 사람이 있었습니다. 이 사람은 베드로 사도를 비롯한 많은 제자들로부터 '바나바'란 별명을 들었습니다.

오늘 말씀에 나오듯이 바나바란 '위로의 아들'이란 뜻입니다. 요셉이 다른 성도들을 위로하고, 격려하고, 도와주고, 힘을 북돋아 주는 일을 너무 잘하였기 때문에, 사도들이 그를 높이고 칭찬하여 바나바, 즉 '위로의 아들'이란 별명을 붙여 주었던 것입니다. 이처럼 위대한 삶을 살았던 사람들 이름 앞에는 그들의 삶을 보여 줄 수 있는 아름다운 별명들이 있습니다.

성도(직분)님, 오늘 우리도 바나바처럼 아름다운 별명을 듣는 신앙생활을 한다면 주님께서 얼마나 기뻐하실까요? 예수 잘 믿는 것을 드러낼 수 있는 별명이 있다는 것은 엄청난 영광이요 축복입니다. 부디 성도(직분)님은 아름다운 별명을 가진 복 있는 신앙생활을 하셔서 많은 사람들에게 기쁨과 행복을 주고, 하늘에서 해같이 빛나는 주님의 사람이 되시기를 주님의 이름으로 축복합니다.

축복기도/prayer

사랑의 주님, 위대한 삶을 살았던 사람들의 이름 앞에는 그들의 삶을 보여 주는 아름다운 별명이 있다는 것을 기억하여 저희도 아름다운 별명이 있는 삶이 되게 하여 주옵소서.

예수님을 잘 믿는 것을 드러낼 수 있는 별명이 있게 하시고, 예수님을 닮아가는 것을 보여 줄 수 있는 별명이 있게 하여 주옵소서. 저희의 이름 앞에 붙여진 별명으로 주님의 마음도 기쁘게 해드릴 수 있는 삶이 되게 하여 주옵소서. 예수 그리스도의 이름으로 기도합니다. 아멘

[열심이 없는 자] 열정적인 삶

열심을 품고

· 찬송: 595장, 436장   · 성경: 로마서 12장 9~13절

"사랑에는 거짓이 없나니 악을 미워하고 선에 속하라 형제를 사랑하여 서로 우애하고 존경하기를 서로 먼저 하며 부지런하여 게으르지 말고 열심을 품고 주를 섬기라 소망 중에 즐거워하며 환난 중에 참으며 기도에 항상 힘쓰며 성도들의 쓸 것을 공급하며 손 대접하기를 힘쓰라"

위로와 권면/sermon

'킹덤 오브 헤븐'이라는 영화가 있는데 끝나는 부분을 보면 이슬람 군사들과 기독교 군사들이 전쟁을 하는 모습이 나옵니다. 이슬람 군사들은 성 밖에 있었지만 그 수가 엄청나게 많았습니다.
기독교 군사들은 성 안에 갇혀 있을 뿐이었습니다. 그나마 정예 군대는 나가서 전부 패하고, 성 안에는 몇몇 군사들과 노예, 노인과 여자, 성직자들밖에 없었습니다.
하지만 수많은 이슬람 군사가 성을 점령했느냐 하면 그렇지 않았습니다. 성벽 약한 곳이 무너졌는데도 불구하고 점령을 하지 못합니다. 왜냐하면 성 안의 기독교 군사들은 자신의 약한 부분을 알고 철저히 준비했기 때문입니다.
이렇듯 밖으로 보이는 적은 얼마든지 준비할 수 있습니다. 막을 수 있습니다. 하지만 안에 있는 적은 그렇지를 못합니다. 안에서 무너지는 것은 막을 도리가 없는 것입니다.
그러면 우리 안에서 우리를 무너뜨리는 적은 무엇일까요? 사도바울은 오늘 말씀에서 그것을 '게으름'이라고 말하고 있습니다. 게으름은 여간 깨어 있지 않으면 발견할 수가 없습니다. 깊숙이 빠진 다음에야 알아차리게 되고, 그렇게 되면 이미 늦은 것입니다. 우리가 신앙생활 하는데 있어서 가장 큰 적은 바로 내 안에 있는 게으름, 안일함, 나태함, 무기력입니다. 이것은 마귀가 기뻐하는 것이기도 하고요.

그러면 게으름을 이기고 신앙생활에서 승리하는 비결은 무엇일까요? 바울의 말에 그 답이 나와 있는데 '부지런하라'는 것입니다. 또 '열심을 품으라'는 것입니다. 그러므로 게으름을 이기고 승리하는 신앙생활의 비결은 부지런해지는 것밖에는 없습니다. 열심을 품고 주님을 섬기는 것입니다.
예배 생활도 열심히 하고, 기도 생활도 열심히 하고, 봉사 생활도 열심히 하는 것입니다. 주님이 기뻐하시는 것이라면 뒤로 숨지 않고 선봉에 서는 것입니다. 한마디로 신앙의 열정을 품는 것입니다.
「조지 휫필드」는 '녹슬어 없어지는 삶을 살기보다는 닳아서 없어지는 삶을 살겠다.'고 했습니다. 한마디로 열정적으로 살겠다는 것입니다. 성도(직분)님도 이런 열정이 있기를 주님의 이름으로 축복합니다.

축복기도/prayer
지금도 열심을 내시는 주님, 영적 성장을 방해하는 가장 큰 적이 게으름임을 잊지 말게 하여 주옵소서. 열심을 품고 주님을 섬길 수 있게 하시고, 주님을 위한 일이라면 찾아서 할 수 있는 믿음이 되게 하여 주옵소서. 그리하여 주님을 감동시키는 것은 물론, 칭찬 듣고 영적 성장을 이루는 삶이 되게 하여 주옵소서. 예수 그리스도의 이름으로 기도합니다. 아멘

[자기 분수를 모르는 자] 주어진 역할

필요한 자리에 있는 것

· 찬송: 452장, 426장   · 성경: 사사기 9장 7~15절

"사람들이 요담에게 그 일을 알리매 요담이 그리심 산 꼭대기로 가서 서서 그의 목소리를 높여 그들에게 외쳐 이르되 세겜 사람들아 내 말을 들으라 그리하여야 하나님이 너희의 말을 들으시리라 하루는 나무들이 나가서 기름을 부어 자신들 위에 왕으로 삼으려 하여 감람나무에게 이르되 너는 우리 위에 왕이 되라 하매 감람나무가 그들에게 이르되 내게 있는 나의 기름은 하나님과 사람을 영화롭게 하나니 내가 어찌 그것을 버리고 가서 나무들 위에 우쭐대리요 한지라 나무들이 또 무화과나무에게 이르되 너는 와서 우리 위에 왕이 되라 하매 무화과나무가 그들에게 이르되 나의 단 것과 나의 아름다운 열매를 내가 어찌 버리고 가서 나무들 위에 우쭐대리요 한지라<후략>"

위로와 권면/sermon

기드온이 죽자, 그가 첩에게서 얻은 아들 아비멜렉이 70명의 자기 형제들을 죽이고 스스로 왕이 되었습니다. 형제들이 모두 죽임을 당할 때 가까스로 몸을 피해 살아남은 막내 요담은 그리심 산 꼭대기에 올라가, 아무런 자격도 없는 아비멜렉이 스스로 왕이 된 것을 비꼬며 큰 소리로 외친 내용이 오늘 말씀입니다.

그 내용은 다음과 같습니다. 하루는 나무들이 기름을 부어 자기들의 왕을 세우려고 길을 나섰습니다. 나무들은 감람나무를 자기들 위에 왕으로 세우려 했으나, 감람나무는 하나님과 사람을 영화롭게 하는 기름을 내는 일을 그만둘 수 없다며 거절합니다. 그리하여 무화과나무를 찾아갔으나 무화과나무 역시 달고 아름다운 열매 맺기를 포기할 수 없다고 합니다. 또한 포도나무도 하나님과 사람을 즐겁게 하는 포도주를 내는 일이 소중하다며 왕이 되기를 사양합니다. 그래서 가시나무에게 왕이 되어 달라고 청하자, 가시나무는 거드름을 피우며 그렇다면 자기 그늘 밑에 와서 숨으라고 말합니다.
그러나 가시나무에게 무슨 그늘이 있어 그 덕을 보겠습니까? 가시나무가 왕이 되어 그늘을 드리우겠다고 하는 것만큼 슬프고 고통스러운 착각이 어디 있습니까? 반면 감람나무와 무화과나무와 포도나무가 왕이 되기를 거절하는 이유는 얼마나 아름답습니까? 이는 모두 자신의 역할이 무엇인지, 자기가 하고 있는 일들이 얼마나 가치 있는지를 깨닫고, 남을 다스리기보다는 자신에게 주어진 역할을 기쁨으로 수행하겠다는 것입니다.

성도(직분)님, 높은 자리보다 필요한 자리에 있기를 원하는 건강한 나무들에 의해 숲의 아름다움이 지켜지듯이, 기쁨과 보람으로 자신의 역할을 감당하는 사람들에 의해 가정과 교회, 사회의 아름다움이 지켜지는 것입니다. 성도(직분)님은 필요한 자리에서 주변을 아름답게 하는 신앙의 사람이 되시기를 주님의 이름으로 축복합니다.

축복기도/prayer
사랑의 주님, 저희로 하여금 주어진 역할을 기쁨으로 할 수 있는 자리에 있게 하소서. 남을 다스리는 자리보다 섬기는 자리에 있게 하시고, 높은 자리보다 필요한 자리에 있기를 원하는 모습이 되게 하옵소서.
그리하여 가정과 교회와 사회를 아름답게 세워가는 주님의 사람으로 쓰임 받을 수 있게 하옵소서. 예수 그리스도의 이름으로 기도합니다. 아멘

[신앙고백이 메마른 자] 아름다운 삶

내 잔이 넘치나이다

· 찬송: 304장, 314장   · 성경: 시편 23편 1~6절

"여호와는 나의 목자시니 내게 부족함이 없으리로다 그가 나를 푸른 풀밭에 누이시며 쉴 만한 물 가로 인도하시는도다 내 영혼을 소생시키시고 자기 이름을 위하여 의의 길로 인도하시는도다 내가 사망의 음침한 골짜기로 다닐지라도 해를 두려워하지 않을 것은 주께서 나와 함께 하심이라 주의 지팡이와 막대기가 나를 안위하시나이다 주께서 내 원수의 목전에서 내게 상을 차려 주시고 기름을 내 머리에 부으셨으니 내 잔이 넘치나이다 내 평생에 선하심과 인자하심이 반드시 나를 따르리니 내가 여호와의 집에 영원히 살리로다"

위로와 권면/sermon

성경에는 당신의 사랑하는 백성들을 위한 하나님의 넘치는 약속으로 가득 차 있습니다. 넘친다는 말은 '풍족함', '흘러넘침', '만족함' 남는 것을 의미합니다. 그런데 오늘 말씀에 다윗이 인생황혼기에 하나님을 향하여 "내 잔이 넘치나이다"(5절)라고 고백하고 있습니다. 그가 자신의 인생을 돌아보면 결코 평탄한 삶이 아니었음에도 불구하고 그는 말년에 지난날을 회고하면서 "내 잔이 넘치나이다"라고 고백하고 있습니다.

우리들도 가끔씩 지난날을 회상할 때가 있습니다. 그때 우리는 하나님을 향하여 어떤 고백을 올릴 수 있겠습니까? 돌이켜보면 우리의 삶도 결코 평탄한 삶이 아닐 수 있을 것입니다. 그럼에도 불구하고 하나님이 나의 목자가 되어주셨기 때문에 "내 잔이 넘치는 삶을 살았노라"라고 고백하였던 다윗처럼 우리도 그와 같은 고백할 수 있다면 그보다 더 아름다운 신앙고백은 없을 것이라고 봅니다.

또한 다윗은 주님의 전에 거하는 것이 소원이었습니다.

그래서 "내가 여호와의 집에 영원히 살리로다"라며 자신의 고백을 마무리 짓고 있습니다. 언제나 주님의 전을 기억하고 그 전에 거할 수 있다는 것, 그 전에서 하나님의 성호를 찬양하고 예배하며 기도할 수 있다는 것, 이것이 신자의 아름다운 삶입니다.

또한 어떤 사람은 주님의 전이 가까이 있음에도 불구하고 본체만체하는데, 주님의 전에 거하는 것을 소원하면서 인생을 정리해 갈 수 있다는 것이 얼마나 아름다운 삶입니까? 하나님의 백성으로서 가장 복된 인생을 사는 것입니다. 이런 삶을 사는 것이 바로 다윗이 고백한 대로 내 잔이 넘치는 삶입니다.

오늘 성도(직분)님도 하나님께 '내 잔이 항상 넘치는 삶이었다'는 아름다운 신앙고백을 드릴 수 있는 삶이 되시기를 주님의 이름으로 축복합니다.

축복기도/prayer

넘치게 하시는 하나님, 우리는 지금 하나님을 향하여 어떤 고백을 드릴 수 있을지 생각에 잠깁니다. 결코 평탄하지 않은 삶이었지만 하나님께 올리는 감사의 고백만큼은 흘러넘쳤던 다윗을 보며, 저희의 얄팍한 믿음이 참으로 부끄럽다는 생각을 갖습니다. 저희도 환경을 초월하여 다윗과 같이 넘치는 감사의 고백을 주님께 드릴 수 있는 인생이 되게 하여 주옵소서. 주님이 더욱 사랑하실 수밖에 없는 이유들이 저희에게 있게 하여 주옵소서. 예수 그리스도의 이름으로 기도합니다. 아멘

[이웃과 화평하지 못한 자] 하나님의 본질

두 가지 큰 계명

· 찬송: 218장, 213장　　· 성경: 마가복음 12장 28~31절

"서기관 중 한 사람이 그들이 변론하는 것을 듣고 예수께서 잘 대답하신 줄을 알고 나아와 묻되 모든 계명 중에 첫째가 무엇이니이까 예수께서 대답하시되 첫째는 이것이니 이스라엘아 들으라 주 곧 우리 하나님은 유일한 주시라 네 마음을 다하고 목숨을 다하고 뜻을 다하고 힘을 다하여 주 너의 하나님을 사랑하라 하신 것이요 둘째는 이것이니 네 이웃을 네 자신과 같이 사랑하라 하신 것이라 이보다 큰 계명이 없느니라"

위로와 권면/sermon

성경에는 하나님께서 하라고 하신 말씀들이 많이 있습니다. 또 하나님께서 하지 말라고 하신 말씀들도 많이 있습니다. 예수님께서는 그 많은 계명을 두 가지 계명으로 명확하게 정리해 주셨습니다. 첫째는 하나님을 사랑하는 것이고 둘째는 이웃을 사랑하는 것입니다. 그런데 중요한 것은, 예수님께서 그 많은 계명을 두 가지로 줄여 주셨음에도 정작 이 두 가지밖에 안 되는 계명조차 우리의 힘으로 지켜내기 어렵다는 것입니다.

예수 믿는 사람이라면 누구든지 마음을 다하고 목숨을 다하고 뜻을 다하고 힘을 다하여 하나님을 사랑하고 싶어 합니다. 이웃을 나 자신과 같이 사랑하고 싶어 합니다. 그런데 그것이 잘되지 않습니다. 왜 그럴까요? 이유가 무엇일까요? 불가능한 것일까요? 그렇지 않습니다. 예수님께서는 불가능한 것을 하라고 시키시는 분이 아니십니다. 그렇다면 가능한 이 일을 왜 우리는 실현하지 못하는 것일까요? 내 것으로 하려고 하기 때문입니다. 다시 생각해야 합니다.

우리 안에는 온전한 사랑이 없습니다. 그래서 내가 가지고 있는 것으로만 하려고 하면 잘 되지 않습니다.

그러므로 예수님의 보혈의 능력을 구해야만 하는 것입니다. 십자가의 사랑을 말입니다. 그분의 보혈의 능력이 내 안에 부어지면 성품이 바뀌게 되고, 내 안의 모든 사랑의 질이 바뀌어 버립니다. 사랑할 수 없는 사람도 사랑하게 됩니다. 예수님의 보혈 안에 하나님의 본질의 사랑이 담겨 있기 때문입니다.

성도(직분)님, 우리를 사랑하신 하나님의 사랑을 본받아 우리도 사랑하면서 살아야 하지 않겠습니까? 사랑하며 살기 위하여 예수님의 보혈의 능력을 구하는 성도(직분)님이 되시기를 주님의 이름으로 축복합니다.

축복기도/prayer

사랑의 주님, 저희가 주님의 가장 큰 계명을 알면서도 제대로 실천하는 삶을 살지 못했음을 솔직히 고백합니다. 사랑하기보다는 미워하기에 익숙해 있었습니다. 품어주기보다는 비방하기에 급급했습니다. 용서하여 주옵소서.

주님의 큰 계명을 지키기로 다시 한 번 다짐하오니, 이 결심이 변하지 않도록 저희의 중심을 잡아 주시옵소서. 계명을 지키기가 힘들 때마다 주님의 십자가를 바라보며 보혈의 능력을 구할 수 있게 하여 주옵소서. 십자가의 사랑을 구할 수 있게 하여 주옵소서. 예수 그리스도의 이름으로 기도합니다. 아멘

[영적으로 깨어있지 못한 자] 깨어있는 신앙

마귀가 노리고 있다

· 찬송: 350장, 348장   · 성경: 창세기 3장 1~21절

"그런데 뱀은 여호와 하나님이 지으신 들짐승 중에 가장 간교하니라 뱀이 여자에게 물어 이르되 하나님이 참으로 너희에게 동산 모든 나무의 열매를 먹지 말라 하시더냐 여자가 뱀에게 말하되 동산 나무의 열매를 우리가 먹을 수 있으나 동산 중앙에 있는 나무의 열매는 하나님의 말씀에 너희는 먹지도 말고 만지지도 말라 너희가 죽을까 하노라 하셨느니라 뱀이 여자에게 이르되 너희가 결코 죽지 아니하리라 너희가 그것을 먹는 날에는 너희 눈이 밝아져 하나님과 같이 되어 선악을 알 줄 하나님이 아심이니라 여자가 그 나무를 본즉 먹음직도 하고 보암직도 하고 지혜롭게 할 만큼 탐스럽기도 한 나무인지라 여자가 그 열매를 따먹고 자기와 함께 있는 남편에게도 주매 그도 먹은지라<후략>"

위로와 권면/sermon

하나님이 천지를 창조하시고 사람에게 복을 준 이래 그 복을 깨뜨리려 수없이 노력하는 악한 자가 있으니 그가 바로 마귀이고 그 영향을 받는 사람들입니다.

오늘 말씀에 보면 에덴동산에서 잘 살고 있었던 하와를 마귀가 속이고 유혹하는 것을 볼 수 있습니다. 마귀는 하와에게 선악과를 먹으면 하나님처럼 된다고 속입니다.
선악과란 말 그대로 선악을 알게 하는 과일이었습니다. 그걸 먹는다고 하나님처럼 되는 것이 아닙니다. 그런데 마귀는 '그것을 먹으면 하나님처럼 된다.'는 것입니다. 그래서 하와가 먹었습니다. 그런데 하와가 하나님처럼 되었습니까?
아니지요. 저주를 받고 에덴동산에서 쫓겨나고 말았습니다. 한마디로 하나님처럼 되려고 하다가 신세 망친 것입니다.

이렇게 마귀의 유혹은 언제나 달콤합니다. 기가 막힌 소리로 들립니다. 귀에 쏙쏙 들어옵니다. 그래서 잘 속습니다. '속지 말아야지, 속으면 안 된다.'하다가도 언제나 속습니다. 잠언서 5장 3절은 "대저 음녀의 입술은 꿀을 떨어뜨리며 그 입은 기름보다 미끄러우나"라고 경고합니다.
우리를 속이는 말은 언제나 기름같이 매끄럽고 꿀처럼 달콤합니다. 사기꾼들의 말을 들어보십시오. 얼마나 달콤합니까? '속지 말아야지' 하면서도 그 말에 현혹되어 신세 망친 사람들이 한두 사람이 아닙니다.

성도(직분)님, 마귀는 지금도 두 눈에 불을 밝히고 삼킬 자를 찾아다니고 있습니다. 하와같이 마귀의 유혹에 걸려들지 않기 위하여 항상 깨어 있는 신앙생활을 해야만 할 것입니다.

축복기도/prayer
능력의 주님, 저희로 마귀의 정체를 바로 알게 하셔서 마귀의 달콤한 유혹에 넘어가지 않는 사람이 되게 하옵소서. 속지 말아야지 하면서도 속을 수밖에 없는 것이 마귀의 달콤한 유혹임을 잊지 말게 하셔서, 마귀의 계략을 능히 대적하기 위하여 항상 깨어있게 하시고 성령 충만을 구하는 삶이 되게 하여 주옵소서. 예수 그리스도의 이름으로 기도합니다. 아멘

[예수 믿는 보람을 못 느끼는 자] 거룩한 산 제물

예수 믿는 보람을 느끼는가?

· 찬송: 327장, 524장 　　· 성경: 로마서 12장 1~2절

"그러므로 형제들아 내가 하나님의 모든 자비하심으로 너희를 권하노니 너희 몸을 하나님이 기뻐하시는 거룩한 산 제물로 드리라 이는 너희가 드릴 영적 예배니라 너희는 이 세대를 본받지 말고 오직 마음을 새롭게 함으로 변화를 받아 하나님의 선하시고 기뻐하시고 온전하신 뜻이 무엇인지 분별하도록 하라"

위로와 권면/sermon

오늘 우리는 어떻게 해야만 예수님을 믿는 보람을 느끼면서 신앙생활을 할 수 있을까요? 그것은 몸과 마음과 전 인격을 드려서 예수님을 믿어야만 합니다. 마음으로만 믿는다고 말하는 사람들이 있습니다. 마음으로만 믿을 수 있습니다. 그러나 마음으로만 믿는 사람들은 예수 믿는 보람을 느낄 수 없습니다.

힘들게 봉사도 해 보면서 기쁨도 찾아 보고, 힘겹게 헌금해 보면서 물질의 축복을 받아 보고 해야만 예수 믿는 보람을 느낄 수 있습니다. 힘들게 예수를 믿으면, 힘든 것만큼 보람을 느낄 수 있습니다. 밤잠을 자지 않고 기도해 보고, 새벽기도도 해 보고, 전도를 위해서 땀을 흘려 보아야 예수 믿는 보람을 느낄 수 있습니다. 귀족처럼 대우받는 신앙생활을 하면 아무런 보람을 느낄 수가 없는 것입니다.

예배에 충실하게 참석하기보다는 자기 기분대로, 형편대로 참석하면 구원을 받은 하나님의 자녀이면서도 예수 믿는 보람은 느낄 수가 없는 것입니다. 학생이 공부하기 싫다고 학교를 다니다 말다 하면 공부하는 보람을 느낄 수가 있겠습니까?

신앙생활이란 것도 마찬가지입니다. 예수 좀 어렵게 믿어야 보람을 느낄 수 있는 것입니다. 예수님의 이름으로 가난한 이웃을 돌아보기도 하고, 주님을 위하여 땀 흘려 수고도 하면 예수 믿는 보람을 느낄 수 있는 것입니다. 세상일도 시련과 아픔이 없으면 보람이 없는 것처럼, 예수 믿는 것도 힘들게, 아픔도 겪으면서 믿을 때에 큰 보람을 찾을 수 있습니다.

성도(직분)님, 오늘 말씀에 사도바울이 말한 대로, 내 삶을 하나님께 거룩한 산 제물로 온전히 드리는 신앙생활을 해 보세요. 확실히 예수 믿는 보람을 느낄 수 있습니다. 확실히 구원의 감격을 누리는 신앙생활을 할 수 있습니다.

축복기도/prayer
은혜의 주님, 구원받은 하나님의 자녀이면서도 예수님을 믿는 보람을 느끼지 못한다면 얼마나 안타까운 일이겠습니까?
저희가 예수 믿는 보람을 느끼게 하옵소서. 열심을 다하여 예배에 참석하게 하시고, 열심을 다하여 봉사하게 하옵소서. 열심을 다하여 기도하게 하시고, 열심을 다하여 주님을 기쁘시게 하는 삶을 살게 하옵소서. 저희의 삶을 거룩한 산 제물로 드리기에 힘쓰는 신앙이 되게 하옵소서. 구원의 감격을 누리는 신앙이 되게 하여 주옵소서. 예수 그리스도의 이름으로 기도합니다. 아멘

[주님에 대한 사랑이 식어진 자] 사랑의 확증

나를 더 사랑하느냐

· 찬송: 314장, 542장　　· 성경: 요한복음 21장 15~18절

"그들이 조반 먹은 후에 예수께서 시몬 베드로에게 이르시되 요한의 아들 시몬아 네가 이 사람들보다 나를 더 사랑하느냐 하시니 이르되 주님 그러하나이다 내가 주님을 사랑하는 줄 주님께서 아시나이다 이르시되 내 어린 양을 먹이라 하시고 또 두 번째 이르시되 요한의 아들 시몬아 네가 나를 사랑하느냐 하시니 이르되 주님 그러하나이다 내가 주님을 사랑하는 줄 주님께서 아시나이다 이르시되 내 양을 치라 하시고 세 번째 이르시되 요한의 아들 시몬아 네가 나를 사랑하느냐 하시니 주께서 세 번째 네가 나를 사랑하느냐 하시므로 베드로가 근심하여 이르되 주님 모든 것을 아시오매 내가 주님을 사랑하는 줄을 주님께서 아시나이다 예수께서 이르시되 내 양을 먹이라"

위로와 권면/sermon

오늘 말씀에 의하면 예수님은 당신을 세 번이나 모른다고 부인했던 베드로를 찾아오셔서 "네가 이 사람들보다 나를 더 사랑하느냐?"고 물으셨습니다. 그것도 한 번이 아닌 세 번이나 반복해서 물으셨습니다. 이때 베드로는 "내가 주님을 사랑합니다.", "내가 주를 사랑하는 줄 주께서 아시나이다."라고 대답했습니다.

부활하신 우리 주님께서 얼마나 듣고 싶어 하셨던 대답이셨을까요? 그가 비록 고난의 자리에까지 주님과 함께 나아갈 수 있는 믿음에는 실패하고 넘어졌지만 그 실패를 딛고 다시 일어서기 위해서는, 사랑이 없이는 불가능했기 때문입니다.

주님이 베드로에게 묻듯이 오늘 우리에게 묻고 싶으실 것입니다.

"네가 나를 이 사람들보다 나를 더 사랑하느냐?"
여기서 "이 사람들"을 여러 방향으로 적용해 볼 수 있습니다. 처해진 환경, 물질, 건강, 사회적 지위, 내가 가장 아끼는 것, 끈을 놓아야 하지만 아직도 끈을 놓지 못하고 붙들고 있는 것으로도 적용이 가능합니다.
"이것들보다 나를 더 사랑하느냐?"
실패의 현장에 있던 베드로에게, 부활하신 주님을 만나고도 주님을 부인한 죄책감에 다시 어부의 생활로 돌아가려고 했던 베드로를 붙잡고, 주님이 물으신 질문이 오늘 본문 말씀입니다.
"네가 나를 사랑하느냐?"
"네가 나를 사랑하느냐?"

성도(직분)님, 주님에 대한 사랑만 확실하다면 우리도 베드로같이 다시금 뜨거운 믿음을 가지고 죽도록 충성할 수 있을 것입니다.

축복기도/prayer
사랑의 주님, 오늘 주님이 저희에게 "네가 나를 사랑하느냐"고 물어오신다면, 베드로 같이 주저 없이 주님을 사랑한다고 대답할 수 있는지요? 아직도 주님보다 더 사랑하는 것이 많아서 그것에 대한 끈을 놓지 못하고 있는 것은 아닌지요?
주님을 제일 사랑할 수 있는 믿음을 갖게 하여 주옵소서. 날마다의 삶 속에서 주님을 사랑한다고 고백할 수 있는 저희가 되게 하시고, 주님에 대한 사랑을 구체적인 행동으로 옮기며 살 수 있는 주님의 제자가 되게 하옵소서. 예수 그리스도의 이름으로 기도합니다. 아멘

[희생하기를 원하지 않는 자] 날마다 죽는 삶

한 알의 밀알처럼

· 찬송: 341장, 321장   · 성경: 요한복음 12장 20~26절

"명절에 예배하러 올라온 사람 중에 헬라인 몇이 있는데 그들이 갈릴리 벳새다 사람 빌립에게 가서 청하여 이르되 선생이여 우리가 예수를 뵈옵고자 하나이다 하니 빌립이 안드레에게 이르시되 인자가 영광을 얻을 때가 왔도다 내가 진실로 진실로 너희에게 이르노니 한 알의 밀이 땅에 떨어져 죽지 아니하면 한 알 그대로 있고 죽으면 많은 열매를 맺느니라 자기의 생명을 사랑하는 자는 잃어버릴 것이요 이 세상에서 자기의 생명을 미워하는 자는 영생하도록 보전하리라 사람이 나를 섬기려면 나를 따르라 나 있는 곳에 나를 섬기는 자도 거기 있으리니 사람이 나를 섬기면 내 아버지께서 그를 귀히 여기시리라"

위로와 권면/sermon

오늘 말씀은 신앙인이라면 거의 다 알고 있을 정도로 귀에 익은 말씀입니다. "한 알의 밀이 땅에 떨어져 죽지 아니하면 한 알 그대로 있고 죽으면 많은 열매를 맺게 된다"(24절)는 말씀입니다. 이 말씀이 담고 있는 내용이 무엇입니까? 한마디로 희생해야만 많은 열매를 보게 된다는 것입니다. 바꾸어 말하면 어떤 사람의 인생이 풍요로워질 수 있다는 것입니까? 희생하는 인생이 풍요로워진다는 것입니다. 우리는 예수 그리스도의 희생을 알고 있습니다.

그러나 그분의 희생을 닮으려고까지 하는 것 같지는 않습니다. 주님을 본받는 생활을 하려면 희생 없이는 불가능합니다. 희생의 대가를 지불해야만 주님을 본받을 수 있습니다.

하나님은 우리에게 각종 은사를 주셨는데 우리에게 희생의 은사가 있기를 원하십니다. 내가 얼마나 많이 희생하느냐에 따라서 우리 가정, 교회, 이웃과 사회도 잘될 수 있습니다.

내가 얼마나 희생하느냐에 따라서 열매 맺는 가정, 열매 맺는 교회, 열매 맺는 생활이 될 수 있습니다. 가려서는 아무 열매도 맺을 수 없는 것입니다. 사도바울이 고백했듯이 날마다 죽어야 하고(고전 15:31), 그 죽음을 통해서 가정과 교회와 사회가 잘되는 것을 보는 것이 예수님의 제자가 얻게 되는 기쁨입니다.

성도(직분)님, 예수님이 보여 주신 것처럼 잘 죽을 수 있기를 바랍니다. 내가 죽음으로 주님의 영광을 보게 되기를 바랍니다. 내가 죽음으로 가정의 행복을 보게 되기를 바랍니다.

내가 죽음으로 교회의 부흥을 보게 되기를 바랍니다. 내가 죽음으로 다른 사람이 부요케 되는 것을 보게 되기를 바랍니다. 하나님께서는 이런 자를 귀하게 보십니다.

축복기도/prayer

한 알의 밀이 되신 주님, 그동안 저희의 삶을 돌이켜 봅니다. 복 받기는 원하면서도 희생하는 것에는 인색했던 모습은 아니었는지요. 이제는 다른 무엇보다도 주님을 본받아 한 알의 밀이 되는 삶이 되게 하여 주옵소서. 예수님처럼 잘 죽을 수 있는 삶이 되게 하여 주옵소서. 저희의 희생으로 말미암아 가정과 교회와 사회 속에서 아름다운 열매를 맺는 역사가 있게 하여 주옵소서. 희생하는 인생이 많은 사람을 부요케 하고 살릴 수 있음을 잊지 말게 하옵소서. 예수 그리스도의 이름으로 기도합니다. 아멘

[직분감당을 소홀히 하는 자] 동역자 같은 신앙인

말씀과 기도에 전념할 수 있도록

· 찬송: 595장, 213장   · 성경: 사도행전 6장 1~7절

"그 때에 제자가 더 많아졌는데 헬라파 유대인들이 자기의 과부들이 매일의 구제에 빠지므로 히브리파 사람을 원망하니 열두 사도가 모든 제자를 불러 이르되 우리가 하나님의 말씀을 제쳐놓고 접대를 일삼는 것이 마땅치 아니하니 형제들아 너희 가운데서 성령과 지혜가 충만하여 칭찬 받는 일곱을 택하라 <중략> 하나님의 말씀이 점점 왕성하여 예루살렘에 있는 제자의 수가 더 심히 많아지고 허다한 제사장의 무리도 이 도에 복종하니라"

위로와 권면/sermon

오늘 말씀은 초대교회 당시 일곱 집사를 세우는 장면을 기록한 말씀입니다. 그때 일곱 집사를 세워야 했던 이유는 사도들이 말씀과 기도하는 것뿐만 아니라, 구제하는 것까지 감당하다 보니까 구제도 제대로 되지 않을 뿐 아니라 말씀과 기도도 소홀하게 되었기 때문이었습니다. 사도들의 판단은 아주 중요했습니다. 사도들이 모든 것을 혼자서 다 할 수 없다는 것입니다. 사도들에게 가장 중요한 사역은 말씀을 전하고 기도하는 것이었기 때문에, 다른 것보다는 이것에 전념할 필요가 있었습니다.

그러기 위해서 여러 가지 많은 일들은 감당해 줄 사람들이 필요했습니다. 그래서 믿음이 좋고 칭찬을 듣는 일곱 사람을 택하여 그들을 안수하여 집사로 세웠던 것입니다. 이제부터 구제하고 돌보는 일은 집사들이 하였습니다. 그러자 사도들은 더욱 말씀과 기도에 전념할 수 있었습니다. 그 결과 하나님의 말씀이 점점 왕성하여 예루살렘에 있는 제자의 수가 더 심히 많아지게 되었습니다. 심지어는 허다한 제사장의 무리도 복음에 복종하게 되었습니다.

성도(직분)님, 여기서 우리는 하나님 나라의 일은 목회자들을 비롯한 신앙 지도자들의 지도를 잘 받아서 이루어 가는 것임을 깨닫게 됩니다. 그리고 목회자가 말씀과 기도에 전념할 수 있도록 하는 역할은 바로 교회에 직분을 맡은 자들의 역할이라는 것입니다. 교회에 직분을 맡은 자들은 목회자가 말씀과 기도에 전념할 수 있도록 도와주어야 합니다. 목양에 전념하실 수 있도록 협력해야만 합니다.

우리에게 맡겨진 일을 잘 감당하는 것이 목회자의 근심과 피곤을 덜어 주고, 말씀과 기도에 전념할 수 있도록 돕는 것입니다. 교인 가운데 목사님이 평생 짊어지고 가야 할 십자가 같은 직분자들이 있는 반면, 평생 협력하는 동역자 같은 직분자들이 있다고 합니다. 우리는 목사님에게 동역자 같은 직분자들이 되어야 합니다. 그럴 때 교회에는 하나님이 함께하시고 믿음의 놀라운 역사가 일어날 수 있습니다.

축복기도/prayer

때를 따라 돕는 은혜를 더하여 주시는 하나님 아버지, 자기 자신만을 생각하고 자기 자신만을 위하는 이기적인 신앙생활이 되지 않기를 원합니다. 목회자가 말씀과 기도에 전념할 수 있도록 적극적으로 돕는 신앙생활이 되게 하여 주옵소서. 우선 맡겨진 일에 최선을 다할 수 있게 하시고, 기도로, 물질로, 몸으로 주님의 몸 된 교회를 받들어 섬길 수 있는 충성된 일꾼이 되게 하여 주옵소서. 예수 그리스도의 이름으로 기도합니다. 아멘

[신앙생활이 규칙적이지 않은 자] 영적인 튼튼함

전투적인 신앙생활

· 찬송: 348장, 349장   · 성경: 에베소서 6장 11~17절

"마귀의 간계를 능히 대적하기 위하여 하나님의 전신갑주를 입으라 우리의 씨름은 혈과 육을 상대하는 것이 아니요 통치자들과 권세들과 이 어둠의 세상 주관자들과 하늘에 있는 악의 영들을 상대함이라 그러므로 하나님의 전신갑주를 취하라 이는 악한 날에 너희가 능히 대적하고 모든 일을 행한 후에 서기 위함이라 그런즉 서서 진리로 너희 허리띠를 띠고 의의 호심경을 붙이고 평안의 복음이 준비한 것으로 신을 신고 모든 것 위에 믿음의 방패를 가지고 이로써 능히 악한 자의 모든 불화살을 소멸하고 구원의 투구와 성령의 검 곧 하나님의 말씀을 가지라"

위로와 권면/sermon

요행이나 행운을 바라기보다는 성실히 일한 만큼 얻은 것을 감사하며 사는 모습이 참으로 아름다운 모습입니다. 풍족한 것만이 좋은 환경은 아닙니다. 아무리 풍족해도 만족을 모르면 그것이 가난한 것입니다. 저마다 자랑하기를 좋아하고, 내세우기를 좋아하는 시대에 우리가 살고 있습니다. 삶의 겸손함이 상실된 시대입니다. 이러한 때에 결핍을 통하여 삶의 겸손함을 배울 수 있다는 것이 축복입니다.

그러나 신앙생활만큼은 예외입니다. 우리의 신앙생활은 결핍현상이 나타나서는 안 됩니다. 왜냐하면 신앙생활의 결핍은 곧 영적인 사망으로 이어질 수 있기 때문입니다.

성도(직분)님, 오늘 말씀이 보여 주고 있듯이, 신앙생활은 사탄과의 치열한 영적 전쟁입니다. 사탄은 어떻게든 우리를 믿음의 자리에서 떨어지게 하기 위해 틈을 엿보는 존재입니다. 틈이 벌어지는 순간을 포착하여 순식간에 삼키는 존재입니다. 그래서 사탄에게 이 틈을 보이지 않으려면 항상 영적인 튼튼함을 유지해야 합니다.

그런데 영적인 튼튼함은 규칙적인 신앙생활이 반드시 뒷받침되어야만 합니다. 규칙적인 신앙생활이 뒷받침되지 않으면 이내 틈이 벌어지고 맙니다. 잦은 매에 장사 없다는 말이 있습니다. 가랑비에 속옷 젖는다는 말이 있습니다. 처음에는 아무렇지도 않은 것 같아도 결국은 무너진다는 것입니다.

그러므로 성도(직분)님, 우리는 영적인 튼튼함을 유지하기 위해서 규칙적인 신앙생활에 힘써야만 하겠습니다. 비록 음식이 맛이 없고 영양가가 없을지라도 규칙적인 식생활만으로도 육신의 몸이 건강을 유지할 수 있듯이, 영적 건강도 마찬가지라는 것을 잊지 말아야겠습니다.

축복기도/prayer

마귀의 궤계를 능히 물리치신 주님, 오늘 말씀을 통하여 신앙생활은 마귀와의 치열한 영적전쟁임을 다시 한 번 깨닫습니다. 사탄 마귀는 저희를 넘어뜨리려고 시시때때로 틈을 엿보고 있으니, 틈을 보이지 않기 위하여 규칙적인 신앙생활에 힘쓸 수 있도록 도와주시옵소서. 혹 틈이 벌어지면 영적인 아교로 그 틈을 빨리 봉할 수 있게 하셔서 사탄 마귀가 전혀 틈타지 못하는 신앙생활이 되게 하여 주옵소서. 항상 영적인 승리가 주어지는 신앙생활이 되기를 원합니다. 예수 그리스도의 이름으로 기도합니다. 아멘

[열정이 식어진 자] 기회의 선용

치는 대로 얻는다

· 찬송: 449장, 240장   · 성경: 열왕기하 13장 14~19절

"엘리사가 죽을 병이 들매 이스라엘의 왕 요아스가 그에게로 내려와 자기의 얼굴에 눈물을 흘리며 이르되 내 아버지여 내 아버지여 이스라엘의 병거와 마병이여 하매 엘리사가 그에게 이르되 활과 화살들을 가져오소서 하는지라 활과 화살들을 그에게 가져오매 또 이스라엘 왕에게 이르되 왕의 손으로 활을 잡으소서 하매 그가 손으로 잡으니 엘리사가 자기 손을 왕의 손 위에 얹고 이르되 동쪽 창을 여소서 하여 곧 열매 엘리사가 이르되 쏘소서 하는지라 곧 쏘매 엘리사가 이르되 이는 여호와를 위한 구원의 화살 곧 아람에 대한 구원의 화살이니 왕이 아람 사람을 멸절하도록 아벡에서 치리리이다 하니라<후략>"

위로와 권면/sermon
오늘 말씀은 엘리사의 생의 마지막 때를 배경으로 하고 있는데, 그는 당시 이스라엘 왕이었던 여로보암을 부릅니다. 그리고 왕의 손을 안찰하고 활과 화살들을 잡게 해서 화살을 쏘게 합니다. 화살을 쏘게 한 후에 그 화살이 아람 사람을 진멸하는 화살이라고 말합니다. 또한 엘리사는 여로보암에게 그 화살들을 집게 해서 땅을 치라고 말합니다. 그때 왕이 땅을 치는데 세 번만 치고 맙니다. 이런 왕의 모습을 본 엘리사는 겨우 세 번밖에 치지 않는 왕을 보며 노하여 책망합니다.

그러면 엘리사는 왕이 땅을 세 번밖에 치지 않은 것을 왜 책망했을까요? 그 이유는 19절에 나와 있듯이 왕이 땅을 친 횟수만큼 아람을 칠 수 있었기 때문입니다. 집은 화살로 땅을 많이 쳤더라면 더 많이 아람을 칠 수 있었습니다.

엘리사는 여로보암을 보면서 굉장히 안타까워했습니다. 욕망도 없고, 열정도 없고, 패기도 없는 왕을 보면서 안타까워한 것입니다.

오늘 우리가 이 말씀을 대하면서 영적으로 많이 칠 수 있는 삶을 살아야 한다는 중요성을 깨닫게 됩니다. 하나님의 이름으로 많이 치는 삶을 살아야 합니다. 하나님은 치는 대로 얻게 해 주신다고 말씀하셨습니다. 기도도 한두 번 하고 마는 기도가 되어서는 안 됩니다. 전도도 한두 번 하고 마는 전도가 되어서는 안 됩니다. 봉사와 헌신도 마찬가지입니다. 늘리면 늘릴수록, 치면 칠수록 복이 되고 능력이 되는 하나님의 선물입니다.

성도(직분)님, 하나님은 오늘 우리에게 칠 수 있는 기회를 많이 주셨습니다. 많이 칠 수 있는 기회를 잘 선용하는 성도(직분)님이 되시기를 주님의 이름으로 축복합니다.

축복기도/prayer
기회를 주시는 하나님, 하나님이 복을 더하시려고 저희에게 주신 기회를 잘 깨닫고 실천할 수 있는 삶이 되게 하여 주옵소서. 믿음이 부족하여, 열정과 열심이 부족하여, 복과 능력을 주시려는 주님의 은혜를 깨닫지 못하는 어리석은 자가 되지 말게 하시고, 하나님이 주신 기회를 열정을 가지고 감당할 수 있게 하여 주옵소서. 치면 칠수록 감당하면 감당할수록 능력이 되는 하나님의 선물을 받아 누리는 삶이되기를 원합니다. 예수 그리스도의 이름으로 기도합니다. 아멘

[성경공부에 참석하지 않는 자] 배우고 확신한 일

바로 알고, 바로 믿어야 한다

· 찬송: 201장, 441장   · 성경: 디모데후서 3장 14~15절

"그러나 너는 배우고 확신한 일에 거하라 너는 네가 누구에게서 배운 것을 알며 또 어려서부터 성경을 알았나니 성경은 능히 너로 하여금 그리스도 예수 안에 있는 믿음으로 말미암아 구원에 이르는 지혜가 있게 하느니라"

위로와 권면/sermon

주일학교를 지도하고 있는 전도사님이 설교하기 전에 아이들에게 이렇게 물었습니다.
"여리고 성을 누가 부쉈는지 아는 사람?"
그런데 아무 학생도 대답지를 못하고 가만히 있는 것입니다. 그래서 전도사님은 앞에 앉아 있는 학생에게 물었습니다. 그러자 이 학생은 정색을 하면서, "제가 안 부쉈는데요."하며 울먹거렸습니다.
어이가 없었던 전도사님은 예배가 끝나고 선생님에게 물었습니다. "여리고 성을 누가 부쉈는지 물어보니까 아이들이 자기가 안 그랬다고 그러는데 도대체 신앙교육이 어떻게 된 것입니까?" 하고 말했습니다.
그러자 그 아이의 담임선생님이 "그 아이의 말이 맞을 겁니다. 그 아이는 거짓말을 하는 아이는 아닙니다. 아마도 그 아이가 아니라 다른 아이가 그랬을 겁니다."라고 말하는 것입니다.
선생님이 이렇게 대답을 하니 심각한 문제라고 판단한 전도사님은 이 이야기를 교육부회의 시간에 담임목사님과 부장 집사님들이 다 있는 곳에 이 이야기를 했습니다.
그랬더니 부장집사님이 송구해하는 표정으로 이렇게 말했습니다.
"죄송합니다. 제가 잘못 가르쳐서 그렇습니다. 다음부터는 절대로 거짓말하지 않도록 주의를 시키겠습니다."

이런 일이야 있을 수 없겠지만 무조건 교회출석만 잘하면 좋은 신앙이 아니라는 것을 우리에게 깨우쳐 주고 있습니다. 바로 알고 바로 믿어야 하나님을 경험할 수 있고 변화된 인격과 신앙으로, 사람들에게 영향력 있는 그리스도인이 될 수 있습니다.
성경공부에 참여하시는 것이 부담스럽고 힘드시겠지만, 성도(직분)님의 신앙성장을 위하여 노력해 보시고 결단해 보시기 바랍니다. 우리는 무늬만 신앙인이 되지 않기 위하여 사도바울이 권면한 대로 늘 배우고 확신한 일에 거하는 신앙의 사람이 되어야 합니다.

축복기도/prayer
은혜로우신 하나님, 저희가 하나님을 바로 알고 바로 믿을 수 있는 신앙의 사람이 되기를 원합니다. 바로 믿어야만 바로 살 수 있는 신앙의 사람이 될 수 있음을 기억하여, 늘 말씀을 배우고 확신한 일에 거하는 삶을 살아갈 수 있게 하옵소서.
또한 바른 믿음을 가진 그리스도인으로서 주변에 좋은 영향력을 끼칠 수 있는 신앙의 사람이 되게 하옵소서. 예수 그리스도의 이름으로 기도합니다. 아멘

[자신의 충성이 가치 없다고 생각하는 자] 소중한 충성

소박한 충성

·찬송: 323장, 320장   ·성경: 사사기 3장 31절

"에훗 후에는 아낫의 아들 삼갈이 있어 소 모는 막대기로 블레셋 사람 육백 명을 죽였고 그도 이스라엘을 구원하였더라"

위로와 권면/sermon

오늘 말씀은 사사 「삼갈」에 관한 기록입니다. 사사 중에 가장 짧게 기록되어 있는 인물이 삼갈이 아닌가 싶습니다. 단 한절밖에 그에 관한 기록이 없습니다. 그만큼 많은 지면을 할애하여 기록할 만한 공적이 없었다는 이야기가 되겠지요. 그러나 오늘 말씀을 통해서 우리는 귀중한 교훈을 깨닫게 됩니다.

하나님께서는 화려한 충성만 받으시는 분이 아니라, 소박한 충성도 받으시는 하나님이시라는 것입니다. 누구나 저마다 화려하게 쓰임 받기를 원합니다. 튀는 존재가 되기를 원합니다. 크게 쓰임받기를 원합니다.

그러나 오늘 말씀은 작게 쓰임 받는 것, 소박하게 쓰임 받는 것도 하나님께서 기억하고 계신다는 것을 보여 주고 있습니다. 남이 보기에 공적은 미미할지 몰라도, 어떻게 보면 표시나지 않는 것이라 할지라도 하나님은 작은 일에 충성하는 마음도 인정해 주시고 귀하게 보십니다.

미국의 16대 대통령을 지낸 아브라함 링컨은 이렇게 말했습니다.

"하나님은 평범한 사람들을 제일 사랑하신다. 왜냐하면 평범한 사람들을 제일 많이 만드셨기 때문이다."

사실 영웅이나 스타는 몇 명 안 됩니다. 물론 그들이 모델이 될 수는 있지만 우리가 다 그렇게 될 수는 없습니다. 그러므로 소박하게 하나님 앞에 충성하는 사람도 소중한 것입니다.

교회에서 이름 없이 빛도 없이, 소리 내지 않고 소박하게 충성하는 사람들이 있습니다. 매주 빼먹지 않고 화장실 청소하는 사람, 주차 관리하는 사람, 주방에서 봉사하는 사람, 솔로는 아니지만 성가대에서 봉사하는 사람, 떨어진 휴지를 그냥 지나치지 않고 반드시 줍는 사람, 이들이 바로 이 시대의 삼갈입니다. 소박한 충성자가 많으면 많을수록 교회는 더욱 더 아름다워져 갈 것입니다.

성도(직분)님, 주님을 위해서 자신이 하는 일이 보잘 것 없다고 낙심하거나 실망하지 마세요. 다시 말씀드리지만 작게 충성하는 것도 하나님이 받으십니다. 훗날에, 천국의 상급과 면류관으로 반드시 갚아 주실 것입니다.

축복기도/prayer

사랑의 주님, 오늘 저희는 주님과 교회를 위하여 어떤 모습으로 충성하고 있는지를 돌아봅니다. 공적을 염두에 두고 화려하게 충성하기를 원하기보다는 이름 없이 빛도 없이 맡은 일에 최선을 다할 수 있는 저희의 모습이 되게 하여 주옵소서.

하나님은 지극히 작은 소자에게 한 것을 놓치지 않는 분이심을 잊지 않게 하여 주옵소서. 소박한 충성으로 주님의 교회를 아름답게 세울 수 있는 신앙의 사람이 되게 하옵소서. 예수 그리스도의 이름으로 기도합니다. 아멘

[영적인 감각이 없는 자] 영적인 무감각

가장 무서운 질병

· 찬송: 312장, 448장   · 성경: 요한계시록 3장 14~22절

"라오디게아 교회의 사자에게 편지하라 아멘이시요 충성되고 참된 증인이시요 하나님의 창조의 근본이신 이가 이르시되 내가 네 행위를 아노니 네가 차지도 아니하고 뜨겁지도 아니하도다 네가 차든지 뜨겁든지 하기를 원하노라 네가 이같이 미지근하여 뜨겁지도 아니하고 차지도 아니하니 내 입에서 너를 토하여 버리리라 네가 말하기를 나는 부자라 부요하여 부족한 것이 없다 하나 네 곤고한 것과 가련한 것과 가난한 것과 눈 먼 것과 벌거벗은 것을 알지 못하는도다 내가 너를 권하노니 내게서 불로 연단한 금을 사서 부요하게 하고 흰 옷을 사서 입어 벌거벗은 수치를 보이지 않게 하고 안약을 사서 눈에 발라 보게 하라 무릇 내가 사랑하는 자를 책망하여 징계하노니 그러므로 네가 열심을 내라 회개하라"

위로와 권면/sermon

인간이 갖고 있는 무서운 병 가운데 하나가 '감각을 모르는 병'입니다. 손발이 썩어 들어가고, 바늘을 가지고 찔러도 전혀 아픔을 느끼지 못하는 이 병은, 감각이 없으니 큰 상처를 입을 가능성도 많고, 상처를 치료받을 때에도 잘 치료가 되지 않아 큰 고생을 하게 되기 때문입니다.

그런데 이러한 병은 영적으로 볼 때도 상당히 무서운 병입니다. 우리의 신앙생활 속에서 신앙에 대한 감각을 제대로 느끼지 못하여 결국 감각 없는 삶을 살다가 마귀의 유혹에 넘어가 실패하는 경우가 많이 있기 때문입니다.

오늘 말씀에 나오는 라오디게아 교회는 영적으로 무감각한 교회였습니다. 그들은 '나는 부자라 부요하여 부족한 것이 없다'고 자부하였습니다. 그러나 주님은 '너는 곤고하고, 가련하고, 가난하고, 눈멀었고, 벌거벗었다.'고 말씀하고 있습니다(17). 주님께서는 문제가 많다고 보고 있는데 자신들은 '신앙적으로 별 문제가 없다.'고 생각하고 있었으니 얼마나 무감각한 사람들입니까? 바로 그 무감각 때문에 주님으로부터 큰 책망을 받았던 것입니다.

주님은 영적으로 무감각한 삶을 살아가는 자들을 향하여 "불로 연단한 금을 사서 부요하게 하고, 흰 옷을 사서 입어 벌거벗은 수치를 보이지 않게 하고, 안약을 사서 눈에 발라 보게 하라"(18)고 말씀하고 있습니다. 이 말씀은 영적인 무감각에서 치료를 받아야 살 수 있다는 것을 역설적으로 하신 말씀입니다.

성도(직분)님, 영적인 무감각은 참으로 무서운 병입니다. 무엇이 잘못됐는지 무엇이 죄인지를 전혀 느끼지 못하다가 결국 심판을 받게 되기 때문입니다. 그러므로 혹 내 자신이 영적인 무감각증에 걸려 있는 것은 아닌지 살피는 것이 중요합니다. 그래서 치료받을 것은 치료 받고, 회복할 것은 빨리 회복해야만 합니다.

축복기도/prayer
사랑의 주님, 오늘 저희도 충분히 영적인 무감각증에 걸릴 수 있다는 것을 깨닫습니다. 항상 영적으로 감각이 예민한 신앙생활을 할 수 있도록 도와주시옵소서. 열심을 다하여 주님을 섬길 수 있게 하시고, 항상 기도하며, 말씀에서 떠나지 않는 생활이 되게 하여 주옵소서. 그리하여 주님으로부터 큰 칭찬을 듣는 신앙의 사람이 되게 하여 주옵소서. 예수 그리스도의 이름으로 기도합니다. 아멘

[합심기도를 피하려고 하는 자] 확실한 응답

합심하여 드리는 기도

· 찬송: 70장, 364장   · 성경: 마태복음 18장 18~20절

"진실로 너희에게 이르노니 무엇이든지 너희가 땅에서 매면 하늘에서도 매일 것이요 무엇이든지 땅에서 풀면 하늘에서도 풀리리라 진실로 다시 너희에게 이르노니 너희 중의 두 사람이 땅에서 합심하여 무엇이든지 구하면 하늘에 계신 내 아버지께서 그들을 위하여 이루게 하시리라 두세 사람이 내 이름으로 모인 곳에는 나도 그들 중에 있느니라"

위로와 권면/sermon

제 2차 세계대전 때의 이야기입니다. 프랑스와 독일이 전쟁 개전 두 주일 만에 프랑스가 독일 탱크에 짓밟혀 백기를 들었을 때, 영국군 36만의 대군이 프랑스 북방 해안 던커크 반도에 주둔하고 있었습니다. 프랑스 파리를 점령한 독일군은 그 여세를 몰아서 던커크 반도에 주둔하고 있는 영국군을 섬멸하기 위하여 중무장한 탱크와 비행기로 공격하기 시작했습니다.

영국군 35만 명은 독안에 든 쥐요 그들의 운명은 풍전등화 같았습니다. 다급한 나머지 영국의 국왕 조지 6세는 온 국민에게 기도의 날을 선포하고, 전쟁터에 나간 군인들의 가족과 국민은 한마음이 되어 기도하기 시작했습니다. 각료들은 청사에서, 공무원들은 사무실에서, 노동자들은 일터에서, 주부들은 가정에서, 학생들은 일터에서, 35만 명의 구출을 위해서 한마음으로 기도하고 있을 때 하나님의 능력이 나타나기 시작했습니다.

갑자기 독일군이 주둔하고 있는 지역에 엄청난 폭풍이 휘몰아치면서 물을 퍼붓듯 소나기가 쏟아져 내렸습니다. 워낙 심한 폭풍과 폭우였기에 비행기가 한 대도 뜰 수 없었고, 땅이 질고 물이 많아서 탱크가 한 대도 움직일 수가 없었습니다.

바로 그 순간에 영국군이 철수하고 있는 도버 해역에는 빗방울 하나 떨어지지 않았고, 구름 한 점 없었습니다. 35만 명 전원이 무사히 귀환할 수 있었습니다. 이 감격스러운 소식을 들은 영국의 국왕과 국민들은 전국에서 일제히 하나님께 감사의 예배를 드렸다고 합니다.

성도(직분)님, 혼자서 기도하는 것도 좋지만 합심하여 기도할 때, 더 빠르고 확실한 하나님의 응답을 경험할 수 있습니다.

오늘 말씀에 주님은 합심하여 기도하면 분명히 이루어주시겠다고 말씀하셨습니다. 확실한 응답을 약속하신 것입니다. 그래서 한마음으로 드리는 기도가 위대한 것입니다. 합심하여 드리는 기도의 자리에 기쁨으로 참여하시기를 주님의 이름으로 축복합니다.

축복기도/prayer

은혜의 주님, 오늘 저희의 기도 생활은 어떠했는지 돌이켜 봅니다. 함께 모여서 기도한다거나, 합심하여 기도하는 자리를 일부러 피한 적은 없었는지요. 두 사람이 땅에서 합심하여 무엇이든지 구하면 이루시겠다는 약속을 굳게 붙들 수 있게 하옵소서.

모여서 기도하기를 힘쓰게 하시고, 합심하여 기도하기를 힘쓸 수 있게 하옵소서. 그리하여 약속하심대로 이루시는 주님의 은혜를 경험하는 삶이 되게 하옵소서. 예수 그리스도의 이름으로 기도합니다. 아멘

[종말을 확신하지 않는 자] 깨어있는 믿음

인자의 때도 그러하리라

· 찬송: 175장, 179장   · 성경: 누가복음 17장 26~30절

"노아의 때에 된 것과 같이 인자의 때에도 그러하리라 노아가 방주에 들어가던 날까지 사람들이 먹고 마시고 장가들고 시집가더니 홍수가 나서 그들을 다 멸망시켰으며 또 롯의 때와 같으리니 사람들이 먹고 마시고 사고팔고 심고 집을 짓더니 롯이 소돔에서 나가던 날에 하늘로부터 불과 유황이 비오듯 하여 그들을 멸망시켰느니라 인자가 나타나는 날에도 이러하리라"

위로와 권면/sermon
이탈리아 남부 연안에 위치한 폼페이라는 고대도시는 로마 귀족들의 별장 지대였습니다. 그곳에서 로마 귀족들은 날마다 먹고 마시며 향락을 즐겼습니다. 그곳엔 영원히 아무 일도 없을 것 같았습니다. 그러나 서기 79년 8월의 어느 날 베수비오 화산이 대폭발을 일으켜 2~3미터 두께의 화산재가 순식간에 시가지를 덮어버렸습니다. 2천여 명이 현장에서 그대로 화산재에 묻혀 죽었고 도시는 완전히 파괴되고 말았습니다.
1748년 본격적인 발굴에 착수하여 옛 시가지의 거의 절반 정도가 발굴되었는데, 종말이 코앞에 닥친 줄도 모르고, 먹고, 마시고, 죄 짓고, 향락에 취해 있다가 그대로 뜨거운 화산재에 묻혀 버린 그들의 모습을 생생히 볼 수 있었습니다.

예수님은 주님의 재림과 최후 심판 때도 사람들의 반응은 롯의 사위들과 같을 것이라고 말씀하셨습니다. 롯의 사위들이 소돔과 고모라의 심판을 농담으로 여겼듯이, 최후 심판의 메시지를 농담거리로 알고 조롱할 것이라는 말씀입니다.

세상 사람들은 최후 심판이 있고, 세상 종말이 있으리라는 하나님의 경고에 귀 기울이지 않습니다. 온 세상이 이렇게 멀쩡한데, 무슨 종말이냐고 합니다. 사람이 죽으면 그것으로 끝이지 무슨 천국이 있고 지옥이 있느냐고 말합니다. 죄 가운데 거하면서도, 마치 자신에겐 아무 일도 없을 것처럼 큰소리치기도 합니다.
그러나 주님의 오심과 최후 심판은 그들이 전혀 생각지 못했던 때에, 도적같이 임할 것입니다. 그러므로 오늘 예수 그리스도를 믿는 우리는 "깨어 있으라 어느 날에 너희 주가 임할는지 너희가 알지 못함이니라"고 하신 말씀을 기억하면서 주님의 재림을 준비하는 삶을 살아야겠습니다(마 24:42-43).
주님은 확실히 오십니다.

축복기도/prayer
알파와 오메가가 되시는 주님, 오늘 저희는 주님의 재림을 확신하며 신앙생활하고 있는지요? 주님의 말씀대로라면 주님은 분명히 다시 오시겠다고 하셨는데, 저희는 그 사실을 불신하고 있는 것은 아닌지요? 주님의 오심은 전혀 생각지 못하던 때에 도적같이 임한다는 사실을 저희로 깨닫게 하옵소서.
또한 그 날에 반드시 심판이 있을 것임을 잊지 말게 하옵소서. 그리하여 그때를 준비하며 오늘을 살아가는 깨어있는 믿음이 되게 하여 주옵소서. 예수 그리스도의 이름으로 기도합니다. 아멘

[바른길을 가지 않는 자] 생명의 길

어떤 길을 가고 있습니까?

· 찬송: 521장, 524장   · 성경: 예레미야 21장 8절

"여호와께서 말씀하시기를 보라 내가 너희 앞에 생명의 길과 사망의 길을 두었 노라 너는 이 백성에게 전하라 하셨느니라"

위로와 권면/sermon
옛날부터 우리 인생을 가리켜 '길 가는 나그네'라고 했습니다. 예전에 '하숙생'이라는 드라마가 있었는데 그 드라마의 주제가를 최희준 씨가 불렀습니다. 그 노래가 대중들의 사랑을 많이 받았기 때문에 지금도 기억 속에 남아 있는 사람들이 많을 것입니다.

인생은 나그네길 어디서 왔다가 어디로 가는 가
구름이 흘러가듯 떠돌다 가는 길에
정일랑 두지 말라 미련일랑 두지 말라
인생은 나그네길 빈손으로 왔다가 빈손으로 가는 것.

하숙생은 외지에서 공부나 직장생활을 하는 동안 잠시 머무르는 생활을 하다가 방학이 되거나 일을 마쳤을 때, 고향으로, 집으로 돌아가는 사람을 가리킵니다. 가사로만 보자면 하숙생은 성경의 진리를 잘 표현해 주는 성경적인 가사라고 할 수 있습니다.
사실 사람은 매일 매일 인생의 길을 걸어가고 있습니다. 어제도 걸어갔고, 오늘도 걸어가고, 내일도 이 길을 걸어가게 될 것입니다. 우리 앞에도 수많은 사람들이 이 길을 걸어갔습니다. 또 우리 뒤에도 수많은 사람들이 이 인생의 길을 뒤따라서 걸어오고 있습니다.
인생의 길을 걸어가는 데 있어서 가장 중요한 문제는 '내가 과연 어떠한 길을 걸어가고 있는가, 내가 과연 지금 바른 길을 걸어가고 있는가?' 라는 것입니다.

오늘 말씀에 보면 하나님께서 우리 인생 앞에 생명의 길과 사망의 길을 두었다고 말씀하십니다. 우리 앞에 두 길이 놓여 있는 것입니다. 그러면 지금 나는 어떤 길을 가고 있습니까? 생명의 길입니까? 아니면 사망의 길입니까?
성도(직분)님, 지금 내가 가고 있는 인생길에 대하여 진지하게 고민해 보셨으면 합니다. 부디 생명의 주님과 함께 동행하는 길이 되어 천국으로 향하고 있는 길이 되기를 주님의 이름으로 축복합니다.

축복기도/prayer
길 되신 주님, 오늘 저희는 지금까지 어떤 길을 걸어오고 있고, 또 어떤 길을 가고 있는지 돌이켜봅니다.
혹 잘못된 길을 가고 있는 것은 아닌지요. 오늘 저희가 가고 있는 길이 사망의 길이 아닌 생명의 길이 되기를 원합니다. 생명의 주님과 함께 동행하고 있는 길이 되기를 원합니다.
천국으로 향하고 있는 길이 되기를 원합니다. 주님을 만나는 길이 되기를 원합니다. 저희와 함께하옵소서. 예수님의 이름으로 기도합니다. 아멘

[성수주일을 하찮게 여기는 자] 주일사랑

포기를 통해 받은 영광

· 찬송: 18장, 314장,   · 성경: 시편 91편 14~16절

"하나님이 이르시되 그가 나를 사랑한즉 내가 그를 건지리라 그가 내 이름을 안즉 내가 그를 높이리라 그가 내게 간구하리니 내가 그에게 응답하리라 그들이 환난 당할 때에 내가 그와 함께 하여 그를 건지고 영화롭게 하리라 내가 그를 장수하게 함으로 그를 만족하게 하며 나의 구원을 그에게 보이리라 하시도다"

위로와 권면/sermon

『에릭 리들』은 영국의 100미터 육상 선수로 1942년 제 8회 파리 올림픽 경기의 금메달 후보였습니다. 그러나 100미터 경기 일정이 발표되었는데, 첫 예선 일자가 7월 6일 주일 오후 3시와 5시였습니다. 그는 그 일정표를 보자마자 "저는 주일에는 안 뜁니다."라고 단호한 결정을 알렸습니다. 에릭 리들의 결정은 주일 성수를 위한 결정이었습니다. 주일은 주님의 날이기에 주님을 위한 일만 해야 한다는 신앙의 표현이었습니다. 에릭 리들의 100미터 출전 포기를 들은 영국의 반응은 냉소적이었습니다. 그를 가리켜 "편협하고 옹졸한 신앙인", "신앙을 소매 끝에 달고 다니는 신앙심 깊은 척 하는 위선자"라고 비난했습니다.

그러나 에릭 리들은 그 주일날 평소처럼 교회에서 온전히 하나님께 예배를 드렸습니다. 그런데 하나님께서는 에릭 리들을 버리지 않으셨습니다. 그는 자신의 종목이 아닌 200미터에서 동메달을 땄고,

400미터에도 출전하게 되었습니다.

사실 400미터는 전혀 에릭 리들이 연습도 해 보지 않은 종목이었습니다. 그런데 에릭 리들은 결승전까지 올라갔고, 결승전에서는 무서운 속도로 첫 코스를 돌았습니다. 경기를 지켜보는 전문가들은 "처음부터 저런 속도로 돌다가는 도중에 쓰러져 죽을지도 모른다."고 불안해했습니다. 그런데 에릭 리들은 우승후보를 제치고 47초 6이라는 세계 신기록까지 세우면서 금메달을 목에 걸었습니다.

그는 400미터 우승의 비결을 묻는 기자들에게 이렇게 대답했습니다. "처음 200미터는 제 힘으로 최선을 다했고, 나머지 200미터는 하나님의 도우심으로 빨리 달릴 수 있었습니다."

그는 이후 영화 '불의 전차'로도 널리 알려지게 되었습니다.

주일이 무엇이냐고, 주일을 하찮게 여기는 그리스도인들도 있지만, 오늘 말씀에 시편기자의 고백대로 하나님을 사랑하는 사람이 하나님의 사랑을 받을 수 있습니다. 그 사람이 진정으로 하나님을 만나고, 하나님의 도우심을 받을 수 있으며, 은총을 기름 붓듯 부어 주시는 하나님의 은혜를 경험할 수 있습니다.

축복기도/prayer

영광을 받으시기에 합당하신 하나님, 저희에게 주일을 가볍게 생각하는 마음이 없기를 원합니다. 하나님을 사랑하는 마음이 주일을 잘 지키는 태도로 나타나게 하시고, 주일을 온전히 지킴으로 언제나 하나님께 큰 영광 돌리는 믿음의 자녀가 되게 하옵소서. 그 어떤 유혹이 있든지 주일을 범하는 일이 없게 하시고, 하나님께 예배하는 것을 생명처럼 여기는 믿음의 자녀가 되게 하옵소서. 예수 그리스도의 이름으로 기도합니다. 아멘

[교회를 가볍게 여기는 자] 교회사랑

축복도 중고로 받는다

· 찬송: 210장, 216장   · 성경: 시편 84장 1~2절

"만군의 여호와여 주의 장막이 어찌 그리 사랑스러운지요 내 영혼이 여호와의 궁정을 사모하여 쇠약함이여 내 마음과 육체가 살아계시는 하나님께 부르짖나이다"

위로와 권면/sermon

어느 목사님이 세 가정의 개척 멤버들과 교회를 세웠습니다. 개척교회는 여러 가지로 어렵습니다. 그 중에서 재정문제가 가장 힘겹게 합니다. 할 것은 많은데 필요한 물질이 없는 것입니다.

그래서인지 개척 멤버들이 집에서 사용하다 두었던 물건들을 가져오기 시작했습니다. 쓰던 그릇들을 가져다 놓고, 난로며 선풍기들을 가져다 놓고, 방석도 장롱 깊숙이 처박아 두었던 것을 가져다 놓는데, 목사님도 처음에는 아쉬운 대로 쓸 수 있어서 그리 나쁘게 생각되지 않았습니다. 그런데 하루는 허름한 냉장고가 교회로 들어오는 겁니다. 물론 교회에 냉장고가 필요했습니다. 그런데 그 냉장고가 들어온 경위가 마음에 걸리는 것입니다.

어느 집사님이 새 냉장고를 집에 들여놓으면서 이제까지 쓰고 있던 낡은 냉장고를 교회에서 쓴다고 가져다 놓은 것입니다. 그제야 목사님은 '이게 아니구나.' 하는 생각이 드셨습니다. 아무리 가난한 개척교회지만 하나님 성전을 내 집에서 필요없는 것들을 가져다가 쌓아

놓는 곳으로 생각하면 잘못이기 때문입니다. 그래서 목사님은 다음 주일에 '이제부터는 하나님의 성전을 중고로 채우지 말자. 중고로 드리는 사람은 축복도 중고로 받는다.'고 설교하셨답니다.

오늘 말씀에 시인은 성전을 사랑하고 사모한다고 고백하고 있습니다. 그것도 천막에 지나지 않는 초라한 성전을 말입니다. 성전을 소중히 여기는 것은 내 믿음을 소중히 여기는 것입니다. 성전을 함부로 생각하는 사람이 그 안에서 드리는 예배를 소중하게 생각할 리는 만무합니다. 예배하는 장소가 지하든, 천막이든, 컨테이너 박스든, 그곳을 귀한 곳으로 여겨 거룩히 구분하고 하나님을 만나는 구별된 마음으로 들어가야 하는 것입니다.

오늘 우리도 시편기자와 같이 성전을 소중히 여기는 마음을 가져야겠습니다. 성전을 사랑하고, 성전에서 주님의 은혜를 더욱 사모할 수 있는 믿음의 사람이 되어야겠습니다.

축복기도/prayer
사랑의 주님, 그동안 주님의 몸 된 교회를 함부로 생각했던 것은 아닌지 되돌아봅니다. 진정으로 주님의 몸 된 교회를 내 몸을 아끼듯 사랑하고 섬겼는지 되돌아봅니다.
주님의 몸 된 교회를 사랑하고 소중히 여기는 마음이 갖게 하여 주옵소서. 교회를 소중히 여기는 마음이 내 믿음을 소중히 여기는 마음임을 잊지 말게 하여 주옵소서.
주님을 사랑하는 모습이 교회를 사랑하는 모습으로 나타나게 하옵소서. 예수님의 이름으로 기도합니다. 아멘

[이단에 현혹되고 있는 자] 교회 중심의 신앙

이단을 경계하라

· 찬송: 351장, 397장   · 성경: 베드로후서 2장 1절

"그러나 백성 가운데 또한 거짓 선지자들이 일어났었나니 이와 같이 너희 중에도 거짓 선생들이 있으리라 그들은 멸망하게 할 이단을 가만히 끌어들여 자기들을 사신 주를 부인하고 임박한 멸망을 스스로 취하는 자들이라"

위로와 권면/sermon

어려서부터 신앙생활을 했던 부부가 이단에 빠졌습니다. 당시 어느 교회의 집사였는데 자녀가 이단에 빠지니 권사이던 그들의 어머니도 교회를 떠나 그곳에 들어갔습니다.
목사님이 그들을 찾아 몇 차례 설득도 하고 기도도 했으나 끝내 그들은 그곳에서 벗어나지 못했습니다. 얼마 후, 그 모임에 열심을 내며 살던 그들이 집회에 다녀오다가 교통사고로 목숨을 잃고 말았습니다. 이 소식을 들은 목사님과 교우들은 너무나 안타까워했습니다.

오늘날 이단은 너무나 쉽게 그리스도인들에게 침투하여 성도와 교회까지 흔들어 놓고 있습니다. 그런데 우리는 이단을 제대로 대비하지 못하고 있는 것이 사실입니다.
요즘 이단들은 갖가지 방법을 다 동원하여 교회를 흔들고, 성도들을 어지럽힙니다. 인기 있는 운동 종목의 서포터스를 결성하고, 프로축구단을 운영하는 등, 스포츠나 예술 단체들을 만들어 젊은이들을 유혹하는 것은 물론이요, 2인 1조가 되어 교인 가정을 찾아다니며 포교하고, 학습지 교사로 일하면서 아이들이나 학부모에게 접근하기도 합니다. 또한 교회에까지 침투하여 교회를 무너지게 하고 있습니다. 그러기에 우리는 이단들을 잘 알고 대응하는 지혜가 필요합니다.

이단은 초대교회 때부터 계속해서 나타난 문제입니다. 그래서 사도 바울은 적그리스도가 교회에 침투하여 어지럽게 하는 것에 대해 경계했고, 사도 베드로도 거짓 선지자들의 문제점에 대해 경계할 것을 강조했습니다. 그러니 우리가 이단들에게 현혹되지 않고 건강한 신앙생활을 하기 위해서는 먼저 교회 중심의 생활에서 벗어나지 말아야 합니다. 물론 교회는 완전한 곳이 아니기 때문에 불만이 있을 수 있습니다. 그러나 마귀는 그런 마음을 틈 타 성도들을 흔들어 놓습니다.

늘 내가 다니는 교회를 중심으로 예배를 드리고, 기도하며, 말씀대로 살고, 목회자의 가르침을 잘 받아야 합니다. 이단들이 판을 치는 때일수록 우리는 늘 깨어 기도하고, 말씀에 충실하며, 건강한 믿음을 유지하도록 힘써야 하겠습니다.

축복기도/prayer

거짓 선지자들이 일어날 것을 말씀하신 주님, 오늘 저희가 살고 있는 세상은 이단들이 너무나 많습니다. 이런 때일수록 이단들에게 현혹되지 않도록 더욱 깨어 기도하고, 말씀으로 충만하게 살며, 교회 중심으로 신앙생활을 할 수 있게 하여 주옵소서.

목회자의 가르침을 충실하게 받으며, 예수 그리스도를 말미암지 않은 것은 그 어떤 것에도 관심을 갖지 않게 하옵소서. 예수 그리스도의 이름으로 기도합니다. 아멘

[믿음의 시각이 불확실한 자] 하나님만 의지함

하나님만 믿습니다

· 찬송: 543장, 539장   · 성경: 시편 146편 1~5절

"할렐루야 내 영혼아 여호와를 찬양하며 나의 평생에 내 하나님을 찬송하리로다<후략>"

위로와 권면/sermon

유대인들의 육아법 가운데 이런 것이 있습니다. 어린 아이들이 차츰 자의식을 형성해 가면서 자라갈 때, 아이들과 신나게 놀던 아빠가 어느 순간 갑자기 아이들을 홱 던져버리고는 냉정하게 돌아서 버립니다. 그러면 그 꼬마는 지금까지 볼 수 없었던 아빠의 모습과, 아빠에게 버려지는 것으로 인하여 엄청난 충격을 받게 됩니다. 이제까지 자신을 너무나 사랑하던 아버지가 갑자기 자신을 버리고 돌아서니 이해가 될 리 있겠습니까?

그러나 아이들은 "설마" 하면서 저 멀리 있는 아빠를 향해 다시 달려갑니다. 절망과 배신을 딛고 또다시 아빠 품으로 돌아오는 아이들을 아빠는 다시 한 번 호되게 밀쳐 버립니다. 때로는 사랑으로, 때로는 다정한 친구로, 그리고 자신의 삶을 책임지고 있는 아빠는 아이에게는 하나님과 같은 존재가 아닙니까? 그러므로 아버지의 까닭 없는 배신은 어린 아들이 소화하기는 너무나 힘겨운 것입니다.

그때 아빠는 아이들에게 이렇게 말합니다. "아들아, 사람을 믿지 말아야 한다. 심지어 이 아빠까지도 너를 배신할 수 있다는 사실을 명심해야 한다."고 교훈합니다. 아이들은 이런 경험을 통하여 인간에게는 까닭 없는 배신이 있다는 것과 인간은 쉽게 변하는 존재라는 것을 체험하게 됩니다. 그리고 인간이 영원히 믿을 수 있는 대상은 오직 하나님 한 분뿐이라는 것을 깨닫게 됩니다. 이것이 하나님만을 의지하게 만드는 유대인의 육아법입니다.

성도(직분)님, 우리가 분명히 알아야 할 것은 사람은 의지의 대상이 못 된다는 것입니다. 또한 믿음의 대상도 못 된다는 것입니다. 언제라도 배신할 수 있는 것이 사람이요, 자기가 불리해지면 언제라도 말을 번복하는 것이 사람입니다. 그래서 오늘 말씀에 시편기자는 사람은 결코 의지나 믿음의 대상이 아님을 설명해 주고 있습니다. 오랜 인생경험을 토대로 하여 쏟아놓은 시(詩)이기 때문에 우리에게 신뢰를 주고 있습니다.

시편 기자도 읊조리고 있듯이, 인간은 불완전한 존재입니다. 완전한 존재, 우리가 믿고 의지할 수 있는 대상은 오직 하나님 한 분밖에 안 계십니다. 사람은 믿음의 대상이 아니라 사랑의 대상일 뿐입니다. 도울 힘이 없는 인생을 의지하기보다 하나님을 더욱 믿고 의지하는 성도(직분)님이 되시기를 주님의 이름으로 축복합니다.

축복기도/prayer

믿음을 더하시는 주님, 오늘 저희에게는 사람을 믿음의 대상으로 삼는 일이 없게 하여 주옵소서. 또한 의지의 대상으로 삼는 일도 없게 하여 주옵소서. 사람은 믿음의 대상이 아니라 사랑의 대상임을 마음에 새기게 하시고, 저희가 영원히 믿고 의지할 대상은 오직 하나님 한 분뿐임을 잊지 말게 하여 주옵소서. 하나님만이 우리를 도우시는 분이심을 믿습니다. 예수 그리스도의 이름으로 기도합니다. 아멘

[전도하지 않는 자] 복음을 전함

전도는 왜 해야만 하는가?

· 찬송: 496장, 511장   · 성경: 마태복음 28장 19~20절

"그러므로 너희는 가서 모든 민족을 제자로 삼아 아버지와 아들과 성령의 이름으로 세례를 베풀고 내가 너희에게 분부한 모든 것을 가르쳐 지키게 하라 볼지어다 내가 세상 끝날까지 너희와 항상 함께 있으리라 하시니라"

위로와 권면/sermon
집에 불이 났을 때 열쇠를 가지고도 그 문을 열어 주지 않아서 안에 있던 사람이 불에 타 죽었다면 그 사람을 죽인 것은 불이 아니고 실상은 문을 열어 주지 않은 사람이 될 것입니다. 응급 환자를 병원에 데리고 갔는데 의사가 잠자는 것 때문에 그 환자를 못 본 체 하여 죽었다면 그 환자를 죽인 것은 병이 아니고 의사일 것입니다. 따라서 자신에게 주어진 의무를 태만히 한 자는 명백한 범죄자임에 틀림이 없습니다. 참으로 무서운 사실 아닙니까?
전도도 마찬가지입니다. 구원받은 사람들이 구원받은 것으로만 만족하고 영혼의 가치를 깨닫지 못하고 있다면 그것은 주님 앞에서 명백한 범죄행위인 것입니다.

오늘 말씀에 주님은 너희는 가서 모든 민족을 제자로 삼으라고 명령하셨습니다. 말하자면 전도하라는 말씀입니다. 우리가 모든 민족에게 가서 전도할 수는 없습니다. 그러나 우리 주변에 주님을 모르는 영혼을 찾을 수는 있습니다.

주님의 사랑으로 그들을 찾아가 복음을 전하는 것이 주님의 명령을 따르는 것이요, 주님의 말씀에 순종하는 제자의 삶을 사는 것입니다. 이러한 삶을 살지 않는 사람은 입으로는 주님을 존경할지 모르나 사실은 주님을 반대하는 삶을 살고 있는 것이나 다름없습니다. 그리고 전도하지 않는 것은 사탄의 일에 동조하는 것이나 다름없습니다. 사탄이 가장 싫어하는 것이 복음 전하는 것이기 때문입니다.

성도(직분)님, 전도는 주님이 명령하신 것입니다. 해도 되고 하지 않아도 되는 것이 전도가 아닙니다. 반드시 해야만 하는 것이 전도입니다. 그리고 복음 전하는 것을 주님이 가장 기뻐하십니다. 지금도 지옥 가서는 안 될, 반드시 천국 가야만 하는 영혼들이 있는데 복음을 듣지 못해서 지옥 간다면 얼마나 안타까운 일입니까? 때를 얻든지 못 얻든지, 힘써서 복음을 전할 수 있는 주님의 제자가 됩시다.

축복기도/prayer
사랑의 하나님, 그동안 저희들이 전도하라는 주님의 말씀을 어떻게 대하며 살았는지 되돌아 봅니다. 이제껏 영혼에 대하여 아무런 관심을 갖지 않았다면 회개하게 하시고, 영혼에 대하여 관심을 갖고 주님의 명령을 따르는 제자가 되게 하여 주옵소서.
복음 전하는 것을 부끄러워하지 않게 하시고, 주변의 가까운 사람에게부터 복음을 전하는 전도자의 삶을 살아가게 하옵소서. 영혼에 대하여 관심을 가질 때마다 잃은 양을 찾으시는 주님의 사랑이 더욱 뼛속 깊숙이 느껴지게 하옵소서. 예수 그리스도의 이름으로 기도합니다. 아멘

[믿음이 불확실한 자] 믿음의 능력

겨자씨 한 알만 한 믿음

· 찬송: 344장, 351장   · 성경: 누가복음 17장 5~6절

"사도들이 주께 여짜오되 우리에게 믿음을 더하소서 하니 주께서 이르시되 너희에게 겨자씨 한 알만한 믿음이 있었더라면 이 뽕나무더러 뿌리가 뽑혀 바다에 심기어라 하였을 것이요 그것이 너희에게 순종하였으리라"

위로와 권면/sermon

외줄을 타고 이쪽에서 저쪽으로, 저쪽에서 이쪽으로 왔다 갔다 하는 곡예사가 있었습니다. 그 기술이 얼마나 신기에 가까웠는지 어느 때는 어깨에 사람을 태우고 왔다 갔다 합니다. 가슴을 졸이며 구경하던 사람들은 아낌없이 박수를 쳐주었습니다. 재주에 감탄을 했습니다. 그러자 이 곡예사가 사람들에게 묻습니다.

"여러분, 제가 어깨에 사람을 태우고 저기까지 갔다 올 줄 믿습니까?" 사람들은 일제히 "예"라고 대답을 했습니다. "그러면 누구 한 사람 나와 보세요. 제가 그 사람을 태우고 저기까지 갔다 오겠습니다. 누구라도 상관없으니 어서 나오십시오."

순간 장내가 술렁거렸습니다. 방금 전에 '예'하고 크게 대답했던 모습과는 반대로 아무도 나오질 않았습니다.

이 모습이 오늘날 신앙생활을 하고 있는 우리들의 모습이 아닌가 생각을 해 봅니다. 당신에게 "성경에 나오는 기적을 믿습니까?"라고 묻는다면 분명하게 믿는다고 대답할 것입니다. 그런데 문제는 나한

테는 그 기적이 일어나지 않는다고 생각을 합니다.
믿음이 좋고, 특별한 누구한테는 일어날 수 있는 일이지만 나 같은 사람과는 아무 상관이 없는 일로 알고 있습니다. 그래서 그 기적을 부러워할 뿐 나의 것으로 삼지 못합니다. 나에게 일어난다고 믿지 않으니까 기대하지도 않고 시도하지도 않습니다. 또한 기적이 일어날 수 있는 주님의 말씀에 순종하지도 않습니다.
오늘 말씀에 주님은 사도들에게 아주 작은 믿음을 요구하고 계십니다. 그 믿음만 있어도 기적이 일어난다는 것입니다. 사실은 사도들이 그만 한 믿음도 없다는 것을 역설적으로 말씀하신 것입니다.

성도(직분)님, 지금 내 믿음은 어떻습니까? 기적을 일으키는 믿음은 겨자씨 한 알 정도의 크기로도 충분하다는 것을 잊지 말아야겠습니다.

축복기도/prayer
살아계신 하나님, 주님은 지금 저희에게 어떤 믿음을 요구하고 계시는지를 깨닫게 하옵소서. 우리 주님은 지금 저희에게 겨자씨 한 알 크기인 믿음을 요구하고 계시고, 그 믿음 위에 능력을 더하시기를 원하신다는 사실을 놓치지 말게 하여 주옵소서.
겨자씨만 한 믿음이 저희에게 있어도 주님의 기적을 경험하기에 충분하다는 사실을 잊지 말게 하여 주옵소서. 예수 그리스도의 이름으로 기도합니다. 아멘

[예배와 모임에 잘 빠지는 자] 건강한 신앙생활

모이기에 힘쓰자

· 찬송: 532장, 439장   · 성경: 히브리서 10장 24~25절

"서로 돌아보아 사랑과 선행을 격려하며 모이기를 폐하는 어떤 사람들의 습관과 같이 하지 말고 오직 권하여 그 날이 가까움을 볼수록 더욱 그리하자"

위로와 권면/sermon
한 교인이 목사님을 방문해서 "목사님 다음 주일부터는 교회에 나오지 않고 신앙생활 하겠습니다."라고 말했습니다. 목사님은 아무 말 없이 활활 타는 난로에서 석탄 한 덩어리를 꺼내어 밖에 내놓았습니다. 잘 타던 석탄은 곧 꺼져 버리고 말았습니다. 그러나 난로 안에 있는 석탄은 계속해서 활활 타고 있었습니다. 이 모습을 본 교인은 "목사님, 다음 주에도 계속 나오겠습니다."라고 대답하였다고 합니다.

우리 기독교 신앙의 특징은 함께 모여 예배하고 교제하는 데 있습니다. 아무리 신앙이 좋아도 모이지 않으면 나빠지게 마련이고 아무리 열심이 있어도 모이지 않으면 열심이 식어버리기 마련입니다. 그래서 오늘 말씀에 "모이기를 폐하는 어떤 사람들의 습관과 같이 하지 말고 오직 권하여 그 날이 가까움을 볼수록 더욱 그리하자"고 말씀하고 있습니다.

당시 히브리 기독교인들이 잘 모이지 않았던 이유는 많은 핍박 때문이었습니다. 그런데 오늘날은 놀고 즐기는 것 때문에 예배에 빠지거나 주일을 지키지 못하는 경우가 많습니다. 학생들은 학원 보충수업 때문에 주일에 빠지는 경우가 많습니다.

어떤 이유가 되었던 모이기를 게을리 하면 안 됩니다. 모이기를 폐하면 그것도 습관이 되기 때문입니다. 신앙생활에 있어서 가장 좋은 습관은 예배 시간이나 신앙 모임에 빠지지 않는 것입니다. 가장 나쁜 습관은 잘 빠지는 것입니다. 예배 시간이나 신앙 모임에 빠지지 않는 습관을 잘 들이는 것이 성공하는 신앙생활의 첩경입니다.

성도(직분)님이 예배나 신앙 모임에 잘 참석하지 않는 이유가 있을 것입니다. 그러나 교회를 가까이하지 않는 것은 주님이 기뻐하시는 모습은 아닙니다. 다시금 용기를 내셔서 주님이 기뻐하시는 건강한 신앙생활을 하실 수 있기를 주님의 이름으로 축복합니다.

축복기도/prayer
저희를 간절히 찾으시고 교제하기를 원하시는 주님, 그동안 저희의 신앙생활이 모이기에 힘쓰는 신앙생활이었는지 되돌아 봅니다.
이런 저런 핑계를 대며 모이기를 힘쓰지 않았던 모습은 아니었는지요. 아무리 신앙이 좋아도 모이기에 힘쓰지 않으면 나빠진다는 것을 잊지 말게 하여 주옵소서. 힘써서 모일 수 있게 하시고, 힘써서 주님을 찾게 하여 주옵소서.
그리하여 언제나 주님과의 풍성한 교제가 있게 하시고 성공하는 신앙생활이 되게 하여 주옵소서. 예수 그리스도의 이름으로 기도합니다. 아멘

[다른 사람을 수용하지 못하는 자] 사람을 살리는 능력

수용할 줄 알아야 한다

• 찬송: 149장, 212장   • 성경: 사도행전 11장 24~26절

"바나바는 착한 사람이요 성령과 믿음이 충만한 사람이라 이에 큰 무리가 주께 더하여지더라 바나바가 사울을 찾으러 다소에 가서 만나매 안디옥에 데리고 와서 둘이 교회에 일 년간 모여 있어 큰 무리를 가르쳤고 제자들이 안디옥에서 비로소 그리스도인이라 일컬음을 받게 되었더라"

위로와 권면/sermon
수용이란 이해하고 인정하고 용납하는 것을 말합니다. 긍휼히 여길 줄 아는 마음, 받아들일 줄 아는 마음, 수용할 줄 아는 사람이 사람을 얻게 됩니다. 오늘 말씀에 바나바는 수용할 줄 아는 사람이었습니다. 무서운 사람 사울이 초대교회 안에 들어오려 할 때 누구나 다 염려하고 두려워했습니다. 사람들에게 사울은 매우 두렵고 꺼리는 존재였습니다. 그때 바나바가 사울을 용납했습니다. 그를 수용했습니다. 그를 데리고 와서 함께 사역을 했습니다.

그것으로 인해 바나바는 위대한 사도 바울을 얻게 되었고, 교회 입장에서는 천군만마와 같은 능력의 종을 얻게 되었으며 수많은 사람들은 자기에게 생명의 복음을 전해준 은인을 얻게 된 것입니다.

우리는 다 서로 다른 사람들입니다. 같은 데가 단 한군데도 없습니다. 따라서 다양성 속에 있는 사람들입니다. 믿음의 정도도 다 다릅니다. 배경도 다르고 경험도 다릅니다. 문화도 다릅니다. 사고방식도, 살아가는 방법도 다릅니다. 그러나 이것을 이해해야 하고 수용해야 하며 인정해 주어야만 합니다.

그리스도인의 성별된 삶은 세상과의 단절을 의미하지 않습니다. 그들과 함께 살면서, 어울리면서 그들에게 동화되지 않는 삶, 그들을 리드하는 삶이 성별의 삶입니다. 나는 믿음이 좋다고 고상해서도 안 되고 우월의식을 가져서도 안 됩니다. 믿음이 약한 사람에게는 믿음 약한 사람을 이해하면서 그들을 인정하고 함께할 수 있어야만 합니다. 우리의 수용성은 사람을 얻고, 사람을 살리는 능력입니다. 성령의 사람임을 보여주는 방편입니다.

"너희 관용을 모든 사람에게 알게 하라"(빌 4:5).

성도(직분)님, 우리는 예수 그리스도의 십자가의 용서와 사랑 속에 속한 자들임을 잊지 말아야겠습니다.

축복기도/prayer
저희를 용납해 주신 주님, 저희가 다른 사람을 수용할 줄 아는 삶을 살게 하옵소서. 믿음이 좋다고 고상한 척 하지 말게 하시고, 다른 사람을 무시하거나 얕보는 일도 없게 하여 주옵소서.
다른 사람을 이해하고, 품어 주고, 사랑할 수 있게 하옵소서. 그리하여 많은 사람을 주께로 인도할 수 있는 제자의 삶을 살게 하옵소서. 성령의 사람으로 살게 하옵소서. 예수 그리스도의 이름으로 기도합니다. 아멘

[나눔의 삶을 실천하지 못하는 자] 예수님을 닮아감

나눔이 축복이다

· 찬송: 497장, 595장   · 성경: 누가복음 6장 38절

"주라 그리하면 너희에게 줄 것이니 곧 후히 되어 누르고 흔들어 넘치도록 하여 너희에게 안겨주리라 너희가 헤아리는 그 헤아림으로 너희도 헤아림을 도로 받을 것이니라"

위로와 권면/sermon

미국 역사상 최고 부자였다는 「록펠러」는 52세 때 근육무력증, 탈모증, 불면증, 위계양 등으로 인해 먹지도, 자지도 못하고 나무막대기처럼 말라갔습니다. 의사는 1년도 못 살 것이라는 진단을 내렸습니다. 죽음의 문턱에 이르자 그처럼 악착같이 모았던 재산도 그에게 아무런 의미가 없었습니다.

그때 그의 삶을 바꾼 것이 오늘 말씀입니다. 록펠러는 당장 자신의 부를 나누기 시작했습니다. 그런데 흥미롭게도 엄청난 기부를 했지만 그의 소유는 줄지 않았고 놀랍게도 기부를 시작한 지 불과 12개월이 됐을 때, 그의 건강이 완전히 회복되었습니다. 이후로 그는 계속 기부의 삶을 실천하면서 살다가 98세에 주님 품에 안겼습니다. 1년도 못 살 것이라는 그가 말입니다.

복음서를 보면 주는 것이 예수님의 사역의 시작이셨습니다. 왜 그러셨을까요? 주고 싶어서 그렇게 하신 것입니다. 아픈 사람을 보면 건강을 주고 싶으셨습니다. 고민하고 있는 사람에게는 해결책을 주고 싶으셨습니다. 외로워하는 사람에게는 친구가 되어 주고 싶으셨습니다.
예수님의 모든 사역의 동기는 '주고 싶으셔서'입니다. 우리 모두에게 영생을 주고 싶으셔서 십자가를 지셨습니다. 당신의 추종자를 만들기 위해 그러신 것이 아닙니다. 그저 단순히 사랑하는 마음으로 주고 싶으셨던 것입니다.

성도(직분)님, 주는 것은 정말 좋은 것입니다. 예수님을 닮아가는 것입니다. 그리고 주는 것은 하나님의 능력과 사람의 마음을 끌어옵니다. 또한 흔들어 넘치도록 하여 안겨 주시는 하나님의 축복도 약속되어 있습니다. 그러므로 주는 자의 삶이 풍요로워지는 것입니다.

"너희 아버지의 자비로우심 같이 너희도 자비하라"(36).
"주는 것이 받는 것보다 복이 있다"(행 20:35).

이 말씀을 성도(직분)님의 마음에 깊이 새겨 보시기 바랍니다.

축복기도/prayer
저희를 헤아리시는 주님, 저희도 주고 헤아리는 삶을 살아갈 수 있게 하옵소서. 주는 삶을 살 때, 그것이 하나님의 축복의 통로가 된다는 것을 잊지 말게 하여 주옵소서. 헤아리는 삶을 살 때, 그것이 하나님의 헤아림을 받게 되는 삶이 된다는 것을 잊지 말게 하여 주옵소서. 이 땅을 살아가는 동안 더 많이 주고, 더 많이 헤아릴 수 있는 저희의 삶이 되게 하여 주옵소서. 주고 헤아리는 것으로 주님을 닮아갈 수 있게 하시고, 뭇사람으로 하여금 주님을 알게 하는 복음의 도구가 되게 하여 주옵소서. 예수 그리스도의 이름으로 기도합니다. 아멘

[간절함과 사모함이 없는 자] 말씀에 대한 사모함

하늘 양식으로 부요한 자

· 찬송: 96장, 441장   · 성경: 마태복음 15장 32~38절

"예수께서 제자들을 불러 이르시되 내가 무리를 불쌍히 여기노라 그들이 나와 함께 있은 지 이미 사흘이매 먹을 것이 없도다 길에서 기진할까 하여 굶겨 보내지 못하겠노라 제자들이 이르되 광야에 있어 우리가 어디서 이런 무리가 배부를 만큼 떡을 얻으리이까 예수께서 이르시되 너희에게 떡이 몇 개나 있느냐 이르되 일곱 개와 작은 생선 두어 마리가 있나이다 하거늘 예수께서 무리에게 명하사 땅에 앉게 하시고 떡 일곱 개와 그 생선을 가지사 축사하시고 떼어 제자들에게 주시니 제자들이 무리에게 주매 다 배불리 먹고 남은 조각을 일곱 광주리에 차게 거두었으며 먹은 자는 여자와 어린이 외에 사천 명이었더라"

위로와 권면/sermon

음악의 어머니로 불리 우는 「헨델」이 그 유명한 오라토리오 '메시아'를 작곡할 때도 그랬다고 합니다. 그는 떠오르는 영감이 사라지는 것이 두려워서 23일간 식음을 전폐하면서 작곡에 온전히 몰두하였습니다. 23일간 먹지도 않고 메시아를 작곡하였다는 것은 인간의 결단과 각오를 가지고는 불가능한 일입니다.

오히려 너무 오랫동안 굶으면 영감이나 지력이 떨어지게 되어 있습니다. 그런데도 23일 동안 식사를 뒤로 미루고 작곡에 전념할 수 있었던 것은, 메시아 전곡을 쓰는 동안, 하늘의 신비를 맛보며 하늘의 양식으로 부요하였기 때문이었을 것입니다.

오늘 말씀 역시 사람들이 하나님의 말씀에 취하여서 배고픔도 모르고 주님 앞에서 말씀을 듣고 있었습니다. 그들은 육의 양식을 뒷전

으로 미룰 만큼 말씀에 대한 갈급함과 사모함이 컸다고 짐작해 볼 수 있습니다. 물론 그 중에는 먹을 것 때문에 예수님을 따라다니는 자들도 있었을 것입니다.

지금도 마찬가지입니다. 교회에는 하나님의 은혜를 사모하여 나오는 자들도 있지만, 지금도 여전히 종교적인 매력이나 인간관계 때문에 나오는 사람들도 있습니다. 취미생활의 한 방편으로 교회를 찾는 사람들도 있습니다. 하지만 우리는 이런 사람들 중의 한 사람이 되어서는 결코 안 될 것입니다. 진정으로 주님의 말씀에 대한 사모함과 하나님의 은혜를 경험하고자 하는 간절함이 우리에게 있어야 할 것입니다. 하나님의 나라는 지금도 이들처럼, 하나님의 말씀에 대한 간절한 사모함을 통하여 이루어져 가고 있습니다.
성도(직분)님의 삶은 말씀에 대한 간절한 사모함을 통하여 하나님의 나라를 이루어 가는 축복의 삶이 되시기 바랍니다.

축복기도/prayer
말씀의 주님, 오늘 저희도 세상에 취한 삶이 아니라 말씀에 취한 삶이 되게 하여 주옵소서. 항상 말씀에 대한 갈급함과 사모함이 있게 하시고, 말씀 속에서 하나님의 은혜를 경험하고자 하는 간절함이 있게 하여 주옵소서.
그리하여 이 땅을 살아가는 동안 말씀을 통하여 하나님의 나라가 이루어져 가는 것을 목격하며 살 수 있게 하옵소서. 예수 그리스도의 이름으로 기도합니다. 아멘

[말과 행동이 거친 자] 아름다운 언어와 행동

주의 장막에 머무를 자

· 찬송: 212장, 264장   · 성경: 시편 15편 1~5절

"여호와여 주의 장막에 머무를 자 누구오며 주의 성산에 사는 자 누구오니이까 정직하게 행하며 공의를 실천하며 그의 마음에 진실을 말하며 그의 혀로 남을 허물하지 아니하고 그의 이웃에게 악을 행하지 아니하며 그의 이웃을 비방하지 아니하며 그의 눈은 망령된 자를 멸시하며 여호와를 두려워하는 자들을 존대하며 그의 마음에 서원한 것은 해로울지라도 변하지 아니하며 이자를 받으려고 돈을 꾸어주지 아니하며 뇌물을 받고 무죄한 자를 해하지 아니하는 자이니 이런 일을 행하는 자는 영원히 흔들리지 아니하리로다"

위로와 권면/sermon

대문호이자 정치가이기도 하고 군인이며 실업가였던 「괴테」의 집에는 매일같이 많은 사람들이 몰려와 그의 이야기를 들었다고 합니다. 사람들이 모이면 당연히 험담과 악담이 있기 마련인데, 그럴 때마다 괴테는 이런 말을 했다고 합니다.

"여러분, 휴지 조각은 흩어 놓아도 좋습니다만 험담과 악담을 펴놓는 것은 삼가 주십시오. 더러운 말은 티끌과 먼지보다 더 공기를 탁하게 하는 것입니다."

오늘 말씀에 시인은 행실과 말에 대하여 말하고 있습니다. 정직한 행동과 공의로운 행동은 마음에서 비롯됩니다. 마음이 절망스런 사람은 어두운 빛이 드러나기 마련이요, 기쁨이 가득한 마음 또한 행동으로 표출되기 마련입니다. 행동이 마음에서 비롯됨과 같이 언어

또한 마음에서 비롯됩니다. 사랑이 가득하면 사랑의 말이 나옵니다. 미움이 가득하면 미움의 말이 나옵니다.

사랑의 말은 상대방을 풍요롭게 해 주고, 용기를 북돋아 주며, 상처를 싸매어 주지만, 참소하는 말은 상처와 아픔을 가져다 주기에 충분합니다. 흉기를 휘둘러야만 사람을 죽이는 것이 아니라, 한 치도 안 되는 혀끝으로 사람을 죽이고 매장할 수 있음을 기억해야 합니다.

성도(직분)님, 오늘 말씀에 시인의 고백대로 하나님의 성산에 거할 수 있는 사람은 행동과 언어가 신앙과 일치하는 사람이라야 된다는 것을 기억하고, 우리의 언어에 예수님의 모습이 깃들 수 있도록 늘 힘쓰는 삶이 되시기를 바랍니다. 또한 우리의 행동에 항상 예수님의 마음이 묻어날 수 있기를 주님의 이름으로 축복합니다.

축복기도/prayer

사랑의 하나님, 지금 우리의 마음은 어떤지요? 정직한 행동과 공의로운 행동이 있는 마음입니까? 사랑이 가득한 마음입니까? 기쁨과 사랑을 행동으로, 언어로 보여줄 수 있는 삶이 되게 하여 주옵소서. 오늘도 나로 말미암아 많은 사람이 기뻐할 수 있게 하시고, 사랑을 느낄 수 있게 하옵소서. 저희의 행동과 언어가 신앙과 일치되기를 원합니다. 주님의 성산에 거할 수 있는 사람이 되게 하옵소서. 예수 그리스도의 이름으로 기도합니다. 아멘

[기도생활이 없는 자] 즐거운 기도생활

영혼의 호흡

· 찬송: 135장, 532장   · 성경: 누가복음 22장 39~46절

"예수께서 나가사 습관을 따라 감람산에 가시매 제자들도 따라갔더니 그 곳에 이르러 그들에게 이르시되 유혹에 빠지지 않게 기도하라 하시고 그들을 떠나 돌 던질 만큼 가서 무릎을 꿇고 기도하여 이르시되 아버지여 만일 아버지의 뜻이거든 이 잔을 내게서 옮기시옵소서 그러나 내 원대로 마시옵고 아버지의 원대로 되기를 원하나이다 하시니 천사가 하늘로부터 예수께 나타나 힘을 더하더라 예수께서 힘쓰고 애써 더욱 간절히 기도하시니 땀이 땅에 떨어지는 핏방울 같이 되더라 기도 후에 일어나 제자들에게 가서 슬픔으로 인하여 잠든 것을 보시고 이르시되 어찌하여 자느냐 시험에 들지 않게 일어나 기도하라 하시니라"

위로와 권면/sermon
기도는 그리스도인의 신앙생활에서 매우 중요한 요소 가운데 하나입니다. 기도는 영혼의 호흡이기 때문에 기도를 멈춘 그리스도인은 영적으로 죽어가고 있는 것이나 다름이 없습니다.
그래서 기도생활이 잘 안된다면 이것은 신앙생활에 적신호가 켜졌음을 나타내는 것입니다. 우리가 기도에 대하여 기본적으로 알아야 할 것이 있습니다.

첫째는, 영적전쟁임을 인식해야 한다는 것입니다. 기도생활은 영적 전쟁입니다. 이 전쟁의 대상은 바로 사탄입니다. 전쟁의 승패는 틈에 좌우되는 경우가 많습니다. 사탄은 성도들을 넘어뜨리기 위해서 틈타는 존재입니다. 우리는 이 틈이 벌어질 때마다 영적인 아교로 잘 붙어야 하는데 그것이 바로 기도생활입니다.

둘째는, 습관을 들여야 한다는 것입니다. 기도생활을 잘하려면 습관이 무척 중요합니다. 예수님이 기도생활을 잘하신 것도 습관에 있었던 것을 알 수 있습니다(39). 그러므로 신앙생활 잘하는 비결은 바로 습관에 달려 있습니다.

셋째는, 성경 읽기와 찬송을 병행해야 한다는 것입니다. 신앙생활 잘 하려면 기도 외에도 성경 읽기와 찬송 부르는 것을 함께 해야만 합니다. 찬송은 기도의 짝이라고 할 수 있습니다. 시편이 그것을 잘 보여 주고 있습니다. 기도가 잘 안 될 때 찬송을 많이 부르면 기도하려는 마음을 끌어올릴 수 있습니다.

성도(직분)님, 그리스도인의 신앙생활에 기도의 중요성은 아무리 강조해도 지나치지 않습니다. 능력 있는 그리스도인의 삶은 기도 생활에 달려 있음을 잊지 말아야겠습니다.

축복기도/prayer

습관을 좇아 기도하신 주님, 오늘 저희는 기도가 멈춘 상태가 아닌지요? 영적인 호흡이 끊긴 상태는 아닌지요? 그리하여 신앙생활조차도 귀찮아하고 있는 것은 아닌지요?

저희로 기도의 중요성을 깨닫게 하옵소서. 기도가 없으면 하나님과의 은혜의 통로가 단절된다는 것을 잊지 않게 하옵소서. 능력 있는 그리스도인으로 살기 위하여 주님과 같이 습관을 좇아 기도할 수 있게 하옵소서. 예수 그리스도의 이름으로 기도합니다. 아멘

[죄 문제를 가볍게 보는 자] 성공과 실패

죄는 삶의 문제이다

· 찬송: 254장, 279장   · 성경: 이사야 59장 1~5절

"여호와의 손이 짧아 구원하지 못하심도 아니요 귀가 둔하여 듣지 못하심도 아니라 오직 너희 죄악이 너희와 너희 하나님 사이를 갈라 놓았고 너희 죄가 그의 얼굴을 가리어서 너희에게서 듣지 않으시게 함이니라 이는 너희 손이 피에, 너희 손가락이 죄악에 더러워졌으며 너희 입술은 거짓을 말하며 너희 혀는 악독을 냄이라"

위로와 권면/sermon
우리가 신앙생활하면서 절대 잊지 말아야 할 것이 죄에 관한 문제입니다. 죄의 문제는 죄의 문제로만 끝나지를 않는다는 것입니다. 죄는 내 삶의 전반에 영향력의 뿌리를 뻗습니다. 그 뿌리는 아주 강인해서 내 모든 삶의 전 영역에 파고들어 문제를 만들어 가기 시작합니다. 우리의 삶의 문제의 뿌리를 보면 거기에는 반드시 죄악이 묻어 있습니다.

그러므로 죄의 문제는 일부가 아닌 내 삶 전체의 문제입니다. 죄의 문제가 해결되지 않는 한, 나의 다른 문제들도 해결이 되지 않습니다. 내 삶에 문제가 있는 것은 죄가 있기 때문입니다. 물론 '이 문제는 바로 이 죄가 원인이다.'라고 공식화할 수는 없습니다. 그러나 궁극적으로 보면 다 죄의 문제인 것입니다. 우리는 이 죄의 문제를 반드시 해결해야 합니다. 그 이유가 있습니다. 죄가 있는 곳에서는 하나님의 역사가 시작되지 않기 때문입니다.

죄에 관한 이야기를 하면 '난 이미 예수님의 피로 죄 사함을 받았는데 왜 또 사함 받은 죄의 문제를 말하느냐'며 별로 달가워하지 않는 신앙인들도 많이 있습니다. 그런데 문제 해결에 대한 말씀이나, 실패를 딛고 성공하는 약속의 말씀을 증거할 때는 귀를 쫑긋 세웁니다. 그런데 문제 해결이나 실패가 죄의 문제와 밀접하다면 어떻게 해야 하는 것입니까? 죄가 해결되지 않으면 문제가 해결되지를 않습니다.

성도(직분)님, 겨울을 보내야 싹이 돋듯, 죄를 해결하지 않는 한 인생의 겨울은 지나가지 않습니다. 죄가 가야만 영혼의 봄이 오는 것이고, 봄이 와야만 내 삶의 모든 분야에 싹이 돋고, 내가 파종하는 씨앗들도 싹이 돋을 수 있습니다.

그러므로 우리에게 죄가 있는 한 우리는 하나님의 역사를 경험할 수 없다는 것을 기억하셔서 항상 회개하는 중심을 가지고 주님의 긍휼을 구하는 삶이 되시기를 주님의 이름으로 축복합니다.

축복기도/prayer

사죄의 은총을 더하시는 하나님, 오늘 저희에게는 하나님 앞에서 반드시 해결받아야 할 죄의 문제가 없는지 돌아보기를 원합니다.
하나님이 가장 미워하시는 것이 죄임을 잊지 않게 하여 주옵소서. 죄 문제가 해결되어야만 인생의 모든 문제가 해결된다는 사실을 놓치지 않게 하여 주옵소서. 다른 무엇보다도 항상 죄에 대하여 민감하게 대처하는 신앙이 되게 하여 주옵소서. 예수 그리스도의 이름으로 기도합니다. 아멘

[찬송의 삶이 없는 자] 신령한 노래

찬송해야 할 이유

· 찬송: 26장, 412장   · 성경: 에베소서 1장 3~14절

"찬송하리로다 하나님 곧 우리 주 예수 그리스도의 아버지께서 그리스도 안에서 하늘에 속한 모든 신령한 복을 우리에게 주시되 곧 창세 전에 그리스도 안에서 우리를 택하사 우리로 사랑 안에서 그 앞에 거룩하고 흠이 없게 하시려고 그 기쁘신 뜻대로 우리를 예정하사 예수 그리스도로 말미암아 자기의 아들들이 되게 하셨으니 이는 그가 사랑하시는 자 안에서 우리에게 거저 주시는 바 그의 은혜의 영광을 찬송하게 하려는 것이라<후략>"

위로와 권면/sermon

종교개혁자 「마틴 루터」는 "마귀가 두려워하는 건 내 설교가 아니라 내 찬양"이라고 말했습니다. 신자들에게 찬양은 이처럼 중요합니다. 바울도 에베소 교인들에게 하나님을 찬양하라고 권합니다(엡 1:6,12,14). 하지만 언제부터인가 신자들에게 '찬양'이란 말은 빈 상자처럼 되어버렸습니다.

오늘 말씀에서 바울은 하나님을 찬양해야 할 분명한 이유를 가르쳐 주고 있습니다.
첫째, 성부 하나님의 사랑을 찬양하라고 합니다. 하나님은 온갖 영적인 복을 그리스도께 속한 우리에게 사랑으로 베풀어 주셨기 때문입니다(3절).
둘째, 성자 예수님이 값없이 베풀어 주신 구속의 은혜를 찬양하라고 합니다(7~12절). 그리스도의 십자가로 말미암아 우리의 모든 죄를 용서받았기 때문입니다.
셋째, 약속하신 성령의 인치심을 찬양하라고 합니다(13~14절). 성령께서는 우리가 하늘의 복된 기업을 받을 자임을 보증하시기 때문입니다.

「유진 피터슨」은 하나님을 찬양하는 것을 '영광스러운 삶'이라고 풀고 있습니다. 하나님을 찬양하는 것은 목소리로만이 아니라 찬양하는 삶이 되어야 합니다(12절). 하나님을 찬송하되 입술로만이 아니라, 전 삶으로 찬송해야 합니다. 교회에서만이 아니라 삶의 전 영역에서 하나님을 높이고 자랑하고 증거해야 하는 것입니다.

오늘 성도(직분)님의 찬송은 어떻습니까? 날마다, 매 순간마다 하나님께 올릴 찬송이 있기를 소원합니다. 성부 하나님을 찬양하고, 성자 하나님을 찬양하고, 성령님을 찬양하는 신령한 노래가 있기를 소원합니다. 우리의 전 삶의 영역을 통하여 하나님을 찬송하는 삶을 살 수 있다면 그것이 우리가 이 땅에서 영광스럽고 복된 삶을 사는 것입니다.

축복기도/prayer
찬양을 받으시기에 합당하신 하나님, 저희로 하여금 하나님을 찬양하는 삶이 되게 하옵소서. 목소리만의 찬양이 아니라 몸과 마음을 다하여 전심으로 찬양하는 삶이 되게 하옵소서. 찬양을 통하여 하나님만이 찬양을 받으시기에 합당하신 분이심을 드러낼 수 있게 하시고, 찬양을 통하여 하나님의 사랑을 드러낼 수 있는 삶이 되게 하옵소서. 찬양으로 주변을 덮고 온 세상을 덮을 수 있는 삶이 되게 하여 주옵소서. 예수 그리스도의 이름으로 기도합니다. 아멘

[하나를 이루지 못하는 자] 마음을 같이함

하나 됨의 능력

· 찬송: 220장, 467장   · 성경: 전도서 4장 9~12절

"두 사람이 한 사람보다 나음은 그들이 수고함으로 좋은 상을 얻을 것임이라 혹시 그들이 넘어지면 하나가 그 동무를 붙들어 일으키려니와 홀로 있어 넘어지고 붙들어 일으킬 자가 없는 자에게는 화가 있으리라 또 두 사람이 함께 누우면 따뜻하거니와 한 사람이면 어찌 따뜻하랴 한 사람이면 패하겠거니와 두 사람이면 맞설 수 있나니 세 겹줄은 쉽게 끊어지지 아니하느니라"

위로와 권면/sermon

이솝 우화에 나오는 이야기입니다. 어느 사람에게 아들이 셋이 있었습니다. 이 셋은 사이가 좋지 않아 매일같이 싸웠습니다. 아버지는 다른 근심은 없는데 이 아들들이 항상 근심거리였습니다. 아버지가 죽게 되었습니다. 죽음을 앞둔 아버지가 매일같이 싸우는 아들들이 눈에 밟히는 것입니다. 아버지는 아들들에게 가서 회초리를 네 개씩 가져오라고 했습니다. 그리고 하나씩 부러뜨려 보라고 했습니다. 회초리 하나쯤은 누구나 쉽게 부러뜨릴 수 있지 않습니까? 셋은 모두 손쉽게 하나씩 부러뜨렸습니다.

그러자 이번에는 세 개를 한꺼번에 잡고 부러뜨려 보라고 했습니다. 하나는 잘 부러졌지만 세 개는 달랐습니다. 부러지지 않았습니다. 그때 아버지가 세 아들에게 평생 남는 말을 합니다.
"이와 같이 너희도 하나가 되어야 한다."

이것이 세 아들에게 아버지가 마지막으로 들려준 유언이었습니다. 그렇습니다. 낱개는 금방 부러집니다. 하지만 하나로 묶여서 단을 이루면 웬만해서는 부러지지 않습니다.

오늘 말씀에 전도서 기자는 "한 사람이면 패하겠거니와 두 사람이면 맞설 수 있나니 세 겹줄은 쉽게 끊어지지 아니하느니라"고 말씀합니다. 하나가 되어 마음을 같이 하는 것이 그만큼 중요한 것입니다.
우리가 믿는 하나님도 삼위일체 하나님이십니다. 성부, 성자, 성령 세 분께서 하나를 이루셔서 창조 사역과 인류를 향한 구속 사역을 펼치셨습니다. 지금도 세 분 하나님께서 하나를 이루셔서 우리와 함께 하십니다.

성도(직분)님, 오늘 우리가 하나를 이루며 사는 것은 주님의 뜻입니다. 교회가 하나가 되기를 원하시고, 성도가 하나 되기를 원하십니다. 그래서 세상에서 빛과 소금의 역할을 잘 감당하는 참된 그리스도인으로 살아갈 수 있기를 원하십니다.

축복기도/prayer
사랑의 주님, 저희로 하여금 하나가 되어 항상 마음을 같이 하는 삶이 되게 하여 주옵소서. 주도 하나요, 성령도 하나이듯, 저희도 언제나 하나 되기에 힘쓸 수 있게 하셔서 주님이 명령하신 복되고 아름다운 일들을 이루어가는 삶을 살게 하옵소서.
또한 둘이 하나가 되면 그 어떤 일이든 능히 감당할 정도가 된다는 것을 잊지 않게 하셔서, 어렵고 힘들수록 더욱 마음을 같이할 수 있는 신앙의 사람이 되게 하옵소서. 예수 그리스도의 이름으로 기도합니다. 아멘

[하나님의 은혜를 구하지 않는 자] 힘써서 찾음

여호와를 만날 자

· 찬송: 88장, 453장   · 성경: 잠언 8장 17절

"나를 사랑하는 자들이 나의 사랑을 입으며 나를 간절히 찾는 자가 나를 만날 것이니라"

위로와 권면/sermon

인간이 한평생 이 세상을 살아가는 동안 네 가지를 잘 만나면 복 있는 자라고 합니다. 첫째, 부모를 잘 만나야 하고, 둘째, 친구를 잘 만나야 하고, 셋째, 선생을 잘 만나야 하고, 넷째, 배우자를 잘 만나야 복 있는 자라고 합니다. 그러나 이 네 가지 만남 중에는 가장 중요한 만남이 빠져 있습니다. 바로 하나님과의 만남입니다.

하나님은 인간과의 만남을 기뻐하시며 또한 끊임없이 약속으로 만남을 축복하여 주셨습니다. 그러면 하나님은 어떤 사람을 만나 주시며, 또한 하나님을 만날 사람은 어떤 사람이겠습니까?

첫째, 간절한 마음으로 하나님을 찾는 자가 만날 수 있습니다.
오늘 말씀에 "나를 사랑하는 자들이 나의 사랑을 입으며 나를 간절히 찾는 자가 나를 만날 것이니라"고 하였습니다. 이 말씀대로 하나님을 사랑하고 하나님을 간절히 찾는 자가 하나님을 만날 수 있습니다.

둘째, 신령과 진정으로 예배하는 자가 만날 수 있습니다.
예배는 하나님의 최대 관심입니다. 그래서 주님은 요한복음 4장 23

절에도 하나님은 신령과 진정으로 예배하는 자를 찾으신다고 하셨습니다. 우리에게 참된 예배를 드릴 수 있는 환경적 조건이 뒷받침되지 않는다 할지라도 예배하는 일에 힘쓸 수 있어야 합니다. 하나님은 예배를 통해서 우리에게 회복을 주시기 때문입니다.

셋째, 은혜를 구하는 자가 하나님을 만납니다.

스가랴 8장 22절에 보면 "만군의 여호와를 찾고 은혜를 구하자"고 했습니다. 가장 불행한 사람은 하나님의 은혜를 알지 못하고 그 은혜를 구하지 못하는 자들입니다. 반면 가장 행복한 사람은 하나님의 은혜를 입은 사람입니다.

성도(직분)님, 우리의 삶 가운데서 하나님을 만나야 될 일들이 얼마나 많습니까? 그분의 은혜를 입어야 할 때가 얼마나 많습니까?

오늘의 말씀대로 우리가 하나님을 더욱 사랑하고, 힘써서 찾는 삶을 살아감으로 그분의 은혜를 덧입으며, 그분의 은총 속에서 사는 복된 삶을 사실 수 있기를 주님의 이름으로 축복합니다.

축복기도/prayer

간절히 찾는 자를 만나 주시는 하나님, 저희가 오늘 말씀대로 주님을 더욱 사랑하게 하시고, 간절히 찾는 삶이 되게 하여 주옵소서.

주님을 사랑함같이 예배를 사랑할 수 있게 하시고, 예배하는 일에 힘쓸 수 있게 하옵소서.

또한 언제든지 기도를 통하여 하나님의 은혜를 경험하는 삶이 되게 하여 언제 어느 때라도 주님의 은총 속에서 사는 삶이 되기를 원합니다. 예수 그리스도의 이름으로 기도합니다. 아멘

[기도응답이 더디다고 하는 자] 정하신 때

하나님께서 정하신 때

· 찬송: 369장, 439장   · 성경: 갈라디아서 6장 7~9절

"스스로 속이지 말라 하나님은 업신여김을 받지 아니하시나니 사람이 무엇으로 심든지 그대로 거두리라 자기의 육체를 위하여 심는 자는 육체로부터 썩어진 것을 거두고 성령을 위하여 심는 자는 성령으로부터 영생을 거두리라 우리가 선을 행하되 낙심하지 말지니 포기하지 아니하면 때가 이르매 거두리라"

위로와 권면/sermon

기도의 성자라고 불리우는 「조지 뮬러」(George Muiler, 1805-1898)에 대하여 그가 5만 번 기도 응답을 받았다는 것에만 초점을 맞추어 그의 기도의 세계가 어떠했는지에 대해서만 집중하고 있지만, 사실은 그가 영혼을 끔찍이 사랑한 가난한 목회자였다는 것에 관하여는 관심을 갖지 않고 있는 것 같습니다.

그가 목사가 된 후 불쌍한 고아들을 위해서 60년을 헌신했던 것도 사실은 영혼에 대한 주님의 사랑을 담아내고자 했기 때문입니다.

뮬러가 세상을 떠난 후 그에게 남은 재산이라고는 고작 그가 늘 지니고 있었던 손때 묻은 수첩이 전부였습니다. 거기에는 그가 매일 하나님을 찾아야 했던 간절한 기도제목과 구원받아야 할 친구들과 사람들의 이름이 적혀 있었습니다. 이 수첩은 뮬러가 세상을 떠난 후 친구들이 그의 1주기를 기념하기 위하여 모인 자리에서 공개되었는데, 이제껏 예수님을 믿지 않고 있던 한 친구가 자신의 구원을 위해서 뮬러가 무려 52년 동안 기도했다는 사실을 알고 감동을 받아 그 자리에서 회심하고 예수님을 영접하였습니다. 뮬러는 하나님의 부르심을 받은 후에도 기도의 응답을 받은 것입니다.

그렇습니다. 매사를 조급하게 생각하지 말아야 합니다. 세상일도 조급한 마음을 가지면 일을 그르치기가 쉽습니다. 하나님께서는 기한을 정해두시고 인도하신다는 사실을 기억하셔야 합니다.
그래서 영어 속담에는 'God takes time', 즉 '하나님은 시간을 두시고 역사하신다.'는 속담이 있습니다. 때가 되면 하나님께서 정하신 때에 반드시 거두게 하시고 기도의 응답을 주십니다.

사랑하는 성도(직분)님, 우리가 믿는 하나님은 합력하여 선을 이루시는 하나님이십니다. 좋은 것을 주시되 더 좋은 것으로 주시는 하나님이십니다. 하나님의 정하신 때를 바라보시며 끝까지 기도의 줄을 놓지 않기를 바랍니다.

축복기도/prayer
은혜의 주님, 성도(직분)님의 마음을 굳게 붙들어 주옵소서. 조급한 마음을 갖지 않도록 도와주시옵소서. 때가 되면 거두게 하시고 역사하시는 하나님이심을 믿고, 선을 행하되 낙심하지 말게 하시고, 착한 일을 하되 실족하지 말게 하여 주옵소서.
때가 되면 가장 알맞은 때에, 가장 필요한 때에 응답해 주시는 하나님이심을 믿고 끝까지 기도를 쉬지 않는 삶이 되도록 지켜주옵소서. 예수 그리스도의 이름으로 기도합니다. 아멘

[예수님의 가치를 모르고 있는 자] 보화이신 예수

지혜와 지식의 모든 보화

· 찬송: 95장, 324장   · 성경: 골로새서 2장 1~5절

"내가 너희와 라오디게아에 있는 자들과 무릇 내 육신의 얼굴을 보지 못한 자들을 위하여 얼마나 힘쓰는지를 너희가 알기를 원하노니 이는 그들로 마음에 위안을 받고 사랑 안에서 연합하여 확실한 이해의 모든 풍성함과 하나님의 비밀인 그리스도를 깨닫게 하려 함이니 그 안에는 지혜와 지식의 모든 보화가 감추어져 있느니라 내가 이것을 말함은 아무도 교만한 말로 너희를 속이지 못하게 하려 함이니<후략>"

위로와 권면/sermon

1986년 11월 미국의 아리조나주에 살고 있는 스미스라는 보석상인은 우연히 수석 전시회에 들렸다가 그만 깜짝 놀라고 말았습니다. 15불짜리 가격표가 매겨진 돌맹이가 실은 사파이어였기 때문입니다. 스미스씨는 전시회장의 주인을 물러 이게 정말 15불이냐고 물었습니다. 그 주인은 15불이 비싸다는 표현으로 알아들은 듯 오히려 5불을 깎아 주겠노라고 먼저 제의를 했습니다. 스미스씨는 두말 하지 않고 10불을 주고 산 뒤 사파이어를 들고 집으로 왔습니다. 그 원석을 쪼개어 자기의 기술을 다하여 목걸이, 팔찌, 반지 등을 무수히 만들어 팔았을 때에 그가 벌어들인 돈은 228만 불이었습니다. 보석의 가치를 아는 자와 모르는 자의 차이는 1대 228,000이나 되었습니다.
그렇습니다. 보석의 가치를 아는 것과 모르는 것은 엄청난 차이가 있는 것입니다.

이와 같이 예수님을 아는 것과 모르는 것은 엄청난 차이가 있습니다. 예수님을 바로 깨달아야 한다는 것입니다. 오늘 말씀에 바울은 예수님을 지혜와 지식의 모든 보화가 감추어져 있는 분으로 소개하고 있습니다. 그분 안에 지혜와 지식의 모든 보화가 있다는 것입니다.

그러므로 예수님을 정말 깨닫게 되면 개인마다 생겨나는 것이 소망이고 비전입니다. 희망이 생겨납니다. 예수를 만나면 깨어질 가정이 회복이 되고, 죽을 가정들이 살아납니다. 갈 길을 몰라 방황하던 사람이 길을 찾게 되고, 절망에 몸부림치던 사람이 희망을 노래합니다. 왜 그렇습니까? 예수님이 보배요, 그분이 진정 누구인지 깨달은 사람은 '보화를 마음에 가진 사람'이 되기 때문입니다.

성도(직분)님, 오늘 우리의 마음에 보화 되신 예수 그리스도가 자리 잡고 있다면 우리는 정말 복 있는 사람입니다. 행복한 사람입니다. 성도(직분)님에게 날마다 예수님을 바로 알아가는 은혜와 지혜가 있기를 주님의 이름으로 축복합니다.

축복기도/prayer
사랑의 주님, 저희로 하여금 예수님을 바로 아는 지식이 있게 하옵소서. 예수님을 바로 깨닫는 은혜가 있게 하옵소서. 그분이 저희의 보배임을 믿습니다.
그분 안에 지혜와 지식의 모든 보화가 감추어져 있음을 믿습니다. 그분이 소망이 되심을 믿습니다. 그분 안에서만 천국을 맛볼 수 있음을 믿습니다. 보배이신 예수님을 잃지 않는 삶이 되게 하옵소서. 예수 그리스도의 이름으로 기도합니다. 아멘

[제사 때문에 힘들어 하는 자] 우상숭배

제사는 귀신에게 하는 것

· 찬송: 330장, 331장   · 성경: 고린도전서 10장 20~23절

"무릇 이방인이 제사하는 것은 귀신에게 하는 것이요 하나님께 제사하는 것이 아니니 나는 너희가 귀신과 교제하는 자가 되기를 원하지 아니하노라 너희가 주의 잔과 귀신의 잔을 겸하여 마시지 못하고 주의 식탁과 귀신의 식탁에 겸하여 참여하지 못하리라"

위로와 권면/sermon

안 믿는 불신가정에서 홀로 신앙생활을 하는 사람이 가장 크게 어려움을 겪는 것 중의 하나가 제사문제입니다. 제사 때나 명절 때가 되면 심적으로 엄청난 부담감을 갖기 마련입니다. 그래서 조상에 대한 제사 문제에 대하여 함께 짚어 보려고 합니다. 우리는 우선 때마다 가장 화두가 되는 조상 제사에 내포되어 있는 몇 가지 성격을 알 필요가 있습니다.

제사는 원시적 '물활론'(Animism)에 근거를 둔 일종의 잡신숭배의 하나라는 사실입니다. 다시 말해서 조상을 수많은 신 중의 하나로 섬기는 종교적 성격이 그 배후에 깔려 있는 것입니다. 그리고 제사는 귀신을 섬기는 일과 불가분의 관계를 가지고 있습니다(고전 10:20). 때문에 제사는 효도가 될 수 없습니다.

죽은 자의 영혼이 제사를 받지 못하기 때문입니다. 따라서 제사는 신앙양심상 허락할 수 없는 일입니다. 양심이 파산하면 믿음도 반드시 위기를 만납니다(딤전 1:19). 그러므로 제사를 지내는 불신 가정에서는 신자로서 양보할 수 있는 선이 어디까지인가를 알려 주어야만 합니다. 우선 제사를 준비하는 일에 참여할 수 있습니다.
하지만 제사상을 차려 놓고 절을 하는 자리에서는 절하는 대신 부동의 자세로 기도하는 것이 바람직합니다. 처음에는 어려움을 겪기 마련이지만, 그것이 후에 가정을 구원하는 데 결정적인 계기를 만들어 줄 수 있습니다. 실제로 그런 사례들이 많습니다.
왜냐하면 귀신에 속한 자는 절대로 예수의 영을 가진 자를 이길 수 없기 때문입니다. 그러므로 잠시의 핍박은 있을지 모르나 시간이 지날수록 끌려오게 되어 있습니다.

세상이 혼란하고 어지러운 때일수록 우상숭배가 갖가지 이름으로 신앙인들을 혼란스럽게 하고 있습니다. 미신을 돈벌이 수단으로 이용하여 사람들을 미혹하고 있는 세상입니다. 사탄을 의식하지 않고 단지 돈벌이 수단으로 미신을 이용한다 하여도 그 사람은 이미 사탄의 손에서 이용당하고 있는 것입니다. 그러니 우리는 거짓 속설에 미혹됨이 없이 온전하게 믿음생활 하기를 힘써야만 합니다.

축복기도/prayer
유일하신 하나님, 세상이 어지러운 때일수록 우상숭배가 갖가지 이름으로 신앙인들을 혼란스럽게 하고 있습니다. 이 모든 것이 사탄이 저희로 하여금 하나님에게서 멀어지게 하려는 계략임을 깨닫게 하셔서, 사탄의 계략에 넘어지는 삶이 되지 않게 하여 주옵소서. 또한, 조상제사는 물론 그 어떤 형태로든 우상을 섬기는 일이 없게 하시고, 하나님만을 섬기는 온전한 믿음생활을 할 수 있게 하여 주옵소서. 예수 그리스도의 이름으로 기도합니다. 아멘

[영적지도자를 가볍게 보는 자] 헤아리는 사람

크게 쓰임 받는 사람

· 찬송: 276장, 341장   · 성경: 민수기 14장 1~10절

"온 회중이 소리를 높여 부르짖으며 백성이 밤새도록 통곡하였더라 이스라엘 자손이 다 모세와 아론을 원망하며 온 회중이 그들에게 이르되 우리가 애굽 땅에서 죽었거나 이 광야에서 죽었으면 좋았을 것을 어찌하여 여호와가 우리를 그 땅으로 인도하여 칼에 쓰러지게 하려 하는가 우리 처자가 사로잡히리니 애굽으로 돌아가는 것이 낫지 아니하냐<중략> 그 땅을 정탐한 자 중 눈의 아들 여호수아와 여분네의 아들 갈렙이 자기들의 옷을 찢고 이스라엘 자손의 온 회중에게 이르되 우리가 두루 다니며 정탐한 땅은 심히 아름다운 땅이라 여호와께서 우리를 기뻐하시면 우리를 그 땅으로 인도하여 들이시고 그 땅을 우리에게 주시리라 이는 과연 젖과 꿀이 흐르는 땅이라<후략>"

위로와 권면/sermon
민수기 13장을 보면 모세가 12명의 정탐꾼을 선발하여 하나님이 주시겠다고 약속하신 가나안 땅을 미리 정탐하게 하는 말씀이 기록되어 있습니다.

가나안 땅을 40일 동안 미리 탐지하고 돌아온 12명의 정탐꾼이 모든 백성들이 지켜보고 있는 가운데 모세 앞에서 보고를 합니다. 그런데 12명의 정탐꾼 중 10명은 부정과 절망의 보고를 하였습니다. 그 땅 거주민과 성읍은 견고하다는 것입니다. 그들은 우리보다 강하다는 것입니다. 그들 앞에서 우리는 메뚜기 같다는 것입니다. 모세의 입장이 얼마나 난처했겠습니까? 그런데 이때 갈렙이 나서서 한마디 합니다.

"여호와께서 우리를 기뻐하시면 우리를 그 땅으로 인도하여 들이시고 그 땅을 우리에게 주시리라 이는 과연 젖과 꿀이 흐르는 땅이라 다만 여호와를 거역하지 말라 그 땅 백성을 두려워하지 말라 그들은 우리의 먹이라 그들의 보호자는 그들에게서 떠났고 여호와는 우리와 함께 하시느니라"(민14:8,9).

갈렙은 지도자가 난처한 입장에 처해 있을 때, 그 마음을 살필 줄 아는 사람이었습니다. 그리고 그 십자가를 자기가 대신 짊어지려고 했습니다. 이러한 그였기에 그는 이방인의 신분을 가진 사람이었으면서도(창15:18~20,민32:12) 약속의 땅을 받아 누리는 하나님의 축복의 사람이 될 수 있었던 것입니다.

"네 발로 밟는 땅은 영원히 너와 네 자손의 기업이 되리라"(9절).

사랑하는 성도(직분)님, 자신의 처해진 현실을 초월하여 지도자를 먼저 생각하고, 공동체를 먼저 생각할 줄 아는 사람, 그리고 그 짐을 자신이 지기를 원하는 사람, 하나님은 이런 사람을 기뻐하시고, 이런 사람을 하나님께서 크게 축복하시고 들어 쓰십니다. 갈렙과 같은 성도(직분)님이 되시기를 주님의 이름으로 축복합니다.

축복기도/prayer
인생을 굽어 살피시는 하나님, 오늘 저희는 지도자가 난처한 입장에 놓였을 때 어떤 태도를 보였는지요? 광야의 이스라엘 백성들처럼 지도자를 비난하고 헐뜯으며 궁지로 몰아넣는 태도를 보인 것은 아닌지요? 주님, 지도자의 마음을 헤아릴 줄 알고 위로하며, 용기와 믿음을 보여줄 수 있는 사람이 되게 하여 주옵소서. 지도자의 어려운 짐을 대신 질줄 아는 신앙의 사람이 되게 하여 주옵소서. 예수 그리스도의 이름으로 기도합니다. 아멘

[자신의 신앙을 돌아보지 않는 자] 값진 구원

구원받을 수 있을까?

· 찬송: 448장, 521장   · 성경: 누가복음 13장 23~30절

"어떤 사람이 여짜오되 주여 구원을 받는 자가 적으니이까 그들에게 이르시되 좁은 문으로 들어가기를 힘쓰라 내가 너희에게 이르노니 들어가기를 구하여도 못하는 자가 많으리라 집 주인이 일어나 문을 한 번 닫은 후에 너희가 밖에 서서 문을 두드리며 주여 열어주소서 하면 그가 대답하여 이르되 나는 너희가 어디에서 온 자인지 알지 못하노라 하리니 그 때에 너희가 말하되 우리는 주 앞에서 먹고 마셨으며 주는 또한 우리를 길거리에서 가르치셨나이다 하나 그가 너희에게 말하여 이르되 나는 너희가 어디에서 왔는지 알지 못하노라 행악하는 모든 자들아 나를 떠나가라 하리라<후략>"

위로와 권면/sermon

하나님 안에 있는 우리는 다 하나님 나라에 들어갈 것을 확신하며 살고 있습니다. 구원의 확신만은 분명합니다. 그러나 우리는 지금 이 시대를 살아가는 그리스도인들로서 현실을 분명하게 바라볼 필요가 있습니다. 어떤 현실이냐 하면 '과연 얼마나 많은 사람들이 구원을 받을까?' 하는 신앙의 현실입니다.

오늘 말씀은 예수님께서 각 마을로 다니시며 가르치시는데 어떤 사람이 이렇게 여쭈어본 것입니다.

"주여, 구원을 받는 자가 적으니이까"(23절).

그러자 예수님께서 이렇게 대답하십니다.

"좁은 문으로 들어가기를 힘쓰라 내가 너희에게 이르노니 들어가기를 구하여도 못하는 자가 많으리라"(24절).

이 말씀대로라면 구원받는 사람이 적다는 말씀입니다. 구원의 문은 좁은 문이고, 들어가기를 구하여도 못하는 자가 많다는 것입니다. 오늘 우리는 예수님이 주시는 이 말씀을 아주 충격적으로 받아들여야 합니다.

결코 예수님은 구원받는 것이 쉽다고 말씀하신 적이 없으십니다. 구원받는 사람이 적다면 구원받는 것이 어렵다는 뜻입니다. 들어가기를 '구하여도 못하는 자가 많을 것'이라는 말씀도 역시 구원받는 것이 생각만큼 그렇게 쉽지 않다는 강조입니다(24).

성도(직분)님, 그러면 과연 나는 확실히 구원받을 수 있을까요? 사도 바울은 "두렵고 떨림으로 너희 구원을 이루라"(빌2:12). 고 권면하고 있습니다그러므로 우리 자신의 신앙의 유익을 위해서라도 가끔씩 우리의 구원을 의심해 볼 필요가 있을 것 같습니다.

그리고 우리의 구원이 정말 값진 것이 되기 위해 구원받는 것이 쉽다는 생각은 버려야만 합니다. 오늘 말씀에 주님이 말씀하신 것과 같이 좁은 문으로 들어가기를 힘써야만 할 것입니다.

축복기도/prayer

구원의 하나님, 오늘 저희는 구원받은 하나님의 자녀로 살고 있는지요? 모양만 구원받은 하나님의 자녀로 살고 있는 것은 아닌지요? 저희가 진정으로 구원의 축복을 받을 수 있는지, 구원의 확신을 점검할 수 있게 하시고, 지금까지의 신앙생활을 점검할 수 있게 하옵소서. 구원의 문은 좁고, 들어가기를 구하여도 못 들어가는 자가 많다는 것을 기억하며 신앙생활 하게 하옵소서. 예수 그리스도의 이름으로 기도합니다. 아멘

[헌신하는 것을 낭비로 보는 자] 사랑의 동기

칭찬받은 낭비

· 찬송: 211장, 213장 　　· 성경: 마가복음 14장 3~9절

"예수께서 베다니 나병환자 시몬의 집에서 식사하실 때에 한 여자가 매우 값진 향유 곧 순전한 나드 한 옥합을 가지고 와서 그 옥합을 깨뜨려 예수의 머리에 부으니 어떤 사람들이 화를 내어 서로 말하되 어찌하여 이 향유를 허비하는가 이 향유를 삼백 데나리온 이상에 팔아 가난한 자들에게 줄 수 있었겠도다 하며 그 여자를 책망하는지라 예수께서 이르시되 가만 두라 너희가 어찌하여 그를 괴롭게 하느냐 그가 내게 좋은 일을 하였느니라 가난한 자들은 항상 너희와 함께 있으니 아무 때라도 원하는 대로 도울 수 있거니와 나는 너희와 항상 함께 있지 아니하리라<후략>"

위로와 권면/sermon

오늘 말씀은 한 여인이 예수님께 귀한 것을 바치는 아름다운 사건을 다루고 있습니다. 장소는 베다니 마을 나병환자 시몬의 집이었습니다(3). 아마도 이 사람은 예수님을 만난 후에 병고침을 받는 기적을 체험했을 것입니다. 그래서 너무도 감사하여 예수님을 모시고 은혜의 잔치를 열었을 것입니다. 그러면 이 나병환자 시몬과 한 여자와의 관계는 어떤 관계였을까요?

다른 복음서를 보면 옥합을 깨뜨린 이 여인을 나사로의 누이 마리아로 보고 있습니다. 따라서 시몬은 나사로와 같은 동네에 거주하는, 그리고 개인적으로 꽤 친분이 두터운 사이였을 것입니다. 그리고 두 가정 모두가 예수님의 은혜를 체험했고, 사랑했음에 틀림이 없습니다. 이렇게 예수님의 은혜를 입은 사람들이 그분을 모시고 잔치를 벌이고 있는 것입니다. 그리고 그 잔치 중간에 마리아가 깜짝 이벤트를 준비했는데, 매우 값진 향유 한 옥합을 가지고 나와서 그 옥합을 깨뜨려 향유 순전한 나드를 예수님의 머리에 부었습니다. 이런 장면을 보면서 흥분을 감추지 못하는 사람들이 있었습니다. 팔아서 구제하는 데 쓰면 훨씬 더 효과적인 것을 쓸데없이 낭비했다는 것입니다. 그러나 주님은 그녀에 대하여 "그가 내게 좋은 일을 하였다"(6)고 칭찬하셨습니다. 원문에는 '좋은 일'이 '아름다운 일'이라고 되어있습니다.

오늘의 신앙인 중에도 두 부류의 사람이 있습니다. 주님을 위하여 헌신하는 것을 지나친 낭비로 보는 시각을 가진 사람과, 그것을 아름다운 낭비로 보는 시각을 가진 사람입니다.

성도(직분)님, 오늘 나는 어떤 부류에 속한 사람이라고 생각하십니까? 항상 사랑의 동기는 합리적인 사고방식과 계산을 초월한다는 사실입니다. 사랑과 헌신은 동전의 양면과 같습니다. 사랑하면 헌신이 따라가게 되어 있습니다. 그것이 어떤 사람들은 지나친 낭비로 생각할지라도 말입니다.

축복기도/prayer
사랑의 주님, 오늘 저희도 마리아와 같이 예수님께 칭찬받을 수 있는 아름다운 헌신이 있게 하여 주옵소서. 아무리 해도 지나치지 않은 것이 주님께 대한 헌신임을 기억하여 헌신의 욕구를 충족시켜 갈 수 있는 저희의 삶이 되게 하옵소서. 언제나 저희가 주님께 행하는 모습이 좋은 일, 아름다운 일, 복된 일이 되게 하여 주옵소서. 예수 그리스도의 이름으로 기도합니다. 아멘

[끈기 있게 기도하지 못하는 자] 기도의 끈기

강청과 끈기 있는 기도

· 찬송: 93장, 369장   · 성경: 창세기 18장 22~33절

"그 사람들이 거기서 떠나 소돔으로 향하여 가고 아브라함은 여호와 앞에 그대로 섰더니 아브라함이 가까이 나아가 이르되 주께서 의인을 악인과 함께 멸하려 하시나이까 그 성 중에 의인 오십 명이 있을지라도 주께서 그곳을 멸하시고 그 오십 의인을 위하여 용서하지 아니하시리이까 주께서 이같이 하사 의인을 악인과 함께 죽이심은 부당하오며 의인과 악인을 같이 하심도 부당하니이다 세상을 심판하시는 이가 정의를 행하실 것이 아니니이까 여호와께서 이르시되 내가 만일 소돔 성읍 가운데에서 의인 오십 명을 찾으면 그들을 위하여 온 지역을 용서하리라<후략>"

위로와 권면/sermon
오늘 말씀은 우리에게 끈기 있는 기도가 무엇인지를 보여 주고 있는 말씀입니다. 아브라함은 소돔과 고모라를 멸하시겠다는 하나님의 말씀을 듣고, 그 도시에 롯이 있음을 알고 그 도시를 멸하지 말 것을 하나님께 강청합니다.
처음에는 50으로 시작합니다. 그러다가 10까지 숫자가 내려갑니다. 50에서 10으로 숫자가 내려가기까지 아브라함은 하나님께 무려 여섯 번이나 강청하는 기도를 드리고 있습니다. 대단한 끈기가 아니고는 이렇게 할 수가 없습니다. 하나님은 아브라함의 끈기를 보고 계셨습니다. 어느 정도까지 구하는지를 보고 계셨습니다.
기도의 여러 유형이 있지만, 하나님이 좋아하시는 기도 중의 하나가 끈기 있는 기도입니다. 기도에서 제일 중요한 것은 끈기입니다. 낙망하거나 실족치 않고 기도하는 것입니다.

믿음으로 사는 사람은 담대함이 필요합니다. 담대하면 하나님의 상을 받게 되어 있습니다. 사실 아브라함은 처음부터 끈기가 있는 사람이 아니었습니다. 그러나 그의 믿음이 성장하면서 끈기도 점점 성장을 한 것입니다. 하나님은 아브라함의 끈기 있는 기도를 들으시고 그의 조카 롯을 소돔과 고모라에서 구원하십니다. 창세기 19장 29절을 보면 "하나님이 그 지역의 성을 멸하실 때 곧 롯이 거주하는 성을 엎으실 때에 하나님이 아브라함을 생각하사 롯을 그 엎으시는 중에서 내보내셨더라"고 기록하고 있습니다.
롯이 구원을 받을 수 있었던 것은 온전히 아브라함의 끈기 있는 기도, 낙망치 않고 끝까지 부르짖었던 기도 때문이었습니다.

성도(직분)님, 오늘 우리에게도 이런 기도가 있다면, 내 자신은 물론이거니와 내 주변을 살리시는 하나님의 역사를 경험하게 될 것입니다.

축복기도/prayer
좋은 기도의 본을 보여 주신 주님, 저희로 아브라함과 같이 끈기 있는 기도를 드릴 수 있게 하옵소서. 하나님의 응답이 있을 때까지 낙망치 않고 끝까지 강청하는 기도를 드릴 수 있게 하옵소서.
설령 하나님의 응답하심이 없더라도 끈기 있게 부르짖는 기도의 습관은 변하지 않게 하여 주옵소서. 끈기 있게 끝까지 기도하다가 저희가 미처 깨닫지 못하던 하나님의 은혜를 깨달을 수 있게 하옵소서. 예수 그리스도의 이름으로 기도합니다. 아멘

[신앙의 향기가 없는 자] 삶의 향기

향기로운 삶

· 찬송: 88장, 325장   · 성경: 빌립보서 4장 8~9절

"끝으로 형제들아 무엇에든지 참되며 무엇에든지 경건하며 무엇에든지 옳으며 무엇에든지 정결하며 무엇에든지 사랑 받을 만하며 무엇에든지 칭찬 받을 만하며 무슨 덕이 있든지 무슨 기림이 있든지 이것들을 생각하라 너희는 내게 배우고 받고 듣고 본 바를 행하라 그리하면 평강의 하나님이 너희와 함께 계시리라"

위로와 권면/sermon

1990년 노벨평화상 후보에 올랐던 엘레나는 '노인의 어머니'라 불릴 만큼 노인들을 위해 많은 일을 했습니다. 그녀는 폐결핵에 걸려 중국선교사의 꿈을 접어야 했습니다. 그러나 원망하지 않고 '하나님은 지금 제게 무엇을 원하십니까?'라고 기도하며 고향으로 돌아왔습니다. 유산으로 물려받은 넓은 불모지를 개간해 농사를 짓고 수확해 중국선교사들에게 선교비를 보냈습니다. 추수하다 탈곡기에 손이 끼어 오른손이 잘렸을 때에도 원망하지 않았습니다.

오히려 "하나님은 지금 제게 무엇을 원하십니까?"라고 기도했습니다. 그녀는 농사를 그만두고 농사짓던 땅에 양로원을 짓고 노인들을 돌보기 시작했습니다. 그곳은 세계적으로 유명한 양로원이 되었고, 그녀는 '노인의 어머니'라는 명예로운 칭호를 받게 되었습니다.
"사람의 향기는 천 리를 간다."는 말이 있지만 그리스도의 향기는 더 멀리 가는 것 같습니다. 그렇기 때문에 그녀의 향기는 수만리를 넘어 우리에게도 전해지는 것입니다. 그녀는 어찌 보면 불행과 실패의 연속이었습니다. 하지만 어려움 속에도 그 삶이 빛나고 향기로운 이유는 어디에 있을까요? 그것은 삶이 명성을 얻어서가 아니라 그의 삶의 과정이 참되고 아름다웠기 때문입니다. 우리가 관심을 가져야 하는 것은 성공이냐, 실패냐가 아니라 '삶의 향기'입니다.

오늘 말씀에 사도바울은 성도의 일곱 가지 덕목을 제시했습니다. 참됨과 경건함, 정결함과 옳음, 사랑받을 만함과 칭찬받을 만함, 배우고 본 바를 행함입니다. 그리할 때 평강의 하나님이 함께하신다고 했습니다. 이 같은 자세와 성품으로 사는 것이 하나님과 함께 사는 구체적인 방법이며, 하나님을 믿는 구체적인 방법입니다.

성도(직분)님은 바울이 권면한 일곱 가지 덕목대로 그리스도의 향기를 전파하는 신앙의 사람이 되기를 주님의 이름으로 축복합니다.

축복기도/prayer
사랑의 주님, 오늘 저희는 그리스도의 향기를 드러내고 전파하는 삶을 살고 있는지요? 오늘 말씀에 사도바울이 제시한 성도의 일곱 가지 덕목이 저희의 삶 속에서 드러날 수 있기를 원합니다. 그리하여 그리스도의 향기를 드러내고 전파하는 삶이 되게 하여 주옵소서.
성도의 삶은 항상 향기로 평가받는 것임을 잊지 말게 하여 주옵소서. 그리스도의 향기가 있는 주님의 사람이 되기를 원하오며 예수 그리스도의 이름으로 기도합니다. 아멘

[찬양이 메마른 자] 찬양의 삶

온 땅에 어찌 그리 아름다운지요

· 찬송: 21장, 37장 　　　　 · 성경: 시편 8편 1~9절

"여호와 우리 주여 주의 이름이 온 땅에 어찌 그리 아름다운지요 주의 영광이 하늘을 덮었나이다 주의 대적으로 말미암아 어린 아이들과 젖먹이들의 입으로 권능을 세우심이여 이는 원수들과 보복자들을 잠잠하게 하려 하심이니이다 주의 손가락으로 만드신 주의 하늘과 주께서 베풀어 두신 달과 별들을 내가 보오니 사람이 무엇이관대 주께서 그를 생각하시며 인자가 무엇이기에 주께서 그를 돌보시나이까 그를 하나님보다 조금 못하게 하시고 영화와 존귀로 관을 씌우셨나이다 주의 오른손으로 만드신 것을 다스리게 하시고 만물을 그의 발 아래 두셨으니 곧 모든 소와 양과 들짐승이며<후략>"

위로와 권면/sermon

르네상스 시대의 거장인「미켈란젤로」는 로마 바티칸의 시스틴 성당 천장 벽화를 그릴 때 혼신을 다하여 작품에 매달렸습니다. 그 결과 그는 불후의 명작 '천지창조'를 완성했습니다. 감격스런 마음으로 자기의 작품에 서명을 남기고 성당 문을 나서던 순간 그는 눈부신 햇살과 자연의 아름다움에 그만 넋을 잃고 말았습니다.

세상의 무엇과도 비교할 수 없는 자연의 아름다움, 어떤 화가도 그려낼 수 없는 대자연의 아름다움을 보면서 그는 깨달았습니다. '하나님은 이렇게 아름다운 자연을 창조하시고도 그 어디에 서명을 남기시지 않았는데 기껏 작은 벽화를 그려 놓고 나를 자랑하려 했다니…' 그는 즉시 천장 벽화에서 서명을 지워버리고 그 후로는 자기의 작품에 서명을 하지 않았다고 합니다.
오늘 말씀에 시인은 우주 만물을 지으신 여호와 하나님의 창조하신 솜씨를 찬양하고 있습니다. 그 창조의 솜씨가 얼마나 경이로운지 노래를 시작할 때 감탄하여 끝마칠 때에도 창조주에 대한 감탄으로 마치고 있습니다.

성도(직분)님, 오늘 말씀의 시인과 같이 천지를 지으신 하나님의 솜씨를 보며 찬양해 보신 적이 있습니까? 더 놀라운 것은 그 모든 만물을 자연이 아닌 인간을 위해서 창조하셨다는 것입니다.
바로 나를 위해서 창조하신 것입니다. 그 창조주 하나님이 오늘 나의 삶을 빚고 계십니다. 시인의 감격과 찬양이 오늘 나의 감격과 찬양이 되도록 합시다. 그분의 솜씨를 소리 높여 찬양하며 내 인생을 맡길 수 있는 성도(직분)님이 되기를 주님의 이름으로 축복합니다.

축복기도/prayer
사랑의 하나님, 오늘 저희에게도 시인과 같이 하나님이 창조하신 대자연을 보며 소리 높여 찬양할 수 있는 깨달음과 믿음이 있게 하옵소서. 그리고 이 모든 것을 저희를 위해서 지으셨다는 것을 고백하고 감사하게 하옵소서.
지금 우리의 인생도 그 창조주 하나님의 손에 붙잡혀 있음을 깨닫게 하시고, 내 인생을 운영하고 계시는 하나님께 날마다의 찬양과 감사가 있게 하옵소서. 하나님을 향한 찬양과 감사가 넘치는 자의 삶을 더욱 복되게 하시고 윤택하게 하실 것을 믿습니다.
예수 그리스도의 이름으로 기도합니다. 아멘

주님이 주시는 것이라면

_ 쇠렌 키에르케고르
1813-1855

주님이 주시는 것이라면 무엇이든 받겠습니다.

명예와 영광이라 해도 주님이 주시는 것이라면 받겠습니다.

모욕과 욕설이라도 주님이 주시는 것이라면 달게 받겠습니다.

오, 저희를 도우시어 어느 것이라도

동일한 기쁨과 감사로 받게 하소서.

두 가지 사이에는 차별이 없습니다.

가장 중요한 한 가지 사실만 기억한다면

두 가지는 실상 다를 게 없습니다.

'주님이 주신 것'이라는 한 가지 사실만 기억한다면!

5부

축하와 위로를 위한
심방설교문

[새로 등록한 가정] 가족

축복받은 오벧에돔 가정

· 찬송: 446장, 529장   · 성경: 역대상 13장 6~14절

"다윗이 온 이스라엘을 거느리고 바알라 곧 유다에 속한 기럇여아림에 올라가서 여호와 하나님의 궤를 메어오려 하니 이는 여호와께서 두 그룹 사이에 계시므로 그러한 이름으로 일컬음을 받았더라 하나님의 궤를 새 수레에 싣고 아비나답의 집에서 나오는데 웃사와 아히오는 수레를 몰며 다윗과 이스라엘 온 무리는 하나님 앞에서 힘을 다하여 뛰놀며 노래하며 수금과 비파와 소고와 제금과 나팔로 연주하니라<중략> 다윗이 궤를 옮겨 자기가 있는 다윗 성으로 메어들이지 못하고 그 대신 가드 사람 오벧에돔의 집으로 메어가니라 하나님의 궤가 오벧에돔의 집에서 그의 가족과 함께 석 달을 있으니라 여호와께서 오벧에돔의 집과 그의 모든 소유에 복을 내리셨더라"

축하와 환영/sermon
성도(직분)님 가정을 저희 ○○교회에 등록하게 하셔서 함께 축복의 길을 가게 하신 하나님께 감사드립니다. 이 지역에 여러 교회들이 있지만 다른 교회로 인도하시지 않고 ○○교회로 인도하셔서 함께 하나님을 섬길 수 있게 된 것은 굉장한 인연입니다. 저는 이 인연을 아주 소중하게 간직할 것입니다. 두 분도 우리와 함께 신앙생활 하면서 하나님이 예비하신 놀라운 은혜를 받으면서 풍성한 축복을 받는 생활이 꼭 되실 수 있기를 바랍니다.

오늘 본문 말씀에는 하나님이 복 주신 가정이 소개되고 있는데 그 가정은 오벧에돔의 가정입니다. 그러면 오벧에돔의 가정은 어떻게 해서 하나님의 축복을 받은 가정이 될 수 있었을까요? 두 분의 가정이 오벧에돔의 가정처럼 하나님이 복 주시는 가정이 되기를 다시 한 번 소원하면서 이에 대해 말씀을 증거하고자 합니다.

첫째로, 하나님을 모셨기 때문입니다.
하나님이 오벧에돔의 가정에 복을 내려 주신 이유는 오벧에돔의 가정이 하나님의 언약궤를 모셨기 때문입니다. 하나님의 언약궤는 하나님의 임재의 상징으로서 성전의 모든 기구들 중에 가장 신성한 성물입니다. 따라서 하나님의 언약궤를 모시는 것은 하나님을 모시는 것과 같습니다. 그런데 하나님의 언약궤가 오벧에돔의 집에 있었던 기간은 3개월에 불과합니다. 그럼에도 하나님이 오벧에돔의 집과 그의 모든 소유에 복을 주셨다면 하나님을 평생 모신 가정은 얼마나 많은 축복을 받을 수 있겠습니까?
하나님을 가정에 모신다는 것은 온 가족이 오직 하나님만 주인으로 섬기며 그분의 말씀대로 행하는 것을 말합니다. 하나님은 이 같은 가정에 복을 내리시고 형통케 하십니다. 지금까지 그렇게 사시려고 힘써 오셨겠지만 계속 그와 같은 삶을 사심으로 가정과 하시는 사업에 형통케 하시는 하나님의 축복이 늘 함께하시기를 축원합니다.

둘째로, 하나님을 위해 내어 드렸기 때문입니다.
다윗은 원래 하나님의 언약궤를 아비나답의 집에서 다윗성으로 옮겨 오려고 했습니다. 그러나 언약궤를 옮기는 과정에서 웃사가 하나님의 궤를 붙들다가 죽임을 당하는 일이 발생했습니다. 그래서 다윗은 물론이고 그 누구도 언약궤를 선뜻 자기 집에 모시려고 하지를 않았습니다. 괜히 모셨다가 웃사처럼 화를 당할까 두려웠기 때문입니다.
그러나 오벧에돔은 하나님의 언약궤를 위해 자신의 집을 선뜻 내어

드렸습니다. 당시 그 지방에는 많은 집들이 있었지만 오벧에돔만이 자신의 집을 하나님의 언약궤가 머무를 처소로 제공했다는 것입니다. 오벧에돔처럼 하나님이 쓰시기를 원하시는 것을 기꺼이 내어드리는 것이 믿음이라고 할 수 있습니다. 오벧에돔의 가정이 복을 받은 것도 하나님이 원하시는 것을 기꺼이 내어드렸기 때문입니다.

말씀을 정리합니다. 본문 말씀에 나오는 오벧에돔의 가정이 하나님의 축복을 받게 된 것은 하나님을 모셨기 때문이요, 하나님이 쓰시기 원하시는 것을 선뜻 내어드렸기 때문입니다. 두 분의 가정도 오벧에돔의 가정처럼 하나님이 복 주시는 행복한 가정, 모든 행사에 형통함을 주시는 복된 가정이 되시기를 주님의 이름으로 다시 한 번 축복합니다.

축복기도/prayer
사랑의 하나님, 성도(직분)님의 가정을 ○○교회로 보내주셔서 하나님께 다시 한 번 감사와 영광을 돌립니다. 또한 이렇게 성도(직분)님의 가정에서 등록 감사예배를 드릴 수 있게 하시니 감사드립니다. 오늘 축복받은 오벧에돔의 가정에 대해서 말씀을 나누었습니다. 하나님을 잘 모시는 가정에 되게 하시고, 하나님이 원하시는 것을 기꺼이 내어드릴 수 있는 가정이 되게 하여 주옵소서.
그리하여 성도(직분)님의 가정도 하나님의 축복을 받는 가정이 되게 하여 주옵소서. 모든 행사에 형통함을 주시는 하나님의 은총을 누리는 가정이 되게 하여 주옵소서. 예수 그리스도의 이름으로 기도합니다. 아멘

[새로 등록한 성도] 지병이 있는 자

욥의 인생체험

· 찬송: 407장, 471장   · 성경: 욥기 14장 1~17절

"여인에게서 태어난 사람은 생애가 짧고 걱정이 가득하며 그는 꽃과 같이 자라나서 시들며 그림자 같이 지나가며 머물지 아니하거늘 이와 같은 자를 주께서 눈여겨 보시나이까 나를 주 앞에서 이끌어서 재판하시나이까 누가 깨끗한 것을 더러운 것 가운데에서 낼 수 있으리이까 하나도 없나이다 그의 날을 정하셨고 그의 달 수도 주께 있으므로 그의 규례를 정하여 넘어가지 못하게 하셨사온즉 그에게서 눈을 돌이켜 그가 품꾼 같이 그의 날을 마칠 때까지 그를 홀로 있게 하옵소서<중략> 주께서는 나를 부르시겠고 나는 대답하겠나이다 주께서는 주의 손으로 지으신 것을 기다리시겠나이다 그러하온데 이제 주께서 나의 걸음을 세시오니 나의 죄를 감찰하지 아니하시나이까 주는 내 허물을 주머니에 봉하시고 내 죄악을 싸매시나이다"

축하와 환영/sermon

성도(직분)님 가정을 ○○교회에 등록하게 하셔서 함께 축복의 길을 가게 하신 하나님께 감사드립니다. 성도(직분)님 가정에 어떤 말씀이 필요할까 기도하는 중에 오늘 본문의 말씀을 택하여 보았습니다. 긴긴 세월 육신의 질병 때문에 고난을 동무삼아 살아온 우리 성도(직분)님 아닙니까? 성도(직분)님뿐만 아니라 가족 식구 전체가 원하든, 원치 않는 것이든 고난의 현장에 함께 동참할 수밖에 없는 환경에서 살아오셨습니다. 따라서 오늘 본문의 욥이 고난을 통해서 깨달은 은혜를 살펴보면서 위로와 용기를 얻으시기를 간절히 소원합니다.

그러면 욥이 고난을 통하여 깨달은 은혜가 무엇일까요?
첫째로, 인생은 참으로 짧고 유한하다는 것입니다.
본문 1절에 욥은 "여인에게서 난 사람은 사는 날이 적고 괴로움이 가득하다"고 했습니다. 욥이 왜 이런 고백을 했을까요? 우리 인생이 짧은 만큼 고난도 역시 일순간에 불과하다는 것입니다. 욥은 고난 속에서 이것을 깨달았습니다. 그렇습니다. 우리 인생은 참으로 짧습니다. 길어야 백수도 누리지 못하는 것이 우리 인생이요, 그 전에 여러 가지 사고와 질병으로 인하여 일찍 세상을 떠나는 사람도 참으로 많습니다. 이것이 인생입니다. 그래서 인생도 짧은 만큼 고난 역시 짧기에 욥은 고난 속에서 낙담하지 아니하고 욥은 영원한 것을 주시는 하나님을 간절히 열망했습니다. 참으로 힘들겠지만 본문에 욥이 깨달은 은혜가 성도(직분)님에게도 동일하게 있기를 원합니다.

둘째로, 하나님은 회복시켜 주시는 하나님이 십니다.
아시다시피 욥은 모든 재산과 자녀와 건강을 잃은 극한 고통을 당했지만 하나님을 만나고 체험한 후에는 잃은 것을 모두 회복했습니다. 하나님이 욥에게 회복을 주신 것입니다. 그런데 우리가 한 가지 명심해야 할 것은 욥에게 임한 회복은 회개한 후에 이루어졌다는 것입니다. 하나님이 욥이 스스로를 의롭게 여길 때는 그의 고난을 그대로 내버려 두셨습니다. 그러나 욥이 티끌과 재 가운데서 회개하자 비로소 그의 잃은 것을 회복시켜 주셨습니다. 하나님도 인정하실 만큼 순전하고 정직한 사람이었던 욥도 회개했다면 성도(직분)님이나 우리 모두가 회개할 일이 얼마나 많겠습니까? 저도 늘 무릎 꿇고 기도할 때마다 회개합니다.
성도가 가장 아름다울 때가 언제인 줄 아십니까? 눈물 흘리며 회개할 때입니다. 왜냐하면 주님 보시기에는 심령이 깨끗한 자가 아름답게 보이기 때문입니다. 성도(직분)님도 회개하는 마음으로 주님을 늘 대면하실 수 있기를 바랍니다. 고난이 길어지다 보면 낙심하거나 원망하기 쉽습니다. 그렇게 될 수밖에 없습니다. 그만큼 연약한 것이 인간이기 때문입니다.

그러나 성도(직분)님은 이런 마음을 가져보세요.

"나의 고난이 끝나지 않고 있는 것을 보니 아직도 내가 주님 앞에 흘려야 할 눈물이 남아있는가 보구나."

평생 가도 눈물 한 번 흘려보지 못한 신앙인이 있습니다. 그에 반하여 눈물 흘릴 기회가 많은 것은 하나님을 믿는 사람에게는 큰 복입니다. 육체는 괴롭고 힘들지라도, 성도(직분)님의 영혼은 주님이 날마다 새롭게 하실 것입니다. 욥이 체험한 하나님을 성도(직분)님도 만나고 성도(직분)님뿐만 아니라 온 가정 식구가 하나님의 회복의 은혜를 체험하실 수 있기를 주님의 이름으로 축복합니다.

축복기도/prayer

은혜로우신 하나님, 성도(직분)님의 가정을 ○○교회로 보내 주심을 감사드립니다. 성도(직분)님의 가정이 ○○교회에 등록하게 된 것은 하나님의 섭리하심으로 이루어진 것임을 믿습니다. 간구하옵기는 이 가정의 아픔을 돌아보시기를 원합니다. 질병으로 고통 받고 있는 성도(직분)님을 긍휼히 여겨 주시옵소서. 치료의 은혜를 더하여 주시고, 회복의 은총을 허락하여 주옵소서.

하나님만이 생명의 주인이시요, 진정한 구원이 되심을 찬양할 수 있도록 도와주시옵소서. 날마다 새롭게 하시는 주님을 만나는 삶이 되게 하실 것을 믿사옵고 예수 그리스도의 이름으로 기도합니다. 아멘

[새로 등록한 가정] 젊은 초신자

신령한 젖을 사모하라

· 찬송: 217장, 338장   · 성경: 베드로전서 2장 1~2절

"그러므로 모든 악독과 모든 기만과 외식과 시기와 모든 비방하는 말을 버리고 갓난 아기들 같이 순전하고 신령한 젖을 사모하라 이는 그로 말미암아 너희로 구원에 이르도록 자라게 하려 함이라"

축하와 환영/sermon
성도님을 ○○교회에 등록하게 하셔서 함께 영생의 길, 축복의 길을 가게 하신 하나님께 감사드립니다. 이 지역에 많은 교회들이 있지만 하나님께서 성도님을 ○○교회로 인도하셔서 주님의 몸 된 교회를 섬길 수 있도록 하신 것은 분명히 하나님의 섭리하심과 뜻하심이 있었기 때문이리라 확신합니다. 이제 ○○교회 교우들과 함께 신앙생활하면서 더욱 풍성한 은혜와 축복을 받는 신앙생활이 되시기를 주님의 이름으로 축원합니다.

우리 성도님은 복 있는 분이십니다. 왜냐하면 복 있는 교회를 만났고, 복 있는 목사를 만났고, 복 있는 성도들을 만났기 때문입니다. 저 역시 복 있는 성도님을 만났기 때문에 복 있는 사람입니다.
오늘 말씀을 보면 신앙생활을 잘 할 수 있는 비결을 말씀해 주고 있습니다.
"갓난아기들 같이 순전하고 신령한 젖을 사모하라 이는 그로 말미암아 너희로 구원에 이르도록 자라게 하려 함이라".

성도님도 아이를 키우시기 때문에 잘 아시겠지만 갓난아이들은 하루에 자기 몸무게의 25퍼센트 정도의 양을 먹는다고 합니다. 우리가 아무리 "돼지, 돼지" 해도 갓난아이들만큼 돼지가 없습니다. 갓난아이들은 그냥 마구 먹습니다. 마구 먹고, 마구 싸댑니다.
예를 들어 몸무게 60킬로그램 되는 사람이 하루에 15키로 정도의 음식을 먹는다면 그게 인간입니까? 그런데 갓난아기는 그렇게 먹습니다. 4키로 쯤 되는 갓난아이가 1키로 정도를 먹어치웁니다. 이러니까 아기가 하루가 다르게 쑥쑥 자라는 것입니다.

사랑하는 성도님, 우리의 믿음이 쑥쑥 자라고 영혼이 잘되기 위해서는 영적인 양식을 잘 먹어야만 합니다. 일주일에 한 끼 먹고 자랄 수 있습니까? 도무지 불가능한 일입니다. 영양결핍으로 끝내는 죽고 말 것입니다. 영혼의 양식도 마찬가지입니다.
믿음이 잘 자라고 영혼이 잘되기 위해서는 마구 먹어야 하고 수시로 먹어야 합니다. 무슨 뜻인지 이해하시겠죠? 교회의 예배와 모임에 잘 참석하셔야 한다는 말씀입니다. '믿음은 들음에서 난다'고 했습니다(롬10:17). 자꾸 들으셔야만 믿음이 쑥쑥 자랄 수 있습니다.

더불어 가정의 믿음의 가문을 세우는 일을 위하여 마음을 쏟으셨으면 합니다. 젊을 때 잘 믿어야 합니다. 젊을 때 신앙의 기초를 바로 세워야 합니다. 그래야 평생 하나님의 은혜의 지배를 받는 복된 삶을 살 수 있습니다. 젊을 때 잘 믿으셔서 주님을 위하여도 화려하게 쓰임 받을 수 있는 성도님이 되실 수 있기를 주님의 이름으로 축원합니다.

축복기도/prayer
사랑의 주님, 성도님이 예수님을 믿고 구원 받게 하심을 감사드립니다. 우리 교회에 등록하여 믿음의 길을 가게 되었사오니, 좌로나 우로나 치우치지 아니하도록 주님의 오른팔로 굳게 붙들어 주옵소서. 신앙생활 하면서 이전에는 경험해 보지 못했던 복된 일들이 많아지게 하셔서, 믿음의 가정을 세워 가는 데 기쁨과 즐거움이 넘치게 하여 주옵소서. 예배에 잘 참석할 수 있도록 그 마음을 주장하여 주시고, 말씀을 잘 듣고 사모함으로 장성한 신앙의 분량에 이를 수 있도록 축복하여 주옵소서.

이 가정의 생업도 축복하여 주셔서 물질 때문에 어려움 당하거나 고통을 당하는 일이 없게 하여 주옵소서. 자녀들도 모든 질병으로부터 막아 주셔서 건강하게 성장할 수 있게 하시고, 그 키가 자라감에 따라 지혜와 명철도 더하게 하여 주옵소서. 날마다 예수님을 믿는 기쁨이 샘솟듯 함으로 주변의 믿지 않는 사람들도 주님 앞으로 인도할 수 있는 가정이 되게 하여 주옵소서.
예수 그리스도의 이름으로 기도합니다. 아멘

[새로 등록한 가정] 미혼

장막 터를 넓히며

· 찬송: 204장, 570장 · 성경: 이사야 54장 1~2절

"잉태하지 못하며 출산하지 못한 너는 노래할지어다 산고를 겪지 못한 너는 외쳐 노래할지어다 이는 홀로 된 여인의 자식이 남편 있는 자의 자식보다 많음이라 여호와께서 말씀하셨느니라 네 장막터를 넓히며 네 처소의 휘장을 아끼지 말고 널리 펴되 너의 줄을 길게 하며 너의 말뚝을 견고히 할지어다"

축하와 환영/sermon

자매(형제)님을 ○○ 교회에 등록하게 하셔서 함께 축복의 길을 가게 하신 하나님께 감사드립니다. 성령님께서 자매(형제)님을 ○○ 교회로 인도하셔서 주님의 몸 된 교회를 섬길 수 있도록 하신 것은 분명한 하나님의 섭리하심이 있었기 때문이리라 확신합니다. 이제 ○○교회 교우들과 함께 신앙생활 하면서 더욱 풍성한 은혜와 축복을 받는 신앙생활이 되시기를 주님의 이름으로 축원합니다.
오늘 잠시 살펴볼 말씀은 믿음의 자세에 관한 말씀입니다.

첫째로, 장막터를 넓히는 믿음이 있어야 한다는 것입니다.
오늘 말씀을 보면 '네 장막터를 넓히며'라고 하였습니다. 이 말씀은 여러 면에서 적용될 수 있지만 우리 믿는 사람들은 믿음에 초점을 두어야 합니다. 믿음의 장막터를 넓히는 것이 예수 믿는 사람에게 얼마나 축복된 일입니까? 모쪼록 자매(형제)님은 믿음의 장막터를 넓히는데 초점을 맞추는 삶이 되실 수 있기를 바랍니다.

둘째로, 휘장을 아끼지 않는 믿음이어야 합니다.

오늘 말씀에 '네 처소의 휘장을 아끼지 말고 널리 펴되 너의 줄을 길게 하며'라고 하였습니다. 풍성한 주의 축복을 충만히 받을 수 있는 비결은 아끼지 않음으로 나타납니다.

우리가 주님 앞에 아끼지 말아야 할 휘장은 무엇입니까? 주를 위하여 시간을 드릴 수 있는 것이 될 수도 있겠고, 몸의 봉사도 될 수 있겠고, 남을 섬기는 것도 될 수 있겠고, 향기로운 제물인 헌금이 될 수도 있을 것입니다. 이를테면 주를 위한 것이라면 쏟을 수 있는 모든 것을 말합니다. 자매(형제)님의 믿음은 주를 위한 헌신의 휘장을 넓히는 삶이 꼭 되실 수 있기를 바랍니다.

셋째로, 말뚝을 견고히 하는 믿음이어야 합니다.

오늘 말씀에 '너의 말뚝을 견고히 할지어다'라고 했습니다. 말뚝은 어떤 용도로 쓰이는 것입니까?

자신의 소유됨을 표시할 때 쓰는 물건입니다. 즉 말뚝을 견고히 하라는 것은 하나님의 축복에 대한 분명한 믿음, 의심 없는 믿음, 견고한 믿음을 일컫는 말씀이기도 하지만 또한 한 교회에서 깊게 뿌리를 내릴 수 있는 심지가 견고한 믿음이 되어야 한다는 말씀이기도 합니다. 말뚝도 뽑았다 심었다를 반복하면 헐거워지게 되고 말뚝의 기능과 가치가 상실되고 맙니다.

모쪼록, 자매(형제)님은 하나님의 축복하심을 위해 믿음의 장막터를 넓히시고, 휘장을 아끼지 말고, 믿음의 말뚝을 더욱 견고히 하여 하나님께서 자매(형제)님을 위해서 예비해 놓으신 온갖 축복을 풍성하게 누리시면서 살아가는 복된 하나님의 사람이 되시기를 주님의 이름으로 축원합니다.

축복기도/prayer

사랑의 하나님, 자매(형제)님을 ○○교회에 보내 주심을 감사드립니다. 이제 ○○교회에서 믿음의 뿌리를 내리게 되었사오니, 시냇가에 심은 나무가 계절을 좇아 열매를 맺듯이, 자매(형제)님에게 복 있는 열매들이 풍성히 맺혀질 수 있게 하옵소서.

또한 오늘 주신 말씀대로 믿음의 장막터를 넓히는 신앙생활이 되게 하시고, 헌신의 장막터를 넓히는 신앙생활과 견고한 믿음을 세워가는 신앙생활이 되게 하여 주옵소서. 특별히 앞으로 믿음의 좋은 배우자를 만나게 하여 주셔서 믿음의 복된 가정을 이룰 수 있게 하옵소서.

자매(형제)님이 하고 있는 일들도 기억하여 주셔서 형통케 하시는 주님의 은혜가 있게 하시고, 많은 사람들에게 기쁨과 소망을 주는 일이 되게 하여 주옵소서. 또한 주님의 교회에서 봉사할 수 있는 기회가 주어졌을 때, 마리아와 같이 아름다운 헌신을 보여 줄 수 있는 자매(형제)님이 되게 하여 주옵소서. 예수 그리스도의 이름으로 기도합니다. 아멘

[이사한 가정]

아브라함의 장막

· 찬송: 286장, 569장   · 성경: 창세기 12장 5~9절

"아브람이 그의 아내 사래와 조카 롯과 하란에서 모은 모든 소유와 얻은 사람들을 이끌고 가나안 땅으로 가려고 떠나서 마침내 가나안 땅에 들어갔더라 아브람이 그 땅을 지나 세겜 땅 모레 상수리나무에 이르니 그 때에 가나안 사람이 그 땅에 거주하였더라 여호와께서 아브람에게 나타나 이르시되 내가 이 땅을 네 자손에게 주리라 하신지라 자기에게 나타나신 여호와께 그가 그 곳에서 제단을 쌓고 거기서 벧엘 동쪽 산으로 옮겨 장막을 치니 서쪽은 벧엘이요 동쪽은 아이라 그가 그 곳에서 여호와께 제단을 쌓고 여호와의 이름을 부르더니 점점 남방으로 옮겨갔더라"

축하와 권면/sermon

우리가 살다 보면 여러 번 이사를 할 수밖에 없는데 이사를 잘하는 것이 매우 중요합니다. 창세기에 보면 아브라함의 조카 롯은 가서는 안 될 소돔성으로 이사를 잘못해서 결국 아내와 모든 재산을 다 잃어버리고 두 딸과 함께 겨우 목숨만 건지는 비극을 맛보게 됩니다. 그러나 아브라함은 하란에서 가나안 땅으로 이사를 잘 해서 하나님의 큰 복을 받았습니다. 오늘 이곳으로 이사를 온 사랑하는 성도(직분)님의 가정도 이사를 잘 해서 큰 복을 받을 수 있기를 바랍니다. 이사를 잘한 아브라함의 생애를 흔히들 장막의 생애라고 합니다. 아브라함은 어디를 가든지 먼저 하나님을 예배하는 생활을 하였고, 그리고 장막의 생활을 하였습니다. 장막은 오늘날 텐트를 말합니다. 그러면 아브라함은 왜 장막을 짓고 살았을까요?

첫째로, 즉각적인 순종을 위해서입니다.
하나님이 언제 어디로 가라고 하시든지 즉각적인 순종을 하기 위해서입니다. 그가 집을 짓고 살면 쉽게 즉각 순종하기가 어려웠을 것입니다. 그러므로 그는 장막을 짓고 살았습니다. 하나님의 말씀에 즉각 순종하기 위해서 말이죠. 이 같은 순종의 삶이 아브라함에게 있었기에 그는 하나님의 축복을 받았습니다. 믿음의 조상이 되었습니다. 지금도 하나님께서는 즉각 순종할 줄 아는 자에게 하늘 문을 열어 놓고 계십니다.

둘째로, 아브라함의 장막은 소망을 보여 주고 있는 것입니다.
장막은 영원히 머무를 곳이 못됩니다. 쉽게 무너질 수도 있는 것이 장막입니다. 바람 한 번 불면 흔적 없이 날아갈 수도 있습니다. 그러하기에 아브라함은 하나님 나라를 소망하면서 살았다는 것입니다. 구약성경에는 그런 기사가 없지만 신약성경 히브리서를 보면 아브라함이 장막에 거한 이유를 이렇게 기록하고 있습니다.

"이는 그가 하나님이 계획하시고 지으실 터가 있는 성을 바랐음이라"(히11:10).

오늘 이곳으로 이사 오신 성도(직분)님도 오늘 주시는 말씀을 소중히 간직할 수 있기를 바랍니다. 아브라함의 장막을 생각하면서 하나님의 말씀 앞에 적극 순종하는 생활이 될 수 있기를 바랍니다.
그리고 이 장막보다 훨씬 더 멋있는 좋은 하늘의 장막인 천국이 있음을 기억하면서 그 나라를 소망하면서 사시는 삶이 되시기를 주님의 이름으로 부탁을 드립니다.

축복기도/prayer
은혜로우신 하나님 아버지, 사랑하는 ○○○성도(직분)의 가정이 새로운 곳으로 이사를 하여 먼저 하나님께 감사의 예배를 드렸습니다. 하나님 중심으로 살기 위하여 마음을 다하는 그 중심을 기쁘게 받아 주시옵소서. 이제 새로운 장막에 거주하게 되었사오니 위험한 일이 없도록 천사를 동원시켜 주셔서 이 가정을 보호하여 주시고, 성령의 화염검으로 이 가정을 지켜주시기를 원합니다.

간구하옵기는 이곳에서도 하나님이 기뻐하시는 일들이 넘치게 하시고, 변함없이 주님의 몸 된 교회를 받들어 섬길 수 있게 하옵소서. 오늘 이 가정에 주신 말씀대로 하나님께 즉각적인 순종이 있는 가정이 되게 하시고, 하나님의 나라를 소망하는 가정이 되게 하여 주옵소서.

특별히 이 가정의 생업을 붙들어 주셔서 물질 때문에 어려움 당하거나 고통당하는 일이 없게 하시고, 물질로도 주님의 몸 된 교회를 잘 섬길 수 있는 복 있는 가정이 되게 하여 주옵소서. 건강도 붙들어 주셔서 끝까지 주님의 일꾼으로 쓰임 받을 때 기쁨으로 감당할 수 있게 하옵소서. 자녀들도 붙들어 주셔서 하나님과 부모에게 큰 기쁨이 되게 하여 주옵소서. 예수 그리스도의 이름으로 기도합니다. 아멘

[입주한 가정]

여호와를 경외하는 자의 복

· 찬송: 555장, 559장   · 성경: 시편 128편 1~6절

"여호와를 경외하며 그의 길을 걷는 자마다 복이 있도다 네게 네 손이 수고한 대로 먹을 것이라 네가 복되고 형통하리로다 네 집 안방에 있는 네 아내는 결실한 포도나무 같으며 네 식탁에 둘러앉은 자식들은 어린 감람나무 같으리로다 여호와를 경외하는 자는 이같이 복을 얻으리로다 여호와께서 시온에서 네게 복을 주실지어다 너는 평생에 예루살렘의 번영을 보며 네 자식의 자식을 볼지어다 이스라엘에게 평강이 있을지로다"

축하와 권면/sermon

새로운 집으로 이사를 하게 된 것은 참으로 기쁜 일입니다. 가족의 설레임과 즐거움이 있습니다. 진심으로 축하합니다. 집은 가정을 묶어 주는 좋은 역할을 합니다.

한국 사람들은 집을 아주 소중하게 여깁니다. 모든 가정의 행복이 여기서부터 시작된다고 믿기 때문입니다. 그러나 새롭게 집으로 이사하면서 우리는 세상 사람들과는 다르게 한 가지 중요한 사실을 생각해야만 합니다. 하나님께 복을 받는 가정으로 만들어야 한다는 사실입니다. 오늘 본문 말씀도 가정이 복을 받는 방법을 가르쳐 주고 있습니다.

"여호와를 경외하며 그의 길을 걷는 자마다 복이 있도다"(1절).

여기서 여호와를 경외한다는 말은 여호와를 섬긴다는 말입니다. 여호와를 섬기는 가정에 하나님은 복을 주신다고 말씀하십니다. 바라기는 우리 성도(직분)님의 가정이 이런 복을 받아 누릴 수 있기를 주님의 이름으로 축원합니다.
그렇다면 여호와를 섬기는 가정이 받을 복은 어떤 것일까요?

첫째는, 수고한 대로 거두어 형통한 복입니다.
고용노동부(고용부)에 따르면 2010년 기준 한 해 동안 밀린 체불 임금 총액은 1조 1630억 원으로 27만 6417명이 임금을 받지 못했다고 합니다. 애쓰고 수고하여 일을 했는데도 돈을 받지 못하는 경우가 이렇게 많다는 것입니다.
살면서 경험하는 것이지만 우리가 소고한 만큼만 거두어도 굉장할 것입니다. 그런데 문제는 우리가 참 수고하고 애써도 그만큼 거두지 못할 때가 많다는 것입니다. 그런데 오늘 말씀에 하나님은 어떻게 말씀하십니까? "네가 네 손이 수고한 대로 먹을 것이라 네가 복되고 형통하리라(2절)". 이 얼마나 아름다운 약속이며 축복스러운 말씀입니까? 하나님을 경외하는 사람은 하나님이 수고한 대로 거두게 하시며 형통하게 하십니다. 하나님을 더욱 경외하는 가정이 되심으로 언제나 이 복을 받아 누리시기를 바랍니다.

둘째는, 부부가 아름다워집니다.
"네 집 안방에 있는 네 아내는 결실한 포도나무 같으며"(3절).
이 말씀은 아내를 빗대어 말하지만 이것은 남편에게도 동일하게 해당되는 말씀입니다. 아내가 결실한 포도나무 같다고 하십니다. 포도 열매가 주렁주렁 열린 포도나무, 생각만 해도 탐스럽고 아름답습니다. 아내가 그렇게 탐스럽고 남편도 역시 마찬가지입니다(풍성한 포도나무). 얼마나 아름답습니까?

그렇기 때문에 서로에게 유익을 주고 삶이 풍성해집니다. 이런 복이 우리 성도(직분)님의 가정에서 떠나지 않고 늘 임하시기를 주님의 이름으로 축복합니다.

셋째로, 자녀들이 소망이 있습니다.
오늘 본문 3절에 "네 식탁에 둘러앉은 자식들은 어린 감람나무 같으리로다." 이 말씀은 자녀들이 값지고 귀하게 쓰임 받을 존재가 된다는 말씀입니다. 자녀에게 소망이 있다는 말입니다. 정말 기대되는 자녀라는 말입니다. 하나님을 섬기는 가정, 경외하는 가정은 이런 복이 있습니다. 이제 새로운 집에서 시작하는 우리 성도(직분)님의 가정에 이런 하나님의 복이 더욱 넘치시기를 주님의 이름으로 축복합니다.

축복기도/prayer

은혜로우신 주님, 사랑하는 성도(직분)님 가정이, 하나님이 마련해 주신 새로운 보금자리로 입주를 하게 되어, 하나님께 감사의 예배를 드립니다. 이 예배를 홀로 받으시고 크신 복과 은혜를 내려 주시옵소서. 오늘 주신 말씀대로 수고한 대로 먹을 것이 있게 하시고, 복되고 형통한 일들이 넘치게 하옵소서.
또한 온 식구가 사랑으로 하나 되어 사랑의 하모니를 이룰 수 있는 가정이 되게 하시고, 천국을 만들어 가는 가정이 되게 하옵소서. 이웃에게도 믿는 자의 도리를 다함으로 많은 사람을 주께로 돌아오게 할 수 있는 가정이 되게 하시고, 주님의 아름다운 덕을 세워갈 수 있는 복된 가정이 되게 하옵소서. 예수 그리스도의 이름으로 기도합니다. 아멘

[사업을 시작하는 성도]

꿈을 가져야 한다

· 찬송: 490장, 435장   · 성경: 창세기 30장 25~43절

"라헬이 요셉을 낳았을 때에 야곱이 라반에게 이르되 나를 보내어 내 고향 나의 땅으로 가게 하시되 내가 외삼촌에게서 일하고 얻은 처자를 내게 주시어 나로 가게 하소서 내가 외삼촌에게 한 일은 외삼촌이 아시나이다 라반이 그에게 이르되 여호와께서 너로 말미암아 내게 복 주신 줄을 내가 깨달았노니 네가 나를 사랑스럽게 여기거든 그대로 있으라<중략> 야곱이 새끼 양을 구분하고 그 얼룩무늬와 검은 빛 있는 것을 라반의 양과 서로 마주보게 하며 자기 양을 따로 두어 라반의 양과 섞이지 않게 하며 튼튼한 양이 새끼 밸 때에는 야곱이 개천에다가 양 떼의 눈 앞에 그 가지를 두어 양이 그 가지 곁에서 새끼를 배게 하고 약한 양이면 그 가지를 두지 아니하니 그렇게 함으로 약한 것은 라반의 것이 되고 튼튼한 것은 야곱의 것이 된지라 이에 그 사람이 매우 번창하여 양 떼와 노비와 낙타와 나귀가 많았더라"

축하와 권면/sermon

사업을 시작하는 사람은 누구나 성공하기를 원하지 실패하기를 원하는 사람은 없을 것입니다. 그런데 사업에 성공하려면 다른 것은 몰라도 한 가지는 분명해야만 합니다. 그것은 아무리 어려움이 있다고 할지라도 성취할 꿈을 꾸어야 한다는 것입니다. 환상의 사람이 되어야만합니다.

창세기에 나오는 요셉을 생각하면 꿈꾸는 사람으로 알려져 있고, 그의 아버지 야곱은 사기꾼으로 우리들의 말씀의 식탁에 단골 메뉴로 오릅니다. 그러나 분명한 것은 그는 꿈꾸는 자였다는 것입니다.

나쁜 의미로든 좋은 의미로든 그는 꿈꾸는 자였습니다.

오늘 본문의 말씀은 야곱이 외삼촌 라반의 집에서 20년이 지나고 난 다음 라반과 갈라지는 사건을 보도하고 있습니다. 32절을 보니 야곱이 독립해야겠다고 말합니다. 그러면서 자기 몫으로 아롱지거나 점 있는 것, 얼룩얼룩한 양들을 달라고 말합니다. 아마 이런 것들은 쉽게 나오지 않았던 모양입니다. 그러니까 라반이 쉽게 가지라고 허락한 것이 아니겠습니까?

그리고 라반도 사기 치는 일이라면 야곱보다 고수입니다. 혹시 얼룩얼룩한 것들이 나올까봐 얼룩얼룩한 것들이 서로 교접을 못하도록 야곱이 있는 곳과 멀리 떨어지게 만듭니다. 오늘 본문에 보면 사흘길이라고 했습니다. 그러니 얼룩한 것들이 나올 수 있겠습니까? 속된 말로 임을 봐야 뽕을 딸 것이 아니겠습니까? 그러나 그는 꿈을 가지고 있었습니다.

그의 행동을 보세요. 얼룩박이 양을 만들기 위해서 그것들이 교미하는 장소에서 버드나무, 살구나무, 심풍나무의 껍질을 벗겨서 얼룩얼룩하게 만들어 놓고 그것을 보면서 새끼를 갖도록 만들지 않습니까? 임산부에게 예쁜 것 좋은 것만 보라고 하는 것이 이치적으로 틀린 말은 아닌 것이라는 것을 오늘 본문에서도 발견할 수 있습니다. 그는 이처럼 얼룩 양들을 만들기 위하여 꿈을 꾼 것입니다.

또 보세요. 좋은 양, 실한 양에게만 그것을 보였습니다. 무슨 말입니까? 연구를 했다는 것입니다. 목회나 사업이나 두 가지를 적용해야만 합니다.

첫째는, 아무리 어려움이 있다고 할지라도 꿈을 가져야만 합니다.
그러나 꿈만 가지고 있다고 다 되는 것입니까?
둘째는, 필요한 것을 연구해야만 합니다.

그런데 더 중요한 것이 있습니다. 연구한 것에 성령의 기름을 부어 달라고 기도해야만 합니다. 기도가 없으면 열매가 없습니다. 설령 맺힌다 할지라도 금방 떨어지고 맙니다. 실한 열매를 맺으려면 반드시 기도가 뒷받침되어야만 합니다.

이제 사업을 새롭게 시작하시는 성도(직분)님은 이 3대 요소를 잘 갖추셔서 하나님의 인도하심을 받아 성공하실 수 있기를 주님의 이름으로 축복합니다.

축복기도/prayer

복 주고 복 주며 형통하게 하시는 하나님, 오늘 ○○○성도(직분)가 새로운 사업을 시작하면서 먼저 하나님께 감사와 영광을 돌립니다. 우리 하나님께서 이 사업을 주장하실 것을 믿습니다. 믿음의 기업을 이룰 수 있게 하실 것을 믿습니다. 사람이 경영할지라도 그 길을 이끄시고 지도하시는 것은 하나님이신 것을 기억하여 언제나 하나님을 의지하는 믿음으로 이 사업을 경영할 수 있게 하옵소서.

또한 이 사업에 기도를 심을 수 있게 하셔서 실한 열매를 맺게 하시는 주님의 은혜와 복을 누릴 수 있게 하시고, 선한 사업에도 부할 수 있는 복 있는 사업으로 경영할 수 있게 하여 주옵소서.

언제나 우리 하나님께서 이 사업의 주인이 되어 주셔서 사랑하는 ○○○성도(직분)님을 이 사업에 꼭 필요한 청지기로 사용하실 것을 믿습니다. 예수 그리스도의 이름으로 기도합니다. 아멘

[사업을 확장하는 성도]

정직

· 찬송: 435장, 384장   · 성경: 시편 112편 1~6절

"할렐루야, 여호와를 경외하며 그의 계명을 크게 즐거워하는 자는 복이 있도다 그의 후손이 땅에서 강성함이여 정직한 자들의 후손에게 복이 있으리로다 부와 재물이 그의 집에 있음이여 그의 공의가 영구히 서 있으리로다 정직한 자들에게는 흑암 중에 빛이 일어나나니 그는 자비롭고 궁휼이 많으며 의로운 이로다 은혜를 베풀며 꾸어 주는 자는 잘되나니 그 일을 정으로 행하리로다 그는 영원히 흔들리지 아니함이여 의인은 영원히 기억되리로다"

축하와 권면/sermon
하나님의 은혜 가운데 날마다 발전해 가는 성도(직분)님의 사업체를 보면서 참으로 흐뭇함을 감출 수 없습니다. 어렵고 힘든 시기를 잘 견디어 내고, 착실하게 사업장을 확장해 나갈 수 있는 정도가 되었으니 이 얼마나 감사한 일입니까?
성도(직분)님이 경영하시는 이 사업이 하나님의 은혜로 더욱 발전하여 주님의 몸 된 교회와 주님 나라를 위하여도 귀하게 쓰임 받을 수 있기를 주님의 이름으로 축복합니다.

오늘 어떤 말씀을 준비할까 기도하다가 사업을 하시는 분들이기에 정직에 관한 말씀을 준비해 봤습니다. 많은 사람들은 정직하면 손해를 본다고 말합니다. 얼른 들으면 맞는 말인 것 같지만, 이것은 세상적인 가치관일 뿐 성경적인 가치관은 아닙니다.

성경적 가치관은 정직하면 오히려 복을 받는다는 것입니다. 오늘 본문 2절의 말씀을 보면 "정직한 자의 후손에게 복이 있으리로다"라고 말씀하고 있는데 이 말씀은 정직한 자의 결국은 복임을 밝히 증거하고 있습니다.
그러면 정직한 자가 받을 복은 어떤 것입니까?

첫째로, 부와 재물을 얻게 됩니다.
본문 3절에는 "부와 재물이 그의 집에 있음이여, 그의 공의가 영구히 서 있으리로다"라고 말씀하고 있는데, 즉 정직한 사람은 부와 재물을 얻게 된다는 말씀입니다. 그런데 이 말씀은 세상적인 이치로는 잘 납득이 되지 않는 말씀이기도 합니다. 왜냐하면 정직하면 그만큼 잃는 것이 많기 때문입니다. 오히려 온갖 술수와 목적을 위해 수단과 방법을 가리지 않는 사람들이 성공하는 것처럼 보이기 때문입니다.
그러나 우리가 알아야 할 것이 있습니다. 그것은 부와 재물은 하나님께 달려 있다는 것입니다. 전도서 5장 19절에는 "또한 어떤 사람에게든지 하나님이 재물과 부요를 그에게 주사 능히 누리게 하시며 제 몫을 받아 수고함으로 즐거워하게 하신 것은 하나님의 선물이라"고 하는 말씀이 있습니다.
우리가 부와 재물을 얻으려면 무엇보다 하나님이 주셔야 한다는 것입니다. 그런데 하나님은 정직을 기뻐하시기 때문에 정직한 자에게 부와 재물을 선물로 주십니다.

성도(직분)님이 잘 아시듯이, 이랜드(E-Land)라는 믿음의 기업을 일으킨 박성수 회장의 경영철학은 '정직'이었습니다. 다른 회사들은 이중장부를 썼지만 박성수 회장은 이중장부를 쓰지 않았습니다. 많은 사람들이 이랜드는 이익을 많이 남기지 못해 금방 망할 것이라고 생각했습니다. 그러나 지금 이랜드가 망했습니까? 착실히 성장하는 기업이 되어서 여러 종류의 사업으로 발전하여 그룹이 될 정도의 기업이 되었습니다.

하나님께서는 공정하고 정직한 자에게 부와 재물을 선물로 주십니다. 성도(직분)님이 경영하시는 사업도 하나님 앞에 정직을 심으심으로 정직한 자에게 주시는 부와 재물을 선물로 받으실 수 있기를 바랍니다.

둘째로, 흑암 중에 빛이 일어난다고 했습니다.
오늘 본문 4절의 말씀을 보면 "정직한 자들에게는 흑암 중에 빛이 일어나나니 그는 자비롭고 긍휼이 많으며 의로운 이로다"라고 했습니다.
흑암은 세상에서 만나는 여러 가지 역경을, 빛은 역경의 극복을 의미합니다. 따라서 흑암 중에 빛이 일어난다는 것은 세상을 살아갈 때에 여러 가지 역경을 만나더라도 이를 능히 극복하게 된다는 말씀입니다.
사업을 하다 보면 흑암 같은 역경과 어려움을 만날 때가 얼마나 많습니까? 피해갈 수 없는 난관에 부딪힐 때가 한두 번이 아닙니다. 속상한 일이 발생할 때가 얼마나 많습니까? 그러나 정직한 자에게는 흑암 중에 빛이 일어난다고 했습니다. 이것이 하나님께서 정직한 자에게 주시는 축복입니다.
우리 하나님은 정직한 자를 기뻐하시는 하나님이십니다. 어떻게 보면 지금 성도(직분)님이 경영하는 기업이 다른 기업에 비해 작을 수도 있습니다. 그러나 작은 기업일지라도 하나님의 선택을 받은 하나님의 친 자녀로서 그 앞에 정직을 심으신다면 하나님께서는 이 기업을 그 어느 기업보다 크게 보십니다. 보배롭게 보십니다. 귀하게 보십니다.

이제껏 성도(직분)님이 하나님 앞에서 정직하려고 최선을 다하셨겠지만, 앞으로도 정직을 심으셔서 정직한 자가 누리게 될 귀한 축복을 받아 누리실 수 있기를 주님의 이름으로 축복합니다.

축복기도/prayer

은혜로우신 하나님, ○○○성도(직분)에게 사업을 확장할 수 있는 은혜를 주시니 감사드립니다. 하나님께서 이 사업을 붙드시고 인도하셨기에, 이렇게 번성케 되는 은혜를 누리게 되는 줄 믿습니다. 언제나 주님의 관심과 은혜가 떠나지 않는 복 있는 기업이 되게 하여 주옵소서. 특별히 이 사업을 경영하고 있는 ○○○성도(직분)님을 주의 오른팔로 붙들어 주셔서 언제나 하나님 앞에서 정직한 기업인으로 쓰임 받게 하시고, 하나님의 마음을 기쁘시게 할 수 있는 믿음의 사람이 되게 하옵소서.

성도(직분)님이 이 사업을 경영하면서 선한 사업에도 부하게 하셔서 주님의 영광을 높이 드러낼 수 있게 하시고, 많은 사람에게 사랑을 받으며, 존경을 받는 믿음의 기업인이 되게 하옵소서. 예수 그리스도의 이름으로 기도합니다.

[장례를 치룬 가정] 부모

참된 안식

· 찬송: 480장, 494장   · 성경: 고린도후서 5장 8~9절

"우리가 담대하여 원하는 바는 차라리 몸을 떠나 주와 함께 있는 그것이라 그런 즉 우리는 몸으로 있든지 떠나든지 주를 기쁘시게 하는 자가 되기를 힘쓰노라 이는 우리가 다 반드시 그리스도의 심판대 앞에 나타나게 되어 각각 선악 간에 그 몸으로 행한 것을 따라 받으려 함이라"

위로와 권면/sermon

고(故) ○○○성도(직분)님께서 하나님의 부르심을 받아 이 험악한 이 땅에서의 삶을 마감하고 주님 품에 영원히 안기셨습니다. ○○○성도(직분)님이 살아생전에 주님의 몸 된 교회를 함께 섬긴 기회는 없었지만 저는 고(故) ○○○성도(직분)님이 어떻게 믿음으로 하나님을 기쁘게 하셨는지, 믿음에 있어서 어떻게 항상 최선을 다하셨는지 끝까지 한 교회를 섬긴 그 고집스러우심 속에서 대략 짐작해 볼 수 있습니다. 늘 주님의 몸 된 교회를 위하여 기도와 헌신을 아끼지 아니하셨으리리 짐작해 봅니다. 자녀들을 위해서도 눈물의 기도를 아끼지 아니하셨으리라 짐작해 봅니다.

더구나 사랑하는 아내(남편)를 먼저 주님 품안으로 보내시고 그 고독과 적적하신 나날을 이기시기 위해서 주님을 더욱 의지하셨으리라 짐작해 봅니다. 자녀분들은 험악한 이 땅의 삶을 믿음으로 이겨내신 부친(모친)의 뜻을 받들어 더욱 믿음생활에 힘쓰실 수 있기를 바랍니다. 자손들이 예수 잘 믿고 주님의 몸 된 교회에 충성하는 것만큼 고인에게 영광된 것이 어디 있겠습니까?
오늘 본문 말씀을 보면 사도 바울의 간절한 소원을 만나보게 됩니다. 사도 바울은 "차라리 몸을 떠나 주와 함께 거하는 그것이라"고 했습니다. 다시 말하면 사도 바울의 소원은 몸을 떠나가서 주님을 만나 뵈옵는 그것이었습니다.

영원한 나라로 부르심을 받은 고(故) ○○○성도(직분)님도 바울과 같이 속히 육신을 떠나 주님을 만나 뵈옵기를 소망하셨을 것입니다. 그러면 사도바울은 왜 이 세상을 떠나 주님을 만나 뵈옵는 것을 그토록 고대하였을까요? 주님이 계신 그곳에는 참된 안식이 있기 때문입니다. 주님이 계신 그곳에는 영원한 기쁨이 있기 때문입니다. 사랑하는 고(故) ○○○성도(직분)님께서도 이제 고통 많은 이 세상을 떠나 주님 품에 안기셨으니 더 이상 아픔과 고통이 없는 영원한 저 하늘나라에서 주님과 더불어 영원한 안식을 누리게 될 줄 믿습니다.

오늘 우리들의 궁극적인 소망이 바로 이것이 아닙니까? 주님 품에 안겨서 영생복락을 누리는 것, 그것이 이 자리에 계신 믿음의 권속들이 품고 있어야 할 소망인 줄 믿습니다.
그러나 어찌되었든 연약한 인간이기에 이별은 참으로 많은 아쉬움을 남깁니다. 자식들에겐 좀 더 효도하지 못했던 아쉬움이 폐부를 찌르고 교인들에겐 따스한 말 한 번 제대로 건네지 못했던 것에 대한 아쉬움이 마음에 짐으로 남습니다.

이제 고인 앞에서 속히 지나가는 험악한 인생을 살 동안에 정말 믿음으로 잘 준비하는 삶을 살아야겠다는 다짐을 다시 한 번 하십시다. 그리고 유족들도 갑작스럽게 가셨지만 고인이 그토록 기도제목으로 삼던 것을 이어받아 주님의 몸 된 교회를 부친(모친)처럼 올곧게 섬길 수 있는 믿음의 사람이 되기를 주님의 이름으로 축원합니다.

위로기도/prayer

선택하신 백성을 위하여 좋은 것을 예비하신 하나님 아버지, 저희는 살아도 주님의 것이요 죽어도 주님의 것임을 믿습니다.

사랑하는 부모를 잃은 ○○○성도의 가정을 기억하시옵소서. 부모님의 장례를 치루면서 그 마음이 얼마나 슬펐겠습니까? 무엇보다도 부모님의 살아생전에 자식으로서 효를 다하지 못한 것이 마음에 큰 아픔으로 자리 잡고 있을 것입니다. 궁휼이 풍성하신 우리 주님께서 ○○○성도와 그 가족들의 마음을 기억하셔서 죄스런 마음을 풀어 주시고 상한 마음을 싸매시옵소서. 부모님의 별세는 믿음으로 살다가 주님 품에 안기셨기에 결코 헛된 죽음이 아님을 깨닫습니다. 주님의 영원한 안식이 주어지는 죽음이요, 보상과 상급이 기다리고 있는 죽음임을 믿습니다.

지금 고인이 된 부모님은 이 땅에 계실 때에 끝까지 주님의 몸 된 교회를 위하여 충성을 다하셨기에 그에 따른 상급과 면류관을 받으신 줄 믿습니다. 이제 이 땅에 남아있는 있는 ○○○성도와 유족들에게, 고인이 된 부모님의 아름다운 신앙을 본받아 부모님이 이루어 놓으신 믿음의 사업을 잘 계승할 수 있게 하여 주시고, 훗날에 천국에서 다시 뵙게 될 때에 진정한 효자의 모습으로 마주할 수 있게 하여 주옵소서.

현재의 이별의 아픔은 하늘나라에서 새로운 관계를 지속하기 위한 아픔임을 깨닫습니다. 이 가정에 소망 가운데서 장래를 기약하는 믿음을 더욱 굳게 세워 주옵소서. 저희의 영원한 생명이 되시며 영원한 안식처가 되시는 예수 그리스도의 이름으로 기도합니다. 아멘

[장례를 치룬 가정] 갑작스런 죽음

더 나은곳

· 찬송: 249장, 607장   · 성경: 요한계시록 21장 4절

"모든 눈물을 그 눈에서 닦아 주시니 다시는 사망이 없고 애통하는 것이나 곡하는 것이나 아픈 것이 다시 있지 아니하리니 처음 것들이 다 지나갔음이러라"

위로와 권면/sermon

엊그제까지만 해도 그렇게 정정하시던 분이 갑자기 죽음을 맞으셨다니 밤새 안녕이란 말이 피부에 강하게 와 닿습니다. 노구의 몸이지만 끝까지 일손을 놓지 않으시고 열심히 일하시는 모습을 볼 때, 가슴 뭉클한 감동을 지울 수 없었는데 이렇게 갑작스럽게 별세하시니 믿어지지가 않습니다.

어쩌면 이렇게 갑작스러운 죽음을 맞으신 것도 사랑하는 자식들에게 어려움을 안겨 주지 않으시려는 고인의 사랑이 깊게 묻어 있는 죽음이 아닌가 싶습니다. 또한 부친의 갑작스런 죽음에, 놀란 감정과 슬픔을 감출 길 없는 유족과 자녀분들에게 심심한 위로의 말씀을 드립니다.

이제 고인은 별세하셨습니다. 다른 세상으로 가셨다는 말씀입니다. 예수님 믿다 별세 하셨기에 그곳은 천국입니다. 더 이상 새벽 이슬을 맞아가며, 한낮의 태양을 온몸으로 받으며, 저녁 별을 보면서까지 일하지 않아도 되는 고생스러움과 고통이 없는 곳이 천국입니다. 또한 그곳은 눈물이 없는 곳입니다.

홀로 있는 외로움을 견딜 수 없어 가족들의 사진을 침침한 눈으로 바라보며 더 이상 눈물 흘릴 필요가 없는 곳이 천국입니다. 그 곳에는 이 땅에서의 고생과 수고의 눈물을 우리 주님이 친히 닦아 주시고, 넘치는 위로로 축복해 주시는 곳입니다. 영원한 안식이 있는 곳입니다. 그리고 믿음을 따라 살다가 먼저 간 성도들과 영원한 교제가 있는 곳입니다. 그래서 그곳은 외롭지 않습니다. 슬프지 않습니다. 고통스럽지 않습니다. 악함도 없고 아픔도 없습니다. 그 곳에 ○○○성도(직분)님이 가셨습니다.

따라서 더 나은 곳으로 가셨으니 유족들은 먼저 가신 고인으로 인하여 슬퍼하지만 마시기 바랍니다. 혹 유족 중에 예수님을 믿지 않고 있는 분이 계시다면 이 시간 이후로 꼭 예수님을 믿으실 수 있기를 바랍니다. 이 땅의 삶을 마감하고 죽음을 맞게 되는 날 고인을 다시 만날 수 있어야 하지 않겠습니까? 그때 다시 만나서 이 땅에서 자식으로서 다하지 못한 효도 그때 해드려야 되지 않겠습니까? 그렇지 않으면 영원한 불효자가 되는 것입니다.

예수님을 믿지 않으면 고인과는 영원한 이별이 된다는 것을 기억하셔야 합니다. 그리고 이 자리에 모인 성도들도 고인이 가신 그 나라를 사모하면서 사실 수 있기를 바랍니다. 고인은 이 땅에서 육신적으로는 피곤하고 가난한 삶을 사셨지만, 영적으로는 부요한 삶을 사셨습니다. 왜냐하면 천국을 상속 받으셨기 때문입니다.
모쪼록 고인의 갑작스런 죽음으로 인하여 슬픔 속에 계신 유족들에게 주님의 이름으로 다시 한 번 심심한 위로의 말씀을 드립니다.
그리고 훗날에 다시 만날 것을 기약하며 고인이 깨끗하게 사셨던 것처럼, 영적인 부요함을 지닌 사람으로 사셨던 것처럼 그 삶을 꼭 상속 받을 수 있기를 주님의 이름으로 축원합니다.

위로기도/prayer

자비와 긍휼이 풍성하신 하나님, 사랑하는 사람의 갑작스런 죽음 앞에 놀란 가슴을 추스르지 못하는 이 가정을 불쌍히 여겨 주옵소서. 사랑하는 사람을 졸지에 잃어버린 이 가정의 아픔을 무엇으로 위로할 수 있겠습니까? 저희들도 도무지 믿어지지 않는 현실 앞에 어안이 벙벙할 따름입니다. 아직 믿음이 온전치 못하여 주님의 섭리를 깨달을 수 없기에 밀려오는 충격과 절망을 감출 길 없나이다.

주님, 이별을 준비할 시간도 없이 왜 이렇게 모진 고통을 이 가정에 허락하셨는지요. 이렇게 빨리 데려가시지 않아도 될 것을 남은 자가 이 고통을 어떻게 추스르라고 이 험한 일을 당하게 하셨습니까? 주여 참으로 참기 어려운 슬픔이 가슴속으로 밀려옵니다. 주여, 저희는 물론 가족들이 주님을 향하여 원망의 소리만 높이지 않도록 주님의 깊은 뜻이 무엇인지 깨닫게 하여 주옵소서.

주님의 무한한 섭리를 헤아릴 수 없어 한없이 슬픔에 잠긴 저희들에게 주님의 말씀을 주시기를 원합니다. 상한 심령을 위로하여 주시고, 이 괴로움의 현장을 헤아려 주시옵소서. 충격을 받은 가족들이 흔들리지 않도록 붙들어 주옵소서. 주님의 밝은 빛으로 함께 하시고, 주님의 뜻을 분별할 수 있는 지혜를 주옵소서. 이 절망의 상황을 소망의 나라로 연결 짓는 믿음을 주실 것을 믿사옵고 예수 그리스도의 이름으로 기도합니다. 아멘

[장례를 치룬 가정] 남편

너를 지으신 자

· 찬송: 417장, 418장   · 성경: 이사야 54장 4~8절

"두려워하지 말라 네가 수치를 당하지 아니하리라 놀라지 말라 네가 부끄러움을 보지 아니하리라 네가 젊었을 때의 수치를 잊겠고 과부 때의 치욕을 다시 기억함이 없으리니 이는 너를 지으신 이가 네 남편이시라 그의 이름은 만군의 여호와이시며 네 구속자는 이스라엘의 거룩한 이시라 그는 온 땅의 하나님이라 일컬음을 받으실 것이라 여호와께서 너를 부르시되 마치 버림을 받아 마음에 근심하는 아내 곧 어릴 때에 아내가 되었다가 버림을 받은 자에게 함과 같이 하실 것임이라 네 하나님께서 말씀하셨느니라 내가 잠시 너를 버렸으나 큰 긍휼로 너를 모을 것이요 내가 넘치는 진노로 내 얼굴을 네게서 잠시 가렸으나 영원한 자비로 너를 긍휼히 여기리라 네 구속자 여호와께서 말씀하셨느니라"

위로와 권면/sermon

성경에 보면 하나님과 우리 인간과의 관계를 여러 가지로 표현하고 있습니다. 특별히 이사야 54장에 보면 하나님과 이스라엘 백성과의 관계를 아내와 남편의 관계로 표현하고 있습니다.

본문 5절에 보면 "이는 너를 지으신 자는 네 남편이시라"고 하였습니다. 이 말씀에 용기를 얻으시고 새 출발의 결심을 하실 수 있기를 바랍니다.

첫째로, 우리가 믿는 하나님은 가정의 목자 되신 하나님이십니다.

이스라엘 백성에게 하나님께서 내가 네 남편이라 하신 뜻은 보호자라는 뜻입니다. 언제나 우리 믿는 사람들은 하나님이 내 인생의 목자요, 보호자라는 이 신앙을 굳게 지켜야 합니다. 하나님이 이 가정을 지키시고 양육해 주시리라는 이 기본자세와 신앙을 굳게 지켜야 합니다. 하나님이 이 가정을 지키시고 양육해 주시리라는 이 기본자세와 신앙을 잃지 않아야 거기에 바른 삶의 자세가 확립되는 것입니다.

둘째로, 우리는 하나님께 속한 자입니다.
하나님 자신이 이스라엘 백성에게 남편이 되신다는 것은 구체적으로 분명한 소속을 말하는 것입니다. 우리는 철저하게 하나님께 속한 자들임을 명심해야 합니다. 그러므로 어디에서 무슨 말을 하든지 항상 내가 하나님의 자녀라고 하는 뚜렷한 의식의 바탕에서 남편과 같이 가까운 그런 관계 속에서 살아야 한다는 뜻으로 이해해야 하겠습니다.

셋째로, 우리가 믿는 하나님은 소망의 하나님입니다.
하나님께서 내가 네 남편이라 하신 말씀은 우리를 사랑하신다는 구체적인 표현인 것입니다. 한 아내를 사랑하는 남편과 같이 하나님은 우리 한 사람 한 사람을 구체적으로 사랑하고 계십니다. 이제 슬픔을 거두시고 용기를 가지시기를 바랍니다. 하나님께서 이 가정에 늘 계셔서 이 가정의 기도와 찬송과 감사를 받으시고 계시다는 이 확고한 사실을 믿으시기 바랍니다.

위로기도/prayer

위로의 주님, 남편을 먼저 주님 곁으로 보낸 ○○○성도(직분)를 위하여 기도합니다. 그 마음의 슬픔과 아픔을 기억하시고 너르신 품으로 품어 주시기를 원합니다. 아무리 신앙이 깊고 믿음이 견고하다 할지라도 남편과 함께해 온 세월이 있기에 쉽게 극복하기가 어려울 것입니다. 새롭게 하시는 우리 주님이 ○○○성도(직분)와 함께하시기에 이 아픔의 현장이 변하여 회복의 현장이 되게 하실 것을 믿습니다. 당장은 견디기 어렵지만 주님을 의뢰하고 의지함으로 잘 이길 수 있게 하여 주시고, 믿음의 길을 잘 달려갈 수 있도록 이끌어 주옵소서. 때로는 남편의 빈자리가 크게 느껴질 때가 있을 것입니다. 먼저 간 남편이 죽도록 보고 싶을 때도 있을 것입니다.

그때마다 ○○○성도(직분)의 마음에 서러움이 가득 차지 않도록 신랑 되신 우리 주님께서 함께하여 주시고 너르신 품으로 꼭 껴안아 주시옵소서. 자녀들을 기억하시고 아버지의 빈자리를 잘 감당할 수 있도록 도와주시고 그 믿음을 잘 계승할 수 있도록 이끌어 주옵소서. 홀로 신앙생활 하는 것이 조금은 힘들고 고통스러울지라도 믿음의 길을 잘 달려가노라면 훗날에 예비하신 본향에서 다시 기쁨으로 재회하게 될 것을 믿습니다.

그날을 바라보며 남편의 흔적이 남아 있는 주님의 몸 된 교회를 잘 받들어 섬길 수 있게 하시고, 남편이 지폈던 기도의 불을 꺼뜨리지 않는 ○○○성도(직분)가 되게 하여 주옵소서. 이 땅에서 인간이 느낄 수 있는 슬픔 중에 가장 큰 슬픔을 느끼고 있는 이 가정에 진정한 위로자로 다가오시는 예수 그리스도의 이름으로 기도합니다. 아멘

[장례를 치룬 가정] 아내

새 하늘과 새 땅

· 찬송: 491장, 606장   · 본문: 요한계시록 21장 1~4절

"또 내가 새 하늘과 새 땅을 보니 처음 하늘과 처음 땅이 없어졌고 바다도 다시 있지 않더라 또 내가 보매 거룩한 성 새 예루살렘이 하나님께로부터 하늘에서 내려오니 그 준비한 것이 신부가 남편을 위하여 단장한 것 같더라 내가 들으니 보좌에서 큰 음성이 나서 이르되 보라 하나님의 장막이 사람들과 함께 있으매 하나님이 그들과 함께 계시리니 그들은 하나님의 백성이 되고 하나님은 친히 그들과 함께 계셔서 모든 눈물을 그 눈에서 닦아 주시니 다시는 사망이 없고 애통하는 것이나 곡하는 것이나 아픈 것이 다시 있지 아니하리니 처음 것들이 다 지나갔음이러라"

위로와 권면/sermon

함께 사시던 부인을 먼저 보내게 된 그 슬픔이 크시리라고 봅니다. 사실 믿음을 가진 자들은 신앙 안에서 위로를 받는다고 하지만 역시 인간이기 때문에 어쩔 수 없는 인간의 슬픔을 숨길 수 없습니다. 그러나 우리가 슬퍼하기는 하지만 소망이 없는 사람들과 같이 슬퍼하지는 않습니다.

오늘 본문에 보면 새 하늘과 새 땅에 대하여 소개하고 있습니다. 이 곳에 부인되신 고 ○○○성도(직분)님은 먼저 가신 것입니다.

첫째로, 슬픔이 없는 나라입니다.
그 곳은 슬픔이 없는 곳입니다. 본문에 보면 "눈물을 그 눈에서 씻기신다"고 하였습니다. 슬픔의 그림자가 사라져 버리는 곳이 하나님의 나라입니다. 사실 이 세상은 슬픔이 구석구석에 자리 잡고 있습니다.

둘째로, 죽음이 없는 나라입니다.
그곳은 병과 죽음이 없는 곳입니다. 어떤 사람도 다 두려워하는 것은 죽음과 병입니다. 사람으로 태어난 존재로서 죽음을 두려워하지 않는 자는 없을 것입니다. 이 두려움과 불안이 극복되는 곳이 하나님의 나라입니다. 새 하늘과 새 땅이 전개되는 코스, 거기가 바로 완전한 하나님의 나라인 것입니다. 그러므로 아내 되신 분은 이제 하나님의 나라에 먼저 가 계십니다.

셋째, 다시 만날 소망이 있습니다.
이제부터 그 곳에서 만나실 수 있도록 믿음으로 무장하시기 바랍니다. 얼굴과 얼굴을 대하게 될 그때를 기다리신다면 믿음 위에 굳게 서서 인내로써 슬픔을 극복하시기 바랍니다. 하나님은 자포자기하는 자를 원하시지 않습니다. 새로운 용기와 소망을 가지시고 새 출발을 하시기 바랍니다. 이 같은 가능성은 깊은 그리스도 신앙에서 가능한 것입니다.

위로기도/prayer
깊은 수렁에서 건지시고 크신 팔을 펴사 지키시는 하나님 아버지, 사랑하는 부인을 먼저 하늘나라로 보낸 ○○○성도(직분)의 아픔을 기억하시옵소서. 그의 눈물이 묻어있는 고백 속에서 부인을 향한 사랑이 얼마나 애틋하고 컸었는지를 만나보게 됩니다. 이제껏 함께 고생만하다 겨우 한숨 돌리는 형편이 됐는가 싶더니 뜻하지 않은 이별이 찾아왔기에 ○○○ 성도(직분)가 느끼는 슬픔은 더욱 가슴을 파고드는 줄 압니다.

남편으로서 잘해 주지 못한 감정과, 좋은 곳에 제대로 데려가 보지도 못했던 안타까움이 얼마나 가슴속으로 파고들겠습니까? 그러나 먼저 간 고 ○○○성도(직분)는 결코 후회 없고 부끄럼 없는 삶을 살다가 주님 곁에 안기신 줄 믿습니다.

부족한 종이 보고 느끼기에도 오직 가정밖에 몰랐고 오직 교회밖에 몰랐던 고 ○○○성도(직분)였습니다. 그러하기에 우리 주님이 넘치는 위로와 상급으로 함께하시고 천사도 부러워할 영광의 옷으로 입혀주신 것을 확신합니다.

부인을 보낼 때 베옷 한 벌 입혀서 보냈다고 자책하지 말게 하여 주시고, 믿음위에 굳게 설 수 있도록 도와주시옵소서. 아내의 빈자리가 매우 클 것입니다. 그때마다 우리 주님이 친한 벗이 되어 주시고, 그의 신음까지도 헤아려 주옵소서.

어머니를 잃은 자녀들을 기억하시고, 어머니의 빈자리를 잘 감당할 수 있는 믿음의 자녀들이 되게 하여 주옵소서. 어머니가 남기고 간 신앙을 잘 계승할 수 있게 하여 주시고, 홀로된 아버지를 잘 봉양할 수 있는 자녀들이 되게 하여 주옵소서. 이 가정에 소망의 빛을 더욱 강하게 비춰 주실 것을 믿습니다. 산 자와 죽은 자의 구원이 되시는 예수 그리스도의 이름으로 기도합니다. 아멘

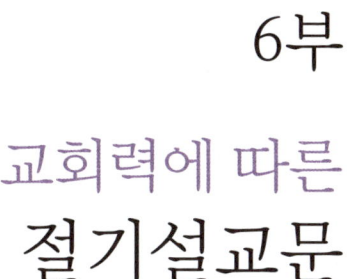

6부

교회력에 따른
절기설교문

[새해] 때

때를 따라 사는 삶

· 찬송: 94장, 552장   · 성경: 전도서 3장 1~13절

"범사에 기한이 있고 천하 만사가 다 때가 있나니 날 때가 있고 죽을 때가 있으며 심을 때가 있고 심은 것을 뽑을 때가 있으며 죽일 때가 있고 치료할 때가 있으며 헐 때가 있고 세울 때가 있으며 울 때가 있고 웃을 때가 있으며 슬퍼할 때가 있고 춤출 때가 있으며 돌을 던져 버릴 때가 있고 돌을 거둘 때가 있으며 안을 때가 있고 안는 일을 멀리 할 때가 있으며 찾을 때가 있고 잃을 때가 있으며 지킬 때가 있고 버릴 때가 있으며 찢을 때가 있고 꿰맬 때가 있으며 잠잠할 때가 있고 말할 때가 있으며 사랑할 때가 있고 미워할 때가 있으며 전쟁할 때가 있고 평화할 때가 있느니라라<후략>"

축복과 권면/sermon

오늘 우리에게 새해가 주어졌는데 이 새해는 우리들에게 무슨 의미가 있는 것일까요? 오늘 말씀에 전도서 기자는 삶이라고 하는 것은 하나님의 선물이라고 말씀하고 있습니다. 먹고, 마시고, 수고하고, 낙을 누리는 우리의 모든 삶이 하나님이 우리에게 주신 선물이라는 것입니다. 하나님이 우리에게 새해를 선물로 주신 데에는 분명한 하나님의 뜻이 있을 것입니다.

오늘 말씀에 전도서 기자는 세 가지로 나누어 설명하고 있습니다.

첫째는, 때에 맞게 살라는 것입니다.

오늘 말씀에 보면 때에 대한 이야기가 나오는데, 그 숫자가 무려 28가지에 이릅니다. 때라고 하는 것은, 크게 보자면 '할 때'와 '하지 말아야 할 때'로 구분할 수 있는데, 해야 될 때 하는 것이 지혜일 뿐 아니라 하지 말아야 할 때 하지 않는 것이 지혜라고 말하고 있습니다.

두 번째는, 때를 따라 아름답게 살라는 것입니다. 어린 아이 때는 뛰어다녀야 아름다운 것이고, 청년들 때는 활발하게 행동을 해야만 아름답습니다. 돈이 많은 사람의 아름다움은 돈을 써야 할 곳에 잘 쓸 때 아름답습니다. 믿는 사람은 때를 따라 주님의 말씀에 순종 잘 하고, 봉사하고, 이해하고, 사랑하고, 격려하고 감싸줄 때 아름다운 것입니다.

마지막으로 하나님을 경외하면서 살라는 것입니다. 하나님이 사람들에게 영원을 사모하는 마음을 주셨는데 하나님을 섬기고 영원한 하나님의 나라를 바라보며 사는 것이 인간의 본분이요 인간의 행복이라고 말합니다.

우리는 어떻게 사는 것이 나의 때에 맞는 가장 아름다운 모습인가를 고민해 보며, 이 한 해를 하나님 앞에서 가장 아름답게 살아갈 수 있도록 힘써야 할 것입니다.

축복기도/prayer

때를 주신 하나님, 다시금 저희에게 새해를 주심을 감사합니다. 주님의 말씀을 따라 때에 맞게 사는 한 해가 되게 하옵소서. 때를 따라 아름답게 살 수 있는 한 해가 되게 하옵소서. 순종, 봉사, 사랑, 격려, 나눔, 헌신의 아름다움이 넘치는 한 해가 되게 하옵소서. 하나님을 더욱 경외하며 주님 나라를 바라보는 것을 최고의 행복의 가치로 여기며 사는 한 해가 되게 하옵소서. 예수 그리스도의 이름으로 기도합니다. 아멘

[설날] 하나님을 찾음

여호와를 만날 자

· 찬송: 552장, 338장   · 성경: 잠언 8: 17~21

"나를 사랑하는 자들이 나의 사랑을 입으며 나를 간절히 찾는 자가 나를 만날 것이니라 부귀가 내게 있고 장구한 재물과 공의도 그러하니라 내 열매는 금이나 정금보다 나으며 내 소득은 순은보다 나으니라<후략>

축복과 권면/sermon

오늘은 설날입니다. 설날은 온 가족이 한자리에 모여 함께할 수 있는 날이기에 기쁨과 즐거움의 날이기도 하지만, 우리 각자가 연초에 세운 계획과 결심들을 다시 한 번 점검해 보고 마음을 새롭게 하면서 다짐하는 날이기도 합니다. 오늘 또 다시 새롭게 한해를 맞이하는 우리에게 가장 중요한 것은 우리가 축복된 한 해를 살려면 하나님을 만나는 한 해를 살아야 한다는 것입니다. 그러면 하나님은 어떤 자를 만나 주시며, 또한 하나님을 만날 자는 어떠한 자인가에 대하여 잠깐 말씀을 살펴보겠습니다.

첫째, 간절한 마음으로 하나님을 찾는 자가 만날 수 있습니다.
잠언8장 17절 말씀에 "나를 사랑하는 자들이 나의 사랑을 입으며 나를 간절히 찾는 자가 나를 만날 것이니라"고 하였습니다. 이 말씀대로 하나님을 사랑하고 하나님을 간절히 찾는 자가 하나님을 만날 수 있습니다. 따라서 이 자리에 모인 우리 가족은 하나님을 사랑하고 하나님을 간절히 찾는 한해가 되기를 기원하시기 바랍니다.

둘째로, 영과 진리로 예배하는 자가 만날 수 있습니다.
예배는 하나님의 최대 관심입니다. 그래서 주님은 요한복음 4장 23절에도 하나님은 영과 진리로 예배하는 자를 찾으신다고 하셨습니다. 혹 우리가 한 해를 살면서 참된 예배를 드릴 수 있는 환경적 조건이 뒷받침되지 않는다 할지라도 최대한 예배하는 일에 힘써야만 할 것입니다.

셋째, 은혜를 구하는 자가 하나님을 만납니다.
스가랴 8장 22절에 보면 "만군의 여호와를 찾고 은혜를 구하자"고 했습니다. 가장 불행한 사람은 하나님의 은혜를 알지 못하고 그 은혜를 구하지 못하는 자들입니다. 반면 가장 행복한 사람은 하나님의 은혜를 입은 사람입니다. 설날을 맞이하여 이 자리에 모인 우리 모두도 이 중의 한사람이 되실 수 있기를 바랍니다. 오늘의 말씀대로 올 한 해는 전심을 다하여 하나님을 찾으심으로 하나님의 은혜를 입는 복된 한 해가 되시기를 바랍니다.

축복기도/prayer
은혜로우신 하나님, 설날을 맞이하여 모든 식구들이 한자리에 모여 하나님께 예배를 드리게 하시고, 즐거운 교제를 나눌 수 있게 하시니 감사드립니다.
말씀을 통해서 하나님을 만나는 삶이 가장 복 있는 삶임을 다시 한 번 깨닫사오니 간절한 마음으로 하나님을 찾게 하시고, 예배에 힘쓰게 하시고, 하나님의 은혜를 구하는 삶이 되게 하여 주옵소서. 그리하여 온 가족이 하나님을 만나는 삶이 되게 하셔서 주님의 크신 은혜와 축복을 경험하며 주님께 큰 영광을 돌릴 수 있는 한 해를 살게 하여 주옵소서. 예수 그리스도의 이름으로 기도합니다. 아멘

[삼일절] 조국을 사랑함

사랑하는 민족을 위해서라면

· 찬송: 586장, 584장   · 성경: 로마서 9장 1~5절

"내가 그리스도 안에서 참말을 하고 거짓말을 아니하노라 나에게 큰 근심이 있는 것과 마음에 그치지 않는 고통이 있는 것을 내 양심이 성령 안에서 나와 더불어 증언하노니 나의 형제 곧 골육의 친척을 위하여 내 자신이 저주를 받아 그리스도에게서 끊어질지라도 원하는 바로라 그들은 이스라엘 사람이라 그들에게는 양자됨과 영광과 언약들과 율법을 세우신 것과 예배와 약속들이 있고 조상들도 그들의 것이요 육신으로 하면 그리스도가 그들에게서 나셨으니 그는 만물 위에 계셔서 세세에 찬양을 받으실 하나님이시니라 아멘"

격려와 권면/sermon

일본이 자신들의 반도 진출의 욕망을 이루기 위해 대동아전쟁을 일으킬 때 일본 기독교계의 지도자였던 「우찌무라 간조」선생은 일본 정부를 향해 이렇게 경고했습니다.

"이 전쟁을 중단하지 않으면 일본은 패망한다. 일본 정부는 더 이상 백성을 그릇된 파멸의 길로 몰아가지 말고 전쟁을 중단하고 돌이키라!" 그는 이 말 때문에 '살아서는 절대로 일본 땅을 밟을 수 없다.'는 일본 정부의 추방령을 받고 정처 없는 망명 생활의 길에 올라야 했습니다. 그의 제자들이 일본의 주요 요직에 있기 때문에 얼마든지 편안히 살 수 있는 상황이었습니다. 그는 평상시 늘 '기독교는 국경이 없다. 그러나 그리스도인에겐 국경이 있다. 그리스도인은 민족과 조국을 사랑할 수 있어야 한다.'고 강조했습니다.

누구보다도 민족과 조국을 사랑하는 그였지만 민족이 그릇된 길로 갈 때는 모든 희생을 감수하고서라도 그것을 바로잡아 주려고 했습니다. 그것이 바로 그리스도인이 감당해야만 할 몫이었기 때문입니다. 지금 우리 민족의 현실이 어떻습니까? 정말 기도해야만 할 때입니다. 정치 경제적으로 너무나 힘든 시기를 우리는 살아가고 있습니다. 이럴 때 우리는 사랑하는 조국을 끌어안고 눈물을 뿌리며 기도해야만 합니다. 사도바울은 하나님을 향해 돌이킬 줄 모르고 심판의 길로 가는 이스라엘을 보면서 그것을 얼마나 처절히 끌어안으려고 했는지 모릅니다. 사랑하는 민족을 위해서라면 자기 한 몸이 영원한 저주에 처해져도 받아들이겠다는 것입니다.

그와 같이 바울은 민족을 사랑했습니다.

오늘 우리는 이 민족 앞에 어떤 모습으로 서 있는지 우리 자신을 깊이 돌이켜 봐야만 할 것입니다.

축복기도/prayer

사랑의 주님, 주님도 민족의 안타까움을 끌어안고 탄식하신 것을 기억합니다. 오늘 저희도 조국을 생각할 때마다 주님의 마음을 갖게 하여 주옵소서. 사랑하는 조국을 위하여 눈물로 기도할 수 있는 마음을 주시옵소서.

이 민족을 위해서라면 이 한 몸이 영원한 저주에 처해져도 받아들이겠다는 마음을 주시옵소서. 죽음을 두려워하지 않고 민족을 위하여 희생했던 옛 선조의 그 모습이 오늘 저희에게 계승되어지게 하여 주옵소서. 예수 그리스도의 이름으로 기도합니다. 아멘

[종려주일, 고난주간] 생명의 담지자

희생이 있는 삶

· 찬송: 158장, 461장   · 성경: 이사야 53장 1~6절

"우리가 전한 것을 누가 믿었느냐 여호와의 팔이 누구에게 나타났느냐 그는 주 앞에서 자라나기를 연한 순 같고 마른 땅에서 나온 뿌리 같아서 고운 모양도 없고 풍채도 없은즉 우리가 보기에 흠모할 만한 아름다운 것이 없도다 그는 멸시를 받아 사람들에게 버림 받았으며 간고를 많이 겪었으며 질고를 아는 자라 마치 사람들이 그에게서 얼굴을 가리는 것 같이 멸시를 당하였고 우리도 그를 귀히 여기지 아니하였도다 그는 실로 우리의 질고를 지고 우리의 슬픔을 당하였거늘 우리는 생각하기를 그는 징벌을 받아 하나님께 맞으며 고난을 당한다 하였노라<후략>"

격려와 권면/sermon
우리는 이 땅에서 가장 아름다운 희생으로 예수 그리스도의 희생, 십자가의 죽음을 기억합니다. 그 희생은 죽음의 절망 한가운데 있는 우리에게 희망의 한줄기 빛을 주었습니다.

오늘 말씀에 이사야는 53장 1~6절에서 고난 받는 종에 대해 예언하고 있습니다. 고난 받는 종은 바로 예수님이십니다. 예수님은 멸시받고 고난당하며 채찍에 맞고 찔림을 당하십니다(3~5).
바로 우리를 위한 고난과 죽음이었습니다. 우리는 하나님이 주신 우리의 길이 있는데도 제멋대로 우리가 가고 싶은 길로 가고 있습니다(6). 그래서 우리 앞에는 영원한 죽음만이 기다리게 되었습니다.
그러나 예수님은 당신이 가고 싶은 길로 가지 않으셨습니다. 원치 않으셨지만 기쁨으로 아버지의 뜻대로 십자가의 길, 희생의 길을 가셨습니다. 그래서 우리는 새로운 생명과 영원한 희망을 얻었습니다. 예수님의 희생으로 닫혔던 우리 눈이 뜨여 찬란한 희망의 세계를 보게 되었고, 우리의 팔과 다리가 펴져 힘 있게 걷고 뛰게 되었습니다. 그리스도의 십자가 희생은 하나님 구원 역사의 완성이 되었고 우리는 아름다운 인생을 살게 되었습니다.

이제 그리스도의 희생으로 아름다운 인생을 살아가게 된 우리는, 생명의 담지자(擔持者)로서 이 땅에서 모든 것을 살리는 일을 해야 합니다. 때가 이르면 헌신과 희생 앞에 자신을 내놓아야 합니다.
우리 가정도 이러한 희생과 헌신 없이는 희망과 평화와 생명이 없습니다. 우리가 그리스도를 따라 희생하는 삶을 살아갈 때 우리 인생도, 이 세상도 진정한 아름다움으로 가득하게 될 것입니다.

축복기도/prayer
은혜의 주님, 주님이 하나님 아버지의 뜻을 좇아 십자가의 길, 희생의 길을 가셨듯이 저희도 주님의 뜻을 좇아갈 수 있는 삶이 되게 하여 주옵소서.
주님의 희생하심으로 구원받은 축복의 자녀로 살게 되었사오니 이 땅을 살아가는 동안 생명의 담지자로서 모든 것을 살리는 일을 감당할 수 있는 삶이 되게 하여 주옵소서. 예수 그리스도의 이름으로 기도합니다. 아멘

[부활절] 부활신앙

부활의 신앙

· 찬송: 171장, 180장   · 성경: 시편 16편 8~11절

"내가 여호와를 항상 내 앞에 모심이여 그가 나의 오른쪽에 계시므로 내가 흔들리지 아니하리로다 이러므로 나의 마음이 기쁘고 나의 영도 즐거워하며 내 육체도 안전히 살리니 이는 주께서 내 영혼을 스올에 버리지 아니하시며 주의 거룩한 자를 멸망시키지 않으실 것임이니이다 주께서 생명의 길을 내게 보이시리니 주의 앞에는 충만한 기쁨이 있고 주의 오른쪽에는 영원한 즐거움이 있나이다"

축하와 권면/sermon

「익나티우스」는 「트라야누스 황제」때 핍박을 받아 로마로 호송되어 맹수의 밥이 되어 순교했던 사람입니다. 그가 로마로 호송되려고 할 때, 그 소식을 들은 교우들이 구명 운동을 벌이고 있었습니다. 그 때, 익나티우스는 서머나에서 로마로 이런 편지를 썼습니다.

"나를 맹수에게 주어서 그들을 통하여 하나님께 이르도록 하라. 맹수의 이에 갈려 그리스도의 순전한 떡이 되리라. 오히려 맹수들을 추켜 주어 그들로 나의 무덤이 되게 하여 내가 잠든 후 내 몸의 어느 한 부분도 남겨져 다른 사람의 수고가 되지 않게 하라. 나로 맹수의 즐거움을 갖게 하라.… 보이는 것들이나 보이지 않는 것들이나 내가 그리스도에게 이르름을 시기하지 말라. 오라! 불이든 철이든 맹수의 움키고 끊고 뼈를 부수고 사지를 자르고 온 몸을 부셔 버리는 것들이라도. 오라! 악마의 잔인한 고문도.

그것들은 오직 나로 그리스도에게 이르게 하는 것뿐이리라."

이 고백은 죽음 후에 다가올 부활의 영광을 확실히 믿고 있다는 것을 입증해 줍니다. 부활이 있기에 이처럼 죽음 앞에서도 담대할 수 있는 것입니다.
오늘 말씀에 시인은 위기 속에서도 부활의 신앙을 갖고 어려움을 이겨낸 신앙인입니다. 오늘 말씀을 베드로와 바울이 예수 그리스도의 부활 사건을 증거할 때 인용했던 구절입니다(행2:31,13:35).
설령 육신이 죽는다 할지라도 하나님은 우리에게 부활의 영광을 주신다는 고백입니다.
오늘 우리에게 부활신앙이 있다면 고난 속에서도, 위기 속에서도 결코 두려워하지 않고 담대할 수 있습니다.

축복기도/prayer
부활의 소망을 주신 주님, 나는 죽음 후에 다가올 부활의 영광을 확실히 믿고 있는지요. 부활의 신앙을 갖고 모든 어려움을 이겨낸 믿음의 선진들을 보며, 변덕스런 내 신앙은 아니었는지 반성해 봅니다.

이 시간 이후로 부활 신앙으로 죽음 앞에서조차도 담대했던 믿음의 선진들의 본받게 하옵소서. 환경에 요동치 않는 믿음이 되기 위해서는 부활신앙을 가져야 한다는 것을 잊지 말게 하옵소서. 예수 그리스도의 이름으로 기도합니다. 아멘

[어린이주일] 자녀의 성공

순종은 절대 손해 보지 않는다

· 찬송: 449장, 569장   · 성경: 신명기 7장 9~11절

"그런즉 너는 알라 오직 네 하나님 여호와는 하나님이시요 신실하신 하나님이시라 그를 사랑하고 그의 계명을 지키는 자에게는 천 대까지 그의 언약을 이행하시며 인애를 베푸시되<중략> 그런즉 너는 오늘 내가 네게 명하는 명령과 규례와 법도를 지켜 행할지니라"

위로와 권면/sermon

아주 오래 된 이야기인데, 한 시골 소년이 큰 꿈을 안고 뉴욕에 왔습니다. 소년은 그곳에서 자신의 미래를 개척해 나가겠다고 굳게 결심을 합니다. 그러나 소년이 가지고 있는 것이라곤 자신이 자라난 시골 마을에서 배운 인쇄기술이 전부였는데, 운 좋게도 뉴욕에서 가장 크다는 인쇄소들 중 한 곳에서 일자리를 얻습니다. 그리고 열심히 일했습니다. 그러던 어느 토요일 오후입니다. 주일에도 일하지 않으면 마무리 지을 수 없을 만큼의 많은 분량의 원고를 받았는데, 원고 뭉치를 가늠해 본 소년은 감독관에게 가서 말했습니다.

"오늘 정시에 퇴근하지 않고 밤 12시까지 일하겠습니다. 되도록 12시 이전까지 이 일들을 끝낼 수 있도록 노력하겠지만, 혹 일이 마무리되지 못한다 해도 내일은 일할 수 없습니다."

소년의 당돌한 태도에 감독관은 깜짝 놀라며 이렇게 말했습니다. "그러면 너는 일자리를 잃고 말거다." 그러자 소년은 원고 뭉치를 들고 사장을 찾아가 이렇게 말했습니다. "저는 어릴 때부터 어머니께 철저한 신앙교육을 받았습니다. 어머니는 어떤 일이 있어도 주일은 지켜야 한다고 가르쳐 주셨습니다. 저는 이제까지 그 말씀을 어겨 본 일이 없습니다. 이제 와서 주일을 범하느니 차라리 일자리를 포기하겠습니다."

사장은 소년의 신앙에 감복하지 않을 수 없었습니다. 그리고 소년에게 다시는 주일 근무를 요구하지 않았습니다. 이 소년이 바로 훗날 베스트셀러를 많이 출판하고 세계적인 영향력을 끼쳤던 '하퍼 브라더스 출판사'의 창설자인 「존 하퍼」라는 사람입니다.

하나님의 말씀에 철저하게 순종해서 손해 보는 일은 절대 없습니다. 오늘 말씀대로 반드시 축복하십니다. 그러므로 자녀가 잘되도록 하려면 하나님을 가까이 하도록 해야만 합니다.
예배를 잘 드릴 수 있도록 해야만 합니다. 그것이 자녀가 힘들 때마다 하나님을 의지할 수 있도록 신앙을 세워주는 것이고, 자녀의 성공을 진정으로 도와주는 것입니다.

축복기도/prayer
사랑의 주님, 저희로 하여금 자녀에게 하나님을 사랑하고, 주일을 잘 지킬 수 있도록 이끌어 주는 부모가 되게 하옵소서. 주일을 지키지 못하는 것은 그 어떤 범죄보다 악하다는 것을 자녀에게 심어주게 하시고, 하나님을 가까이 해야만 진정한 성공의 열매를 거둘 수 있음을 자녀로 하여금 깨닫게 해주게 하옵소서. 자녀가 천 대까지 그 언약을 이행하시는 하나님을 복을 받아 누리기를 원합니다. 예수 그리스도의 이름으로 기도합니다. 아멘

[어버이주일] 약속된 축복

효의 종교

· 찬송: 577장, 579장   · 성경: 신명기 5장 16절

"너는 네 하나님 여호와께서 명령한 대로 네 부모를 공경하라 그리하면 네 하나님 여호와가 네게 준 땅에서 네 생명이 길고 복을 누리리라"

축복과 권면/sermon
공자가어(孔子家語)라는 책에 이런 말이 나옵니다.
"나무는 조용히 있고자 하나 바람이 그치질 않고, 자식은 봉양을 하려고 하나 어버이는 기다려 주지 않는다. 한번 가면 다시 오지 않는 것은 세월이고, 다시는 볼 수 없는 것이 어버이다."
유명한 '풍수지탄(風樹之嘆)'은 바로 여기서 나온 말로 어버이께 효도를 다하지 못한 사람이 뒤늦게 뉘우치고 한숨짓는 일을 말합니다. 이말 한마디로 공자는 일약 효를 강조하는 인류의 스승으로 추앙받게 됩니다.

어떤 사람들은 기독교가 부모 공경에 대해 인색한 종교라고 말하나 하나님은 아예 십계명 중에 사람과의 관계 속에 부모 공경을 으뜸으로 두셨습니다. 뿐만 아니라 성경 여러 곳에서도 부모 공경에 대하여 강조하고 있는 것을 볼 수 있습니다. 예수님도 하늘의 하나님과 육신의 부모에게 효를 다하셨습니다.
그러므로 기독교는 부모 공경에 대해 인색한 종교가 아니라 효를 강조하고 있는 종교입니다. 특히 성경은 부모를 공경하는 것이 자녀가 해야만 할 지극히 옳은 일임을 강조하고 있습니다(엡 6:1).
특히 오늘 말씀에 하나님은 부모를 공경하는 자에게 장수의 복까지 약속하여 주십니다. 그러니까 장수의 복은 부모 공경을 잘하는 자가 받게 되는 하나님의 약속된 축복입니다.
그뿐입니까? 하나님의 다른 복도 누릴 것을 약속하여 주십니다. 하나님을 믿으면서 눌리는 신앙생활을 하는 사람이 있는가 하면 누리는 신앙생활을 하는 사람이 있습니다. 이유는 한가지입니다. 하나님의 말씀을 따라 살려고 힘썼기 때문입니다.

부모를 잘 공경하고 그 말씀에 순종하는 자녀는 절대로 불행하게 되지 않습니다. 하나님께서 반드시 책임져 주십니다. 그 행사를 형통하게 해 주십니다. 대대로 명문 가문을 이루는 축복을 누리게 하십니다. 우리 모두 이 귀한 하나님의 은혜를 받아 누리는 축복의 주인공이 되시기를 주님의 이름으로 축복합니다.

축복기도/prayer
부모 공경을 명령하신 하나님, 하나님을 공경하듯 육신의 부모를 잘 공경하는 자녀가 되게 하여 주옵소서.
부모님의 마음을 서운하게 해드리거나 늙은 부모를 멸시하는 악행을 저지르지 않게 하여 주옵소서. 부모 공경을 잘하는 자가 하나님의 약속의 자녀임을 잊지 말게 하여 주옵소서. 부모 공경을 잘함으로 대대로 명문 가문을 이루게 하옵소서. 예수 그리스도의 이름으로 기도합니다. 아멘

[성령강림주일] 변화의 영

초월하게 하시는 성령님

· 찬송: 183장, 182장   · 성경: 사도행전 2장 1~4절

"오순절 날이 이미 이르매 그들이 다같이 한 곳에 모였더니 홀연히 하늘로부터 급하고 강한 바람 같은 소리가 있어 그들이 앉은 온 집에 가득하며 마치 불의 혀처럼 갈라지는 것들이 그들에게 보여 각 사람 위에 하나씩 임하여 있더니 그들이 다 성령의 충만함을 받고 성령이 말하게 하심을 따라 다른 언어들로 말하기를 시작하니라"

위로와 권면/sermon

성령은 우리로 하여금 모든 것을 초월하게 하십니다. 초월한다는 것은, 내가 이길 수 없는 것들을 이기게 되는 것을 말합니다. 승리하는 것입니다. 성령은 우리에게 승리를 가져다 주시는 분이십니다.

제자들이 오늘 말씀에서 성령의 충만하심을 경험한 것을 눈여겨 살펴봅시다. 성령께서 충만하게 임하시자 어떤 일들이 일어났습니까? 급하고 강한 바람 같은 소리가 들렸습니다. 불의 혀같이 갈라지는 것이 그들에게 보였습니다. 성령의 말하게 하심을 따라 다른 방언으로 말하기를 시작했습니다.

이처럼 성령충만하면 들리는 것이 달라집니다. 전에 들리지 않던 것이 들리기 시작합니다. 전에는 사람의 말만 들렸고 인간의 소리만 들렸습니다. 그것도 좋은 말보다는 나쁜 말들이 많이 들렸습니다. 남의 험담을 들을 때는 묘한 즐거움이 있었습니다. 누군가 다른 사람에게 들었다며 내 결점을 이야기할 때에는 참을 수가 없어서 복수할 길을 찾았습니다.
그런데 성령충만하니 들리는 것이 달라졌습니다. 사람의 말보다 하나님의 음성이 더 많이 들립니다. 나도 모르게 들려오는 좋지 않은 말들은 귀로는 들어도 마음에 담지를 않습니다.

누군가 내 말을 안 좋게 하는 내용이 들려와도 그 말을 사람의 말로 듣는 것이 아니라, 그때도 그 안에서 하나님의 음성을 듣게 됩니다. 그래서 전에는 내 고조된 감정을 이기지 못해서 상처를 받고 또 상처를 주던 일들이 너무도 많았는데, 이제는 그 자리에 하나님의 사랑이 자리 잡고 모두를 품고 포용하여 끝내 서로를 변화되게 만들어 놓습니다. 초월하는 것입니다. 성령께서 이렇게 하시는 것입니다.
그래서 우리는 성령충만을 사모해야만 하는 것입니다.
우리 모두 성령충만을 사모하실 수 있기를 바랍니다. 우리는 성령충만한 사람이 되어야만 악에게 지지 아니하고 거듭난 하나님의 자녀로 세상을 변화시켜가는 삶을 살 수 있습니다.

기도/prayer
성령충만을 원하시는 주님, 저희로 성령충만을 사모하게 하셔서, 성령충만한 삶을 살아가게 하옵소서.
성령충만함으로 사람의 말보다 하나님의 음성에 귀 기울일 수 있는 삶이 되게 하시고, 하나님의 사랑으로 모든 것을 품고 포용할 수 있는 삶을 살아가게 하옵소서. 성령의 사람으로 주변을 변화시키며 하나님께 큰 영광 돌리는 삶을 살아갈 수 있게 하옵소서. 예수 그리스도의 이름으로 기도합니다. 아멘

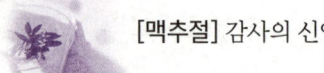

[맥추절] 감사의 신앙

맥추절을 지킵시다

· 찬송: 588장, 587장   · 성경: 출애굽기 23장 14~17절

"너는 매년 세번 내게 절기를 지킬지니라 너는 무교병의 절기를 지키라 내가 네게 명령한 대로 아빕월의 정한 때에 이레 동안 무교병을 먹을지니 이는 그 달에 네가 애굽에서 나왔음이라 빈 손으로 내 앞에 나오지 말지니라 맥추절을 지키라 이는 네가 수고하여 밭에 뿌린 것의 첫 열매를 거둠이니라 수장절을 지키라 이는 네가 수고하여 이룬 것을 연말에 밭에서부터 거두어 저장함이니라 네 모든 남자는 매년 세 번씩 주 여호와께 보일지니라"

감사와 권면/sermon

맥추절은 1년의 반인 6개월 간 하나님이 베푸신 은혜와 사랑을 기억하고 감사하는 것입니다. 하나님의 은혜를 찾을 수 없다는 사람도 있지만 지나온 시간들을 돌아보면 하나님이 우리 가정과 내게 주신 은혜와 사랑이 있을 것입니다.
그 사랑을 기억하며 하나님께 감사하고, 지난날을 지키신 하나님은 오늘과 내일도 책임지고 지키시는 분임을 기억하고 감사 찬양을 돌릴 수 있어야 합니다.

또한 맥추절은 모든 것이 하나님의 것임을 기억하고 감사해야 합니다. 오늘 말씀에 "맥추절을 지키라 이는 네가 수고하여 밭에 뿌린 것의 첫 열매를 거둠이니라"(16절)고 말씀하셨습니다. 우리가 땀 흘리고 수고해 곡식을 거두었더라도 이것은 하나님의 도우심이라는 말씀입니다. 하나님의 도우심 없이는 우리가 수고해도 곡식을 거둘 수 없습니다. 하나님은 곡식이 자라게 자연만물을 주관하여 공기와 햇빛, 비와 바람을 주셔서 자라게 하고 수확하게 합니다. 따라서 우리가 수확한 열매의 주인은 하나님이심을 고백하는 것이 감사의 신앙입니다.

구약성경에서 하나님은 첫 열매를 하나님께 바치라 하셨습니다. 그런데 첫 열매만이 아니라 과일이 열리는 나무 자체가 하나님의 것입니다. 첫 열매를 드리는 것은 모든 열매가 하나님의 것임을 고백하는 일입니다. 따라서 맥추절의 궁극적 의미는 나약한 인간이 하나님께 도움을 구하라는 것입니다. 하나님과 함께해야만 참된 행복과 자유를 누릴 수 있습니다.

우리 모두 지난날 주님이 베푸신 은혜에 감사를 드립시다. 지금까지 살면서 누리는 모든 것이 하나님의 은혜임을 기억하고 감사합시다.

기도/prayer

은혜의 주님, 오늘 말씀을 통하여 맥추절의 의미를 다시 한 번 깨닫게 됩니다. 첫 열매를 하나님께 드리는 것은 모든 열매가 하나님의 것임을 고백하는 일임을 알았사오니, 어떤 열매가 주어지든지 하나님께 감사할 수 있는 믿음의 자녀가 되게 하여 주옵소서.
또한 항상 하나님께 도움을 구하는 삶을 살게 하시고, 하나님의 은혜에 보답하고자 하는 삶이 되게 하여 주옵소서.
예수 그리스도의 이름으로 기도합니다. 아멘

[추석] 감사의 삶

추석은 감사의 명절

· 찬송: 301장, 569장   · 성경: 룻기 1장 15~18절

"나오미가 또 이르되 내게 어머니를 떠나며 어머니를 따르지 말고 돌아가라 강권하지 마옵소서 어머니께서 가시는 곳에 나도 가고 어머니께서 머무시는 곳에서 나도 머물겠나이다 어머니의 백성이 나의 백성이 되고 어머니의 하나님이 나의 하나님이 되시리니 어머니께서 죽으시는 곳에서 나도 죽어 거기 묻힐 것이라 만일 내가 죽는 일 외에 어머니를 떠나면 여호와께서 내게 벌을 내리시고 더 내리시기를 원하나이다 하는지라<후략>"

축복과 권면/sermon
오늘은 우리 민족 최대의 명절인 추석입니다. 우리 민족이 지키는 이 추석 명절의 정신을 한마디로 말한다면 '감사의 정신'이라고 설명할 수 있습니다. 추석은 하나님께 감사함을 갖는 절기입니다.

지난해를 살아오면서 여러 가지로 많은 어려움이 있었지만 오늘 풍요로운 명절을 맞이하기까지 우리 가정을 지켜 주시고 인도해 주신 하나님의 은혜에 크게 감사하는 마음을 가져야 합니다. 또한 추석은 우리 가족의 소중함을 다시 생각하고 가족들에게 감사하는 절기가 되어야 합니다.
평소에는 잊고 살았던 조상님들을 깊이 생각해 봅시다. 특별히 낳아 주시고 길러 주신 보무님의 은혜에 감사하는 절기가 되어야 합니다. 가족들 간에도 서로에게 감사하는 마음을 표현합시다. 남편은 아내에게, 아내는 남편에게 감사하는 마음을 전합시다. 명절을 맞아 부모의 은혜에 감사하고 효로써 공경하면 그것은 곧 우리에게 축복으로 이어질 것입니다.

오늘 본문은 극도의 가난 속에서 남편을 잃은 룻이 홀시어머니인 나오미를 따르기로 작정하고 자기의 고향 모압을 떠나 베들레헴으로 가려는 결단의 모습을 보여 줍니다. 하나님을 사랑하는 그의 신앙은 시어머니에 대한 효심으로 이어지고 있습니다. 이러한 결단은 상상하기조차 벅찬 하나님의 복을 그녀에게 안겨 주었습니다.
그녀는 생전에 복의 사람 보아스를 만나 결혼하였고 다윗 왕의 증조할머니가 되었으며 예수님의 족보에도 그 이름을 올렸습니다.
오늘 우리도 하나님의 은혜와 가족들과 부모님의 사랑에 감사하며 살면 룻에게 함께하신 하나님을 경험하는 삶을 살 수 있습니다.

축복기도/prayer
자비로우신 하나님, 오늘 추석 명절이 있기까지 우리 가정을 보호해 주시고 인도해 주심을 진심으로 감사드립니다. 주님의 사랑과 은혜 가운데 모든 가족이 강건하고 행복한 삶을 살아가게 하옵소서.
특히 범사에 하나님의 은혜에 감사할 줄 아는 신앙의 사람이 되기를 원합니다. 조상의 은덕을 잊지 않고 감사의 마음을 표현할 줄 아는 가족이 되기를 원합니다.
특히 부모님의 사랑과 은혜에 감사할 줄 아는 자녀들이 되게 하옵소서. 가족들 서로 간에도 감사의 마음을 전할 수 있는 복된 모습이 있게 하여 주옵소서. 예수 그리스도의 이름으로 기도합니다. 아멘

[종교개혁주일] 말씀이 곧 하나님

말씀의 권위

· 찬송: 285장, 200장   · 성경: 요한복음 1장 1~5절

"태초에 말씀이 계시니라 이 말씀이 하나님과 함께 계셨으니 이 말씀은 곧 하나님이시니라 그가 태초에 하나님과 함께 계셨고 만물이 그로 말미암아 지은 바 되었으니 지은 것이 하나도 그가 없이는 된 것이 없느니라 그 안에 생명이 있었으니 이 생명은 사람들의 빛이라 빛이 어두움에 비치되 어둠이 깨닫지 못하더라"

위로와 권면/sermon

영국은 한 때 해가 지지 않는 나라라고 불릴 만큼 많은 식민지를 두었던 나라입니다. 그 식민지 가운데 영국의 통치에 유난히 유순하게 복종을 잘하던 원주민들이 있었습니다. 그런데 그들에게는 아무도 앉지 못하게 하는 의자가 하나 있었습니다.
그러던 중 총독이 새로 부임하게 되었는데 이 사람이 자신의 권위를 확실히 한답시고 원주민들이 신성하게 생각하는 그 의자에 앉고 말았습니다. 그러자 그렇게 유순하던 원주민들이 순식간에 아주 사나운 폭도로 돌변했습니다. 그리고 총독과의 전쟁을 선포하고 목숨을 아끼지 않고 싸우는 것이었습니다.

영국은 이런 원주민들의 태도가 도무지 이해가 되지 않았습니다. '그토록 유순하고 말을 잘 듣던 원주민들이 그까짓 의자에 총독이 한번 앉았다고 해서 그토록 분노할 수 있는가'하는 것입니다.
그래서 조사를 해 보았더니 원주민들은 그 의자를 조상들의 영이 앉는 의자로 신앙하고 있었던 것입니다. 그러니 원주민들이 반발하지 않을 수 없었던 것입니다.

오늘 우리도 생명을 걸고 지켜야 할 것이 있습니다. 바로 '말씀의 권위'입니다. 교회는 말씀의 권위가 무너지면 생명을 잃는 것과 다름이 없고, 더 이상 은혜를 기대할 수 없게 됩니다. 그러므로 목회자는 말씀을 전하는 일에 최선을 다해야 하고, 성도들은 목회자가 부족한 점이 많다 할지라도 선포되는 말씀의 권위는 부인하지 말아야 합니다.

오늘 말씀에 요한은 말씀이 곧 하나님이시라고 증언하고 있습니다. 말씀의 권위를 인정하지 않으면 하나님을 인정하지 않는 것이나 다름없습니다. 우리 모두 말씀의 권위를 인정하고 잘 지키심으로 하나님의 은혜 속에서 살아가는 복된 삶이되도록 합시다.

축복기도/prayer
사랑의 주님, 오늘 저희로 말씀의 권위를 지킬 수 있게 하옵소서. 교회는 말씀의 권위가 무너지면 생명을 잃는 것과 다름없음을 깨닫게 하옵소서. 교회에서 말씀을 전하는 교역자를 위하여 기도할 수 있게 하시고, 교역자에 따라서 선포되는 말씀의 권위를 부인하는 자가 되지 않게 하옵소서.
말씀이 곧 하나님이시라는 사실을 잊지 말게 하옵소서. 말씀을 잘 지킴으로 하나님의 은혜 속에서 살아가는 복된 삶이 되게 하옵소서. 예수 그리스도의 이름으로 기도합니다. 아멘

[추수감사절] 감사하는 사람

만 번의 감사

· 찬송: 588장, 589장   · 성경: 시편 50편 23절

"감사로 제사를 드리는 자가 나를 영화롭게 하나니 그의 행위를 옳게 하는 자에게 내가 하나님의 구원을 보이리라"

감사와 권면/sermon

세계 2차 대전 후 일본 해군장교「가와가미 기이치」가 본국으로 귀국했습니다. 그러나 처참한 일본의 현실을 보니 하루하루 불만이 쌓여갔습니다. 그랬더니 전신마비 병이 오고 말았습니다. 정신과를 찾았는데, 의사 후치다가 '감사'라는 처방을 내렸습니다.
"매일 만 번씩 감사하세요."

그는 병석에 누워 억지로 감사를 연발했습니다. 어느 날, 아들이 감 2개를 가져왔기에 감사하다며 손을 내밀었더니 신기하게 마비되었던 손이 움직였습니다. 그리고 굳어 있던 목도 풀렸습니다. 결국엔 전신마비가 사라지고 말았습니다.
이 사람은 신자도 아닙니다. 감사하라는 처방을 내린 의사 역시 기독교인이 아닙니다. 그럼에도 감사는 능력으로 역사하는 것을 보게 됩니다. 그렇다면, 전능하신 하나님을 향해 감사하는 것이 얼마나 놀라운 능력을 그 안에 담고 있겠습니까? 그래서 오늘 말씀에 하나님은 우리에게 이렇게 말씀하시는 것입니다.
"감사로 제사를 드리는 자가 나를 영화롭게 하나니 그 행위를 옳게 하는 자에게 내가 하나님의 구원을 보이리라."

하나님은 우리가 예배를 드리되 감사의 마음을 담아서 예배드리는 것을 기뻐하십니다. 오늘 말씀에 보면 감사의 제사로 하나님을 영화롭게 하는 자에게 축복도 약속하셨습니다. 하나님 구원을 보여 주시겠다는 것입니다. 우리의 삶에 구원이 필요한 때가 얼마나 많습니까? 숨 쉬는 순간마다 어려운 일을 보는 것이 우리의 삶입니다. 그러므로 우리에게 하나님의 구원하심은 선택이 아니라 필수입니다.

추수감사절 예배드릴 때뿐만 아니라 범사에 감사해 보세요. 하나님께서 매 순간마다 은혜를 베푸시고, 건지시며, 영화롭게 하실 것입니다.

"감사하는 마음에는 사탄이 씨앗을 뿌릴 수 없다."는 말이 있습니다. 그렇습니다. 감사는 모든 것을 이길 힘을 그 안에 담고 있습니다. 우리 모두 언제나 감사하는 사람이 되어서 매 순간마다 하나님의 구원을 맛보며, 사탄도 두려워 떠는 신앙의 사람이 되시기를 주님의 이름으로 축복합니다.

축복기도/prayer

감사로 제사를 드리기를 원하시는 하나님, 저희로 감사의 제사로 하나님을 영화롭게 할 수 있는 삶이 되게 하여 주옵소서. 감사하다가 능력으로 역사하시는 하나님을 경험할 수 있게 하시고, 감사하다가 하나님의 구원하심을 매순간 경험하는 삶이 되게 하여 주옵소서. 항상 마음이 담긴 감사로 하나님을 기쁘시게 하고, 저희의 인생을 복되게 할 수 있기를 원합니다. 예수 그리스도 이름으로 기도합니다. 아멘

[성서주일] 하나님의 지도

내 발에 등, 내 길에 빛

· 찬송: 206장, 441장   · 성경: 시편 119편 97~106절

"내가 주의 법을 어찌 그리 사랑하는지요 내가 그것을 종일 작은 소리로 읊조리나이다 주의 계명들이 항상 나와 함께 하므로 그것들이 나를 원수보다 지혜롭게 하나이다<중략> 주의 말씀은 내 발에 등이요 내 길에 빛이니이다 주의 의로운 규례들을 지키기로 맹세하고 굳게 정하였나이다"

위로와 권면/sermon

세계적인 복음전도자 「빌리 그래함」목사님과 사역을 함께 한 한국인 자매가 있는데, 「킴 윅스」라는 맹인 자매입니다. 한국전쟁 때 실명을 했고 고아원에서 자라났는데, 어떤 미군 중사의 도움으로 미국에 가서 인디아나 주립대학에서 공부하고, 또 오스트리아에서 성악 수업을 하여 훌륭한 성악가가 되었습니다.

맹인 성악가가 된 그녀는 예수를 믿고 놀라운 하나님의 은혜를 체험하고 난 뒤 빌리 그래함 목사님과 함께 집회를 할 때마다 간증을 하게 되었습니다. 그녀는 이렇게 간증을 합니다.

"사람들이 장님인 나를 인도할 때, 저 100미터 전방에 뭐가 있다고 말하지 않습니다. 단지, 바로 앞에 물이 있으니 건너뛰라고 말하고 층계가 있으니 발을 올려놓으라고 말합니다. 나를 인도하시는 분을 내가 믿고 한 걸음씩 걸음을 옮기기만 하면 나는 내가 가고자 하는 목적지에 꼭 도착을 합니다."

우리는 우리 자신이 눈 뜬 장님이라는 사실을 알아야 합니다. 모든 것을 볼 수 있지만 눈을 뜨고 보려 해도 도저히 볼 수 없는 것이 있습니다. 미래입니다. 잠시 잠깐 후의 일을 알 수가 없습니다.

그러기에 우리는 한 걸음 한 걸음 나의 삶을 인도해 주실 하나님의 지도가 필요한 것입니다. 아주 작은 발걸음이라 해도 내 임의로 내딛을 수가 없다는 것을 인정해야 합니다. 발걸음을 크게 떼든 1분 후의 일도 보이지 않는 것이 우리들의 시야이기 때문입니다.
하나님의 말씀인 성경은 우리의 발걸음을 인도합니다. 그래서 오늘 말씀에 시인은 "주의 말씀은 내 발의 등이요 내 길에 빛이니이다" 라고 고백하고 있는 것입니다.
가면 갈수록 성경말씀을 읽기가 힘든 환경이 되어가고 있습니다. 짧은 시간일지라도 시간을 정해 놓고 성경을 꾸준히 읽어야만 합니다. 처음에는 지루할지라도 나중에는 오늘 시편기자와 같은 고백이 우리의 입술 속에서 흘러나오게 될 것입니다.

기도/prayer

생명의 말씀이신 주님, 우리는 한 치 앞도 볼 수 없는 눈 뜬 장님이라는 것을 잊지 말게 하옵소서. 주님의 말씀은 나의 삶을 인도해 주는 지도임을 잊지 말게 하옵소서. 성경은 하나님께서 나에게 주신 최고의 선물임을 잊지 말게 하옵소서.
주님의 말씀을 더욱 사랑하게 하시고, 사모할 수 있게 하옵소서. 성경을 통하여 하나님을 만나고, 불완전한 우리의 미래를 인도받을 수 있게 하옵소서. 예수 그리스도의 이름으로 기도합니다. 아멘

[성탄절] 준비된 성탄

하늘에 민감한 사람

· 찬송: 112장, 116장   · 성경: 마태복음 2장 1~11절

"헤롯 왕 때에 예수께서 유다 베들레헴에서 나시매 동방으로부터 박사들이 예루살렘에 이르러 말하되 유대인의 왕으로 나신 이가 어디 계시냐 우리가 동방에서 그의 별을 보고 그에게 경배하러 왔노라 하니 헤롯 왕과 온 예루살렘이 듣고 소동한지라 왕이 모든 대제사장과 백성의 서기관들을 모아 그리스도가 어디서 나겠느냐 물으니 이르되 유대 베들레헴이로니 이는 선지자로 이렇게 기록된 바 또 유대 땅 베들레헴아 너는 유대 고을 중에서 가장 작지 아니하도다 네게서 한 다스리는 자가 나와서 내 백성 이스라엘의 목자가 되리라 하였음이니이다 <중략> 그들이 별을 보고 매우 크게 기뻐하고 기뻐하더라 집에 들어가 아기와 그의 어머니 마리아가 함께 있는 것을 보고 엎드려 아기께 경배하고 보배합을 열어 황금과 유향과 몰약을 예물로 드리니라"

축하와 권면/sermon
'크리스마스'는 본래 크라이스트(Christ)와 매스(mass-미사, 예배)가 합쳐진 그리스도의 미사라는 매스 오브 크라이스트에서 발전된 말입니다. 즉 '그리스도의 예배' 이것이 크리스마스의 본뜻입니다. 그런데 이 크리스마스가 여러 나라를 거쳐 가면서 각각 나라의 풍속까지 섞여지면서 이상한 크리스마스가 되어버렸습니다. 예수님께 예배하는 본 의미는 사라지고 산타크로스 할아버지가 주인공이 되어버렸습니다. 그러나 우리들은 성탄의 의미를 바로 알고 있어야겠습니다.
오늘 말씀은 예수님의 탄생을 축하한 사람의 모델이 제시되고 있습니다. 바로 동방박사입니다. 그들은 별을 연구하는 점성학자들이었습니다. 별을 보며 세상의 변화를 예견했습니다. 그런데 별이란 것은 동방박사들만 볼 수 있는 것이 아니라 누구나 볼 수 있습니다. 그럼에도 불구하고 동방박사들만 한 별이 메시야 탄생을 예고하는 별임을 깨닫고 별을 따라 이스라엘까지 왔습니다. 그만큼 동방박사들은 하늘에 민감했다는 것입니다.

오늘 우리도 하늘에 민감할 줄 알아야 합니다. 하나님의 음성을 듣기에 민감해야 한다는 말입니다. 그리고 동방박사들은 가장 귀한 것을 예물로 드린 사람들입니다. 그 당시 황금과 유향과 몰약은 존귀한 사람을 알현할 때나 사용하는 예물입니다. 그들이 보배합을 열어서 이 예물을 드린 것을 보면 이 예물이 그들에게 얼마나 소중하고 귀한 것이었는가를 알 수 있습니다.
오늘 우리도 대충 때우기 식으로 예물을 준비하여 주님 앞에 드릴 것이 아니라, 동방박사의 심정을 가지고 주님께 드릴 수 있는 주의 자녀들이 되어야만 하겠습니다.

기도/prayer
성탄절의 주인이신 주님, 오늘은 주님께서 이 땅에 성육신 하신 성탄절입니다. 오늘 저희는 예수님이 탄생하신 성탄절을 맞이하면서 어떤 마음의 준비가 되어 있는지요.
오늘 저희들도 동방박사들 같이 하늘에 민감한 삶을 살게 하옵소서. 하나님의 음성을 민감하게 듣게 하시고, 주님의 뜻을 민감하게 좇아가게 하옵소서. 더욱이 동방박사들처럼 가장 귀한 것을 주님께 예물로 드릴 수 있는 마음을 갖게 하여 주옵소서. 예수 그리스도의 이름으로 기도합니다. 아멘

"나의 기도가 주의 앞에 분향함과 같이 되며
나의 손 드는 것이 저녁 제사 같이 되게 하소서"
(시편 141편 2절)

종합대표기도문

제1부 | 심방 대표기도문

제2부 | 축복 대심방 대표기도문

제3부 | 구역예배(속회,셀,목장) 대표기도문

제4부 | 구역(속회,셀)모임 헌금기도문

제5부 | 구역(속회,셀)모임 다과 및 식사기도문

제6부 | 회의와 모임 대표기도문

이웃을 위한 기도

_ 라인홀드 니버

오, 주여!

온 세상에 있는

수많은 어려운 사람들을 위해 기도합니다.

저희 마음이 그들을 향하게 하소서.

그들을 향한 당신의 자비를 전하도록

저희를 도우소서.

저희의 자유와 안전에 대한 비싼 대가를

그들이 짊어지고 있기 때문입니다.

1부

심방
대표기도문

새로 믿는 가정

만백성 가운데서 택한 자를 부르시고 생명을 주신 하나님, 오늘 이 가정에 구원을 주신 주님의 은혜를 진심으로 감사드립니다. 새로 믿기로 작정한 사랑하는 ○○○성도님에게 성령충만을 허락하여 주셔서 예수님을 믿는 기쁨이 날마다 더하게 하시고, 구원의 진리를 깨달아 가는 가운데 그 영혼이 날마다 새로워지게 하여 주옵소서. 이전에는 세상만을 사랑하고 육신의 정욕과 이생의 안목을 위해서 살았으나 이제는 주님만을 사랑하게 하시고, 주님께 영광 돌리는 삶을 살아갈 수 있게 하여 주옵소서. 영육 간에 주님이 채워 주시는 신령한 복과 은혜를 받아 누릴 수 있게 하시고, 천국 백성의 기쁨을 누릴 수 있는 삶이 되게 하여 주옵소서.

주님, 주님을 모르는 가족들이 있습니까? 이 가정에 구원의 은총을 허락하여 주셔서 모든 가족이 구원을 받을 수 있게 하여 주시고, 천국을 소유한 축복의 가정이 되게 하여 주옵소서. 수고의 열매도 더욱 풍성히 맺을 수 있게 하셔서 주님이 붙드시는 손길은 이 땅에서도 차고도 넘치는 복을 받아 누린다는 사실을 체험하게 하여 주옵소서. 고통의 문제가 있습니까? 주님을 의지함으로 고통의 문제를 다루시는 주님의 손길을 체험하게 하시고, 원치 않는 질병에 시달리고 있습니까? 만병의 의원이신 주님을 의지함으로 치료하시는 주님의 손길을 체험하게 하여 주옵소서. 주님의 몸 된 교회를 위해서도 귀하게 쓰임 받을 수 있는 그릇이 되게 하시고, 기도의 열매, 전도의 열매도 많이 맺을 수 있는 하늘나라의 일꾼이 되게 하여 주옵소서. 이 시간 이 가정에 축복의 말씀을 전하시는 목사님을 기억하시고, 들려 주시는 말씀이 이 가정에 꼭 필요한 축복의 말씀이 되게 하옵소서. 주님의 크신 경륜을 찬양하오며 예수 그리스도의 이름으로 기도합니다. 아멘

기도명언 하나님의 보좌를 움직이는 기도는 바른 동기로부터 시작되는 기도이다. 하나님은 기도하는 사람의 형식보다 그 동기를 눈여겨 보신다. _ 죠지 뮬러

등록한 가정

은혜로우신 하나님 아버지, 사랑하는 ○○○성도님을 저희 교회로 보내 주셔서 저희들과 함께 주님의 몸 된 교회를 섬기며 믿음의 교제를 나눌 수 있게 하심을 감사드립니다. 이 지역에 많은 교회들이 있지만 ○○○성도님이 저희교회에 등록하게 된 것은 이 교회에 꼭 필요한 일꾼으로 쓰시려고 성령님이 그 마음을 주장하시고 이끄신 것을 믿습니다. 이제 저희들과 함께 ○○○성도님이 주님의 몸 된 교회를 섬기며 믿음 생활을 할 때에 하나님을 경험하는 삶이 되게 하시고, 시냇가에 심은 나무가 시절을 좇아 과실을 맺듯이 영육 간에 풍성한 열매를 맺을 수 있는 복된 삶이 되게 하여 주옵소서. 기도할 때마다 하나님의 능력이 깃드는 것을 경험할 수 있게 하시고, 봉사할 때마다 새 힘을 주시는 주님의 은혜를 체험케 하여 주옵소서.

주님, 이 가정에 주님을 믿지 않는 가족들이 있습니까? 구원의 문을 열어 주셔서 속히 주님을 영접할 수 있게 하여 주시고, 그리스도의 장성한 분량에까지 이를 수 있도록 축복하여 주옵소서. 고통의 문제가 있다면 그 고통에 함께 참여하고 계신 주님의 손길을 느낄 수 있게 하시고, 질병의 아픔이 있습니까? 치료하시는 주님의 능력을 체험할 수 있게 하여 주옵소서. 생업이나 경영하는 사업도 기억하셔서 날마다 주님의 영광을 드러낼 수 있게 하여 주시고, 날마다 채우시는 주님의 은총을 경험할 수 있게 하여 주옵소서. ○○○성도님의 손길을 통하여 영혼이 구원되는 역사도 있기를 원합니다. 많은 사람을 주님께로 인도할 수 있는 축복의 손길이 되게 하시고, 천국의 지경을 확장시켜 나가는 믿음의 사람으로 쓰시옵소서. 오늘 이 가정에 축복의 말씀을 전하시는 목사님을 기억하시고 성령의 능력으로 함께 하여 주셔서 이 가정에 꼭 필요한 생명의 말씀이 되게 하여 주옵소서. 주님의 섭리하심을 찬양하오며 예수 그리스도의 이름으로 기도합니다. 아멘

기도명언 하나님은 기도로 모든 것을 하시며 기도를 떠나서는 아무것도 하지 않으신다.
_ 요한 웨슬레

입주한 가정

은혜로우신 하나님 아버지, 이 가정을 지켜 주셔서 부족함 없이 살아가게 하시니 감사합니다. 또한 아름답고 사랑이 넘치는 가정이 되게 하여 주심도 감사합니다. 특별히 감사하옵는 것은 이 가정이 주님이 주신 새로운 장막으로 입주하여 먼저 주님께 감사 예배를 드리게 하시고 영광을 돌릴 수 있게 하시니 감사합니다.

이제껏 붙드시고, 인도하시고, 축복하신 하나님께서 앞으로도 이 가정에 함께하실 것을 믿습니다. 이제 새로운 집에 입주하였사오니 주님을 더 잘 섬기는 복된 가정이 되게 하여 주시고, 주님을 더욱 사랑하고 주님의 말씀을 더욱 가까이하는 가정으로 이끌어 주옵소서. 그리하여 입주하기 전보다 더욱 성숙된 신앙생활이 되게 하여 주시고, 주님을 기쁘시게 하는 자로 쓰임 받게 하여 주옵소서.

주님, 이 가정에 계획하고 있는 일들이 있습니까? 우리 주님이 그 계획을 만져 주셔서 주님의 영광을 나타낼 수 있게 하시고, 선한 열매를 맺게 하여 주옵소서. 또한 이 가정에 예배와 찬송이 늘 가득하고 주 안에서 형제자매들을 즐거이 대접하는 복된 처소가 되게 하여 주옵소서.

이 집이 육신의 장막뿐 아니라 신앙의 집으로도 아름답게 세워지고 쓰임 받게 하여 주옵소서. 새집증후군이 있습니다. 면역력을 강화시켜 주셔서 잘 적응할 수 있게 하여 주옵소서. 이웃과 좋은 사귐이 있게 하여 주시고, 전도할 수 있는 문도 열어 주옵소서. 목사님이 오늘 이 가정을 위하여 준비하신 말씀이 이 가정에 기쁨이 되게 하시고, 축복이 되게 하여 주옵소서. 이 가정의 호주가 되시는 예수 그리스도의 이름으로 기도합니다. 아멘

기도명언 일반적으로 기도는 모든 삶에 있어서 영원한 성장의 요소인 출발점과 목적 그 자체가 된다. _ 피얼슨

사업을 시작하는 성도

복의 근원이신 하나님 아버지, 이 가정에 새로운 사업을 시작하게 하심을 감사드립니다. 이 사업을 시작하게 하신 이는 주님이심을 굳게 믿기에 먼저 주님께 감사의 예배를 드립니다. 이 예배를 받으시고 이 새로운 사업을 반석 위에 든든히 세워 주시옵소서. 사람의 계획이 제 아무리 완벽한들 어찌 하나님의 지혜에 견줄 수 있겠사오리까. 이제 이 사업을 경영하는 동안 세상의 방법과 자신의 경험과 실력보다 주님의 지혜를 더 의지하게 하시고, 항상 이 사업을 이끌고 계시는 주님의 능력을 체험하는 경영이 되게 하여 주옵소서. "너희 행사를 여호와께 맡기라. 그리하면 너의 경영하는 것이 이루리라"(잠16:3)고 말씀하셨사오니 하나님께 모든 것을 맡기고, 하나님의 말씀을 잘 지킬 수 있게 하여 주옵소서. 사업을 할 때에 물질관이 철저해야 주님께서 복을 내려 주심을 믿습니다. 물질의 범죄함이 없게 하여 주시고, 주님께 드릴 물질을 잘 구분하여 드릴 수 있는 손길이 되게 하여 주옵소서.

이 사업도 주님이 주신 성직인 줄 믿습니다. 육신의 이득보다 주님의 영광을 먼저 생각할 수 있게 하셔서 주님께 영광 돌릴 수 있는 사업이 되게 하여 주시옵소서. 이 사업장에 예배가 끊이지 않기를 원합니다. 하루의 사업을 시작할 때나 마무리할 때 주님을 향한 예배가 있게 하시고, 사업체의 주인이 주님이심을 선포하는 복 있는 경영이 되게 하여 주옵소서. 사업을 하다 보면 뜻하지 않은 어려움도 발생할 것인데 그때 마다 무릎 꿇어 기도하게 하시고, 합력하여 선을 이루시는 주님을 바라보며 담대히 나아갈 수 있게 하여 주옵소서. 세상 사람들은 사업을 지식과 경험과 인맥으로 하겠지만 그리스도인들은 주님을 의지하는 무릎으로 하는 것임을 보여 주게 하옵소서. 목사님이 전하시는 말씀 속에서도 주님의 음성을 듣게 하실 것을 믿사옵고 예수 그리스도의 이름으로 기도합니다. 아멘

기도명언 모든 좋은 것을 아시는 하나님이 왜 우리에게 기도를 원하시는가? 그것은 모든 좋은 것이 하나님께로부터 온다는 믿음을 강화시키기 위해서이다. _ 요한 칼빈

신혼가정

창세로부터 가정의 제도를 세워 주신 하나님 아버지, 이제 ○○○성도에게 새로운 가정의 보금자리를 마련해 주시니 감사합니다. 주님의 섭리하심 가운데 이루어진 가정입니다. 젊은 부부에게 가정의 소중함을 깨닫게 하셔서 언제나 하나님이 원하시는 가정을 만들 수 있게 하시고, 주님께 영광 돌리는 가정으로 세워 나가게 하여 주옵소서.

믿음으로 출발한 가정입니다. 이 가정을 더욱 굳건한 믿음 위에 세워 주셔서 젊을 때에 주님을 위하여 아름답게 쓰임 받을 수 있게 하시고, 미래에 계획하는 모든 일들 속에서 주님의 뜻을 담아낼 수 있는 삶을 살아가게 하옵소서.

주님의 몸 된 교회를 위해서도 아름다운 충성자가 되게 하여 주시고, 믿음의 덕을 세워갈 수 있는 복된 가정이 되게 하여 주옵소서. 어떠한 사탄의 세력도 이 신혼 가정의 평화와 질서를 깨뜨리지 못하게 하시며 하나님께서 이 가정의 호주가 되셔서 주의 날개 아래 안전하게 거할 수 있게 하여 주옵소서.

20년이 넘는 세월을 서로 다른 환경 속에서 성장해 왔습니다. 의견의 불일치와 사소한 다툼이 있을지라도 서로가 이해하며 양보하는 가운데 행복한 가정생활을 이루어 나갈 수 있도록 하여 주옵소서.

특별히 간구하옵기는 이 가정에 거룩한 자손의 복을 허락하시고 자녀문제로 인하여 염려하는 일이 없게 하시며, 위로는 하나님을 경외하며 또한 부모님께 효도하는 자손을 허락하여 주옵소서. 이 부부가 브리스길라와 아굴라 부부처럼 주의 일에 충성을 다할 수 있게 하시고, 주의 거룩한 길을 걸어갈 수 있게 하옵소서. 주님만 모시는 아름다운 가정을 가꾸게 하실 것을 믿사옵고 예수 그리스도의 이름으로 기도합니다. 아멘

기도명언 배설물이 나가야 육체가 살고, 탄산가스가 나가야 심장이 살고, 끊임없이 죄가 나가야 영혼이 산다. _작자 미상

출산한 가정

생명의 창조자이신 하나님 아버지, 주께서 세우신 ○○○성도의 가정에 새 생명을 선물로 주심을 감사드립니다. 새 생명의 탄생을 어찌 천하의 모든 것과 비교할 수 있겠습니까? 주님이 주신 귀한 생명으로 인하여 저희에게 기쁨이 넘치게 하시니 감사합니다. 새 생명의 축복을 허락하신 하나님께 다시 한 번 감사와 영광을 돌립니다.

주님, 해산의 고통을 겪은 산모를 기억하셔서 빠른 회복을 주시기를 원합니다. 아기가 먹고 싶은 때에 언제나 젖을 물릴 수 있도록 젖샘이 풍부하게 하여 주옵소서. 또한 산모를 항상 건강으로 지켜 주셔서 어린 생명을 키우는 데 조금도 어려움이 없게 하여 주옵소서.

산모의 태 중에 있을 때에도 건강으로 지켜 주신 하나님, 이 어린생명 위에 건강의 복을 내려 주시옵소서. 잘 먹고 잘 자고, 잘 자라게 하여 주시고, 질병 없이 무럭무럭 성장할 수 있도록 늘 지켜 주옵소서. 그 키가 자라감에 따라 사랑스러움이 더하게 하시고, 지혜와 명철도 더하여 주옵소서.

주님, 탄생의 신비와 생명의 신비스러움을 통하여 창조주 하나님을 찬양하는 가정이 되게 하여 주옵소서. 이 어린 심령이 부모의 신앙으로 인하여 날 때부터 주님께 맡긴 바 되었사오니, 주님께서 이 아이의 평생 동안 동행하여 주시고 그의 삶을 인도하여 주옵소서. 성실한 부모의 믿음 안에서 신앙 교육으로 잘 양육 받을 수 있게 하시고 주님이 쓰시는 귀한 아이로 성장할 수 있게 하옵소서. 기업을 잇게 하신 예수 그리스도의 이름으로 기도합니다. 아멘

기도명언 그리스도인들이 기도하지 않는 것만큼 하나님께서 놀라실 일이 없다. _ 무명의 그리스도인

고민하던 문제가 해결된 가정

은총을 더하여 주시는 하나님 아버지, 그동안 이 가정에 가장 큰 기도제목이었던 문제가 해결될 수 있도록 도와주심을 감사드립니다. 전적인 주님의 은혜임을 믿습니다.

이제 이 가정이 섭리하시는 주님의 손길을 다시 한번 체험하게 되었사오니 주님만을 온전히 신뢰하고 바라보며 사는 복된 가정이 되게 하여 주옵소서. 또한 "여호와께서 내게 주신 은혜를 무엇으로 보답할꼬"(시116:12) 라고 고백했던 시편기자와 같이 주님이 주신 복과 은혜에 감사하는 일을 게을리 하지 않는 가정이 되게 하여 주옵소서.

지금까지는 고통스러운 문제 앞에서 그 문제를 놓고 기도하며 주님을 찾았지만 이제는 성숙한 신앙생활을 위하여 주님을 찾을 수 있는 ○○○성도가 되게 하여 주옵소서. 그동안 ○○○성도가 당면한 문제로 인하여 주님의 일에 마음을 쏟지 못했습니다. 이제는 주님의 일에 마음을 쏟는 삶이 될 수 있도록 이끌어 주옵소서. 앞으로의 인생에 또다시 어려움을 만난다 할지라도 근심하거나 낙심하지 않게 하여 주시고 주님을 의뢰하며 주님께 맡길 수 있는 ○○○성도가 되게 하여 주옵소서.

문제의 해결 뒤에 사탄이 틈을 타서 교묘한 방법으로 흔들어 놓을 수 있사오니 신앙의 틈을 보이지 않도록 더욱 주님만을 바라볼 수 있게 하옵소서. 이 가정에 향하신 말할 수 없는 주님의 사랑을 인하여 감사합니다.

화가 변하여 복이 되게 하신 주님을 찬양합니다. 예수 그리스도의 이름으로 기도합니다. 아멘

기도명언 기도란 임의의 대상을 향하여 함부로 할 수 있는 것이 아니다. 기도는 오직 영원히 살아계신 하나님 한 분만을 향하여 할 수 있는 것이다. _ 죠지 뮬러

건강을 되찾은 성도

사랑과 은혜가 충만하신 하나님 아버지, 사랑하는 ○○○성도를 중한 질병에서 일으켜 주셔서 다시 건강한 몸으로 회복할 수 있는 은총을 더하심을 감사합니다. 치료하시는 여호와, 완전케 하시는 여호와 하나님이심을 믿습니다.

그동안 ○○○성도가 질병에 시달릴 때에 너무나 간절히 주님을 찾았고, 합력하여 선을 이루시는 주님의 손길을 의심치 않으며 주님을 끝까지 의지했기에 치료의 축복을 부어 주신 줄 믿습니다. 그의 신앙도 더욱 성숙한 신앙으로 거듭난 것을 발견합니다.

주님, 다시 찾은 건강입니다. 이제 이전보다 더욱 주님께 충성할 수 있도록 도와주시고, 주님을 위하여 더욱 자신을 불사를 수 있는 삶이 될 수 있도록 이끌어 주옵소서. 병들었을 때 질병의 고통을 뼛속 깊숙이 체험했사오니 질병에 시달리는 자들의 마음을 헤아리고 그들을 위하여 기도할 수 있는 ○○○성도가 되게 하여 주시고, 그들을 찾아가 위로와 용기를 심어줄 수 있는 바나바와 같은 주님의 사람이 되게 하여 주옵소서.

주님께 빚진 자로서 기꺼이 사랑과 희생의 대가를 지불하는 삶이 되게 하여 주시고, 희생의 욕구를 충족시키는 삶을 살아갈 수 있는 ○○○성도가 되게 하여 주옵소서. 주님이 주신 재생의 축복, 주님을 위하여 온전히 드릴 수 있는 삶이 되게 하실 것을 믿습니다. 조금이라도 불의의 병기로 사용되는 일이 없게 하실 것을 믿습니다. 믿음의 유익을 위하여 날마다 헌신의 자리에 설 수 있는 삶이 되게 하실 것을 믿습니다.

사랑하는 ○○○성도에게 건강의 축복을 허락하신 주님의 은총에 다시 한 번 감사와 영광을 돌리오며 예수 그리스도의 이름으로 기도합니다. 아멘

기도명언 나 자신은 기도가 효험이 없는 것이라고 감히 말할 수 없다. 진지하게 기도했을 때는 응답을 받았다. _ 스탠리

구원의 확신이 없는 성도

구원의 하나님, 사랑하는 ○○○성도에게 구원의 빛을 비추시옵소서. 아직 구원의 확신을 갖지 못하여 적극적인 신앙생활을 하지 못하고 있나이다. 우리 주님께서 사랑하는 ○○○성도를 만세 전부터 택정하시고 하나님의 백성으로 택하여 부르신 것을 믿습니다. 사람이 마음으로 믿어 의에 이르고 입으로 시인하여 구원에 이르게 된다(롬10;10)고 하였사오니 그 마음에 믿음의 빛을 비춰주셔서 구원의 주님을 입으로 시인할 수 있는 ○○○성도가 되게 하여 주옵소서.

이는 혈통으로나 육정으로나 사람의 뜻으로 나지 아니하고 오직 하나님께로부터 난 자들이라고 하였습니다(요1:13). ○○○성도도 그 가운데 한 사람임을 기억하게 하시고, 구원의 주님을 찬양하는 자리로 나아갈 수 있게 하옵소서.

주님, 아직 ○○○성도가 믿음이 연약하여 구원의 확신이 없는 줄 압니다. 믿음은 들음에서 나고 들음은 그리스도의 말씀으로 말미암는다(롬10:17)고 하였사오니 ○○○성도에게 말씀을 자꾸 들을 수 있는 자리로 인도하여 주시고, 말씀을 들을 때에 깨달아 알 수 있는 지혜를 부어 주시옵소서.

○○○성도가 지금은 어린아이 같은 믿음이라 할지라도 장차 그 입으로 구원의 주님을 시인하며 주님을 위하여 순종을 드리고 헌신을 드릴 수 있는 자리로 나아가게 될 것을 믿습니다. 주님께 크게 쓰임 받는 그릇이 되게 하실 것을 믿습니다. 하늘나라의 백성으로 주님께 영광 돌리는 삶을 살게 하여 주실 것을 믿습니다. 예수 그리스도의 이름으로 기도합니다. 아멘

기도명언 기도는 무거운 탄식이요, 떨어지는 눈물이요, 위를 바라보는 눈이다. 오직 하나님만 가까이 계실 때…. _ 모울

불화가 있는 가정

이 시간 ○○○성도의 가정의 평화와 화목을 위해서 기도합니다. 평강의 하나님께서 이 가정을 주장하여 주시고, ○○○성도로 하여금 화목하게 하는 자로서의 사명을 잘 감당케 하여 주옵소서. 가정불화의 원인이 무엇 때문인지 알게 하시고 만약 그 이유가 부부 각자에게 있다면 회개할 수 있는 심령들로 삼아 주시옵소서.

사랑받기만을 원하기 이전에 사랑하게 하시며, 이해해 주기만을 요구하기 이전에 이해할 줄 알며, 노하기를 더디하면서 인내하는 가운데 서로의 허물을 덮어 주고 용서하는 부부가 되게 하옵소서.

자녀와의 불화로 인하여 자녀 교육에 있어서 어려움을 당하지 않게 하시고, 가정의 평화를 위해 지나치게 자신만이 옳다고 주장하는 일이 없게 하옵소서. 하나님과 인간 사이를 화평케 하기 위하여 화목제물이 되신 주님, 남편과 아내 각자가 날마다 죽는 자로서의 삶을 살게 하시며 가정의 평화를 위해 희생적인 삶을 살게 하옵소서.

믿는 자로서의 본을 보이고 주님의 몸 된 교회를 위해서 더욱 충성해야만 할 터인데 세월을 잃어버리는 것 같아 몹시 안타깝습니다. 어서 속히 서로가 하나가 되어 가정 천국을 이루게 하시고, 아름다운 부부의 모습으로 주님께 쓰임 받을 수 있게 하여 주옵소서.

오늘 이 가정에 주시는 말씀을 통하여 분쟁의 현장으로 찾아오시는 십자가의 주님을 만나게 하시고, 이해와 용서가 넘치는 이 시간이 되게 하여 주옵소서. 평강의 왕이신 예수 그리스도의 이름으로 기도합니다. 아멘

기도명언 하나님께서는 우리들이 기도를 오래 함으로써 하나님의 시간도 우리들의 시간도 낭비하지 않기를 바라신다. 우리는 하나님과 관계하는 데 민첩해야 하며, 우리가 원하는 바를 분명하고 간략하게 말씀드려야 한다. 그리고 거기서 그 문제를 끝내야 한다. _런던의 어떤 목사

이혼한 가정

긍휼이 풍성하신 하나님 아버지, 이 가정에 우리 주님도 원치 않는 헤어짐의 아픔이 주어졌습니다. 그동안 서로의 갈등을 풀어 보기 위하여 수없이 노력해 보았지만 모든 것이 허사가 되어 버렸고, 가정이 금이 가는 아픔이 주어지고 말았습니다. 주님이 세우신 가정을 온전히 관리하지 못한 것은 분명히 주님 앞에 큰 죄를 지었음을 부인할 수 없나이다. 용서하여 주옵소서.

말할 수 없는 큰 죄를 지었을지라도 긍휼을 구하는 자를 외면치 아니하시고 품어 주시는 주님이심을 믿습니다. 죄는 지었을지라도 상처받은 심령입니다. 긍휼히 여기셔서 넓으신 품으로 품어 주시고, 이 아픔을 회복할 수 있도록 은총을 더하여 주옵소서. 이 일로 말미암아 주님의 교회와 멀어지지 않게 하시고, 주님을 가까이 하는 생활에 틈이 벌어지지 않도록 도와주시옵소서. 아픔이 있을 때 더욱 기도할 수 있게 하시고, 배반하지 않는 주님을 더욱 의지할 수 있는 삶이 되게 하여 주옵소서. 성경을 읽음으로 마음의 평안을 찾게 하시고, 찬송을 부름으로 어두운 과거를 잊어버리게 하여 주옵소서. 앞으로 살아가야 할 길도 주님께서 이끌어 주셔서 온 세상 날 버려도 주님만은 버리시지 않음을 피부 깊숙이 느끼게 하옵소서.

주님, 아이들을 기억하시기를 원합니다. 부모에게 사랑받으며 맑고 티 없이 자라야 할 아이들인데 아이들 마음에 생채기가 나고 말았습니다. 어린 심령들을 불쌍히 여기시고 부모의 허물과 아픔이 자녀들에게 영향이 미치지 않도록 막아 주시옵소서. 따가운 시선과 비난의 말이 있을지라도 눈멀게 하시고, 귀를 막게 하여 주옵소서. 우리 주님이 가장 연약한 상태에 있는 ○○○성도를 다시 일으켜 세워 주시고, 주님을 꼭 붙드는 삶이 되게 하실 것을 믿습니다. 죄인들의 친구가 되시는 예수 그리스도의 이름으로 기도합니다. 아멘

기도명언 당신은 하루 동안 하나님께 기도의 손을 얼마나 드는가? _ 토마스 브라운

고난당하는 성도

재앙을 내리시기도 하시고 거두기도 하시는 주님, 이 가정을 사랑하셔서 고난에 동참할 수 있는 은혜를 내려 주시니 감사합니다. 고난 받을 때에 고난의 이유를 깨닫지 못하여 원망과 불평의 자리로 나아가기 쉽사오니 긍휼을 베푸사 고난을 깨닫는 지혜를 주시고 능히 극복해 낼 수 있는 새 힘을 허락하여 주시기를 원합니다.

고난당할 때 더욱 기도할 것을 권면하신 주님, 고난을 받을수록 더욱 더 주님을 의지하는 가운데 기도할 수 있게 하시고, 고난 가운데서도 낙심치 아니하고 주님의 능력과 사랑을 체험하는 기회가 되게 하옵소서. 고난 중에 더욱 겸손하여지는 법을 배울 수 있게 하시고, 인내하는 인격이 더욱 성숙되게 하여 주옵소서. 주님의 백성들에게는 모든 것이 합력하여 선을 이루시는 하나님이신 것을 믿습니다. ○○○성도에게 불필요한 고난을 주신 것이 아니라 유익을 더하시는 고난을 허락하신 것을 믿습니다.

이 고난이 오래 지속된다 할지라도 합력하여 선을 이루시는 주님을 굳게 믿고 담대하게 나아가게 하여 주시고, 고난이 크면 클수록 주님과 더불어 받게 될 영광도 크다는 것을 생각하며 감사가 넘치는 믿음이 되게 하여 주옵소서. 다윗이 사망의 음침한 골짜기로 다닐지라도 결코 두려워하지 않았던 것은 주님이 함께하셨기 때문입니다.

○○○성도에게도 동행하셔서 당면한 고난 앞에서 능히 이기게 하실 것을 믿습니다. 오늘 목사님을 통하여 듣게 되는 말씀에 상한 심령이 위로받게 하시고, 피할 길도 얼어 주시는 피난처이신 주님이심을 다시 한 번 체험케 하옵소서. 지친 영혼을 일으켜 주시사 언제나 능력을 더하여 주시는 예수 그리스도의 이름으로 기도합니다. 아멘

기도명언 기도는 전능하다. 기도는 하나님께서 하실 수 있는 일이라면 무엇이든지 할 수 있다. 우리가 기도할 때 하나님께서 일하신다. 봉사에서 얻는 모든 열매는 기도의 결과이다. _ 무명의 그리스도인

시험에 든 성도

자비하시고 거룩하신 하나님 아버지, 주님께서는 하늘 위에 높이 계시지만 몸소 고난을 받으심으로 저희의 연약을 아시고 체휼하심을 감사드립니다. 이 가정에 원치 않는 시험이 찾아왔으나 이 가정에 향하신 주님의 사랑을 조금도 의심치 않게 하실 것을 믿습니다. 주님을 의지하는 자에게 유익을 더하시는 하나님이신 것을 믿습니다. 이럴 때일수록 마음을 어지럽히는 모든 부정적이고 파괴적인 생각들이 찾아들기 쉽사오니 믿음의 주요 온전케 하시는 이인 예수님만을 온전히 바라볼 수 있도록 붙들어 주옵소서.

주님이 작정하신 시험이라면 감사함으로 받게 하시고, 끝까지 인내할 수 있는 강하고 담대한 믿음을 주시기를 원합니다. 믿음 위에 굳게 서서 조금도 흔들리지 않게 하여 주옵소서. 눈에는 아무 증거 안 보이고 귀에는 아무 소리 안 들려도, 손에는 아무것도 잡히는 것이 없어도, "시험을 참는 자가 복이 있도다 이것에 옳다 인정하심을 받은 후에 주께서 자기를 사랑하는 자들에게 약속하신 생명의 면류관을 얻을 것임이니라"(약1:12)고 약속하신 주님의 말씀을 붙들고 이 어렵고 힘든 시기를 잘 인내하며 승리할 수 있도록 도와주시옵소서. 주님이 사랑하시는 자에게 허락하신 시험은 전적으로 시험당하는 자에게 엄청난 주님의 은혜를 체험케 하시기 위한 것임을 믿습니다. 욥이 엄청난 시험을 통과한 후에 비로소 귀로만 듣던 하나님을 눈으로 볼 수 있는 주님의 은총이 내려졌듯이(욥42:5) ○○○성도에게도 그와 같은 주님의 은총이 있게 하여 주옵소서.
오늘 목사님께서 전하시는 말씀을 통하여 큰 위로를 얻게 하시고 담대함을 얻게 하여 주옵소서. 시험당하는 자들을 능히 도우시고 도고하고 계시는 예수 그리스도의 이름으로 기도합니다. 아멘

기도명언 기도는 바로 하나님의 임재의 체험이다. 즉 기도는 하나님의 임재를 실습하는 것이다. _ 브라더 로렌스

핍박받는 성도

사랑이 많으신 하나님 아버지, 무릇 그리스도 안에서 경건하게 살고자 하는 자는 핍박을 받으리라(딤후3:12)고 하신 말씀을 기억합니다. 지금 ○○○성도가 주님을 믿는 것 때문에 가족들로부터 많은 핍박을 받고 있습니다. 주님을 위하여 핍박을 받는 것이오니 초대교회 성도들처럼 기쁘게 여길 수 있도록 은총을 더하여 주옵소서. 그 어떤 핍박이 가해진다 할지라도 믿음의 자리를 지킬 수 있도록 인도하여 주시고, 끝까지 변절하지 않는 믿음이 되게 하여 주시옵소서. 신앙의 핍박을 통하여 정금같이 단련되게 하시며, 핍박하는 영혼들을 위해서도 불쌍히 여기는 마음으로 기도할 수 있게 하옵소서.

끝까지 견디는 자는 구원을 얻으리라고 하신 주님, 온전한 인내로 구원을 이룰 수 있게 하시고, 주님을 위하여 받는 능욕을 기뻐할 수 있는 ○○○성도가 되게 하여 주옵소서. 핍박의 순간마다 이유 없이 핍박을 받으셨던 주님의 모습이 가슴으로 스며들게 하시고, 골고다의 주님의 피 묻은 십자가가 ○○○성도의 심령 속에 우뚝 세워지게 하여 주옵소서. 핍박을 인하여 주님 앞에 엎드릴 때마다 그 기도를 들으시고 그 마음의 안타까움과 괴로움을 살피시고 만지실 것을 믿습니다.

더 나은 신앙을 위하여, 더 굳센 믿음을 위하여 오늘의 풀무와 같은 아픔이 있음을 위로로 삼게 하시고, 큰 믿음으로 주님께 쓰임 받는 그릇이 되게 하여 주옵소서. 핍박자였던 바울을 변화시키셔서 놀라운 주님의 일꾼으로 삼으셨던 주님, ○○○성도를 핍박하는 가족들의 마음이 일순간 녹아져서 주님을 믿고 따르는 사람으로 변화되게 하여 주옵소서.

오늘 위로의 말씀으로 ○○○성도를 찾은 목사님을 기억하시고, 권면하는 그 말씀 속에서 하늘의 위로와 신앙의 용기를 얻을 수 있게 하옵소서. 예수 그리스도의 이름으로 기도합니다. 아멘

기도명언 기도하는 한 사람이 한 민족보다 강하다 _ 존 낙스

수험생을 둔 가정

사랑의 하나님, 오늘 저희가 수능시험을 앞둔 자녀를 둔 ○○○성도의 집을 방문하였습니다. ○○○성도의 가정으로 발걸음을 인도하여 주신 주님께 감사와 영광을 돌립니다. 시험을 앞두고 있는 자녀를 위하여 안타까운 마음으로 기도하는 ○○○성도의 마음을 기억하시고, 간절한 마음으로 부르짖을 때마다 살피시고 헤아리실 것을 믿습니다.

밤잠을 자지 못하며 수능시험을 준비하고 있는 사랑하는 ○○○군(양)도 기억하시고, 건강을 해치는 일이 없도록 그 육체를 붙들어 주옵소서. 시험을 준비하면서 지식과 지혜의 근본이신 주님을 의지하는 것을 잊지 않게 하여 주시고, 하나님께 영광 돌려야 한다는 마음을 가지고 시험을 준비할 수 있게 하옵소서.

혹여 시험 준비 때문에 예배를 소홀히 하는 일이 없게 하시고, 시험을 핑계 삼아 주님을 멀리하는 일이 없도록 그 마음을 믿음 위에 세워 주시옵소서. 정직한 자의 걸음을 인도하시는 주님이심을 믿습니다. 노력의 기쁨을 반드시 얻게 하실 주님이심을 믿습니다.

시험을 준비 중인 자녀를 위하여 온갖 눈치를 살피면서 숨죽이며 수발하고 있는 ○○○성도의 마음을 기억하시고 주님의 위로와 평안이 그 마음에 넘치게 하여 주옵소서. 교회에서 수능시험을 위한 기도회를 갖고 있습니다. 시험 준비에 힘들어하는 자녀를 기도의 뒷심으로 밀어줄 수 있는 ○○○성도가 되게 하여 주옵소서. 주님을 의뢰하는 자녀들 우리 주님께서 반드시 책임지실 것을 믿습니다. 반드시 좋은 결과를 얻게 하여 주실 것을 믿습니다.

예수 그리스도의 이름으로 기도합니다. 아멘

기도명언 하나님께 간절히 기도하는 것이 중요한 것이 아니라, 그분의 뜻이 반영된 기도가 중요한 것이다. _ 작자미상

방황하는 자녀를 둔 가정

잃은 양을 찾으시는 주님, ○○○성도의 자녀가 방황하고 있습니다. 방황하는 자녀를 생각할 때마다 ○○○성도의 마음이 얼마나 애타고 가슴 아프겠습니까? 정말 속상하고 괴로운 심정 말로 다 표현을 못할 것입니다.

주님, 그 마음의 아픔을 긍휼히 여겨 주옵소서. 무너진 그 마음에 위로를 더하여 주옵소서. 그 눈물을 기억하시고 그 부르짖음에 귀를 기울이옵소서. 지금 부모의 안타까운 마음도 아랑곳하지 않은 채 방황하는 자녀를 불쌍히 여겨 주옵소서. 정말 교회생활을 착실하게 했던 아이입니다. 많은 성도들에게 사랑을 받았던 아이입니다. 언제부터 어떤 이유로 인하여 아이가 방황의 길로 접어들었는지는 모르지만 모든 것을 다 아시는 주님께서 아이가 다시 가정으로 돌아올 수 있도록 그 방황을 종식시켜 주옵소서. 주님 앞으로 돌아와 전과 같이 믿음생활 잘 할 수 있도록 도와주시옵소서.
주님, 그 마음에 깨달음을 주시고, 그 발걸음을 돌이키게 하실 분은 주님밖에 없음을 깨닫습니다. 아이가 학업을 놓치지 않게 도와주시옵소서. 평생 후회로 남을 일을 하지 않도록 그 마음을 진리의 빛을 비춰 주셔서 현재 자신의 모습을 바로 볼 수 있게 하시고, 자신이 하고 있는 행동이 잘못된 것임을 깨닫게 하옵소서. 부모의 마음을 아프게 하고 괴롭게 하는 것임을 깨닫게 하옵소서. 하나님 앞에서 죄 짓는 것임을 깨닫게 하옵소서. 그 아이를 버리지 않으실 것을 믿습니다. 품어 주실 것을 믿습니다. 주님의 음성을 들려 주실 것을 믿습니다. 멸망의 길로 가지 않게 하실 것을 믿습니다.
어서 속히 그 깊은 수렁에서 건져 주시옵소서. 한 영혼을 잊지 아니하시는 주님의 사랑을 의지하오며 예수 그리스도의 이름으로 기도합니다. 아멘

기도명언 기도하는 사람이 많지 않기 때문에 문제가 되는 것이 아니라, 기도하도록 부름 받은 사람이 자신을 모두 바치는 기도를 하지 않는 것이 문제이다. _ 작자미상

고부간의 갈등이 있는 가정

사랑이 많으신 하나님, 지금까지 ○○○성도의 가정을 지켜 주시고 평강의 길로 인도하심을 감사드립니다. 이 가정을 향하신 주님의 인자하심이 크고 놀라움을 깨닫습니다. 그러나 주님, ○○○성도가 시어머니와의 갈등으로 인하여 많은 고통을 겪고 있습니다. 얼굴까지 어두운 ○○○성도의 모습을 볼 때에 결코 가볍지만은 않음을 깨닫습니다. 어느 가정이건 고부간의 갈등은 항상 있을 수 있사오나 ○○○성도가 겪고 있는 갈등은 매우 심각함을 깨닫습니다.

주님, 사랑이 한없으신 우리 주님께서 ○○○성도와 시어머니의 마음을 만져 주시옵소서. 더 이상 감정의 골이 깊어지지 않게 하여 주시고, 주님을 믿는 것이 부담이 되지 않게 하여 주옵소서. 사소한 일로 인하여 감정을 앞세우지 않게 하여 주시고, 보이는 허물을 감싸 주고 덮어 줄 수 있는 푸근함이 그 마음을 지배할 수 있도록 도와주시옵소서.
살아 계신 부모님을 진정으로 잘 모실 수 있는 ○○○성도가 되게 하여 주시고, 자부의 효를 기쁨으로 받을 수 있는 부모님이 되게 하여 주옵소서. 표현은 안 하지만 뒤에서 자녀들이 보고 있는 줄 압니다. 자녀들에게 가정의 화목을 지키지 못하는 어른의 모습을 보이지 않게 하여 주시고, 자녀들이 부모의 뒷모습을 보고 배운다는 것을 기억하여 화평의 가정을 이루기에 마음을 쏟을 수 있는 시어머니와 며느리가 되게 하여 주옵소서.
성경에 나오는 나오미와 룻같이 아름다운 자부의 사이가 될 수 있도록 이끌어 주옵소서. 감정을 쏟아내는 입술이 변하여 기도의 입술이 되게 하시고, 서로의 아픔을 어루만져 주며 불평 없는 식탁에서 감사의 기도를 드릴 수 있도록 은총을 더하여 주옵소서. 회복케 하여 주실 것을 믿사옵고 예수 그리스도의 이름으로 기도합니다. 아멘

기도명언 자신의 작은 세계에서 최선을 다하는 사람은 하나님의 큰 세계에서도 최선을 다하는 사람이다. _ 토머스 제퍼슨

병환 중인 부모님을 모시고 있는 가정

생명의 주인이신 하나님, 이 가정에 향하신 주님의 인자하심과 선하심을 찬양합니다. 이 가정의 생명을 주관하시는 이는 주님이시기에 편찮으신 부모님을 모시며 정성을 다하고 있는 ○○○성도를 위하여 기도합니다.
연약한 이에게는 힘이 되시고, 고통 받는 이에게는 위로가 되시는 주님이심을 믿습니다. 능력의 주님께서 함께하여 주옵소서. 피곤치 않도록 도와주시고, 버겁지 않도록 마음의 평안을 허락하여 주옵소서. 불평으로 이어지지 않도록 찬송을 주시고, 원망으로 이어지지 않도록 기도를 주시옵소서.

지극정성으로 간호하고 있사오니 그 정성을 기억하사 못 고칠 질병이 없으신 주님께서 치료의 은총을 더하여 주옵소서. 주님을 믿는 자로 하여금 수치를 당치 말게 하시고, 부끄러움이 되지 않게 하옵소서.
주님의 몸 된 교회를 위하여 모든 것을 다 쏟으신 부모님입니다. 끝까지 믿음의 길을 달려가실 수 있도록 그 몸속에 찾아온 질병을 끄집어내어 주시고, 주님의 피로 깨끗이 씻어 주시옵소서.
말년에 질병으로 인하여 초라한 황혼이 되지 않기를 원합니다. 주님의 전을 찾지 못하는 안타까움이 없기를 원합니다. 주님이 부르실 그날까지 건강한 몸으로 신앙생활 하다가 주님의 부르심을 받게 하옵소서. 온몸의 뼈와 힘줄이 새 힘을 얻게 하여 주시고, 여느 때와 같이 기도의 자리에서 주님을 만날 수 있게 하옵소서.
자녀를 생각할 때마다 그 마음에 얼마나 부담이 되겠습니까? 노종의 마음을 헤아려 주셔서 어서 속히 병마에서 놓임을 받게 하옵소서. 부모를 간호하고 있는 ○○○성도에게도 치료자이신 주님을 만나게 하실 것을 믿사옵고 예수 그리스도의 이름으로 기도합니다. 아멘

기도명언 크리스천들이 기도하지 않는 것은 그들이 자신들의 모든 삶 속에서 전심으로 하나님을 그리워하며 살아가지 않는 것을 의미한다. _ 김남준

억울한 일을 당한 가정

사랑의 주님, 언제나 이 가정을 지키시고 붙들고 계심을 믿습니다. ○○○성도의 믿음을 굳게 붙드셔서 이 어렵고 고통스러운 상황을 잘 인내할 수 있게 하심을 감사합니다. 또한 힘들고 어려울 때에 기도를 잃지 않게 하시니 감사합니다.

주님만이 저희의 반석이심을 믿습니다. 주님만이 억울함을 신원하시며 위로와 평안을 주시는 분이심을 믿습니다. 지금 ○○○성도가 말할 수 없는 억울한 일을 당했지만 그 마음을 아시는 주님께서 그 마음의 상한 감정을 치유하시고 평안을 얻게 하실 것을 믿습니다. 지금은 육체적으로나 정신적으로 밀려오는 고통을 소화해내기가 참으로 힘들지만 치유케 하시는 주님이 계시기에 절망하지 않습니다.

주님, 인간적으로 생각하면 너무나 분노할 일이지만 주님의 말씀으로 분노를 잠재울 수 있도록 도와주시고, 기도로 마음을 잘 다스릴 수 있도록 도와주시옵소서.

생각하면 생각할수록 때마다 피가 역류하는 것 같은 고통을 겪을지라도 공평하시고 자비로우신 주님께 온전히 맡길 수 있게 하옵소서. 또한 ○○○성도가 이번일로 인하여 억울한 일을 당하셨던 주님의 마음을 살필 수 있게 하시고, 핍박하는 자를 위하여 용서의 기도를 드리셨던 주님의 모습을 닮아갈 수 있게 하옵소서.

이제 무엇을 하든지 사람을 지나치게 믿지 않게 하여 주시고, 언제나 성실하시고 신실하신 주님만을 의지하며 바라볼 수 있게 하여 주옵소서.

○○○성도의 마음을 살피시고 헤아리시는 예수 그리스도의 이름으로 기도합니다. 아멘

기도명언 하나님께서 우리의 모든 환난과 기도에 응답하실 때 어떤 방법으로 언제 응답하시든지 나는 의심하지 않습니다. 어떻게 해서든지 나는 그의 뜻을 믿기 때문입니다. _ 휘트네이

생활에 지쳐 있는 성도

능력이 되시는 하나님 아버지, 지금 ○○○성도가 생활고로 인하여 매우 지쳐 있습니다. 그러나 지친 가운데서도 주님을 바라볼 수 있도록 은총을 허락하시니 감사합니다.

○○○성도가 세상에서는 위로를 얻을 수 있는 길이 없지만 진정한 위로자이신 주님이 계심을 믿고 주님 안에서 평안을 얻게 하실 것을 믿습니다. 힘든 생활고로 인하여 몸과 마음이 지쳤을지라도 "세상 끝날까지 너희와 항상 함께 있으리라"(마28:20)는 주님의 약속의 말씀을 믿고 새 힘을 얻게 하여 주옵소서.

지금은 모든 것이 어렵고 힘들어 보여도 우리 주님께서 반드시 ○○○성도의 생활을 평탄케 하실 것을 믿습니다. 고독이 깊어지고 외로움이 살갗을 파고든다 할지라도 그때마다 주님의 약속의 말씀을 떠올릴 수 있게 하시고, 주님의 이름을 간절히 부름으로 주님을 만나는 복된 시간으로 삼을 수 있게 하옵소서. 주님은 멀리 계시는 것이 아니라 가까이 계심을 믿습니다.

주님은 떠나계신 것이 아니라 저희와 함께하시고 동행하고 계심을 믿습니다. 언제일지는 몰라도 합력하여 선을 이루시는 우리 주님께서 ○○○성도에게 큰 축복을 허락하실 것을 믿습니다.

그때까지 환경을 초월할 수 있는 믿음의 길을 잘 걸을 수 있도록 새 힘을 주시고, 한계에 부딪칠 때마다 믿음의 장대를 사용할 수 있게 하옵소서. 주님을 진정으로 의지하는 것이 복된 것임을 깨닫습니다. ○○○성도를 두고 보시기에도 아까울 징도로 사랑하시는 예수 그리스도의 이름으로 기도합니다. 아멘

기도명언 때때로 나는 말로 기도하지 않는다. 그의 발 앞에 내 영혼이 고개를 숙이고 주님이 거룩한 손을 내 머리에 얹으심으로 나는 조용하고 달콤한 사귐을 갖는다. - 마르다 스넬 니콜슨

교회를 출석하지 않는 성도

잃은 양을 찾되 끝까지 찾으시는 주님, 교회를 등지고 있는 사랑하는 ○○○성도를 위하여 기도합니다. ○○○성도가 교회를 출석하지 않은 날 수가 참으로 많음을 살펴봅니다.
이러다 그의 믿음이 완전히 식어 신앙생활을 접지는 않을까 걱정이 앞섭니다. 그 마음에 어떤 상처가 있는지 어떤 문제가 있는지 심히 부족한 이 죄인은 알 수 없사오나 우리 주님은 알고 계시오니 살피시고 상한 마음을 치유하여 주시기를 원합니다.
개인의 문제 때문입니까? 어렵고 힘든 때일수록 주님을 더욱 굳게 의지해야 함을 깨닫게 하시고, 성도들 간의 문제로 인하여 상처를 받은 것이 있습니까? 사람을 보면 실망할 수밖에 없고 상처받을 수밖에 없지만 주님만을 바라보면 기쁨이 되고 소망이 됨을 가슴 깊숙이 느낄 수 있도록 평안을 더하여 주옵소서.
주님, ○○○성도는 만세 전부터 주님이 작정하시고 택하신 주님의 백성임을 믿습니다. 이미 하늘나라의 생명책에 기록된 천국 백성임을 믿습니다. 그 어두운 마음에 강한 빛을 비추어 주셔서 빛이신 주님을 보게 하여 주시고, 그 마음에 성령을 기름 붓듯 부어 주셔서 응어리진 것이 눈 녹듯이 녹게 하시고 주님에게서만큼은 등을 돌리지 않도록 이끌어 주시옵소서.
우리 주님은 천하보다 ○○○성도를 사랑하시는 주님이심을 믿습니다. 우리 주님은 ○○○성도를 끝까지 찾아가셔서 강권하시는 주님이심을 믿습니다.
주님의 사랑을 깨닫고 돌아올 때까지 기다리고 또 기다리시는 주님이심을 믿습니다. ○○○성도를 불쌍히 여기시고 선한 목자이신 주님의 인도함을 받는 삶이 되게 하여 주옵소서. 예수 그리스도의 이름으로 기도합니다. 아멘

기도명언 우리는 성령을 사용할 수 없다. 다만 그가 우리를 사용하실 뿐이다. _ 워렌 위어스비

헌금에 시험 든 가정

자비로우시고 은혜가 풍성하신 하나님 아버지, 사랑하는 ○○○성도가 헌금으로 인하여 마음의 상처를 받았습니다. 그도 주님께 마음을 다하여 정성껏 헌금하고 싶은 생각이 왜 없겠습니까? 생활이 어렵고 힘들다 보니 헌금생활에 많은 어려움을 겪고 있습니다.
풍족한 자가 들으면 아무렇지도 않을 목사님의 설교가 형편이 어렵다 보니 예민해지고 마음의 부담이 되고 상처가 됩니다. 목사님이 ○○○성도를 들으라고 설교하신 것은 아닐 것입니다.
모든 성도를 하나님께 축복받는 성도로 세우시려고 하신 말씀인 것을 믿습니다. 은혜받기 위하여 주님의 전을 찾았다가 헌금 때문에 마음의 상처를 받은 ○○○성도의 마음을 위로해 주시고 그 영혼에 은총을 더하여 주옵소서.

"나의 하나님이 그리스도 예수 안에서 영광 가운데 그 풍성한 대로 너희 모든 쓸 것을 채우시리라"(빌4:19) 말씀하였사오니, ○○○성도의 형편을 다 아시는 주님께서 물질에 약해진 이 가정을 붙드시고 일으켜 주시기를 원합니다. 다시는 물질로 인하여 상처를 받거나 고통을 당하지 않아도 될 신앙생활을 할 수 있도록 축복하여 주옵소서.
주님께 정성껏 드리고 싶은 대로, 더 많이 드리고 싶은 대로 힘써서 드릴 수 있도록 물권을 허락하여 주시기를 원합니다. 그리고 이 시험의 단계를 잘 이겨서 더욱 성숙한 신앙의 자리로 나아갈 수 있도록 이끌어 주옵소서.
주님이 이 가정을 더욱 사랑하고 계심을 믿습니다. 실족하여 넘어지지 않도록 붙드실 것을 믿사옵고 예수 그리스도의 이름으로 기도합니다. 아멘

기도명언 당신이 생명을 사랑한다면 기도를 사랑하라. _ 녹스

믿음이 흔들리고 있는 성도

은혜로우신 주님, 믿음이 흔들리고 있는 사랑하는 ○○○성도를 위하여 기도합니다. 그 마음을 성령의 능력으로 강하게 붙들어 주옵소서.
주님이 피로 값 주고 사신 천하보다 귀한 생명이 아닙니까? 무슨 이유인지, 어떤 사연이 있어서 믿음이 흔들리고 있는지 무지한 종은 잘 알 수 없사오나 교회를 멀리하려고 하는 ○○○성도를 불쌍히 여겨 주셔서 그 심령에 흘러넘치는 은혜가 있게 하여 주시옵소서. ○○○성도를 생각하면 제 마음도 이토록 안타깝기만 한데 주님의 마음은 얼마나 아프고 안타까우시겠습니까?

주여! ○○○성도에게 주님의 은혜와 사랑을 깨달을 수 있는 은총을 허락하여 주옵소서. 만세 전부터 택하신 당신의 자녀는 결코 버리지 아니하신다는 사실을 깨닫게 하시고, 한번 구원함을 받은 백성은 그 구원이 상실되지 않음을 깨닫게 하셔서 어서 속히 흔들리는 믿음을 바로 잡고 주님을 향하여 얼굴을 들 수 있게 하옵소서.
더 이상 악인의 꾀를 좇지 않게 하여 주시고 마귀의 달콤한 유혹을 이길 수 있게 하여 주옵소서.
믿음의 주요 온전케 하시는 예수님을 바라보게 하시고, 주님께 기쁨을 드릴 수 있는 ○○○성도가 되게 하여 주실 것을 믿습니다. 주일도 잘 지키고 예배시간도 사랑하게 하여 주실 것을 믿습니다.
회복케 하시는 주님이심을 믿사오며 예수 그리스도의 이름으로 기도합니다. 아멘

기도명언 하나님의 뜻이 아닌 것을 제외하고는 응답되지 않는 기도란 없다. _ 코트랜드 마이어

목사님께 상처받은 성도

사랑이 풍성하신 하나님 아버지, 사랑하는 목사님을 통하여 하늘나라의 진리를 배우고 양육받게 하여 주심을 감사드립니다. 하오나 사랑하는 ○○○성도가 목사님께 상처를 받았다고 합니다. 상처의 깊이가 어느 정도인지는 알 수 없사오나 그 마음을 주님의 넓은 품으로 감싸시고 위로하여 주시기를 원합니다. 목사님도 때로는 인간인지라 실수할 수도 있음을 헤아려 봅니다. 목사님의 단점이 눈에 들어올 때, 목사님을 위하여 기도하라는 주님의 응답으로 받아들일 수 있게 하시고, 말씀에 실수가 있다면 주님의 음성을 담아낼 수 있는 입술의 권세를 더하여 달라고 기도할 수 있는 ○○○성도가 되게 하여 주시옵소서. ○○○성도의 마음의 상처가 주님을 사랑하고 주님께 영광 돌리는 데 걸림돌이 되지 않기를 원합니다.

주님의 몸 된 교회를 섬기는 데 틈이 벌어지는 일이 되지 않기를 원합니다. 상대방의 허물과 약점을 덮어 주고 용서할 수 있는 넓은 마음을 허락하여 주셔서 주님의 성품을 보여 주시기에 부족함이 없는 ○○○성도가 되게 하여 주옵소서. 한 걸음 더 나아가 목사님이 외롭고 힘드실 때 따뜻한 벗이 되어 주고, 목사님이 힘들고 지치셨을 때 따뜻함을 담은 말로 위로와 용기를 줄 수 있는 ○○○성도가 되게 하여 주옵소서.
목사님도 ○○○성도가 시험에 든 것을 인하여 마음 아파하고 더 많이 기도하고 계실 것입니다. 조금 더 이해하고 조금 더 헤아림으로 주님의 나라를 이루어갈 수 있는 ○○○성도가 되게 하여 주옵소서. 평안의 복을 더하시는 예수 그리스도의 이름으로 기도합니다.

기도명언 기도야말로 우리의 사랑이 수직적으로 그리고 수평적으로 자유롭게 흐르도록 해 준다. _ 리차드 포스터

식구가 믿지 않는 성도

사랑이 풍성하신 하나님 아버지, 저희를 사랑하시되 천하보다 더 사랑하심을 믿습니다. 그 사랑으로 인하여 구원을 얻게 하시고, 영생의 귀한 복을 누리게 하시니 얼마나 감사한지요. 오늘 ○○○성도의 집을 방문하여 마음에 안고 있는 기도의 제목을 함께 나눴습니다. 식구들이 주님을 믿지 않아 마음 고생을 많이 하고 있습니다. ○○○성도를 긍휼히 여겨 주옵소서. 주님을 믿지 않는 가족들로 인하여 그가 겪고 있는 아픔과 어려움이 그의 마음을 더욱 힘들게 하고 있습니다. 어떤 때는 주일도 제대로 지키지 못할 때도 있고, 헌금은 물론 교회에 봉사하는 데 많은 어려움을 겪고 있습니다.

주님, 온 식구가 예수님을 영접하고 주님을 모신 가정을 가꾸는 것이 그의 간절한 소원이요 소망일진대 그 마음의 안타까움을 기억하시고 이 가정에 구원의 은총을 베풀어 주옵소서. ○○○성도의 눈물로 부르짖는 기도를 기억하셔서 속히 이 가정의 믿지 않는 가족들에게 구원의 길을 열어 주옵소서. 더 이상 가족의 눈치를 보면서 교회로 발걸음을 옮기지 않아도 될 그런 신앙생활을 할 수 있도록 도와주시고, 집에서도 성경을 읽고 마음껏 찬송을 불러도 될 그런 신앙생활을 할 수 있도록 도와주시옵소서. 주일이면 온 가족이 예배당에 모여 주님의 구원의 은총을 노래하며 예배의 기쁨을 누릴 수 있도록 도와주시옵소서.
좋으신 우리 주님은 가족 구원을 놓고 눈물로 부르짖는 ○○○성도의 기도에 반드시 힘을 실어 주실 것을 믿습니다. 그 마음의 아픔을 감찰하시고 체휼하실 것을 믿습니다. 참 좋으신 예수 그리스도의 이름으로 기도합니다. 아멘

기도명언 부단히 기도하는 정신을 만들기 위해서는 보다 많은 기도의 훈련을 하여야만 한다. _ 포오사이스

교회 문제로 시험에 든 가정

사랑과 긍휼이 풍성하신 하나님 아버지, 우리 주님은 합력하여 선을 이루시는 하나님이심을 믿습니다. 사랑하는 ○○○성도가 교회 문제로 인하여 시험에 들었습니다. 치유하시는 우리 주님의 손길이 ○○○성도의 마음을 찾아가 주셔서 그 심령을 어루만져 주시고 싸매어 주시기를 원합니다.
교회에는 여러 사람들이 모이는 곳이기에 항상 많은 문제가 야기될 수밖에 없음을 깨닫습니다. 그러나 문제는 문제이고 신앙은 신앙이 아닙니까? 문제 앞에 신앙마저 문제 있는 신앙으로 만들지 않게 하여 주시고, 문제를 초월하여 하나님 앞에 영광 돌리는 법을 찾을 수 있는 ○○○성도가 되게 하여 주옵소서. 사람은 누구나 그 입장과 의견이 다르기에 내 생각과 충분히 다를 수 있음을 깨닫습니다.

평소에 아무리 친하고 신뢰하였던 사람이라 할지라도 나와 다른 의견을 내놓을 수 있다는 것을 기억해야만 할 줄로 압니다. 이번 기회를 통하여 사람은 믿음의 대상이 아니라 사랑의 대상임을 깨닫게 하시고, 믿고 의지할 분은 오직 주님밖에 안 계심을 더욱 확고히 할 수 있게 하옵소서. 이제 주님을 믿고 교회를 사랑하는 마음으로 전과 같이 신앙생활을 할 수 있도록 도우시고, 나에게는 유익이 없어도 주님께 영광이 된다면 모든 것을 참고 덮을 수 있는 ○○○성도가 되게 하여 주옵소서.
오직 주의 이름의 영광을 위하여 모든 것을 참으며 모든 것을 견디며 모든 것을 바라며 살아갈 수 있는 ○○○성도가 되게 하여 주옵소서. 상한 심령을 치유하시고 회복케 하시는 예수 그리스도의 이름으로 기도합니다. 아멘

기도명언 편하고 쉬운 인생을 위하여 기도하지 말고 삶의 모든 환경에 승리할 수 있는 능력 주시기를 기도하라. _ 파스칼

성도 간의 문제로 시험에 든 가정

화평케 하시는 주님, ○○○성도가 다른 성도와의 관계 속에서 마음의 상처를 받았습니다. 그 마음을 지켜 주시기를 원합니다. 이럴 때 주님의 마음을 품을 수 있다면 얼마나 축복받은 성품이 될 수 있겠습니까? 마음을 잘 다스릴 수 있게 하여 주셔서 주님의 성품을 닮아 가는 데 힘쓸 수 있는 ○○○성도가 되게 하여 주옵소서.

불쑥 불쑥 솟아오르는 상한 감정이 마음을 괴롭힐지라도 미움의 감정을 더욱 키우는 것이 되지 않게 하여 주시고, 감정에 성령의 기름을 부어달라고 기도할 수 있는 ○○○성도가 되게 하여 주옵소서. 사랑이 제일 큰 은사라고 하였사오니 사랑으로 상대방의 잘못과 허물을 덮을 수 있게 하여 주시고, 용서함으로 주님의 십자가를 앞세울 수 있는 ○○○성도가 되게 하여 주옵소서. 이럴 때일수록 함께 찾아오는 것이 영적인 침체인 것을 깨닫습니다. ○○○성도가 불편해진 인간관계로 인하여 주님과의 관계가 식어지지 않도록 이끌어 주시고, 이럴 때일수록 더 깊은 주님과의 교제를 갈망할 수 있는 ○○○성도가 되게 하여 주옵소서. 마음에 아픔이 있을 때 주님의 아픔을 헤아릴 줄 아는 은혜가 있게 하시고, 마음의 고통이 있을 때 주님의 십자가의 고통을 살필 줄 아는 ○○○ 성도가 되게 하여 주옵소서.

잘 이기면 능력이 될 줄 믿습니다. 더욱 성숙된 신앙의 단계로 나아가게 될 줄로 믿습니다. 따라서 아픔도 축복이 됨을 깨닫습니다. 승리하게 도와주시고, 믿음의 좋은 관계를 위하여 더욱 기도할 수 있게 하여 주옵소서. ○○○성도를 사랑하시는 예수 그리스도의 이름으로 기도합니다. 아멘

기도명언 잘 기도하는 자는 잘 배운 자요, 많이 기도하는 자는 많이 배운 자다. _ 마틴 루터

은혜를 깨닫지 못하는 성도

사랑의 주님, ○○○성도에게 주님의 은혜를 깨달아 알 수 있도록 크신 은총을 더하여 주시기를 원합니다. 저가 이제껏 신앙생활을 하면서 하나님의 은혜를 깨닫지 못하여 눌리는 삶을 살고 있나이다. 신앙생활의 기쁨과 즐거움을 찾지 못하고 있습니다. ○○○성도에게 다시 한 번 넘치는 은혜를 부어 주셔서 자신이 주님의 은혜의 한복판에 있음을 깨닫게 하시고, 그 은혜를 누리는 삶이 되게 하여 주옵소서.
가난도 주님이 주신 은혜임을 깨닫게 하셔서 가난에 굴하지 않고 깨끗하게 주님을 섬길 수 있다면 부자가 섬기는 것에 절대로 뒤지지 않는다는 것을 깨닫게 하옵소서. 질병도 주님이 주신 은혜임을 깨달아 질병 가운데서 주님께 영광 돌릴 수만 있다면 건강한 사람이 돌리는 영광에 조금도 부족하지 않음을 깨닫게 하옵소서.

고난도 주님이 주신 은혜임을 깨닫게 하셔서 고난 가운데서도 흔들리지 아니하고 주님을 바라볼 수 있다면 평안한 사람이 주님께 영광 돌리는 것에 조금도 뒤지지 않는다는 것을 깨닫게 하옵소서. 불행도 주님이 주신 은혜임을 깨달아 불행 중에 흔들리지 않고 주님을 의지할 수 있다면 행복한 사람이 주님께 영광 돌리는 것에 조금도 부족하지 않다는 것을 깨닫게 하옵소서. 세상적인 가치관을 가지고 주님의 은혜를 생각하지 않게 하여 주시고, 주님이 나를 어떤 환경에서 어떤 모양으로 쓰시는지에 초점을 맞추어 주님의 도구로 쓰임 받는 것에 감사할 수 있는 ○○○성도가 되게 하여 주옵소서.
우리 주님께서는 당신의 사랑하는 자녀들에게 당신의 영광을 위하여 놀라운 특권을 허락하셨다는 것을 잊지 않게 하여 주옵소서. 예수님의 이름으로 기도합니다. 아멘

기도명언 기도할 때 명심할 것은 응답이 내리기 전까지 결코 물러나지 않는 일이다. _ 죠지 뮬러

성수주일이 어려운 성도

인생의 본분이 무엇인지를 깨닫게 하시는 하나님, 저희에게 복된 날을 허락하셔서 주님께 예배하고 영광 돌릴 수 있는 복된 인생길을 걸어가게 하시니 감사합니다. 주일은 하나님께서 예배를 통하여 저희들에게 복 주시기로 작정하신 날임을 믿습니다. 안타까운 것은 사랑하는 ○○○성도가 늘 육신의 일에 쫓기고 얽매여서 이 귀한 날에 주님을 만나지 못하고 있고, 주님의 은혜를 경험하지 못하고 있습니다. ○○○성도를 주님의 능력의 손으로 굳게 붙드셔서 이 날에 구별된 삶을 살 수 있도록 도와주시고, 영육 간에 안식을 얻는 날이 되게 하여 주옵소서. 이 날을 주님께 온전히 드림으로 주님을 주님 되게 해 드릴 수 있는 ○○○성도가 되게 하여 주시고, 예배를 통하여 부어 주시는 주님의 놀라운 은혜를 경험하는 삶이 되게 하여 주옵소서.

사람이 떡으로만 사는 것이 아니라 하나님의 입에서 나오는 말씀으로 살아야 함을 기억하게 하여 주시고, 육신의 일에 얽매여서 마귀가 좋아하는 일만 쫓다가 은혜를 잃고 마는 ○○○성도가 되지 않게 하여 주옵소서. "주의 궁정에서의 한 날이 다른 곳에서의 천 날보다 낫다"(시84:10)고 고백했던 시편기자와도 같이 주일마다 주의 궁정을 사모함으로 세상에서는 맛볼 수 없는 더 큰 기쁨과 평강을 얻을 수 있는 ○○○성도가 되게 하여 주옵소서. 특별히 주님의 몸 된 교회를 위하여 하루를 봉사하고 헌신할 수 있는 날이 되게 하여 주시고, 헤어졌던 성도들과도 만나서 신앙생활에 유익을 더하는 믿음의 좋은 교제를 나눌 수 있게 하여 주옵소서.
주일이 ○○○성도에게 세상일을 접고 오직 여호와 하나님만을 찬양하는 귀하고 복된 날이 되게 하실 것을 믿습니다. ○○○성도를 사랑하시는 예수 그리스도의 이름으로 기도합니다. 아멘

기도명언 주님의 뜻을 알 수 있는 길은 오직 성령과 오직 기도뿐이다. _ 작자 미상

남편이 믿지 않는 성도

구원의 주요 믿음의 주가 되시는 하나님 아버지, 저희의 모든 죄악과 저주를 십자가로 구속하시고 구원과 참 자유를 주신 주님의 은혜를 찬양합니다. 사랑하는 ○○○성도가 주님을 믿지 않는 남편을 놓고 안타까워하며 매일 눈물로 기도하고 있습니다. 마치 성경의 한나와 같이 마음을 쏟아 기도하기를 쉬지 않고 있사오니 불쌍히 여기시고 긍휼을 베풀어 주옵소서. 구원받지 못한 남편 생각할 때마다 그 마음에 밀려오는 영적인 부담이 얼마나 크겠습니까?

사랑하는 ○○○성도의 남편도 구원받은 하나님의 자녀로 그 은혜를 누리며 살 수 있도록 믿음의 눈을 뜨게 하여 주옵소서. 주님을 영접할 수 있게 하여 주시시고, 구원을 아는 진리에 이를 수 있게 하여 주옵소서. 아마도 ○○○성도에게는 남편의 구원이 가장 큰 기도제목이요 가장 큰 소원일 것입니다.

이생의 안목과 육신의 정욕을 위한 것이 아니오니 두 사람이 한자리에서 주님의 성호를 찬양하고 영광 돌릴 수 있도록 이 가정에 주님의 온전하신 구원을 허락하여 주옵소서. 주님을 부인하던 남편의 입술이 변하여 구주이신 주님을 고백할 수 있게 하여 주시고, 세상길로만 향하던 남편의 발걸음이 변하여 주님의 보좌 앞으로 향할 수 있게 하옵소서.

○○○ 성도의 가정을 구원의 반열에서 버리지 않으심을 믿습니다. ○○○ 성도의 남편도 만세 전부터 택정하신 주님의 자녀임을 믿습니다. 한 믿음 안에서 천국을 향하여 달려갈 수 있는 축복의 가정으로 세워 주시옵소서. 부르짖는 자에게 응답을 주시는 예수 그리스도의 이름으로 기도합니다. 아멘

기도명언 진정한 기도는 죄 자백으로부터 출발한다. 죄 자백이 없는 기도는 허공을 때리는 기도이다. _ 작자미상

이단에 미혹된 성도

길과 진리요 생명이신 주님, 저희들에게는 주님만이 길과 진리와 생명이심을 믿습니다. 하오나 사랑하는 ○○○성도가 거짓된 영을 받은 이단의 꾐에 미혹되어 잘못된 가르침을 받아 이단사상에 빠지고 말았습니다. 사랑하는 ○○○성도를 위하여 간절히 기도하오니 그 어두운 영혼에 진리의 빛을 강하게 비추셔서 다시금 온전한 진리 가운데로 인도함을 받을 수 있게 하여 주옵소서. 이단사상을 가진 자는 가까이 하지도 말고 그들과 변론하지도 말아야 하는 것이 성경의 가르침인데 ○○○성도는 그들을 용납함으로 진리에서 벗어나는 올무가 되어버리고 말았습니다.

사랑의 주님, 우리 주님은 ○○○성도를 지극히 사랑하시는 줄 믿습니다. 만세 전부터 택하신 주님의 백성인 줄 믿습니다. ○○○성도가 이단사상에 더 깊숙이 빠지기 전에 사악한 이단의 무리에서 건져 주시기를 원합니다. 구원은 말에 있는 것이 아니라 능력에 있음을 깨닫게 하시고, 지식에 있는 것이 아니라 믿음에 있음을 깨닫게 하여 주옵소서. 성경을 많이 알아야 믿음 생활을 잘하는 것이 아니라 한 말씀이라도 그 말씀에 순종하는 삶을 살아야 믿음 생활을 잘하는 것임을 깨닫게 하옵소서. ○○○성도에게뿐 아니라 수많은 성도들이 진리를 가장한 거짓된 영에 노출되어 있사오니 악한 영에 사로잡히지 않도록 그들의 영을 지키시옵소서.
○○○성도가 다시 주님 앞으로 돌아와 오직 하나님 중심, 말씀 중심, 교회 중심으로 건강한 신앙생활을 할 수 있도록 이끄실 것을 믿습니다. 주님의 백성을 미혹하는 악한 영의 세력을 주님의 권능으로 멸하여 주옵소서. ○○○성도를 생명책에 기록하신 예수 그리스도의 이름으로 기도합니다. 아멘

기도명언 우리가 기도의 결실을 얻지 못하는 이유는 기도의 태만 때문이다. _ Joshua C.

신앙에 동요가 있는 성도

저희의 믿음을 주장하사 온전케 하시는 하나님 아버지, 사랑하는 ○○○성도를 택하시고 구원과 영생을 얻게 하셔서 하나님의 거룩한 백성으로 삼아 주시니 감사합니다. 또한 주께서 예비하신 저 천성을 향하여 믿음의 길을 잘 달려갈 수 있도록 인도하심을 감사합니다.

오늘도 우리 주님께서 사랑하는 ○○○성도가 믿음의 길을 잘 달려갈 수 있도록 응원하고 계신 줄 믿습니다. 주님의 은총을 받은 자로 주님의 뜻하신 일을 잘 이루어 드릴 수 있는 ○○○성도가 되게 하여 주옵소서. 지금 그의 마음이 흔들리고 있사오나 하나님께서 기뻐하실 일이 무엇인지를 잘 분별케 하셔서 오는 시험과 유혹을 잘 이길 수 있게 하여 주옵소서. 베드로처럼 예수님만을 바라보고 바다 위로 발을 내딛던 그 믿음을 가지고 모든 것을 주님께 맡기고 주님만을 의지하게 도와주시옵소서. 결코 주변을 바라봄으로 두려움에 바닷속으로 빠져들지 않도록 사랑하는 ○○○성도의 믿음을 굳게 붙들어 주시옵소서.

인간의 뜻과 생각이 아니라 하나님의 뜻이 무엇인지를 먼저 살필 수 있게 하시고, 감정의 지배를 받지 않기 위하여 하나님의 뜻을 구할 수 있는 ○○○성도가 되게 하여 주옵소서. ○○○성도를 지극히 사랑하시는 우리 주님께서 악한 세력으로부터 지키실 것을 믿습니다. 진리를 옳게 분변할 수 있도록 지혜를 더하실 것을 믿습니다. 환경에 끌리는 신앙이 아니라 주님께 끌림을 받는 믿음이 되게 하실 것을 믿습니다.

처음처럼 주님을 영접하고 감사하며 결심했던 그 신앙대로 날마다 전진하며 이기고 나갈 수 있게 하여 주옵소서. 예수 그리스도의 이름으로 기도합니다. 아멘

기도명언 기도하기에 가장 좋은 시간을 하나님께 기꺼이 바치는 사람은 하나님의 음성을 분명히 들을 수 있으며 하나님의 능력과 여러 가지 도움을 지속적으로 공급받을 수 있다.
_죠지 뮬러

사업에 실패한 성도

소망의 하나님, 우리의 힘이 되시는 분은 주님밖에 안 계시기에 주님을 의지합니다. 어려운 가운데서도 주님의 섭리하심을 바라보며 예배를 드릴 수 있게 하시니 감사합니다. 상한 마음을 위로하시고 상처 난 심령을 싸매 주시옵소서. 이 순간 세상 사람들은 실족하여 넘어졌을 것이오나 하나님의 자녀이기에 마음을 추스렸습니다. 위기의 때에 주님을 바라보고 의지하는 심령을 놓지 마시고 크신 긍휼을 베풀어 주옵소서.

잘될 때보다 안 될 때 더욱 가까이 계신 주님을 느낄 수 있게 하시고, 평안할 때보다 어려울 때 주님의 세미한 음성을 들을 수 있게 하여 주옵소서. 마음이 한없이 힘들겠지만 소망의 끈을 놓지 않게 하여 주시고, 실패를 통하여 하나님께서 깨달음을 주시는 것이 무엇인지 살필 줄 아는 분별력이 있게 하여 주옵소서. 욥과 같은 신앙이 필요한 줄 압니다. "주신 자도 여호와시요 취하신 자도 여호와시오니 여호와의 이름이 찬송을 받으실지니이다"(욥1:22)라고 찬송할 수 있게 하시고, 실패의 뒤에 계신 주님을 바라보게 하여 주옵소서.

이런 때일수록 가족들이 사랑과 믿음으로 하나가 되는 것이 중요함을 깨닫습니다. 주님을 믿고 섬기는 자, 시련은 있을지라도 실패는 없음을 깨달아서 이 어려움의 때를 잘 이기고 나갈 수 있도록 새 힘을 더하여 주옵소서. 오늘 목사님이 들려 주시는 말씀이 이 가정에 주시는 소망의 말씀이 되게 하시고, 회복과 치유의 말씀이 되게 하여 주시옵소서. 우리를 체휼하시는 예수 그리스도의 이름으로 기도합니다. 아멘

기도명언 어린아이가 울며 떼쓴다고 어린아이의 모든 요구를 다 들어 주는 부모는 세상에 없다. _ 작자 미상

실직을 당한 성도

선한 목자이신 우리 주님, 어떻게 해야 합니까? 사랑하는 ○○○성도가 평생을 몸 바쳐 일하던 일터를 잃어버렸습니다. 가정에 대한 책임감과 미래에 대한 염려가 그의 마음을 더욱 무겁게 하고 있습니다. 실족하여 넘어질 수밖에 없는 이 상황을 어떻게 해야 좋을지 우리 주님이 ○○○성도에게 놀라운 지혜로 함께 하여 주옵소서. 그 마음이 얼마나 괴롭겠습니까? 얼마나 고통스럽겠습니까? 상처 난 그 심령을 주님의 따뜻하신 손으로 어루만져 주시고, 이 힘든 상황을 잘 헤쳐 나갈 수 있도록 새 힘을 더하여 주옵소서.

선한 목자이신 우리 주님께서 갈 길 몰라 두려움에 떠는 길 잃은 양을 불꽃 같은 눈동자로 살피실 것을 믿습니다. 능력의 막대기와 지팡이로 인도하실 것을 믿습니다. 영혼이 잘되고 범사가 잘되도록 축복하실 것을 믿습니다. 주님의 섭리하심을 조금도 의심치 않는 믿음을 주시고 주님의 이끄심을 확신하는 믿음 위에 온전히 설 수 있도록 붙들어 주옵소서.

주님, ○○○성도의 인생에 닥친 이 위기의 상황을 주님을 보다 더 깊이 체험할 수 있는 수련의 계기로 삼게 하여 주시고, 듣지 못했던 주님의 음성을 들을 수 있는 기회로 삼을 수 있게 하여 주옵소서. 우리 주님은 의인이 걸식함을 용납지 않으시기에 반드시 더 좋은 일터를 주실 것을 믿습니다. 일할 수 있는 대로 힘써 일하여 수고의 열매를 먹을 수 있는 좋은 일터를 예비해 놓고 계신 줄 믿습니다. 생명을 얻되 넘치도록 얻으며 승리의 삶을 살게 하실 것을 믿습니다. 모든 것을 주님께 맡기오며 예수 그리스도의 이름으로 기도합니다. 아멘

기도명언 세상의 어떤 남자나 여자에게 하나님께서 가장 좋은 재능을 주셨다면 그것은 바로 기도의 재능이다. _ 알렉산더 화이트

자녀를 먼저 보낸 가정

위로의 하나님 아버지, 슬픈 마음을 주님께 내어놓습니다. ○○○성도의 사랑하는 아이가 주님 품으로 간 것은 확신하지만 너무나 빨리 데려가신 것 같아 인간적인 야속한 마음을 지울 길 없습니다. 저희들도 말할 수 없이 안타까운데 한 아이를 잃은 ○○○성도의 마음은 어떠하겠습니까? 사람의 생명은 주님께 속한 것이기에 주님이 하시는 일을 항거할 수 없음을 깨닫습니다. 그러하기에 준비 없이 아이의 죽음을 맞은 ○○○성도이기에 너무나 고통스러울 것입니다. 괴로운 마음을 어찌할 방법이 없어 가슴을 쥐어뜯는 그 고통을 우리 주님은 아시지요. 어찌할 수 없이 자식을 가슴에 묻어 버린 부모의 심정을 그 누가 헤아릴 수 있겠습니까? ○○○ 성도의 가슴속으로 흐르고 있는 한 많은 눈물을 누가 알 수 있겠습니까?

주님, 빛이신 주님이 ○○○성도의 마음을 살피시고 괴로움에 떨고 있는 그 마음에 평안을 주시옵소서. 주님이 그 어느 때보다 확실한 음성을 들려주셔야만 할 줄로 믿습니다. 용기를 주시고 새 힘을 주셔야만 할 줄로 믿습니다. 이 절망과 어두움의 자리에서 일어설 수 있도록 도와주시옵소서. 주님의 뜻을 알아갈 수 있도록 도와주시옵소서. 욥도 많은 시련을 당했으나 믿음으로 잘 극복함으로 보다 큰 축복을 받은 것을 기억합니다. 말로다 형언할 수 없는 이 슬픈 사건이 주님의 새로운 은총을 받을 수 있는 계기가 되게 하여 주옵소서. 언젠가는 이 가정에 향하신 주님의 깊으신 뜻을 깨닫게 하실 것을 믿습니다. 주님 품에 안긴 아이를 잘 품어 주시고, 보석으로 수놓인 천국 길을 걷게 하실 것을 믿습니다. 예수 그리스도의 이름으로 기도합니다. 아멘

기도명언 기도는 영혼의 갈망이다. 유한 세계에 존재하는 상대적 인간이 온 세계를 주관하신 절대자 하나님께 향한 영혼의 갈망이다. _ 김정복

장애아를 키우고 있는 가정

사랑이 많으신 주님, ○○○성도의 가정에 아픔이 있습니다. 이 아픔은 누구도 대신할 수 없는 아픔이요, 부모로서 평생 안고 가야만 할 아픔입니다. ○○○성도의 사랑하는 자녀 ○○군(양)이 장애를 갖고 있는 것 잘 아시지요? 주님이 이 가정에 축복으로 주신 선물입니다.

욕심일 수도 있지만 아이가 건강했더라면 얼마나 좋았겠습니까? 그러나 아이가 장애를 갖고 태어나게 하신 주님의 섭리가 있으리라 확신합니다. 원하옵기는 ○○○성도가 장애를 갖고 있는 ○○군(양)을 정상아 못지않게 잘 키울 수 있도록 도와주시옵소서. 아이를 키우면서 주님의 섭리를 깨달아 알 수 있게 하시고, 아이에게 향하신 주님의 크신 사랑이 무엇인지 발견할 수 있게 해 주옵소서.

아이의 미래를 붙들어 주시고, 그 길을 지도하여 주옵소서. 배나 더 노력이 필요하고, 배나 더 힘든 과정을 겪으면서 살아야 할 터인데 아이의 인생 가운데 큰 힘이 되어 주시고 능력이 되어 주시옵소서.

정상적인 아이에 못지않게 주님께 쓰임 받을 수 있도록 이끌어 주옵소서. 훗날 장애의 불편함을 딛고 일어서서 정상인도 해낼 수 없는 큰일을 해낼 수 있도록 함께하실 것을 믿습니다. 아이가 불편하니 특별한 우리 주님의 사랑이 함께하고 계심을 믿습니다. 이 가정에 아이를 통하여 많은 기적을 선물로 주시고, 축복하시는 주님의 손길을 체험하게 하여 주옵소서.

아이의 미래를 붙들고 계신 예수 그리스도의 이름으로 기도합니다. 아멘

기도명언 사람이 숨을 중단할 수 없는 것처럼 기도를 중단할 수가 없다. 기도는 영적 생활의 호흡이다. _ 존 웨슬리

자녀가 해외에 나간 가정

은혜가 충만하신 하나님, 언제나 이 가정에 섭리의 하나님으로 함께하심을 감사드립니다. 또한 범사에 주님의 선하신 뜻대로 지도하시고 이끄심을 감사합니다. 또한 믿음 안에서 하나 된 모습으로 살아갈 수 있도록 이 가정에 큰 은총을 베푸심을 감사드립니다.

주님, ○○○성도의 사랑하는 자녀 ○○군(양)이 외국에 나가 있습니다. 자녀가 눈에 보이지 않으면 걱정이 앞서는 것이 부모가 아닌지요. ○○○성도가 자녀를 외국으로 떠나보낸 후 그 마음 한구석에 걱정이 늘 자리 잡고 있을 것입니다. 불꽃 같은 눈동자로 지키시는 하나님께서 그 마음에 평안을 주시고, 걱정이 밀려올 때마다 주님의 보좌 앞으로 향할 수 있도록 이끌어 주옵소서.

주님, ○○군(양)이 홀로 외국 땅에서 낯선 환경과 문화에 적응하며 외롭게 생활하고 있지만 주님이 늘 곁에서 도와주실 것을 믿습니다. 행여 부모의 품이 그리워 눈물 흘리는 일이 없게 하시고, 고국이 그리워 세운 목표를 접는 일이 없게 하여 주옵소서. 언어의 장벽도 빨리 극복할 수 있도록 도와주시고, 믿음의 좋은 교제를 나눌 수 있는 친구도 만날 수 있도록 사람을 붙여 주옵소서. 챙겨 주는 이가 없다고 하여 규칙적인 생활을 잃지 않게 하여 주시고, 신앙생활도 예전보다 더 잘 할 수 있도록 도와주시옵소서.

목표한 학업을 완성하는 그 날까지 언제나 아침저녁으로 기도하기를 쉬지 않게 하여 주시고, 고국에서 부모가 엎드려 기도하고 있다는 것을 한시도 잊지 않게 하여 주옵소서. 주님을 영화롭게 하고 만백성에게 유익함을 줄 수 있는 아이로 빚으실 것을 믿사옵고 예수 그리스도의 이름으로 기도합니다. 아멘

기도명언 기도문들은 기도하기 위해 쓰여졌지 읽기 위해 쓰인 것이 아니다. _ 스티브 하퍼

자녀가 군에 가게 된 가정

인간의 생사화복을 주관하시는 하나님 아버지, ○○○성도의 사랑하는 자녀 ○○군을 건강하게 키워 주셔서 나라와 국민을 위하여 봉사할 수 있도록 은총을 베푸심을 감사드립니다.
건강한 정신과 건강한 몸으로 국가를 위하여 헌신하고 봉사할 수 있는 것이 얼마나 큰 영광이요 축복입니까? 군복무를 하는 동안 그 맡겨진 본분과 직책에 따라 의무와 사명을 잘 감당할 수 있는 ○○군이 되게 하여 주옵소서. 사랑하는 ○○○성도는 자식과의 잠시 이별이 못내 아쉽고 서운하여 눈물을 감추지 못하고 있지만 주님께서 그 마음을 위로하시고 평강의 복을 더하실 것을 믿습니다.

○○군이 국방의 의무를 다하기 위하여 나라의 부름을 받았지만 또 한편으로는 그리스도의 좋은 군사로 부름을 받은 것을 믿습니다. 훈련을 마치고 자대 배치를 받는 곳에서 그리스도의 좋은 군사로 쓰임 받게 하여 주시고, 주님께 큰 영광을 돌릴 수 있는 ○○군이 되게 하여 주옵소서. 또한 군대는 주님의 파송을 받고 떠나는 선교지임을 믿습니다.
오랫동안 함께 병영생활을 하는 부대원들 중 주님을 모르는 병사들에게 담대하게 복음을 전하고, 하늘나라의 지경을 확장할 수 있는 일등 선교사가 되게 하여 주옵소서. 위험한 무기를 다루고 있습니다. 실수가 없게 하여 주시고, 늘 긴장할 수 있도록 그 마음과 생각을 지키시옵소서. 정신적으로 힘들고 고통스러울 때 더욱 주님을 사모하는 마음이 있게 하여 주시고, 졸지도 아니하시고 수부시지도 아니하시는 하나님이 항상 지키고 계심을 잊지 않게 하옵소서. 하나님께 영광 돌리는 군 생활이 되게 하실 것을 믿사옵고 예수 그리스도의 이름으로 기도합니다. 아멘

기도명언 하나님의 말씀에는 무려 7,000개의 약속이 담겨 있다. 하나님의 말씀이 뿌려진 곳에는 항상 약속이 이루어지는 수확이 있다. _ 메릴린 히키

자살의 충동을 느끼는 성도

생명을 주관하시는 하나님 아버지, ○○○성도의 무거운 마음을 기억하시옵소서. 그가 삶의 무게를 이기지 못하여 자살의 충동을 느낄 때가 많다고 합니다. 죽고 싶은 마음이 간절할 정도로 그의 마음이 힘든 상태에 놓여 있사오니 불쌍히 여겨 주시기를 원합니다. 믿음의 담대함보다 감정에 흔들리고 있는 그의 연약한 마음을 기억하시옵소서. 죽으면 지옥 가는 것인 줄 알면서도 차라리 죽는 것이 낫겠다는 생각까지 할 정도라면 그의 마음이 얼마나 힘들고 고달팠겠습니까?

단순한 감정에 이끌려서 죽기를 사모한 것이 아닐진대 연약해질 대로 연약해진 그의 형편을 돌아보시옵소서. 만세 전부터 택정하신 하나님의 백성을 마귀에게 빼앗기면 안 되지 않습니까? 그 마음을 붙드시고 지키시옵소서. 운전을 할 때 핸들을 꺾어버리고 싶다는 그의 고백을 들을 때 가슴이 철렁 내려앉습니다. 그 영혼이 점점 더 사탄에게 도적질 당하지 않도록 우리 주님이 성령의 화염검으로 막아 주시고, 그를 이 고통스런 올무를 풀어 주시기를 원합니다.

 죽기를 소망한 마음이 변하여 천국을 소망할 수 있는 마음이 되게 하여 주시고, 하나님이 주신 생명을 함부로 해하는 죄를 범치 않게 하여 주옵소서. 우리 주님은 지금 삶의 의욕을 잃어버린 채 파괴적인 생각에 사로잡혀 있는 ○○○성도를 반드시 건지실 것을 믿습니다. 상하고 그늘진 심령 속에 소망의 가락이 울려나게 하실 것을 믿습니다. 믿음으로 승리하는 길을 걸을 수 있도록 이끄실 것을 믿습니다.

문제를 보지 말게 하시고 문제를 다루시는 주님의 능력을 바라보게 하옵소서. 예수 그리스도의 이름으로 기도합니다. 아멘

 기도명언 영혼이 하나님의 앞에 안기는 것은 대단히 유익한 일이다. 어디에 가든지 주님과 함께 동행한다면 문제가 될 것은 없다. _ 테레사

질병이 찾아온 성도

치료하시는 하나님 아버지, 사랑하는 ○○○성도에게 뜻하지 않는 질병이 찾아왔습니다. 하오나 저희가 믿는 하나님은 합력하여 선을 이루시는 하나님이시기에 우리 주님의 선하신 뜻대로 반드시 인도하실 것을 확신합니다. 사랑하는 ○○○성도의 믿음이 질병 앞에서 흔들리는 일이 없게 하시고 주님의 섭리하심을 조금도 의심치 않도록 그의 믿음을 강화시켜 주시옵소서. 질병 가운데 있을 때 건강할 때 만나지 못했던 하나님을 만날 수 있게 하여 주시고, 욥이 질병을 통하여 귀로만 듣던 하나님을 눈으로 보는 은혜를 체험했듯이 사랑하는 ○○○성도도 그와 같은 주님의 은혜를 체험할 수 있도록 역사하여 주옵소서. 때때로 몸이 아파서 견디기 힘들 때 십자가에 달리셨던 주님을 생각할 수 있게 하여 주시고, 모든 고통을 감내하신 주님의 인내하심을 본받아 넉넉히 이길 수 있도록 도와주시옵소서.

오랜 시간동안 질병에 시달리지 않게 하실 것을 믿습니다. 반드시 낫게 하셔서 치료하시는 하나님을 찬양할 수 있도록 이끄실 것을 믿습니다. 그가 교회에서 맡은 사명도 크오니 주님이 맡겨 주신 사명을 잘 감당할 수 있도록 속히 치료의 능력을 더하여 주옵소서. 환부에 주님의 피 묻은 손으로 안수하여 주시사 예수의 피로 깨끗함을 얻게 하여 주옵소서. 가족들에게도 평안의 복을 더하여 주셔서 염려가 변하여 기도가 되게 하시고, 낙심이 변하여 찬송이 되게 하여 주옵소서.

지희가 믿는 하나님은 낭신을 경외하고 의지하는 자에게 복을 주시되 넘치도록 주시는 분이심을 믿습니다. 구원하시는 주님의 능력을 의지하오며 만병의 의원이신 예수 그리스도의 이름으로 기도합니다. 아멘

기도명언 엄격한 생활의 기쁨을 깨달아라. 그리고 기도하라. 기도는 힘을 저장하는 공간이다. _ 보들렐르

만성피로에 시달리고 있는 성도

연약한 저희를 체휼하시는 주님, 사랑하는 ○○○성도가 만성피로에 시달리고 있습니다. 자고 또 자도 피곤하기만 하고 쉬고 또 쉬어도 피로가 풀리지 않는다고 합니다. 기쁨도 없고 의욕도 없다고 합니다. 몸이 천근만근 내려앉는 것 같고 만사가 다 귀찮다고 합니다.

주님, 사랑하는 ○○○성도를 기억하시옵소서. 만성적인 피로에서 벗어날 수 있도록 은총을 더하여 주옵소서. 지금 혈기 왕성하게 뛰어야 할 때가 아닙니까? 주님을 높이고 주님께 영광 돌리는 삶을 살아야 할 때가 아닙니까? ○○○성도를 통하여 계획하신 하나님의 일이 열매로 맺혀질 수 있도록 축복하시기를 원합니다.

그 생각을 건강하게 하여 주시고, 그 육체에 하나님의 생기를 불어넣어 주셔서 독수리 날개치듯 올라가는 삶을 살아갈 수 있도록 인도하여 주시옵소서. 더 이상 만성피로에 시달려서 육적으로 영적으로 손해 보는 일이 없게 하여 주옵소서. 건강한 생각과 건강한 육체로 주님의 몸 된 교회를 든든히 세워갈 수 있는 ○○○성도가 되게 하여 주시고, 일할 수 있을 때에 힘써서 일하여 녹슬어 없어지는 인생이 되지 않도록 이끌어 주옵소서.

지금 모든 것이 귀찮고 힘들더라도 주님을 간절히 찾는 일만큼은 최선을 다할 수 있도록 이끌어 주시고, 주님의 전을 통하여 그 영혼을 만져 주시고 새롭게 하시는 주님의 은총을 경험할 수 있게 하여 주옵소서. 그 육체와 영혼이 건강을 되찾을 수 있는 길은 주님을 의지하는 것밖에 없음을 깨닫습니다. 영혼이 잘 되어야 범사가 잘 되고 강건하게 됨을 깨닫습니다. 주님을 의지하고 바라볼 수 있게 하여 주옵소서. 예수 그리스도의 이름으로 기도합니다. 아멘

기도명언 자기 영혼을 기도석에다 흠뻑 적신 사람들은 모든 고통을 조용히 견딜 수 있다.
_ 밀레스

중병을 앓고 있는 성도

사랑과 긍휼이 풍성하신 하나님 아버지, 사랑하는 ○○○성도가 질병의 고통을 받고 있습니다. 모든 것이 약해질 수밖에 없는 ○○○성도를 기억하시고 주님의 긍휼을 거두지 마시옵소서. 그가 얼마나 하나님을 찾았겠습니까? 얼마나 주님의 이름을 간절히 불렀겠습니까? 매순간 매순간이 진지할 수밖에 없고 매순간 매순간이 정직할 수밖에 없을 것입니다.

상한 갈대를 꺾지 아니하시고 꺼져 가는 심지를 끄지 아니하시는 우리 주님이심을 믿습니다. 심령이 가난한 마음을 주님께 의뢰하는 자를 외면치 아니하시는 우리 주님이심을 믿습니다. 이제는 병상을 의지해야 하는 그의 초라한 삶으로 변해버린 그의 형편을 기억하시고 돌아보시옵소서. "믿음의 기도는 병든 자를 구원하리니 주께서 저를 일으키시리라"(약5:15)고 말씀하였사오니 그 말씀이 지금 ○○○성도에게 그대로 이루어지는 역사가 있게 하여 주시옵소서.

아직도 그가 할 일이 많습니다. 주님의 섭리하심은 분간하기 어려우나 지금은 때가 아니라는 생각을 갖습니다. 조금 더 주님을 위하여 충성할 수 있는 기회를 주시고, 헌신할 수 있는 기회를 주시옵소서.

많은 병자를 일으키셨던 우리 주님, 죽은 자도 살리셨던 우리 주님, 주님이 죽음의 권세를 깨뜨리시고 부활하실 때 무덤 속에 잠자던 자들도 일으키셨던 우리 주님, 그 주님이 지금 여기에 오셔서 ○○○성도를 치료하여 주옵소서. 그 아픔을 어루만져 주시고, 다시 한 번 사망권세에서 일으키시는 주님의 기적을 체험하게 하여 주옵소서. 살아계신 주님, 주님의 치료의 강물에서 ○○○성도가 꼭 나음을 얻게 하실 것을 믿습니다. 예수님의 이름으로 기도합니다. 아멘

기도명언 진실한 기도는 검은 구름을 헤치며 야곱의 사다리를 오르게 하며 말씀과 사랑을 증대시켜 위로부터의 모든 축복을 가져온다. _ 찰스 스펄전

병원에 입원 중인 성도

자비하시고 전능하신 하나님 아버지, 우리 하나님은 저희의 형편과 처지를 아시고 저희의 기도를 들으시며, 축복하여 주시기를 기뻐하시는 아버지이신 줄 믿나이다. 지금 사랑하는 ○○○성도의 병상에 둘러서서 ○○○성도의 건강을 위해 기도합니다. 전능하신 손을 펴셔서 ○○○성도를 만져주시고 그 마음에 위로를 더하여 주옵소서. 고통에도 하나님의 뜻이 있음을 깨닫게 하셔서 모든 낙심 되는 것과 고독함과 슬픈 생각을 멀리하여 주옵소서. 하나님의 크신 사랑과 전능하신 능력을 믿게 하시며, 합력하여 선을 이루시는 주님을 의지함으로 소망과 용기를 갖게 하옵소서.

우리 주님은 주를 의뢰하는 자의 마음을 아시며, 또 육체를 아시나이다. 주님께서 손수 사람을 지으셨기에 사람의 병든 부분과 그 정황을 잘 아시오며, 또 낫게 하실 권능도 소유하고 계시오니 치료의 광선을 발하여 주셔서 아픈 곳이 깨끗이 치료되는 은총을 더하여 주옵소서. ○○○성도가 할 일이 많습니다. 병상을 오래 의지하는 일이 없게 하시고, 속히 병상에서 일어나 주님께 충성하고 주님의 몸 된 교회를 위하여 봉사할 수 있도록 인도하여 주옵소서.
 믿음의 교우들도 ○○○성도를 위하여 기도하고 있사오니 그 기도가 헛되지 않도록 이끄실 것을 믿습니다. 이 병원에서 수고하고 있는 의사와 간호원들에게도 복을 더하여 주셔서 기술로 병인을 대하는 것이 아니라 사랑으로 병인을 대할 수 있게 하시고, 사랑의 손길로 병인의 마음을 살피고 헤아릴 수 있는 손길들이 되게 하여 주옵소서.

오늘 목사님이 들려주시는 말씀에 큰 위로와 용기를 얻게 하시고, 말씀을 통하여 치료하시는 주님의 능력을 체험하게 하여 주옵소서. 예수 그리스도의 이름으로 기도합니다. 아멘

기도명언 재단사가 옷을 만들고 수선공이 구두를 고침이 주 업무라면 그리스도인의 주 업무는 기도이다. _ 마틴 루터

수술을 하는 성도

언제나 함께하시는 하나님, 병마에게 빼앗겼던 육체를 다시 회복하기 위하여 수술을 받으려고 합니다. 수술을 앞두고 두려운 마음을 감출 길 없사옵니다. 그러나 성령께서 우리와 함께 계시오니 평안의 매는 줄로 굳게 잡아주실 것을 믿습니다. 수술의 모든 과정을 주님께 맡깁니다. 수술이 성공적으로 이루어질 수 있도록 성령께서 친히 주장하여 주옵소서.

주님, 생명을 다루는 일입니다. 수술을 집도하는 의사와 그 곁에서 돕는 간호사들에게도 함께하여 주셔서 환자의 생명이 자신들의 손끝에 달려있다는 것을 인식하고 진지한 마음으로 수술을 집도하게 하여 주옵소서. 수술하는 매 순간마다 생명을 살려야 한다는 절박한 심정을 가지고 최선을 다할 수 있게 하시고, 조금의 실수도 결코 용납해서는 안 된다는 정신으로 사람의 육체를 다룰 수 있게 하여 주옵소서. 가족들 위에도 불안한 마음을 없애 주시고, 평안의 복을 더하여 주시기를 원합니다. 이제껏 사랑하는 ○○○성도를 위하여 눈물로 기도하고, 정성껏 간호한 것이 하나님 앞에서 결코 헛되지 않음을 깨닫게 하시고, 기적을 베푸시는 하나님의 손길이 어떤 것인지를 확실히 체험하는 계기가 되게 하여 주옵소서. 혹 받아들이기 어려운 결과가 있을지라도 실족하지 않게 하시고, 하나님을 경외하는 자에게 복을 주시되 넘치도록 얻게 하신다는 것을 믿고 끝까지 주님을 바라보게 하옵소서. 생명을 주신 분이 하나님이신 것을 믿기에 생명을 살리시는 분도 주님이심을 믿습니다. 원하옵기는 수술이 빠르게 진행될 수 있게 하시고, 성공적인 수술이 될 수 있도록 도와주시옵소서.

생명의 주인이신 주님께 맡깁니다. 수술대 위에 오르는 ○○○성도를 주님의 강한 손으로 꼭 붙드실 것을 믿사옵고 생명의 주인이 되시는 예수 그리스도의 이름으로 기도합니다. 아멘

기도명언 기도는 상황을 변화시키기도 하지만 더 많은 경우에 기도는 기도하는 사람을 변화시킨다. _ 이. 엠. 바운즈

장기입원중인 성도

사랑이 많으시고 거룩하신 하나님 아버지, 예수 그리스도 안에 있는 사람은 누구든지 영혼이 잘 됨 같이 범사가 잘 되고 강건하며 생명을 얻되 넘치도록 풍성히 얻는 삶을 살게 하여 주신다는 사실을 조금도 의심치 않나이다. 간구 하옵기는 오래도록 병상에서 병마와 씨름하고 있는 ○○○성도를 긍휼히 여기셔서 치료와 회복의 은총을 더하여 주시기를 원합니다. 너무나 많은 세월을 병마에 시달리고 있습니다. 쉽게 치료되지 않는 질병을 놓고 주님을 얼마나 많이 찾았겠습니까? 주님의 이름을 얼마나 많이 불렀겠습니까? 그 연약한 육신으로 흘린 눈물이 얼마나 많았겠습니까? 병마에 시달려 초라해진 영혼을 불쌍히 여기시고 어서 속히 이 병상에서 일으켜 주시옵소서. 주님의 뜻이 어디에 있는지 무지한 저희는 알 수가 없사오나 믿음의 기도는 병든 자를 구원한다는 주님의 말씀을 붙들고 오늘도 기도합니다. 전과 같이 건강함을 되찾아 주님을 위하여 건강하게 쓰임 받다가 주님 품에 안길 수 있게 하여 주옵소서.

주님이 아시다시피 아직은 젊습니다. 주님을 위해서나 사회를 위해서 아직도 할 일이 많은 사람이고 얼마든지 주님을 높이는 삶을 살 수 있는 사람입니다. 때가 아닌 줄 아오니 이 병상에서 일으켜 주옵소서. ○○○성도의 빈자리가 너무 커서 온 교우가 합심하여 기도하고 있습니다. 온 교우가 살아계신 하나님을 만날 수 있도록 은총을 더하여 주시고, 못하실 일이 전혀 없으신 주님의 권세를 인하여 생명 되신 주님을 찬양할 수 있도록 역사하여 주옵소서. 특별히 간호에 마음을 쏟고 있는 가족들을 기억하시고, 오랜 간호로 인하여 마음이 지쳐 있는 줄 아오나 끝까지 치료의 주님을 바라보게 하시고, 소망의 하나님을 붙들 수 있게 하여 주옵소서. 경제적으로도 매우 어렵습니다. 돕는 손길을 붙여 주셔서 이 고통의 때에 그 고통 속에 함께 참여하고 계신 주님의 사랑을 느낄 수 있게 하여 주옵소서. 만병의 의원이신 예수 그리스도의 이름으로 기도합니다. 아멘

기도명언 기도는 활이고 약속은 화살이며 믿음은 활을 당기는 손이다. _ 살터

불치병(난치병)을 앓고 있는 성도

전능하신 하나님 아버지, 하나님의 하시는 일은 가장 놀랍고 지으신 모든 것을 사랑하시는 줄을 아옵고 감사드립니다. 주님, 질병으로 인하여 고통당하고 있는 ○○○성도를 위하여 기도합니다. 아픔과 괴로움 속에서 신음하고 있사오니 불쌍히 여기시고 치료의 은혜를 베풀어 주옵소서.

이제껏 흔들리지 아니하고 믿음의 길을 잘 달려왔는데 질병 앞에 맥없이 쓰러져 신음하고 있나이다. 그러나 신음 중에도 주님의 이름만 부르고 있고, 고통 중에도 주님만 찾고 있사오니, 주님께로만 마음이 향하고 있는 ○○○성도를 병상에서 일으켜 주옵소서. 그 동안 주님의 몸 된 교회를 위하여 얼마나 열심히 봉사했는지 모릅니다. 그 바쁜 일 가운데서도 그 피곤함 가운데서도 주님을 위한 일이라면 기꺼이 몸을 깨뜨려 헌신하고자 했던 ○○○성도입니다.

"나는 너희를 치료하는 여호와임이니라"(출15:26) 말씀 하셨사오니 이제껏 주님을 위하여 살기를 힘써온 ○○○성도를 고쳐 주옵소서. 전과 같이 건강함을 되찾아 주님의 일에 더욱 정진할 수 있도록 은총을 베풀어 주옵소서. 모든 주권이 주님께 속해 있사오니 치료와 복으로 함께하여 주옵소서. 하나님의 살아계심을 다시 한번 체험하게 하시고, 주님만을 위하여 살아온 자의 말로가 초라하게 끝나지 않게 하여 주옵소서.

사랑이 많으신 우리 주님께서 ○○○성도를 반드시 일으켜 주실 것을 믿습니다. 다시 한 번 구원의 주님을 찬양하고 주님을 자랑할 수 있도록 인도하실 것을 믿습니다.

오늘 목사님이 들려 주시는 말씀을 통하여 구원의 하나님을 만날 수 있게 하시고, 치료의 하나님을 만날 수 있게 하여 주옵소서. 만병의 의원이신 예수 그리스도의 이름으로 기도합니다. 아멘

기도명언 기도란 하나님과 쉬지 않고 담화함으로써 하나님이 실재하신다는 생각을 확립하는 것이다. _ 로렌스

자녀가 아픈 가정

여호와를 섬기는 자에게 질병을 제하여 주신다고 말씀하신 하나님, ○○○ 성도의 사랑하는 자녀가 원치 않는 질병으로 고통을 당하고 있습니다. 아이의 아픔을 지켜볼 때마다 부모로서 그 아픔을 대신하고 싶은 마음이 얼마나 간절하겠습니까? 아이가 아픈 것은 부모도 함께 아픈 것이나 다름없음을 피부로 느낍니다. 고통에 힘들어 하는 아이를 볼 때마다 부모의 가슴 속으로 스며드는 고통은 이루 말할 수 없을 것입니다. 아이가 아픈 것이 혹 자신의 죄 때문이 아닌가 싶어 정신적으로 느끼는 죄책감 또한 얼마나 그 마음을 괴롭히겠습니까? 아마도 주님 앞에 엎드릴 때마다 알 수 없는 죄들을 눈물로 고백하며 용서하여 달라고 수없이 부르짖었을 것입니다.

주님, 이것이 자식을 둔 부모의 마음이 아닙니까? 이 마음은 주님이 주셨습니다. 성부 하나님도 독생자인 성자 예수 그리스도를 십자가에 내어 주실 때 그 마음이 얼마나 아프셨습니까? 성자 예수님이 숨을 거두시자 흑암으로 하늘을 덮으시고 십자가를 가리지 않으셨습니까? 번개와 천둥으로 아들을 잃은 슬픔을 표현하지 않으셨습니까? 주님, ○○○성도의 마음을 기억하시고 치료의 은혜를 더하여 주옵소서. 아이의 신음이 변하여 노래가 되게 하여 주옵소서. 건강한 몸, 맑은 정신에 주님의 말씀을 담을 수 있도록 축복하여 주옵소서. 주님의 전을 가까이 하고 예배의 자리를 지킬 수 있도록 도와주시옵소서.

이 안타까움의 현장이 변하여 주님의 긍휼을 체험하는 축복의 현장이 되게 하실 것을 믿습니다. 근심이 아닌 감격과 기쁨으로 주님께 나아갈 수 있도록 이끄실 것을 믿습니다. 약한 자의 간구를 외면치 아니하시는 예수 그리스도의 이름으로 기도합니다. 아멘

기도명언 예수 그리스도의 생애는 액체의 생애였다. 피로 바친 생애, 땀으로 얼룩진 생애, 무엇보다도 눈물로 살아간 기도의 생애였다. - 김남준

자녀가 수술하는 가정

졸지도 아니하시고 주무시지도 아니하시는 하나님, 오늘 ○○○성도의 사랑하는 ○○군(양)이 잡혀진 수술일정에 따라 수술을 하게 되었습니다. 수술에 들어가기 전 먼저 수술의 전 과정을 주님께 맡기기 위하여 주님을 의뢰하며 기도합니다. 왠지 모를 불안이 밀려오는 이 현장을 놓치지 마시고 저희들의 마음을 평안의 길로 인도하여 주옵소서.

사랑하는 ○○군(양)의 수술의 전 과정을 주님께 맡깁니다. 한 생명을 천하보다도 귀하게 보시는 주님이시기에 주님이 불꽃같은 눈동자로 지키실 것을 믿습니다. 어려운 수술이 되지 않도록 모든 위험으로부터 막아 주시고 긴 시간이 소요되지 않도록 주님께서 온전히 주장하여 주옵소서. 연약한 아이인지라 체력이 이 수술을 감당해낼 수 있을까 걱정도 되오나 우리 주님이 수술대에 오른 아이의 힘이 되어 주시고 능력이 되어 주실 것을 믿습니다. 아이에게 공포심도 잠재워 주시고, 그 어린 손을 꼭 붙들고 계신 주님의 사랑을 부모나 아이나 꼭 체험케 하여 주옵소서.

주님, 수술의 전 과정은 하나님이 지키시오나 사람의 손을 도구로 사용하시는 것이 아닙니까? 생명을 다루는 의사의 손길을 붙드셔서 가벼운 마음으로 수술에 임하지 않게 하시고, 생명을 살려야 한다는 절박한 사명감을 가지고 수술에 임할 수 있게 하여 주옵소서. 또한 병의 뿌리를 잘 찾아내어 제거할 수 있게 하시고, 수술을 집도하는 또 다른 손이 함께하고 있음을 느낄 수 있게 하옵소서. 이번 수술이 잘 이루어져서 모든 가족들이 생명을 지키시는 주님을 더 크게 찬양할 수 있게 하시고, 더 큰 감사와 더 큰 감격의 마음으로 주님의 전을 향할 수 있게 하옵소서. 생명의 주인이신 예수 그리스도의 이름으로 기도합니다. 아멘

기도명언 우리의 기도는 옥문이 아니라 하늘 문을 열어야 한다. _ 크리소스톰

부모님이 치매인 가정

우리를 지극히 사랑하시는 하나님 아버지! 사랑하는 ○○○성도(직분)의 가정을 기억하옵소서. 부모님이 치매를 앓고 있습니다. 아무리 굳센 믿음을 소유한 사람이라 할지라도 감당하기 어려운 질병임을 절감합니다. 긴 병에 효자 없다는 말이 이에서 생겨난 것이 아닌가 싶습니다. 경제적으로, 정신적으로, 육체적으로 짊어져야만 하는 이 가정의 고통을 돌아보시옵소서.

이 무시무시한 병마 앞에서 주께서 사랑하시는 이 가정이 처한 상황은 근심과 걱정입니다. 이 가정에 속한 어느 한사람도 이 병으로부터 자유로울 수 없음을 주님이 아시오니 부모님의 질병을 돌아보시옵소서. 주님을 잘 섬기는 가정에 화평이 깨지지 않도록 도와주시옵소서. 믿음이 식지 않도록 붙드시옵소서. 불효의 죄책감에 시달리지 않도록 도와주시옵소서. 절망으로 몸서리치지 않게 하여 주시고, 아름다운 신앙생활이 엉망이 되지 않게 하여 주옵소서. 할 수만 있거든 ○○○성도(직분)의 부모님께 치료의 능력을 더하여 주셔서 온전한 정신으로 회복될 수 있게 하여 주시고, 주님 주신 소중한 인생, 끝까지 맑은 정신으로 주님을 가까이하다가 천국으로 향할 수 있게 하여 주옵소서. 믿음이 좋은 ○○○성도(직분)의 마음이 부모님의 치매로 인하여 강퍅해지지 않도록 도우실 것을 믿습니다.

성령의 능력을 더하셔서 불쌍히 여기는 마음을 주시고 인성이 파괴되지 않도록 지켜 주옵소서. 우리 주님이 이 가정에 밝은 빛을 비추실 것을 믿습니다. ○○○성도를 비롯한 이 가정의 식구가 이 질병의 노예가 되지 않도록 이끄실 것을 믿습니다. 도와주시옵소서. 주님의 선하신 손길을 바라보며 예수 그리스도의 이름으로 기도합니다. 아멘

기도명언 기도하고 병원 또는 약국에 갈 때 진찰은 의사가 하고 약은 약사가 지어주지만 치료는 하나님이 하시는 것이다. _ 작자 미상

원인 모를 질병을 앓고 있는 성도

은혜가 풍성하신 주님! 사랑하는 ○○○성도(직분)님을 불쌍히 여겨 주옵소서. 무슨 병인지 원인도 알지 못한 채 너무나 괴로워하고 있습니다. 끝을 모르는 이 질병을 치료하실 분은 주님밖에 없음을 깨닫습니다. 주님의 피 묻은 손으로 친히 안수하여 주셔서 ○○○성도(직분)님이 어서 속히 이 고통스런 질병에서 놓임을 받게 하여 주옵소서. 그를 괴롭히고 있는 질병으로 인하여 육신뿐만 아니라 영혼까지도 빼앗길까 염려되오니 주님의 긍휼을 감추지 마옵소서.

혹 ○○○성도(직분)님이 회개할 것이 있습니까? 회개의 영으로 충만하게 하셔서 진정으로 회개할 수 있게 하여 주시고, 사탄의 역사라면 성령으로 충만하게 하셔서 예수님의 이름으로 사탄을 물리칠 수 있게 하여 주옵소서.
고통 속에도 분명히 주님의 뜻이 있는 줄 믿습니다. 사랑하는 ○○○성도(직분)님이 알 수 없는 질병 때문에 너무 좌절하거나 낙심하지 않도록 용기를 더하여 주시고, 건강할 때에 깨닫지 못하고 느끼지 못했던 주님의 은혜와 사랑을 깨닫는 계기가 되게 하여 주옵소서.

사랑이 많으신 우리 주님은 뜻하신 때에 사랑하는 ○○○성도(직분)님의 질병을 분명히 고쳐 주실 것을 믿습니다. ○○○성도(직분)님의 영혼을 새롭게 하여 주셔서 주님의 더욱 찬양할 수 있는 자리로 이끄실 것을 믿습니다. 주님만이 참 생명이시요, 참 소망이심을 피부 깊숙이 경험하게 하실 것을 믿습니다. 치료의 은혜를 더하셔서 승리케 하실 것을 믿습니다. 구원의 주님이 되시는 예수 그리스도의 이름으로 기도합니다. 아멘

기도명언 하나님께서는 우리에게 기도뿐만 아니라 금식의 특권까지 주시면서 우리의 영적 갑옷에 강력한 무기를 더하신다. _ 알더 웰리스

2부

축복 대심방
대표기도문

일반적인 성도의 가정

은혜로우신 하나님 아버지, 사랑하는 목사님을 모시고 대심방을 할 수 있도록 은혜를 베풀어 주심을 감사합니다. 좋은 계절과 맑은 날씨를 주셔서 대심방하기에 불편함이 없도록 인도하심을 감사드립니다. 오늘은 이 가정에서 사랑하는 목사님을 모시고 여러 심방 대원들과 함께 예배를 드립니다. 이 가정의 형편은 자세히 알 수 없사오나 주님께서 다 알고 계시오니 이 가정에 필요한 모든 것들과 그 마음의 소원을 주님이 감찰 하셔서 믿음을 따라 승리하는 삶을 살아갈 수 있도록 이끌어 주옵소서.

이 가정에 경영하는 사업과 생업에도 우리주님이 강력하게 붙들어 주셔서 주님의 영광을 드러내고 주님을 알릴 수 있는 사업이 되게 하시고, 거기에서 얻어지는 수고의 열매를 통하여 이 가정에 물질의 넉넉함이 있게 하시며, 주님을 위해서도 귀하게 사용되어질 수 있는 복 있는 물질이 되게 하여 주옵소서. 자녀들도 믿음 안에서 건강하게 자라나게 하여 주셔서 주님을 위하여 귀하게 사용되어지는 그릇이 되게 하여 주옵소서.

말씀을 전하시는 목사님을 기억하시고 대심방이 끝나기까지 피곤치 않도록 지켜주시며 가정 마다 꼭 필요한 축복의 말씀을 전하실 수 있도록 큰 능력을 더하여 주옵소서.
대심방의 모든 일정을 주님께서 친히 주관하여 주시고 성령께서 친히 동행하여 주셔서 은혜롭고 복 있는 심방이 되게 하실 것을 믿사옵고 예수 그리스도의 이름으로 기도합니다. 아멘

기도명언 남을 위한 기도는 자기를 위한 기도보다 더 능력이 있다. 원수를 위한 기도는 이웃을 위한 기도보다 더 능력이 있다. 기도 속에 사랑이 있기 때문이다. _ 작자미상

사업을 경영하는 가정

사랑의 하나님, 목사님을 모시고 사랑하는 ○○○성도(직분)의 집을 방문하여 심방예배를 드릴 수 있게 하시니 감사합니다. 대심방 일정을 우리주님이 함께 하고 계심을 피부로 느낍니다. 가정마다 드려지는 예배 속에서 임재하시는 주님의 은혜를 경험할 수 있게 하여 주옵소서. 준비된 예배를 하나님께서 기쁘게 받으시는 줄 믿습니다.

주님, 이 가정을 기억하시옵소서. 이 가정의 모든 형편을 우리주님께서 아시오매 믿음의 길을 잘 달려갈 수 있도록 붙들어주시고 물질 때문에 어려움 당하지 않도록 때를 따라 돕는 주님의 은혜를 경험하는 삶이 되게 하옵소서. 경영하는 생업위에도 함께 하셔서 주님의 뜻을 담아내는 경영이 될 수 있게 하여 주시고, 주님이 부어주시는 그 귀한 복이 아침이슬 같이 내리는 사업이 되게 하여 주옵소서. 육신의 일에 지나치게 마음을 쏟다가 주님의 은혜를 놓치는 일이 없게 하시고, 영적인 현주소를 바로 찾지 못하는 일이 없게 하여 주옵소서. 주님의 몸 된 교회를 위하여 귀한 일꾼으로 쓰임을 받고 있사오니 언제나 감사와 기쁨으로 충성을 다할 수 있게 하여 주옵소서.

사랑하는 자녀들에게도 함께 하시고, 믿음으로 잘 성장하게 하여 주셔서 많은 사람들에게 사랑을 받고 주님을 위하여 보배롭게 쓰임 받는 자녀들이 되게 하여 주옵소서. 이 시간 말씀을 전하시는 목사님을 기억하시고 입술의 권세를 더하여 주셔서 이 가정에 꼭 필요한 말씀을 축복의 말씀으로 전하실 수 있게 하여 주옵소서. 저희의 모든 것을 주의 성령께서 친히 주관하실 것을 믿사옵고 예수 그리스도의 이름으로 기도합니다. 아멘

기도명언 우리 모두 우리의 고운 옷을 벗어 기도의 방석으로 깔고 그것들이 천국의 이슬로 흠뻑 젖을 때까지 기도드리자. _ 찰스 스펄전

믿음이 신실한 가정

은혜로우신 하나님 아버지, 저희의 발걸음을 ○○○성도(직분)의 가정으로 인도하심을 감사드립니다. 대심방의 일정에 따라 오늘 ○○○성도의 가정에서 예배를 드리며 주님께 영광을 돌리오니 기쁘게 받아주시옵소서. 만세전부터 주님이 택하신 가정입니다. 주님을 위하여 아름답게 쓰임을 받고 있는 가정입니다. 언제나 그 복된 길로 인도하셔서 아름다운 믿음의 꽃이 이 가정을 통하여 날마다 활짝 필 수 있게 하여 주옵소서.

주님의 몸 된 교회를 위하여 힘을 다하여 봉사하고 충성하고 있사오니 주님의 일을 하면 할수록 지치는 것이 아니라 샘솟는 기쁨이 그 심령에 넘쳐나게 하여 주옵소서. 지금까지도 주님의 은혜에 이끌려 살았지만 앞으로의 삶도 주님의 은혜의 지배를 받게 하여 주실 것을 믿습니다. 하나님 앞에 정직하고 성실하기를 힘쓰는 이 가정을 기억하시고 그 생업에 복을 더하여 주셔서 물질을 깨뜨려 주님의 몸 된 교회를 섬기는데 부족함이 없게 하여 주옵소서. 사랑하는 자녀들도 기억하시고 부모의 좋은 믿음의 영향을 받아 주님 앞에 바로 세워지고 크게 쓰임 받을 수 있는 자녀들이 되게 하여 주옵소서.

오늘 목사님이 이 가정을 위하여 축복의 말씀을 전하시오니 이 가정에 꼭 필요한 말씀이 되게 하시고, 위로가 되고 새 힘을 얻는 말씀이 되게 하여 주옵소서.
사랑하는 심방대원들, 피곤할지라도 인내함으로 잘 참여할 수 있게 하여 주시고, 선한 일에 힘쓰는 저들의 마음을 우리주님이 기억하실 것을 믿습니다. 시종을 주님께 의탁하오며 예수 그리스도의 이름으로 기도합니다. 아멘

기도명언 기도는 말보다 깊은 것이다. 기도는 말로 고백되기 이전에 이미 마음속에 있었고 간구의 마지막 말이 입술에서 그친 뒤에도 기도는 여전히 우리의 영혼 속에 남아 있기 때문이다. _ 오할레스비

홀로 신앙생활 하는 가정

사랑과 은혜가 충만하신 하나님 아버지, 오늘 사랑하는 ○○○성도(직분)의 가정에서 대심방으로 하나님께 영광 돌리게 하여 주심을 감사드립니다. 대심방을 맞기 위하여 정성껏 준비한 ○○○성도의 손길을 볼 때에 그의 신앙이 더욱 성숙되어져가고 있는 것을 보는 것 같아 기쁘기 한량없습니다.

우리 주님께서도 ○○○성도의 그 중심을 보시고 친히 이곳에 강림하시고 계심을 믿습니다. 이제 사랑하는 ○○○성도가 주님의 몸 된 교회를 통하여 그 심령에 심겨진 믿음이 더욱 아름다운 꽃을 피울 수 있게 하시고, 주님의 영광을 위해서도 귀하게 쓰임 받는 믿음의 그릇이 되게 하여 주옵소서. 온 가족이 예수 믿는 것은 아니지만 이 가정에 ○○○성도를 통하여 복음의 씨앗을 심어놓으셨사오니 주님의 뜻하심과 섭리하심 가운데 이 가정에 온전한 구원에 이르게 하실 것을 믿습니다. 그 때까지 하나님의 구원의 은총을 사모하며 기도할 수 있는 ○○○성도가 되게 하시고, 주님을 의지할 수 있는 ○○○성도가 되게 하여 주옵소서.

하나님께서 선물로 주신 사랑하는 자녀들도 기억하시고 믿음의 자녀로 성장할 수 있도록 이끌어 주옵소서. 참으로 어둡고 혼탁한 세상입니다. 주님의 밝은 빛으로 이 가정을 비추셔서 항상 주님의 빛 가운데 거하는 가정이 되게 하여 주옵소서.
오늘 목사님이 들려주시는 말씀 속에서 다시 한번 주님을 만날 수 있게 하시고, 주님의 음성을 가까이서 듣는 말씀이 되게 하여 주옵소서. 시종을 주님께 의탁하옵고 주의 성령께서 함께 하고 계심을 믿사오며 예수 그리스도의 이름으로 기도합니다. 아멘

기도명언 생명을 사랑하느냐, 그렇다면 기도를 사랑하라. _ 존 낙스

먼 거리에 있는 가정

소망이 되시고 빛이 되시는 하나님 아버지, 오늘도 저희들의 발걸음을 힘있게 하셔서 대심방에 참여할 수 있는 축복을 주심을 감사드립니다. 오늘 하루의 심방일정을 주님이 주장하시고 오직 주님께만 영광 돌리는 심방이 되게 하여 주옵소서.

오늘은 특별히 먼 거리에서 출석하고 있는 ○○○성도(직분)의 가정으로 인도하여 주셔서 심방감사의 예배를 드릴 수 있게 하시니 감사합니다. 교회와의 거리는 멀지라도 주님과의 거리는 전혀 없게 하신 것을 믿습니다. 사랑하는 ○○○성도의 믿음을 항상 붙드셔서 샘솟는 신앙생활이 될 수 있도록 이끌어 주옵소서. 때때로 힘겨움을 느낄 때 주님의 십자가를 바라볼 수 있게 하시고, 한계를 뛰어넘는 믿음의 자리로 나아갈 수 있도록 새 힘을 더하여 주옵소서. 우리주님이 운전대도 친히 잡아주셔서 모든 위험으로부터 막아주시고 지켜주시는 주님의 손길을 느낄 수 있게 하옵소서.

주님, 이 가정의 생업을 붙드시기를 원합니다. 물질로도 헌신할 수 있도록 물질의 복을 더하여 주옵소서. 주님이 이 가정에 기업으로 주신 자녀들도 기억하시고 주님의 말씀을 먹으며 성장하고 있사오니 주님의 성품을 닮는 아이가 되게 하실 것을 믿습니다.
오늘 이 가정에 축복의 말씀을 들려주시는 목사님을 기억하시고 피곤하신 가운데서도 양떼를 향한 사랑을 쏟고 계시오니, 이 가정에 목사님을 통하여 주님의 말씀이 선포될 때에 ○○○성도는 물론 저희모두가 큰 은혜를 받는 말씀이 되게 하옵소서. 성령님의 인도하심을 믿사옵고 예수 그리스도의 이름으로 기도합니다. 아멘

기도명언 기도는 공식적인 것도, 형식적인 의식도 아니고 직접적이며 전심으로 하는 것이며 열렬한 것이다. _ 작자미상

연로한 교우 가정

지극히 높으신 하나님 아버지, 주님의 은혜와 사랑을 감사합니다. 사랑하는 ○○○성도(직분)가 노구에도 불구하고 한결같은 믿음으로 주님의 몸 된 교회를 섬길 수 있게 하여 주시고, 변함없는 신앙생활을 할 수 있도록 이끄심을 감사드립니다. 일평생 주님의 몸 된 교회를 위하여 쏟아 붓는 삶을 사셨사오니 노년에 주님의 위로가 넘치는 삶이 되게 하여 주시고, 항상 그 마음에 주님이 채우시는 평안이 있게 하여 주옵소서.

○○○성도의 신앙생활은 교회의 역사나 마찬가지입니다. 교회와 함께 달려오신 신앙생활입니다. ○○○성도의 수고와 헌신이 있으셨기에 오늘날 주님의 몸 된 교회가 든든히 서가는 틀을 마련하게 된 줄 믿습니다. 이제 앞으로도 ○○○성도와 같은 믿음을 가진 자를 통해서 주님의 몸 된 교회를 세우시고 주님나라의 지경을 확장시키시옵소서.

노년에 정신이 흐려질까 염려 되오니 항상 맑은 정신을 허락하여 주셔서 신앙의 젊음을 유지할 수 있도록 이끌어 주옵소서. ○○○성도의 슬하의 자녀들도 기억하시고 부모의 신앙이 그대로 유전되어 자녀들의 신앙 속에서도 ○○○성도의 신앙색깔이 발견되게 하옵소서. 자녀들이 하고 있는 모든 일들을 기억하셔서 항상 부모님에게 기쁨을 안겨드릴 있는 일들이 되게 하옵소서.
오늘도 이 가정에 축복의 말씀을 들려주시는 목사님을 기억하시고 늘 듣던 말씀이라 할지라도 새롭게 ○○○성도의 마음을 파고드는 말씀이 되게 하여 주옵소서. 언제나 주님 주시는 위로와 평안이 가득 넘치는 가정으로 이끄실 것을 믿사옵고 예수 그리스도의 이름으로 기도합니다. 아멘

기도명언 하루(24시간)의 십일조(2시간 24분)를 성별하여 하나님께 기도로 바친 자의 삶과 그렇지 못한 자의 삶에는 큰 차이가 있다. _ 여호수아

초신자 가정

택하신 백성을 늘 품어 주시는 주님, 오늘 이 가정에서 사랑하는 목사님을 모시고 대심방 예배를 드리게 하시니 감사합니다. 예배하는 저희들 가운데 주의 성령께서 함께 하고 계심을 믿습니다.

심방의 횟수가 더하여질 때마다 영혼에 깃드는 주님의 은혜를 체험케 하옵소서. 우리주님이 이 가정의 믿음의 기초를 든든히 세우고 계심을 믿습니다. 주님을 믿은 지 얼마 되지 않지만 교회를 찾는 그의 열심을 볼 때에 주님을 얼마나 사랑하고 사모하는지를 읽습니다.

주님을 향한 처음사랑이 끝까지 변치 않게 하여 주시고, 횟수와 연수를 거듭할수록 놀라운 믿음으로 성장할 수 있도록 은총을 더하여 주옵소서. 교회에서 주관하는 모임과 행사에도 잘 참석하여서 주님께 봉사하는 법을 잘 익힐 수 있게 하여 주시고, 아름다운 주님의 사람으로 쓰임 받을 수 있게 하여 주옵소서.

우리 주님께서 이 가정을 믿음의 터 위에 세우셨사오니 믿음의 역사가 일어나는 가정이 되게 하시고, 행하는 모든 일들 속에 주님의 역사가 나타나게 하여 주옵소서. 사랑하는 자녀들도 기억하시고 믿음으로 잘 성장할 수 있도록 도우시고 주님께 귀하게 쓰임 받는 그릇들이 되게 하여 주옵소서. 목사님이 이 가정을 위하여 축복의 말씀을 준비하셨사오니 이 말씀이 이 가정에 기준이 되게 하시고 주님의 은혜와 사랑을 더욱 깊숙이 체험하는 말씀이 되게 하옵소서. 감사하오며 저희의 심방을 돕고 계시는 예수 그리스도의 이름으로 기도합니다. 아멘

기도명언 내가 아침에 기도하기 전에는 중국 대륙에 태양이 떠오르지 않았다. _ 허드슨 테일러

생활이 바쁜 가정

사랑의 하나님, 오늘 ○○○성도(직분)가 심방을 받을 수 있도록 인도하심을 감사드립니다. 심방을 받기 위하여 바쁜 일들을 뒤로하고 특별히 시간을 마련하였습니다. 하나님께서 그 중심을 보시고 준비한 믿음의 그릇에 넘치는 은혜를 더하여 주실 것을 믿습니다.

주님, ○○○성도는 하는 일이 많아 항상 바쁩니다. 일에 쫓기다 하나님의 은혜를 잃는 일이 없도록 주의 성령께서 그 마음을 붙들어 주시옵소서. 시간이 없는 관계로 주일도 성수주일을 하지 못할 때도 있습니다. 주님은 먼저 하나님의 나라와 의를 구하라고 하셨사오니 육신의 유익과 재물만을 생각하지 않게 하여 주시고, 영원한 생명과 언제나 마르지 않는 주님의 양식을 사모할 수 있는 ○○○성도가 되게 하여 주옵소서. ○○○성도가 하나님께 받은 은혜가 참으로 많습니다. 그 은혜에 보답하는 삶이 되게 하여 주시고, 범사에 주님을 인정하는 삶이 되게 하여 주옵소서.

하나님께서 집을 세우지 아니하시면 세우는 자의 수고가 헛되다고 했습니다. 하나님을 철저히 의지하는 ○○○성도가 되게 하여 주시고, 어떤 길은 사람의 보기에 바르나 필경은 사망의 길이라고 했습니다. 주님을 철저히 의뢰하는 ○○○성도가 되게 하여 주옵소서. 우리 주님께서 피로 값주고 사신 가정 믿음으로 잘 세워질 수 있기를 원합니다.
주님의 나라가 임하는 가정이 되게 하여 주시고, 신령한 것으로 부요해지는 가정이 되게 하여 주옵소서. 가족들과 자녀들의 건강도 지켜 주셔서 주님을 잘 섬길 수 있게 하여 주옵소서. 축복의 말씀을 준비하신 목사님을 기억하시고 이 가정에 꼭 필요한 생명의 말씀이 되게 하옵소서. 예수 그리스도의 이름으로 기도합니다. 아멘

기도명언 기도가 안 되고 기도하고 싶지 않은 순간이 바로 기도해야 하는 순간이다. _ 토레이

환자의 가정

전지전능하신 하나님, 오늘 사랑하는 목사님을 모시고 ○○○성도(직분)의 가정에서 대심방 감사 예배를 드릴 수 있게 하시니 감사합니다. 안타깝게도 사랑하는 ○○○성도가 병환 중에 신음하고 있습니다.
저희가 이렇게 심방하여 그 아픔을 나누며 함께 기도하오니 불쌍히 여기시고 긍휼을 베풀어 주옵소서. 어서 속히 병석에서 일어나서 치료하시는 여호와 하나님을 찬양하며 주님의 성소로 달려 나올 수 있게 하여 주옵소서.

우리 주님은 못하실 일이 없사오니 사랑하는 ○○○성도의 질병을 물리쳐 주시고 새 힘을 얻게 하여 주실 것을 믿습니다. 전과 같이 주님의 몸 된 교회에 봉사하며 주께 충성할 수 있도록 이끄실 것을 믿습니다. 이 병석에 누워 계시는 동안 주님과의 깊은 사귐이 있게 하시고, 상한 갈대를 꺾지 아니하시고 꺼져가는 심지를 끄지 아니하시는 주님의 사랑을 영혼 깊숙이 체험할 수 있게 하여 주옵소서. 간호하는 가족들에게도 함께하여 주시고, 그 마음에 상함이 없도록 평안을 더하여 주실 것을 믿습니다.

○○○성도를 생명의 주님을 찬양할 수 있는 자리로 어서 속히 이끌어 주옵소서. 이 가정을 우리 주님이 강하신 팔로 붙들고 계신 것을 믿습니다. 오늘 목사님이 이 가정에 꼭 필요한 축복의 말씀을 준비하셨습니다.
말씀이 선포되어 질 때에 병마가 물러가는 주님의 능력을 강력하게 체험할 수 있게 하여 주옵소서. 우리주님의 능력이 심방의 순서 순서마다 깃들게 하실 것을 믿사옵고 예수 그리스도의 이름으로 기도합니다. 아멘

기도명언 해가 떠서 비췰 때 기도하지 못한 자는 구름이 일어났을 때도 기도할 줄 모른다.
_ 비델울도

중직자 가정

전능하시고 자비로우신 하나님 아버지, 오늘 일찍이 주님의 백성으로 불러 주신 ○○○성도(직분)의 가정으로 불러 주셔서 심방예배를 드릴 수 있게 하시니 감사합니다. 이 예배를 통하여 오직 우리 주님의 영광만 나타나게 하시고, 저희들이 이 복된 자리에서 주님의 은총을 받고 있음을 인하여 찬양과 감사를 드릴 수 있는 저희 모두가 되게 하여 주옵소서.

주님, 사랑하는 ○○○성도(직분)는 주님의 몸 된 교회를 위하여 큰 일을 감당하고 계십니다. 개인적인 일 보다도 항상 주님의 몸 된 교회의 일을 삶의 최우선에 두고 사는 이 가정을 기억하시고 주님의 한량없는 은혜로 이 가정을 채우시옵소서. 주님께 쓰임 받는 것을 기뻐하는 가정입니다. 주님을 위하여 충성하고 헌신하는 것을 최고의 축복으로 삼는 가정입니다.
주님을 위하여 물질을 깨뜨리는 것을 전혀 아까워하지 않고 더욱 힘써서 드리기를 소원하는 가정입니다. 그 생각과 그 마음을 기억하여 주셔서 언제나 주님이 보시기에 보배롭고 존귀한 일꾼이 되게 하시고, 주님이 두고 보시고 또 보시기에도 아깝고 사랑스러운 주의 사람이 되게 하여 주시옵소서. 그가 하는 모든 일들을 통하여 우리주님이 더욱 높임을 받기를 원합니다.

주님의 영광이 더 크게 나타나기를 원합니다. 주님의 뜻을 더 크게 이루어 드릴 수 있는 ○○○성도(직분)가 되게 하여 주시고, 많은 사람의 신앙의 본이 되는 ○○○성도(직분)가 되게 하여 주옵소서. 우리 주님이 그가 하는 사업을 주장하여 주셔서 주님을 위하여 쏟아 붓는 삶이 멈추지 않게 하여 주옵소서. 자녀들도 축복하셔서 부모의 신앙이 자녀들의 신앙 속에 그대로 스며있게 하시고 그 믿음을 계승하여 주님께 영광 돌리는 축복의 자녀들이 되게 하여 주옵소서. 감사하오며 예수 그리스도의 이름으로 기도합니다. 아멘

기도명언 기도에 태만한 것은 성도의 면류관과 왕국을 축소시키는 것이다. _ 마틴 루터

젊은 부부 가정

사랑의 하나님, 오늘 이 가정에서 심방예배로 하나님께 영광을 돌리게 하여 주시니 감사합니다. 사랑하는 ○○○성도(직분)의 가정을 사랑하셔서 젊을 때부터 창조주 하나님을 기억하는 삶을 살게 하여 주시고, 주님의 몸 된 교회를 위하여 왕성한 봉사를 할 수 있게 하시니 얼마나 감사한지요. 이 가정을 통하여 주님의 뜻하신 일을 이루시고 그 하는 모든 일들을 통하여 우리 주님이 영광을 받으시옵소서.

지금 ○○○성도(직분)가 하고 있는 일을 기억하시기를 원합니다. 주님의 뜻을 담아낼 수 있는 일이 되게 하시고, 주님이 섭리하시고 간섭하시는 일이 되게 하여 주옵소서. 축복의 열매를 많이 거둘 수 있게 하시고, 거둔 만큼 헤아릴 줄도 아는 복된 손길이 되게 하여 주옵소서. 그의 생각과 마음의 묵상이 항상 하나님이 쓰시는 도구가 되기를 원합니다. 그러기 위하여 늘 기도에 힘쓰는 생활을 잊지 않게 하여 주시고, 주님의 몸 된 교회와 멀어지는 삶이 되지 않도록 그 삶을 온전히 주장하여 주옵소서. 이 가정에 선물로 주신 귀한 자녀들을 기억하시고, 자녀들은 부모의 뒷모습을 보고 배운다는 말이 있사오니 좋은 믿음의 모습을 자녀에게 보여줄 수 있는 ○○○성도(직분)가 되게 하여 주옵소서. 믿음 안에서 맺혀지는 결실이 자녀들에게도 그대로 나타날 수 있기를 축복합니다.

오늘 이 가정을 위하여 축복의 말씀을 준비하신 목사님을 기억하시고, 전하실 때에 저희 모두가 이 가정에 임하시는 하나님의 임재하심을 경험할 수 있게 하옵소서. 또한 소망의 말씀, 새 힘과 용기를 얻는 말씀이 되게 하옵소서. 이 가정의 믿음과 순결한 신앙을 받으시는 예수 그리스도의 이름으로 기도합니다. 아멘

기도명언 나는 일할 것이 너무 많아서 3시간씩 기도하지 않고는 도무지 살아나갈 수 없다. _마틴 루터

중년 부부 가정

모든 것의 주인이 되시며 만물을 섭리하시는 하나님 아버지, 오늘 이 가정에서 심방예배로 하나님께 영광을 돌리게 하여 주시니 감사합니다. 믿음이 견고하고 은혜가 충만한 이 가정에서 예배를 드리니 저희가 큰 은혜를 받습니다. 집안 곳곳에서 배어나오는 경건의 흔적은 하루 이틀에 만들어진 분위기가 아닌 것을 느끼게 합니다.

우리 주님이 언제나 이 가정을 통하여 큰 영광을 받으시옵소서. 주님의 몸 된 교회를 위해서도 열심히 봉사하고 계시오니 그 수고와 땀이 헛되지 않게 하실 것을 믿습니다. 하고 계신 일들 속에도 함께하여 주셔서 아름다운 열매가 있게 하시고, 많은 사람을 부요케 할 수 있도록 이끌어 주옵소서. 혈육 중에 주님을 모르는 형제들이 있습니까? 구원의 문이 열려지게 하셔서 믿음의 가문을 세울 수 있게 하옵소서. 사랑하는 자녀들을 기억하시옵소서. 성년이 되어 주님의 몸 된 교회를 위해서도 열심히 봉사하고 있사오니 그 앞길을 지도하시고 이끌어 주옵소서. 좋은 직장 좋은 배필을 만날 수 있게 하시고, 부모의 믿음을 그대로 계승하여 믿음의 가문을 만들어 갈 수 있는 자녀들이 되게 하여 주옵소서. 질병이 많은 세상입니다. 이 가정을 질병에서 막아주셔서 육체가 약함으로 주님께 충성치 못하는 일이 없게 하여 주옵소서.

오늘 목사님이 축복의 말씀을 준비하셨습니다. 아멘으로 받게 하시고 만가지 수의 은혜를 느끼는 시간이 되게 하여 주옵소서. 피곤할 수도 있는 목사님과 심방대원들에게 함께 하셔서 끝까지 대심방을 잘 마칠 수 있도록 새 힘을 공급하여 주옵소서. 이 가정과 함께 하시고 저희의 영혼을 날마다 새롭게 하시는 예수 그리스도의 이름으로 기도합니다. 아멘

기도명언 악마는 그리스도인이 변명의 밭을 갈 때 희열을 느낀다. _ 딕 이스트 만

문제와 아픔이 있는 가정

선한 목자이신 하나님 아버지, 오늘 사랑하는 000성도(직분)의 가정을 심방하여 하나님께 영광을 돌릴 수 있게 하시니 감사합니다. 어렵고 힘든 가운데서도 영적인 일을 놓치지 않는 이 가정을 기억하시고 크신 은총으로 함께하여 주옵소서.

주님, 이 가정이 당한 문제와 그로인한 아픔이 있습니다. 주님이 택하신 은총을 입은 가정이오니 그 아픔을 만져주셔서 오직 소망은 주께 있음을 깨닫고 감사할 수 있게 하옵소서. "환난 날에 나를 부르라 내가 너를 건지리니 네가 나를 영화롭게 하리라."(시50:15) 약속하셨사오니 이 가정이 안고 있는 고통의 신음을 놓치지 마시고 부르짖을 때에 속히 응답하여 주옵소서. 또한 지금 이 가정이 당한 아픔을 통하여 신앙과 믿음이 성장하는 기회로 선용할 수 있게 하시며 그동안 들을 수 없었던 주님의 음성을 더욱 선명하게 들을 수 있는 축복의 계기가 되게 하여 주옵소서.

저희가 믿는 하나님은 합력하여 선을 이루시는 하나님이심을 믿습니다. 도우시고 건지시는 하나님이심을 믿습니다. 일으키시고 세우시는 하나님이심을 믿습니다. 그 하나님을 의지하여 살아계신 하나님을 만날 수 있게 하시고 믿음으로 끝내 승리할 수 있게 하옵소서.
오늘 목사님이 이 가정을 위하여 축복의 말씀을 준비하셨습니다. 마음을 담아 전하시는 말씀을 아멘으로 받게 하시고, 용기와 소망을 얻게 하옵소서. 이 가정을 더욱 굳게 잡아주시고 한 식구도 실족당하지 않도록 성령의 줄로 굳게 매주실 것을 믿사옵고 예수 그리스도의 이름으로 기도합니다. 아멘

기도명언 10년을 염려하는 것보다 차라리 10분간 기도하는 편이 훨씬 좋다. _ 찰스 스펄전

3부

구역(속회, 셀, 목장) 대표기도문

소원을 두고 행하게 하소서

거룩하신 하나님 아버지! 새날의 벅찬 감격을 가지고 저희들이 한자리에 모일 수 있게 하시니 감사합니다. 하나님을 사랑하듯 주님의 몸 된 교회를 사랑할 수 있게 하시고, 이웃을 사랑하고, 이 구역(속회, 지체)모임의 지체들을 사랑할 수 있는 저희모두가 되게 하여 주옵소서.

올해도 저희들은 한해를 시작할 때에 저마다 마음이 담긴 간절한 소원을 품고 출발했습니다. 그 소원이 주님의 영광을 위한 것이라면 저희 안에 소원을 두고 행하시기를 기뻐하시는 하나님께서 분명히 이루실 것을 믿습니다. 저희들도 단지 품고만 있는 소원이 되지 말게 하시고, 그 소원을 이루기 위하여 마음을 다하고 힘을 다할 수 있는 한해를 살아갈 수 있게 하여 주옵소서.

주님! 무엇보다도 올해는 늘 새로움으로 거듭나는 한 해가 되기를 원합니다. 자신을 변화시키는 일에 마음을 쏟을 수 있는 저희들이 되게 하여 주옵소서. 인격이 변하고, 말이 변하고, 삶이 변하고, 인생관과 가치관과, 세계관이 변하는 한해가 되게 하여 주옵소서. 자신의 연약함을 들어 변화됨을 망설이지 말게 하시고, 더 좋은 주님의 사람으로 나아가기 위하여 변화를 갈망할 수 있는 저희들이 되게 하여 주옵소서.
지난해에 저희들이 다른 이유로 주님이 기뻐하시는 자리를 피한 적이 있습니까? 올해는 핑계를 앞세우지 않게 하시고, 믿음을 앞세워 주님의 마음을 시원케 해드리는 삶이 되게 하여 주옵소서.
이 구역(속회, 셀)모임을 주관하시고 저희의 미래를 열어주시는 예수 그리스도의 이름으로 기도합니다. 아멘

기도명언 그리스도인은 그들이 원하는 바를 구하지 말고, 그들이 필요한 것을 구해야 한다. _ 존 라이스

영혼구원에 마음을 다하게 하소서

저희의 영원한 생명을 위하여 독생자 예수 그리스도를 화목제물로 삼으신 하나님 아버지! 그 은혜를 감사드립니다. 이 시간 저희들이 주님의 은혜를 고백하며 믿음의 교제를 나누고자 한 자리에 모였습니다. 저희들의 생각과 마음을 붙들어주셔서 저마다 믿음의 고백들로 풍성해지는 시간이 되게 하여 주옵소서.

이 시간 참여하지 못한 지체들이 있습니다. 어떻게 하는 것이 주님의 의를 위한 것인지 깨닫게 하셔서, 그것을 좇아가는 발걸음들이 되게 하여 주옵소서.
주님! 저희들이 이 모임을 통해서 주님의 역사를 이루기를 소원합니다. 단지 말씀을 나누고, 떡을 떼며, 교제하는 것으로 끝나지 않게 하시고, 영혼을 구원하는 것에 마음을 다할 수 있는 저희들이 되게 하옵소서. 이 모임의 진정한 정체성은 생명을 구원하고 하나님 나라의 지경을 확장하는 것에 있음을 저희모두로 잊지 않게 하옵소서. 진정으로 생명을 재생산해 낼 수 있는 모임이 되게 하시고, 그것을 위하여 이 모임을 더욱 은혜롭게 세워갈 수 있는 저희모두가 되게 하여 주옵소서.

주님! 한 해가 다가도록 저희 들이 빛 되신 주님의 길에서 결코 떠나지 않는 생활을 할 수 있게 도와주옵소서. 한 해 동안 각기 맡은 사명을 잘 감당할 수 있도록 주의 크신 능력으로 함께하여 주옵소서.
주님! 날씨가 매우 춥습니다. 저희모두의 건강을 붙들어 주셔서 주님의 자녀로 살아가는데 흐트러짐이 없게 하여 주옵소서. 생명의 주님이 되시는 예수 그리스도의 이름으로 기도합니다. 아멘

기도명언 하나님 마음에 꼭 드는 하나님이 기뻐하시는 사람이 되면 어떤 것을 간구해도 모두 응답받게 된다. _ 토레이

배우고 익힌 것을 실천할 수 있게 하소서

저희의 빛과 구원이 되시는 여호와 하나님을 찬송하며 저희의 생명의 능력이 되시는 주님을 찬양합니다.
오늘도 저희 구역(속회, 셀)원들이 한자리에 모여서 주님께 영광 돌리며, 주님의 은혜를 나눌 수 있도록 이끄심을 감사드립니다.
우리 구역(속회, 셀)원들이 항상 모이기에 힘쓸 수 있게 하시고, 이 모임을 더욱 사랑할 수 있는 저희 모두가 되게 하여 주옵소서.

사랑의 주님! 저희가 단지 모이기에만 힘쓰는 것이 아니라 이 시간에 배우고, 나누고, 익힌 것들을 실천 할 수 있는 삶이되기를 원합니다. 주님이 저희에게 보여주신 것처럼, 저희도 하나님을 사랑하고 이웃을 사랑하여, 하나님을 아는 자, 하나님께 속한 자로 사는 모습이 생활 속에서 확실히 보여 질 수 있게 하여 주옵소서. 그리하여 뭇사람들에게도 주님의 자녀로서 확실한 인정을 받을 수 있게 하시고, 그들에게도 예수님을 믿고자하는 강한 욕구를 불러일으킬 수 있는 지체들이 되게 하여 주옵소서.

오늘 이 자리에 우리 주의 성령님이 내주하고 계신 것을 믿습니다. 저희의 생각을 붙드시고, 저희의 입술을 붙드실 것을 믿습니다. 세상적인 교제보다 신령한 교제를 가질 수 있는 시간이 되게 하여 주시고, 육적인 것을 이롭게 하기보다 영적인 것을 이롭게 할 수 있는 은혜의 시간이 되게 하여 주옵소서. 주의 성령께서 친히 이 모임을 주장하실 것을 믿사옵고 예수 그리스도의 이름으로 기도합니다. 아멘

기도명언 하나님의 약속은 기도의 응답에 대한 조건을 갖춘 특이한 사람들에게 적용되는 것이다. _ 토레이

생명의 역사가 있게 하소서

전능하신 하나님 아버지! 하나님의 인자하심과 거룩하심을 찬양합니다. 허물과 죄가 많은 저희들이지만 한없는 긍휼을 베풀어주셔서 이 복 된 모임으로 이끌어 주심을 감사드립니다. 이 시간 저희의 어두운 영혼을 밝게 하여 주시고, 저희 속에 깨끗한 마음을 새로 지어 주옵소서.

주님! 저희들이 이 모임을 가질 때마다 저희를 향하신 하나님의 뜻이 이루어지는 모임이 되기를 원합니다. 주님의 형상을 닮아가는 모임이 되기를 원합니다. 주님의 자녀로서 점점 더 온전함에 이를 수 있는 모임이 되기를 원합니다. 함께하여 주옵소서.

주님! 저희들을 통하여 생명의 역사가 일어나기를 원합니다. 구원받는 숫자가 날마다 더해지는 것은 주님의 뜻이오니 그 뜻을 이룰 수 있는 구역(속회, 셀)모임이 되게 하여 주옵소서. 저희 모두가 새 생명을 생산해 내는 모임을 만들기 위해서 더 열심히 기도할 수 있게 하시고, 더 열심히 전도할 수 있게 하옵소서. 그리하여 이 모임 속에서 초대교회의 성령 충만한 모습이 느껴지게 하옵소서.

이 시간도 이 구역(속, 셀)모임을 인도하는 인도자에게 더욱 강력한 성령의 충만함을 허락하여 주시고, 저희 모두도 더욱 강력한 성령의 기름 부으심을 경험하는 시간이 되게 하여 주옵소서.

이 복된 모임에 참석하지 못한 지체들이 있습니다. 주님 사랑하는 마음을 사탄에게 빼앗기지 않도록 그 마음을 지켜주옵소서. 이 시간에 오직 주님만이 영광을 받으실 것을 믿사옵고 예수 그리스도의 이름으로 기도합니다. 아멘

기도명언 천만인의 군중이 하나님 앞에서는 기도하는 단 한 사람보다 무가치하다. _ 레브 멜 레날드

연약한 지체들을 붙드소서

저희로 하여금 예수 그리스도를 믿어 구원받게 하신 사랑의 하나님! 오늘도 기쁨과 은혜로써 이 복된 구역(속회, 셀)모임을 가질 수 있도록 이끄심을 감사드립니다. 저희들에게 주의 말씀을 묵상하며, 교제할 수 있는 시간을 허락하여 주셨사오니 주님과의 아름다운 교제와 성도와의 사랑의 교제가 더 깊게 이루어질 수 있게 하여 주옵소서.

말씀을 묵상하는 가운데 하나님의 거룩하고 은혜로운 임재를 새로이 깨닫게 하시고, 사랑의 교제를 나누는 가운데 약한 믿음을 세워줄 수 있는 시간이 되게 하옵소서.

혹 이 자리를 사랑하지 않는 지체가 있습니까? 우리 주님은 당신을 따르고 믿는 자들이 힘써서 모이기를 원하신다는 것을 기억하게 하옵소서. 또한 그 모임가운데 함께 하신다는 것도 잊지 말게 하옵소서.

혹 힘든 일을 겪고 있는 지체가 있습니까? 어려울수록 주님을 힘써서 찾아야 함을 잊지 말게 하시고, 화가 변하여 복이 되게 하시는 주님의 은혜를 경험할 수 있게 하여 주옵소서.

혹 질병으로 고통당하는 지체가 있습니까? 이 시간 함께 기도하는 가운데 환부를 치료하시는 주님의 은혜를 경험하게 하옵소서.

이 시간도 오직 주님만이 영광 받으실 것을 믿습니다. 이 모임을 인도하는 인도자에게 성령 충만을 주시고, 이 모임을 이끄는데 큰 어려움 없도록 성령의 권능으로 붙들어 주옵소서.

이 모임을 친히 주장하시고 사랑하시는 예수 그리스도의 이름으로 기도합니다. 아멘

기도명언 기도의 의무를 다한다는 것은 하나님께 대한 순종과 충성의 절정이다. _ 딕 이스트만

교회를 든든히 세울 수 있게 하소서

복음을 통하여 이 세상을 구원하시는 하나님의 사랑을 감사드립니다. 하나님의 그 사랑과 그 지혜를 찬양합니다. 오늘 구역(속회, 셀)모임을 주관하시는 그 은혜에 영광을 돌립니다. 저희의 맘과 정성을 다하여 이 모임을 주님께 드리길 원하오니 기쁘게 받으시옵소서.

오직 주님의 이름만을 높일 수 있는 자리가 되게 하시고, 오직 주님의 은혜만을 고백할 수 있는 자리가 되게 하여 주옵소서. 말씀을 묵상하다가 주의 거룩하신 품 안에 내가 있음을 다시 한 번 깨닫게 하시고, 성도의 교제를 나누다가 서로를 위한 기도의 제목을 발견하고 함께 기도할 수 있는 시간이 되게 하여 주옵소서.

주님! 이 구역(속회, 셀)모임이 주님의 몸 된 교회를 든든히 세우는데 밑거름이 될 수 있기를 원합니다. 이 모임의 근본적인 목표는 주님의 몸 된 교회를 든든히 세우는 것임을 저희모두가 잊지 않게 하옵소서.
저희들이 이 구역(속회, 셀)모임을 가질 때마다 어떻게 하면 섬기는 교회에 유익이 될 수 있을까를 먼저 생각할 수 있게 하시고, 교회의 건덕을 위하여 이 모임을 아름답게 가꾸어 갈 수 있는 저희모두가 되게 하여 주옵소서.
또한 이 구역(속회, 셀)모임이 구원받지 못한 이들에게 주님을 알릴 수 있는 복음의 전진기지가 되게 하여 주옵소서. 단지 저희들끼리만 모여서 믿음으로 교제하고 신앙의 유익을 나누는 것으로 끝나지 말게 하시고, 많은 이들을 주님 앞으로 돌아오게 할 수 있는 구원과 생명의 공동체가 되게 하여 주옵소서. 이 모임에 말없이 참여하고 계시는 예수 그리스도의 이름으로 기도합니다. 아멘

기도명언 기도는 어떠한 힘보다도 위대한 능력을 가지고 있는 힘이다. _ 캔터어

거룩한 낭비가 있게 하소서

소망과 위로의 하나님! 어렵고 힘든 환경 가운데서도 거룩한 모임을 붙드심을 감사드립니다. 사람이 떡으로만 사는 것이 아니라 하나님의 입에서 나오는 말씀으로 사는 것인 줄을 저희가 알기에 구역(속회, 셀)모임을 갖습니다. 어렵고 힘들수록 거룩함을 좇아 나아갈 수 있는 저희 모든 지체들이 되게 하여 주옵소서.

지금의 주님을 위한 수고로움이 머잖아 기쁨이 되며, 지금의 주님을 위한 거룩한 낭비가 훗날에 귀한 상급으로 채워주실 것을 믿습니다. 끝까지 믿음으로 인내할 수 있는 삶이 되게 하시고, 사랑의 수고를 아끼지 않는 저희 모두가 되게 하여 주옵소서.

주님! 이 복된 시간에 저희 모두가 불필요한 대화나 주제로 시간을 허비하는 일이 없기를 원합니다. 주의 성령께서 저희 모두의 생각과 마음을 온전히 주장하여 주셔서 모임의 성격에서 빗나가는 일이 없게 하여 주옵소서. 항상 세속의 때가 묻어나지 않는 거룩한 모임을 만들기 위하여 마음을 다할 수 있는 저희 모두가 되게 하여 주옵소서.
오늘도 저희의 둔한 생각을 어루만져 주셔서 주의 말씀을 진지하게 나눌 수 있게 하시고, 진리의 말씀을 놓치거나 잘못 적용하는 일 없게 하여 주옵소서. 주의 놀라운 은혜를 더 깊이 깨닫게 하시고, 믿음, 소망, 사랑이 저희의 마음속에서 더욱 새로워지는 시간이 되게 하여 주옵소서.
이 구역(속회, 셀)모임을 위하여 수고하는 지체에게도 합당한 복을 더하실 것을 믿습니다. 저희의 마음을 항상 영원한 가치에 두게 하심을 감사하오며 예수 그리스도의 이름으로 기도합니다. 아멘

기도명언 기도는 강한 것 중의 강한 것이요, 기도는 높으신 하나님의 보좌에 둘러싸인 대기와 같다. _ 피터 포오사이드

사랑의 마음이 깊어지게 하소서

영원하신 하나님 아버지! 저희가 인생길을 걷는 가운데 수많은 만남이 이루어지지만 이 시간 주를 고백하고 섬기는 자들이 복되고 아름다운 만남을 가질 수 있게 하시니 감사드립니다. 오늘도 저희들이 주님께 영광 돌리며 믿음의 교제를 나눌 때에 새벽이슬 같은 주의 은혜를 경험할 수 있게 하옵소서.

주님의 사랑을 입은 저희들입니다. 모임을 가질 때마다 그 사랑을 잊지 않게 하여 주시고, 사랑에 기초하여 세워지는 아름다운 모임이 되게 하여 주옵소서.
주님! 저희들의 구역(속회, 셀)모임이 횟수가 더해질수록 서로에 대한 사랑의 마음도 깊어지게 하시고, 그 사랑이 교회와 이웃을 위한 사랑으로 나타날 수 있게 하옵소서. 사랑으로 주님의 몸 된 교회를 섬기며 봉사할 수 있게 하시고, 사랑으로 이웃에게 주님의 아름다운 덕을 선전할 수 있는 저희모두가 되게 하여 주옵소서.
저희가 이 구역(속회, 셀)모임을 가질수록 사랑의 주님을 닮아가는 모습이 나타나게 하시고, 사랑으로 주님의 형상을 보여줄 수 있는 삶이 되게 하여 주옵소서.

이 시간, 서로 간에 부끄러운 대화가 오고가지 않도록 저희의 입술에 성령의 능력을 인치시기를 원합니다. 서로 간에 영적인 성숙함이 느껴질 수 있는 사리가 되게 하시고, 서로에 대한 신앙을 인정받으며 존경할 수 있는 자리가 되게 하여 주옵소서.
부득불 참석치 못한 지체들을 기억하시고, 그 안타까운 마음을 위로하여 주옵소서. 저희를 너무도 사랑하시는 예수 그리스도의 이름으로 기도합니다. 아멘

기도명언 간구란 하나님께 단순히 말하는 것이 아니라 간절히 구하는 것이다. _ 죠안 라이스

작은 교회임을 잊지 말게 하소서

생명의 주님! 오늘 저희를 이 자리에 불러 주심을 감사드립니다. 늘 저희들이 육신의 일 보다는 영적인 일에 우선권을 두고 살아갈 수 있는 삶이 되게 하여 주옵소서. 세상적인 삶에 너무 집착하지 말게 하시고, 영적인 삶에 마음을 쏟을 수 있는 삶이 되게 하옵소서.

교회가 아닌 가정에서 갖는 구역(속회, 셀)모임이지만, 교회 못지않은 경건함이 이 자리에 있기를 원합니다. 가벼운 태도가 없게 하시고, 가벼운 말들을 삼갈 수 있게 하여 주옵소서. 저희가 이 모임을 복되게 할 수도 있고, 불필요한 모임으로 만들 수도 있다는 것을 잊지 말게 하여 주옵소서.

주님! 비록 가정에서 갖는 구역(속회, 셀)모임이지만, 이곳도 교회라는 것을 잊지 말게 하여 주옵소서. 오늘 이 모임의 자리가 교회와 같이 주님의 은혜를 사모할 수 있는 자리가 되게 하시고, 주님을 더 가까이 만날 수 있는 자리가 되게 하여 주옵소서.
작은 교회인 이 구역(속회, 셀)모임의 질서가 무너지면 교회의 질서도 무너질 수 있음을 기억하여 이 모임을 바르게 세워갈 수 있는 저희모두가 되게 하옵소서.
이 구역(속회, 셀)모임을 통하여 건강한 그리스도인으로 다듬어질 수 있게 하시고, 아름다운 영성을 담아낼 수 있는 그릇으로 빚어질 수 있게 하옵소서.
드림도 풍성한 모임이 되기를 원합니다. 주님이 모든 것을 내어 주셨던 것처럼, 저희의 모든 것도 주님의 영광을 위하여 드림이 있는 삶이 되게 하여 주옵소서. 무한한 사랑으로 저희를 덮고 계시는 예수 그리스도의 이름으로 기도합니다. 아멘

기도명언 기도는 하나님께서 그 영으로 우리에게 내려오시고 우리는 기도로 말미암아 그에게 올라가는 것이다. _ 토마스 왓슨

저희의 가정을 붙들어 주소서

저희의 모든 죄를 용서해 주시고 값없이 은혜를 더하여 주시는 주님! 죽을 수밖에 없는 저희들이 주님의 은혜로 새 생명을 얻게 하시고, 오늘도 주님의 은총 안에서 살게 하여 주시다가 이 시간에 다시 모일 수 있게 하시니 감사드립니다.
이 시간에 하나님의 영광과 주님을 기쁘시게 할 수 있는 모임이 될 수 있도록 성령 충만을 더하여 주옵소서. 또한 서로 서로 믿음을 세워줄 수 있는 은혜로운 구역(속회, 셀)모임이 될 수 있도록 인도하여 주옵소서.

주님! 이 시간에 특별히 저희들의 가정을 위하여 기도합니다. 저희의 가정을 보호해 주시며 식구들을 악으로부터 지켜 주옵소서. 특히 저희의 자녀들을 악으로부터 보호하여 주시고 언제나 주님과 동행하는 삶을 살아갈 수 있도록 붙들어 주옵소서.

각 가정마다의 생업도 붙들어 주시기를 원합니다. 물질 때문에 고통 받는 일이 없게 하시고, 주님의 영광을 가리는 일이 없게 하여 주옵소서. 항상 주님께 감사할 수 있도록 때를 따라 물질의 복을 더하여 주옵소서. 저희의 식구들의 건강도 지켜 주시기를 원합니다. 연약한 육신을 핑계 삼아 성령님을 속이거나 주님을 멀리하는 일이 없게 하시고, 건강하게 주님을 잘 섬길 수 있도록 도와주옵소서.
이 시간 가정을 핑계 삼아 이 자리에 참석하지 못한 지체들이 있습니까? 가정이 주님의 은혜의 자리를 피하는데 악한 도구로 이용되지 않게 하옵소서. 또한 모든 것을 초월하여 이 자리에 모인 저희의 행사를 책임져 주실 것을 믿사옵고 예수 그리스도의 이름으로 기도합니다. 아멘

기도명언 기도는 하나님과의 대화요 위대한 예술이다. _ 토마스 아 켐피스

가정에 우환과 불행을 막아주소서

마음이 가난하고 심령에 통회하는 자들을 권고하시는 하나님 아버지! 오늘도 가난한 마음으로 주님의 은혜를 사모하며 이 자리에 나올 수 있게 하시니 감사드립니다. 저희 모두가 진실된 마음과 정성으로, 그리고 주님을 향한 경외심을 가지고 이 모임을 주님께 드릴 수 있게 하옵소서.
이 시간 저희들의 숨 쉬는 호흡까지도 믿음이 묻어나기를 원합니다. 불경건한 모습들이 주님의 영광을 가리지 않도록 저희의 마음을 성령님께서 주장하여 주옵소서.

사람의 뜻과 마음을 아시고 그의 행위대로 갚으시는 주님! 저희들로 하여금 주의 자비로우신 도우심으로 주의 뜻을 행하게 하시고, 말씀을 따르게 하시고, 주의 계명을 지키게 하옵소서. 주의 법을 저희의 마음에 두고 저희 생각에 기록할 수 있게 하옵소서.
주님! 저희들의 가정을 보호하시며 모든 우환과 불행을 막아주옵소서. 혹 많은 문제들을 겪을 지라도 주께서 도우심으로 잘 이겨 나갈 수 있게 하시고, 질병으로 고통 받을지라도 여전히 내 하나님이심을 고백할 수 있는 믿음이 되게 하여 주옵소서. 저희들의 가정이 주의 은총과 축복 속에서 이 한 해를 보내며 의와 평강과 희락이 더욱 풍성해질 수 있게 하옵소서.

저희들의 구역(속회, 셀)모임을 주장하시는 분은 성령님이심을 믿습니다. 혹 있을지도 모를 저희의 허튼 생각과 마음을 막아주셔서 주님께 기쁨을 드릴 수 있는 모임이 되게 하옵소서. 이 구역(속회, 셀)모임의 리더도 기억하셔서 항상 성령 충만함을 허락하여 주실 것을 믿사옵고 예수 그리스도의 이름으로 기도합니다. 아멘

기도명언 기도는 하나님께서 우리에게 말씀하시도록 드리는 기회이다. _ 헨리 이 포스트

나눔과 교제가 기쁨이 되게 하소서

참으로 좋으신 하나님 아버지! 무용지물인 인생을 버려두지 아니하시고 주님의 백성으로 불러주셔서 빛과 진리가운데로 인도하여 주시니 감사합니다. 오늘도 주의 은총을 입은 자녀들이 한 자리에 모였습니다. 저희들의 구역(속회, 셀)모임이 단지 모이는 것에 목적을 두는 것이 아니라, 왜 모임을 갖는지를 분명히 깨닫게 하셔서 믿음의 덕을 세우는 저희모두가 되게 하여 주옵소서.

주님! 저희들 서로 간에 생명의 교제가 있기를 원합니다. 하늘에 속한 언어가 있기를 원합니다. 마음을 다한 나눔이 있기를 원합니다. 이 시간만큼이라도 서로 간에 속화된 모습이 보여 지지 않게 하시고, 성령님의 지배를 받을 수 있도록 함께하여 주옵소서.

주님! 서로 간에 나누는 것이 기쁨이 되기를 원합니다. 주님의 은혜를 고백하려다 자기 자랑으로 기울어지지 않게 하시고, 자신의 허물을 고백하려다 다른 사람의 상처를 건드리는 일이 없게 하여 주옵소서. 서로 간에 나누는 대화 속에서 성령님의 위로를 느끼게 하시고, 용기와 희망을 주시는 주님의 음성을 들을 수 있게 하옵소서.

오늘도 이 자리에 보이지 않는 지체들이 있습니다. 그들이 육신의 일만 도모하는 것이 아니라 신령한 것을 좇아 행할 수 있도록 은총을 더하여 주옵소서.

이 구역(속회, 셀)모임을 위하여 앞장선 자들을 기억하셔서, 주님의 은혜를 앞세워 받은 사명 잘 감당할 수 있도록 붙들어 주옵소서. 저희 모두에게도 맡겨진 사명이 있사오니 각자 받은 대로 최선을 다할 수 있게 하옵소서. 예수 그리스도의 이름으로 기도합니다. 아멘

기도명언 기도는 그리스도인의 지상 분투에 있어서 최대 위업이다. _ 클레릿쉬

상한 감정을 치유하여 주소서

독생자 예수 그리스도를 내어주시기까지 저희들을 사랑하시는 하나님 아버지! 오늘도 저희들이 그 사랑 한 복판에서 살다가 이 자리에 왔습니다. 마지못해 억지로 왔든지, 자원하여 기쁜 마음으로 왔든지, 이 모임의 소중함을 알기 때문에 왔사오니 저희의 마음을 감찰하셔서 풍성한 은혜를 더하여 주옵소서.

주님! 이 시간은 구역(속회, 셀)모임을 갖기 전에 상처에 대하여 기도하기를 원합니다. 혹 이 자리에 받은 상처가 너무 커서 괴로워하고 있는 지체가 있습니까? 사랑의 주님이 그 마음을 위로하여 주시고 상한 감정을 치유하여 주옵소서. 그로 인하여 넘어지거나 실족되지 않도록 붙들어 주시고, 화가 변하여 복이 되게 하시는 주님의 은혜를 경험하는 계기가 되게 하옵소서.

상대방을 향한 미움의 감정을 주체할 수 없다면 십자가에 달리신 주님을 바라볼 수 있게 하시고, 그 감정적 상처라는 틈을 통하여 마귀의 공격을 당하지 않도록 더욱 기도할 수 있게 하옵소서. 기도하다가 악을 선으로 갚을 수 있는 능력도 받게 하시고, 불쌍히 여기며 사랑할 수 있는 은사도 받게 하옵소서.

이 시간 저희모두에겐 크고 작은 상처들이 있는 줄 믿습니다. 그 상처 때문에 주님을 더 가까이 할 수 있다면 그것이 상처받은 자가 누릴 수 있는 진정한 복임을 기억하게 하옵소서.

이 시간도 저희와 동행하기를 기뻐하시는 성령님이 저희 각 사람 마음에 계시는 줄 믿습니다. 저희들이 참으로 서로의 마음을 헤아릴 수 있는 모임을 가질 수 있게 하여 주옵소서. 예수 그리스도의 이름으로 기도합니다. 아멘

기도명언 당신이 당신 생명을 사랑하는 사람이 되려거든 기도를 사랑하는 사람이 되라. _ 존 낙스

모임의 구성원을 붙들어 주소서

저희의 힘이 되신 여호와 하나님을 찬양합니다. 하나님은 저희의 반석이시요 건지시는 자이시며, 방패시요, 구원의 뿔이시요, 산성이심을 믿습니다. 이 시간 하나님을 의지하는 자들이 한자리에 모였습니다. 저희가 항상 하나님 앞에 합당한 감사와 찬양을 드리며 영광을 돌리게 하여 주옵소서.

전능하신 하나님! 저희들의 모임을 축복해 주옵소서. 이 모임의 구성원들은 하나같이 믿음으로 살고자하는 자들이오니 넘어지거나 실족치 않도록 붙들어주시고, 주님의 뜻대로 살아갈 수 있도록 인도하여 주옵소서. 세상의 방법대로 사는 것보다 믿음으로 사는 것이 훨씬 더 가치 있고 복 있는 삶임을 보여줄 수 있는 구성원들이 되게 하여 주옵소서.

주님! 저희들의 생활도 붙들어 주시기를 원합니다. 생활의 제약을 받아 신앙 생활하는 것이 또 다른 부담이 되지 않게 하시고, 기쁨이 샘솟는 신앙생활이 될 수 있도록 도와주시옵소서. 물질적으로도 거룩한 주님의 일에 쓰임 받을 수 있도록 어려움 없게 하시고, 항상 믿음으로 주를 섬기며 사는 것이 행복이 되게 하여 주옵소서.
이 구역(속회, 셀)모임을 위하여 여러모로 힘쓰고 애쓰는 손길이 있습니다. 우리 주님이 그 수고를 결코 가벼이 보지 않으실 것을 믿습니다. 합당한 은혜를 더하여 주셔서 지체들을 섬기는 것이 즐거움이 되게 하여 주옵소서. 오늘 저희들이 이 구역(속회, 셀)모임을 가질 때마다 영안이 밝아지게 하시고, 땅에서는 얻을 수 없는 것을 취할 수 있는 시간이 되게 하여 주옵소서. 예수 그리스도의 이름으로 기도합니다. 아멘

기도명언 기도는 믿음의 성벽이며 우리를 노리는 자들에 대한 무기이다. 그러므로 밤이나 낮이나 무기 없이 다니지 말자. _ 터툴리안

꼭 필요한 일꾼으로 쓰임 받게 하소서

오늘도 저희들의 생명을 연장시켜 주시고 하나님을 경배하는 축복된 시간을 허락하심을 감사드립니다. 이 시간에 저희들이 마음과 정성을 다하여 주님을 높일 수 있게 하시고, 주님의 크신 은혜를 인하여 기뻐할 수 있게 하옵소서.

저희에게 감당할 수 있는 직분과 은사를 주신 주님! 저희 모두가 주님의 몸 된 교회를 위하여 꼭 필요한 일꾼으로 쓰임 받을 수 있게 하옵소서. 주님의 몸 된 교회를 향한 주님의 선하신 계획이 있는 줄 믿사오니 그 계획을 저희들이 이루어 나갈 수 있게 하옵소서. 저희들을 통하여 주님의 몸 된 교회가 든든히 서갈 수 있게 하시고, 성장하고 부흥하는 역사가 일어나게 하옵소서.

주님의 몸 된 교회가 세상을 향한 거룩한 축복의 통로 기능을 감당할 때, 저희들이 그 일에 기꺼이 쓰임 받을 수 있는 충성자들이 되게 하여 주옵소서. 주님의 몸 된 교회를 위한 더 많은 헌신이 필요할 때, 저희들이 그 자리에 있게 하시고, 주님의 몸 된 교회를 위한 더 많은 희생이 필요할 때 저희가 앞장 설 수 있게 하옵소서.

저희들이 구역(속회, 셀)모임을 갖는 것도, 근본적으로 주님의 몸 된 교회를 위한 것임을 잊지 말게 하시고, 이 작은 모임 속에서도 주님의 몸 된 교회가 세워질 수 있도록 힘을 다하게 하여 주옵소서.

주님! 구역(속회, 셀)모임을 위하여 마음을 쏟는 손길이 있습니다. 우리 주님께 큰 기쁨과 위로가 되는 손길이 되게 하시고, 때를 따라 주님의 귀하신 복으로 채워주시옵소서. 교회의 앞날에 주님의 영광이 가득하게 하실 것을 믿사옵고 예수 그리스도의 이름으로 기도합니다. 아멘

기도명언 하나님과 교통하는 생활이 세상에서 가장 좋다. _ 헨리

서로를 향한 섬김이 있게 하소서

섬김의 본을 보여주신 주님! 주님의 섬기심이 있었기에 오늘 저희가 구원받은 하나님의 자녀가 되어 새로운 소망을 가지고 살 수 있게 된 것을 믿습니다. 저희도 이 땅을 살아가는 동안 주님을 본받아 섬김의 도를 실천하며 살아갈 수 있게 하옵소서. 오늘도 이 자리에 참여한 저희들이 무엇보다 서로를 섬기고자 하는 마음이 앞서게 하여 주옵소서.
주님! 서로를 섬김으로 주님의 뜻을 더 깊이 깨닫는 은혜의 모임이 되게 하시고, 서로를 향한 섬김이 있음으로 인해 더 아름답고 더 따뜻한 모임이 되게 하여 주옵소서.

또한 하나님이신 우리 주님이 죄인들을 섬기심으로 영육이 잘되는 구원의 길을 열어주셨듯이, 저희들도 자신의 섬김을 통하여 많은 사람들을 주께로 인도할 수 있는 삶이 되게 하여 주옵소서.
항상 저희의 섬기는 것이 기쁨이 되고, 섬기는 것이 즐거움이 되며, 섬기는 것이 인생의 행복이 될 수 있게 하여 주셔서 생명까지도 내어주신 주님을 온전히 닮아가게 하여 주옵소서.
또한 주님의 몸 된 교회를 위해서라면 그 어떤 대가가 지불된다 할지라도 섬길 수 있게 하시고, 주님이 영광을 받으시는 것이라면 기꺼이 섬김의 자리를 고수할 수 있게 하여 주옵소서.

오늘도 저희들을 앞장서서 섬기는 손길들이 있습니다. 그 섬김의 모습 속에서 주님이 보여 질 수 있게 하시고, 섬김을 통하여 많은 사람들을 부요케 할 수 있는 축복의 손길이 되게 하옵소서. 이 시간도 주님만이 영광을 받으실 것을 믿사옵고 예수 그리스도의 이름으로 기도합니다. 아멘

기도명언 기도는 보기만 하던 지도의 나라를 실제 여행하는 것과 같다. _ 포드릭

새 가족을 축복하소서

사랑이 많으시고 거룩하신 하나님 아버지! 죄 짓고 불의하고 추악한 저희들이 주님의 은혜로 구원받아 새사람이 되게 하여 주시니 감사드립니다. 오늘 구원의 감격과 기쁨을 아는 자들이 한자리에 모였습니다. 여기에서도 하나님의 임재하고 계심을 기억하여 주님께 영광돌리기에 마음을 다할 수 있는 저희들이 되게 하여 주옵소서.

주님! 이 은혜로운 구역(속회, 셀)모임에 새 가족을 보내주심을 감사드립니다. 이제 저희들과 함께 주님의 몸 된 교회를 섬기며 믿음의 교제를 나눌 때에, 신앙생활의 새로운 기쁨이 주어질 수 있게 하시고, 주님께서 귀히 쓰시는 성숙한 신앙의 사람으로 세워질 수 있게 하여 주옵소서.

주님! 그 가정에도 함께하여 주시기를 원합니다. 주님만을 섬기는 가정이 되게 하시고, 주님의 칭찬이 넘치는 가정이 되게 하여 주옵소서. 또한 가정에 어려움이 닥칠 때마다 우리 주님이 막아주실 것을 믿습니다. 자녀들도 붙들어 주셔서 주님의 사랑을 듬뿍 받을 수 있게 하여 주옵소서. 생업도 붙들어 주실 것을 믿습니다. 물질 때문에 고통당하는 일이 없도록 그 가정의 물권을 지켜주옵소서.

또한 이제 교회 봉사에도 관심을 갖게 하셔서 주님이 쓰시는 훌륭한 일꾼이 되게 하여 주옵소서. 날마다 은혜를 더하시는 주님의 사랑을 체험하는 삶이 되게 하실 것을 믿습니다.

주님! 이 구역(속회, 셀)모임을 인도하는 인도자를 기억하옵소서. 힘들지 않도록 성령의 능력으로 붙들어주옵소서. 새 가족을 주심을 다시 한 번 감사드리오며 예수 그리스도의 이름으로 기도합니다. 아멘

기도명언 기도하지 않고 성공했으면 또한 그것 때문에 망한다. _ 찰스 스펄전

선교하는 모임이 되게 하소서

사랑이 풍성하신 하나님 아버지! 주의 사랑과 은총을 입은 자들이 한 자리에 모일 수 있게 하시니 감사드립니다. 바쁜 가운데서도 시간을 내어 한 자리에 모였습니다. 먼저 장소를 제공한 가정에 크신 복으로 함께 하시고 저희들에게도 주님의 크신 은혜를 내려 주옵소서.
열심을 다하여 모일 때에 저희들의 미성숙한 신앙이 성숙해지고, 주님의 크신 경륜을 깨달아 아는 기쁨을 갖게 하실 것을 믿습니다. 저희들에게 어떤 일이 있든지 항상 이 모임을 사랑할 수 있게 하옵소서.

주님! 지금 이순간도 세계 각지에서 맞지 않는 기후와 낯선 환경과 싸워가며 복음을 전하는 선교사들이 있습니다. 사명에 붙들리지 않으면 어떻게 그 일을 감당할 수 있겠습니까? 주님께서 항상 그들의 능력이 되어 주시고 힘이 되어주셔서 받은 사명 잘 감당하게 하실 것을 믿습니다.

주님! 저희 구역(속회, 셀)모임도 선교하는 모임이 되기를 원합니다. 단지 모여서 예배하고, 교제하는 것으로만 끝나지 말게 하시고, 선교사들을 위하여 늘 기도하며 복음증인의 사명을 감당할 수 있는 저희 모두가 되게 하옵소서.
저희들이 선교헌금도 하고 있습니다. 물질이 있는 곳에 네 마음도 있다고 말씀하셨사오니 주님께 마음을 담아 정성껏 드려지는 예물이 되게 하옵소서.
오늘 이 구역(속회, 셀)모임을 인도하는 자에게 큰 능력을 더하여 주옵소서. 모임을 위하여 수고하고 애쓰는 모든 믿음의 행위들을 영육 간에 크신 복으로 더하여 주실 것을 믿습니다. 저희들에게도 동일한 은혜로 함께하실 것을 믿사옵고 예수 그리스도의 이름으로 기도합니다. 아멘

기도명언 사람은 왜 기도하는가? 그것은 사람이 기도하도록 지음을 받았기 때문이다. _ 존스

주님을 본받아 더욱 순종하게 하소서

십자가에서 죽기까지 순종하신 주님! 성부 하나님에 대한 성자 예수님의 순종이 있으셨기에 오늘 저희들이 하나님의 자녀가 되는 놀라운 특권을 누리게 된 것임을 믿습니다. 저희들도 성부 하나님께 철저히 순종하신 주님의 순종하심을 본받아 순종의 욕구를 충족시키며 주님을 따라가는 삶이 되게 하여 주옵소서.

주님께 순종을 드리는 삶을 살되 억지로나 마지못해 하는 순종이 되지 말게 하시고, 기쁨과 즐거움으로 할 수 있는 순종이 되게 하옵소서. 더욱 순종하기 위하여 주님의 몸 된 교회를 가까이 할 수 있게 하시고, 주님과의 교제인 기도를 놓치지 않게 하시며, 주님의 말씀을 더욱 사랑하는 저희의 삶이 되게 하옵소서.

생활이 어렵고 힘들어질지라도, 혹은 원치 않는 시련이 닥친다 할지라도 주님이 기뻐하시는 순종의 자리만큼은 피하지 않게 하시고, 더욱 굳센 믿음으로 순종의 욕구를 충족시켜 나갈 수 있는 사람이 되게 하옵소서.
저희들의 순종으로 인하여 이 구역(속회, 셀)이 든든히 서가게 하시고, 주님의 몸 된 교회가 부흥되며 성장하는 역사가 있게 하옵소서.
한 사람의 순종함으로 인류에게 구원의 길이 열렸듯이, 주님의 제자들인 저희들의 순종으로 인하여 더 많은 사람이 주님께로 돌아오는 생명의 역사가 있게 하여 주옵소서.
주님! 이 구역(속회, 셀)모임의 인도자를 기억하시기를 원합니다. 주님을 위하여 더 큰 믿음의 사람으로 쓰임 받게 하실 것을 믿습니다. 예수 그리스도의 이름으로 기도합니다. 아멘

기도명언 기도하는 사람은 강철이어야 한다. 왜냐하면 그들이 사탄의 왕국을 공격하려고 하기 전에 공격을 받을 것이기 때문이다. _ 레오날드 레이븐 힐

날마다 부흥하는 모임이 되게 하소서

생명의 주인이 되시는 하나님 아버지! 위험 많은 세상에서 항상 저희들의 생명을 지켜주시고 보호하여 주시는 은혜를 감사드립니다. 저희들이 언제나 불꽃같은 눈동자로 살피시고 계시는 주님의 보호를 받고 있음을 잊지 않게 하여 주옵소서.

오늘도 저희들이 가정교회라고 할 수 있는 구역(속회, 셀)모임에 힘써서 참석할 수 있게 하시니 감사합니다. 저희들이 믿음으로 살고자하는 마음을 주님이 심어주셨기에 오늘 저희들이 믿음의 덕을 세울 수 있는 이 자리에 있게 된 줄 믿습니다. 언제나 주님께 받은 은택을 인하여 감사하며 영광 돌리는 삶이 되게 하여 주옵소서.

주님! 이 구역(속회, 셀)모임에 새 식구들이 불어나게 하시고, 구원받는 자가 날로 더하여 지게 하여 주옵소서. 하나님을 경외하는 신실한 일꾼들이 이 모임에도 많아지기를 원합니다. 구역(속회, 셀)이 부흥하여 또 다른 구역을 확장할 수 있게 하시고, 승법번식이 계속 일어나는 구역이 되게 하옵소서.

초대교회가 날마다 마음을 같이하여 모이기에 힘쓰고 순전한 마음으로 떡을 떼며 하나님을 찬미할 때 구원받는 숫자를 날마다 더하셨듯이, 저희 구역(속회, 셀)도 초대교회와 같은 모임을 가질 때 구원 받는 숫자를 날로 더하여 주실 것을 믿습니다.

또한 저희들에게 영혼이 잘됨같이 범사가 잘되고 강건함의 복을 더하여 주옵소서. 그리하여 하늘나라의 일꾼으로 사용되기에 부족함이 없게 하옵소서. 이 구역(속회, 셀)모임을 더욱 부흥케 하실 것을 믿사옵고 예수 그리스도의 이름으로 기도합니다. 아멘

기도명언 당신을 괴롭히고 모욕하는 사람을 위하여 기도하라. 하나님께서 당신에게 보상하실 것이다. _ 작자미상

먼저 그 나라와 의를 구하게 하소서

사랑이 많으신 하나님 아버지! 저희 교회를 사랑하셔서서 믿음의 지체들이 서로 돌아보며, 믿음의 교제를 나누고, 주님을 높일 수 있는 구역(속회, 셀)모임을 갖게 하심을 감사드립니다. 저희모두가 이 모임을 사랑할 수 있게 하시고, 구역(속회, 셀)을 든든히 세워 가는데 마음을 쏟을 수 있게 하옵소서. 특별히 이 모임을 주관하는 인도자를 기억하셔서 힘주시기를 원합니다. 모임의 지체들을 위한 수고와 애씀이 주님께 향기가 되게 하시고, 큰 은혜와 위로로 채워주시옵소서.

주님! 안타깝게도 구역(속회, 셀)모임에 잘 참석하지 못하는 지체들이 있습니다. 그들이 처한 환경을 이해하지 못하는 것은 아니오나, 모든 것을 주님께 맡기고, 먼저 주님의 나라와 그 의를 구할 수 있는 저들이 되게 하여 주옵소서. 항상 주님께 우선권을 두고 주님을 높이며 사는 자를 우리 주님께서 크신 은혜로 채워주실 것을 믿습니다.

또한 이 자리에 참석한 지체들 중에 어렵고 힘든 가운데서도 참석한 이들도 있습니다. 이 모임이 침체되지 않고 활성화되기를 원하여 자신의 희생한 그 마음을 우리 주님이 기쁘게 받으시고 축복하여 주옵소서.
오늘 저희가 구역(속회, 셀)모임을 가지면서 성령 안에서 모든 교제가 이루어지게 하시고, 서로를 위하여 축복해 줄 수 있는 은혜의 시간이 되게 하여 주옵소서. 무엇보다도 모임의 핵심이 되는 말씀을 앞세우게 하시고, 기도함으로 서로의 짐을 나누어 질 수 있는 복된 자리가 되게 하여 주옵소서. 예수 그리스도의 이름으로 기도합니다. 아멘

기도명언 오 주님! 제가 구하는 오직 세 가지는 저희로 당신을 환하게 보게 하시며 더 당신을 진하게 사랑하게 하시고 더 당신을 따르게 하소서. _ 지체스터

4부

구역(속회, 셀) 모임
헌금기도문

자원하여 드리게 하소서

하늘과 땅의 주인이시며 저희의 모든 물질의 소유권과 사용권과 또한 거두어 가실 수도 있는 회수권을 갖고 계신 하나님 아버지!
저희가 세상에 아무것도 가지고 온 것이 없었으나 오늘날까지 일용할 양식을 주신 은혜를 감사드립니다. 그러나 저희에게 주신 물질을 하나님의 뜻대로 바로 쓰지 못한 죄와 허물을 용서하여 주옵소서.

주님! 저희가 받은 모든 은사를 사용하되 낭비하거나 허비하거나 오용하거나 묻어두는 잘못을 범하지 않게 하여 주시고, 시시 때때로 주님께서 원하시는 일을 위하여 힘써서 바치며, 주의 복음을 위하여 더욱 풍성히 사용할 수 있게 하여 주옵소서.
저희의 생애를 통하여 주님의 몸 된 교회를 부요케 하고, 주님나라를 부요케 할 수 있는 도구로 쓰임 받게 하여 주옵소서.

이 시간 저희들이 주님께 예물을 드렸습니다. 마음을 담아 정성껏 예물을 드린 손길을 기뻐하시며 흠향하실 것을 믿습니다. 저희가 주님께 예물을 드릴 때 항상 준비된 예물을 드릴 수 있게 하시고, 인색함이 아닌 자원하여 드릴 수 있는 마음이 되게 하여 주옵소서. 저희가 쓸 물질의 창고는 비어 있을지라도 주님께 드릴 물질의 창고는 항상 넉넉하게 하여 주옵소서.
중심을 보시는 예수 그리스도의 이름으로 기도합니다. 아멘

기도명언 그리스도인에게 있어서 기도하기를 쉬는 것은 하나님 아버지 앞에 큰 죄가 된다. 그러므로 하나님의 자녀인 우리들은 언제나 어느 경우에도 아버지께 기도를 계속 해야 한다. _ 작자 미상

주님을 섬기는 일에 사용되게 하소서

자비로우신 주님! 이 시간 저희가 드린 예물과 정성을 받으시옵소서. 비록 저희의 정성과 예물이 미미하고 부족할지라도 저희 피조물의 속성을 아시는 주님께서 허물이 있는 예물로 보지마시고 정성스럽게 바친 예물로 여기셔서 기쁘게 받으시기를 원합니다.

주님! 주님께서 저희들에게 주신 물질을 육신의 정욕과 이생의 안목을 위해서만 사용치 않게 하시고, 주님을 섬기는 일에 기꺼이 사용할 수 있는 물질이 되게 하여 주옵소서. 저희들이 드린 물질을 통하여 주님의 몸 된 교회가 든든히 서갈 수 있게 하시고, 천국의 지경이 확장되는 일에 값지게 사용될 수 있는 예물이 되게 하여 주옵소서.
또한 주님께 힘을 다하여 드림으로 사람이 떡으로만 사는 것이 아님을 깨달아 알게 하시고, 하늘에 보물을 쌓아두는 기쁨과 보람을 느낄 수 있게 하옵소서.
주님께 드리고 싶어도 물질이 없어 드리지 못한 지체가 있습니까? 그 마음을 위로하여 주시고, 주님께 힘써서 드릴 수 있도록 물질의 복을 더하여 주옵소서. 주님께 드리는 물질이 부담이 되어 구역(속회, 셀)모임에 참석하는 것도 부담이 되지 않게 하옵소서. 필요한대로 채우시는 주님의 은혜를 경험하며 살아갈 수 있도록 인도하실 것을 믿습니다.

저희의 드린 예물을 향기로 받으시고 축복하시기를 원하시는 예수 그리스도의 이름으로 기도합니다. 아멘

기도명언 나는 기도의 영속에서 살고 있습니다. 걸을 때, 누울 때, 일어날 때, 운전할 때, 언제나 나는 기도합니다. 그리고 언제나 내게 응답이 옵니다. _ 죠지 뮬러

온전한 예물이 되게 하소서

사랑의 주님! 이 시간 저희들이 순서에 따라 주님께 예물을 드렸습니다.
저희들이 드린 예물에 부족함이 있을지라도 책망치 마시고 기쁘게 받아주시옵소서.
주님! 저희에게 있는 모든 것은 주님께서 주신 것이오며 주님의 것임을 믿습니다. 그러나 주님의 것을 가지고 저희가 사용하면서도 주님의 뜻대로 사용하지 못하고, 또한 마땅히 하나님께 구별하여 드려야 할 부분까지도 드리지 못하는 저희들을 용서하여 주옵소서.

주님! 저희들이 주님께 예물을 드릴 때마다 헌금하는 좋은 습관이 길러지기를 원합니다. 처음에는 인색한 마음으로 드렸을지라도 차차 기쁨으로 자원하여 드릴 수 있는 마음으로 바뀌어 질 수 있게 하시고, 온전한 예물이 되게 하여 주옵소서.
또한 헌금 속에 감추어진 주님의 놀라우신 비밀을 깨달아 갈 수 있게 하시고, 헌금을 통하여 약속하신 주님의 축복을 받아 누릴 수 있는 삶이 되게 하옵소서. 헌금은 소비나 낭비가 아니라 믿는 자에게만 허락하신 주님의 축복의 통로임을 믿습니다.

주님! 이 시간 저희들이 드린 헌금이 물질뿐만 아니라 저희의 마음까지도 주님께 드린 모습이 되기를 원합니다. 주님은 헌금의 액수를 보시는 것이 아니라, 드린 자의 중심을 보신다는 것을 잊지 않게 하옵소서.
저희의 드린 예물을 언제나 향기로 받으시고 합당한 복으로 채워주시기를 원하시는 예수 그리스도의 이름으로 기도합니다. 아멘

기도명언 그대의 날의 첫 생각을 주님께 드리면 하루 종일을 그와 교통할 수 있고 그 안에서 잠이 들 수 있을 것이다. _ 헨리 바우칸

좀 더 풍성히 드릴 수 있게 하소서

저희에게 일용할 양식을 끊임없이 공급해 주시는 하나님 아버지! 오늘 저희가 주님께 드리는 봉헌을 받으시옵소서.
주여! 이 헌금, 이 예물은 주님의 것이요, 저희가 받은 것을 드리는 것뿐임을 깨닫습니다. 심히 적고 부족할지라도 주님께 드리기 원하오니 기쁘게 받아주시옵소서.
이후로는 좀 더 준비되고 정성스러운 예물을 풍성히 드릴 수 있기를 원합니다. 저희의 마음을 온전히 주장하여 주셔서 정성이 담긴 예물을 주님께 드릴 수 있게 하옵소서.

이 시간 마음을 다하여 드리지 못한 손길도 긍휼히 여겨주시옵소서. 이 땅을 살아가는 동안 물질 때문에 어려움 당하는 일이 없도록 은총을 더하여 주시고, 주님 앞에 즐거운 마음으로 드릴 수 있도록 때를 따라 채워주시옵소서.
주님! 저희가 드린 예물이 심히 적고 부족할지라도 주님의 나라와 그 의를 위하여 사용되어지는 예물이 되기를 원합니다. 천하보다 귀한 영혼을 구제하고 살리는 일에 사용되어지게 하시고, 하나님나라의 지경이 확장되어지는 곳에 시용되어지는 예물이 되게 하옵소서.

특별히 재정을 맡아 관리하는 분들을 기억하시기를 원합니다. 그 마음에 정직한 영을 허락하여 주셔서 재정을 보는 것이 시험이 되지 않게 하시며, 주님께 큰 칭찬을 들을 수 있는 깨끗한 재정을 볼 수 있게 하여 주옵소서. 교회의 재정을 보는 것을 통하여 주님의 더 큰 은혜를 경험할 수 있는 계기가 되게 하실 것을 믿습니다. 이 시간 마음을 다하여 정성껏 드린 손길마다 만 배로 갚으실 것을 믿사옵고 예수 그리스도의 이름으로 기도합니다. 아멘

기도명언 새벽기도한 사람치고 잘못된 사람이 없고 세계적으로 위대한 일을 해치웠던 인물들은 다 새벽기도에 열심히 나왔던 사람이다. _ 바운즈

기쁨으로 드리게 하소서

은혜의 주님! 구역(속회, 셀)모임을 가질 수 있게 하신 하나님께 영광을 돌립니다. 이 시간, 저희들이 은혜의 말씀을 다함께 나누고 순서에 따라 주님께 연보를 드렸습니다.

저희들의 삶을 돌이켜보면 알게 모르게 주님이 베풀어 주신 축복이 얼마나 많습니까? 저희들이 단지 깨닫지 못할 뿐이고 알지 못할 뿐이옵니다. 이 같은 주님의 축복을 온 몸으로 받고 있는 저희들이 가진 것 중에서 일부만 떼어서 드린다고 하니 부끄러움이 앞섭니다. 주님께 받은 축복을 물질로도 풍성하게 표현할 수 있는 저희 모두가 되게 하옵소서.

주님! 주님께 드려진 예물이 액수에 관계없이 주님께 칭찬받는 일에 사용되어지기를 원합니다. 주님이 뜻하시는 일에 아름답게 사용되어 질 수 있는 예물이 되게 하시고, 선한 사업에 부합 수 있는 예물이 되게 하여 주옵소서. 또한 교회를 운영하고 든든히 세우는 일에 복되게 사용되어 질 수 있는 예물이 되게 하옵소서.

주님! 저희들이 주님께 예물을 드릴 때에 항상 넉넉함 가운데 드릴 수는 없지만, 억지로 드리거나 또는 인색함으로 드리는 예물이 되지 않기를 원합니다. 연보의 액수를 떠나서 언제나 기쁨으로 자원하여 드릴 수 있는 예물이 되게 하여 주옵소서.

이 시간, 형편이 어려워 마음만 드린 손길도 있습니다. 주님 앞에 늘 빈손 인생이 되지 않도록 때를 따라 채워주시고, 드림의 기쁨을 누릴 수 있도록 은총을 더하여 주옵소서. 복의 근원이 되시는 예수 그리스도의 이름으로 기도합니다. 아멘

기도명언 만일 기도를 방해하는 것이 있다면 그것은 하나님 쪽에 있는 것이 아니고 사람 쪽에 있는 것이다. _ 존 라이스

옥합을 깨뜨린 여인의 심정이 되게 하소서

사랑의 주님! 오늘 이 시간 주님의 사랑을 받은 자들이 한자리에 모여 주님을 찬양하며 예배하였습니다. 두 세 사람이 모인 곳에도 함께하시겠다는 주님의 약속을 믿고 예배하였사오니, 모인 숫자와 관계없이 함께하신 줄 믿습니다.

주님! 이 시간에 저희들이 순서에 따라 연보를 드렸습니다. 이 자리에 있는 저희 모두에게 마음의 감동을 주셔서 정성을 다하여 힘껏 드리게 하신 줄 믿습니다. 항상 저희들이 주님께 드리는 연보가 옥합을 깨뜨린 여인의 심정이 되게 하시고, 진실 된 신앙고백이 묻어나는 예물이 되게 하여 주옵소서.

자비로우신 주님! 이 예물이 사용되어질 때에 많은 열매가 있기를 원합니다. 삶이 고달픈 사람들을 헤아릴 수 있는 예물이 되게 하시고, 복음이 전파되고 영혼을 구원하는 일에 사용되어 질 수 있는 주님의 향기가 되게 하옵소서. 선교지에도 사용되어 질 수 있는 예물이 되에 하시고, 구역이 든든히 서가는 일에도 사용되어 질 수 있는 예물이 되게 하여 주옵소서.

이 시간, 주님께 정성껏 드린 손길마다 30배, 60배, 혹은 100배의 결실을 맺을 수 있도록 축복하실 것을 믿습니다.

주님! 물질의 어려움을 당하는 지체가 있습니까? 그 삶을 주님의 능력의 손으로 만져주셔서 물질로 인한 시험을 당하지 않게 하여 주옵소서.

남은 순서에도 성령님이 함께하실 것을 믿사옵고 예수 그리스도의 이름으로 기도합니다. 아멘

기도명언 합심기도는 하나 된 마음의 역사다. 마음을 합하여 하나님께 간구한 하나의 기도는 하늘 보좌를 움직이는 힘이다. _ 작자 미상

선하고 아름답게 뿌려지게 하소서

사랑의 하나님 아버지! 때를 따라 필요한 양식을 공급해주시며 쓸 것을 채우시는 은혜에 감사를 드립니다. 저희들이 이 땅 위에서 나그네로 사는 동안 가난에 처할 줄도 알고 풍부에 처할 줄도 알아 모든 일에서 주님의 섭리하심에 감사하며 자족할 수 있는 삶이 되게 하여 주옵소서. 보리떡 다섯 개와 물고기 두 마리를 가지고 감사하시는 주님의 그 감사의 모본을 저희들도 배울 수 있게 하옵소서.

이 시간에 구역(속회, 셀)모임을 가지면서 예배 순서에 따라 연보를 드리게 되었습니다. 주님께 마음을 담아 성의껏 드린 손길마다 복을 더하여 주실 것을 믿습니다. 가정과 생업에도 함께하여 주셔서 주님께 드리는 그 물질이 항상 기쁨이 되고 즐거움이 되게 하여 주옵소서.
주님! 저희들이 드린 연보가 사용되는 곳이 있을 것입니다. 선하고 아름답게 뿌려질 수 있는 예물이 되게 하시며, 주님이 기뻐하시고 영광을 받으시는 곳에 쓰여 질 수 있는 예물이 되게 하옵소서.

주님! 저희들이 연보를 드리는 것 외에도 주님의 영광을 위해서라면 항상 물질을 깨뜨릴 수 있는 믿음이 되게 하여 주옵소서. 주님의 피 묻은 십자가의 은혜 앞에서 너무 계산을 앞세우지 말게 하시고, 옥합을 깨뜨려 향유를 부은 여인과 같이, 귀하고 소중한 것도 기꺼이 깨뜨리고 쏟아 부을 줄 아는 삶이 되게 하여 주옵소서.
주님 앞에 마음을 다하여 힘써서 드리는 손길을 언제나 붙드시고 책임져 주실 것을 믿사옵고 예수 그리스도의 이름으로 기도합니다. 아멘

기도명언 은밀한 기도에는 내 마음의 골방에 하나님의 은밀한 역사가 따른다. _ 딕 이스트만

신령한 제물로 받으소서

신령과 진정으로 예배하는 자를 찾으시는 하나님! 이 시간, 저희들이 한자리에 모여 주님을 높이며 믿음의 교제를 나누게 하심을 감사드립니다. 먼저 하나님께 예배하며 예물을 드립니다. 저희들이 드린 예물을 기쁘게 받아주시옵소서.

주님! 저희들이 세상의 것만을 생각지 않게 하시고, 신령한 것, 영원한 것을 추구하며, 저희의 마음을 항상 영원한 가치를 가진 것들 위에 두게 하옵소서. 또한 영원히 썩지 않을 양식을 위해서 일하게 도와주시고, 이 땅 위의 소유를 영원한 보물로 바꾸는 지혜로운 삶을 살게 하시옵소서. 지금 저희들이 바친 예물을 신령한 제물로 받으실 것을 믿습니다. 정성으로 바친 손길위에 주님의 풍성한 은혜가 넘치게 하실 것을 믿습니다. 하나님께 드리는 저희의 예물이 더욱 풍성할 수 있도록 은혜를 베풀어 주옵소서.

주님! 이 예물이 주님의 영광을 위하여 쓰일 수 있기를 원합니다. 먼저 주님의 몸 된 교회를 든든히 세워 가는데 사용되어질 수 있는 예물이 되게 하옵소서. 또한 신령한 일을 나타내는데 사용될 수 있게 하시고, 주님의 사랑과 능력을 보여주는데 사용될 수 있는 예물이 되게 하옵소서. 더욱이 안타까운 이웃을 헤아리며 구제하는 선한 사업에도 사용될 수 있게 하옵소서.
이 시간 물질의 연약함을 안고 있는 지체가 있습니까? 주님이 도우셔서 때를 따라 부어주시는 주님의 은혜를 누릴 수 있게 하옵소서. 저희의 예물을 향기로 받으실 것을 믿사옵고 예수 그리스도의 이름으로 기도합니다. 아멘

기도명언 하나님의 자녀는 기도로 모든 것을 정복할 수 있다. 사탄이 그리스도인에게 이 기도의 무기를 빼앗거나 그것을 사용하지 못하도록 최선을 다하는 것은 이상한 일이 아니다. _ 앤드류 머레이

주님의 축복을 담아낼 수 있게 하소서

복음을 통하여 이 세상을 구원하시는 하나님의 사랑을 감사합니다. 하나님의 그 사랑 그 지혜를 찬양합니다. 오늘도 저희들이 함께 모여서 주님께 예배를 드렸습니다. 예배를 드릴수록 저희의 신앙이 오롯이 세워지게 하여 주옵소서.

주님! 이 시간, 순서에 따라 주님께 예물을 드렸습니다. 저희의 몸과 마음과 정성을 다 드리고 재물과 생명까지 모두 드려도 아까울 것이 없지마는 그렇게 살지 못하고 있는 저희들입니다. 오히려 아까워하고 인색했던 적이 많았습니다. 하나님의 그 축복된 약속들을 알고 또 갖고 있으면서도 행동으로 옮기지 못하는 저희들의 불신앙을 용서하여 주옵소서.

주님! 은혜에 은혜를 더하시고, 권고에 권고를 더해주셔서 저희가 받은바 은혜에 합당한 신앙의 삶을 살며 복음에 합당한 생활을 할 수 있도록 도와주시옵소서. '늘 울어도 눈물로서 못 갚을 줄 알아 몸 밖에 드릴 것 없어 이 몸 바칩니다'고 한 어느 찬송의 시인처럼 저희의 가진 것을 기쁨으로 드리며 주님을 사랑하는 자가 되게 하여 주옵소서.

앞으로, 저희가 드리는 물질에 항상 주님을 향한 아름다운 신앙고백이 묻어 있게 하시고, 주님의 축복을 담아내는 신앙의 사람으로 쓰임 받게 하여 주옵소서.

주님! 혹 물질 때문에 고통당하는 지체가 있습니까? 그 가난한 마음을 긍휼히 여겨주셔서 눈물의 삶이 되지 않도록 인도하여 주시옵소서. 저희가 주님께 예물을 드릴 때에 부끄러운 예물이 되지 않도록 이끄실 것을 믿사옵고 예수 그리스도의 이름으로 기도합니다. 아멘

기도명언 재단사가 옷을 만들고 수선공이 구두를 고침이 주 업무라면 그리스도인의 주 업무는 기도이다. _ 마틴 루터

행복한 헌금생활이 되게 하소서

저희들의 생사화복을 주장하시는 하나님 아버지! 오늘도 거룩한 모임을 갖게 하시니 감사합니다. 이 시간에 모인 무리들이 주님을 찬송하며 경배하였습니다. 우리 주님이 영광 받으신 줄 믿습니다.
이 시간, 순서에 따라 주님께 예물을 드렸습니다. 예물의 많고 적음을 떠나서 마음을 다하여 정성껏 드린 예물이라면 우리 주님이 기쁘게 받으시고 축복하실 것을 믿습니다. 저희들이 드린 예물을 기억하시옵소서.

주님! 저희들이 주님께 드리는 헌금 생활이 행복한 헌금생활이 되게 하여 주옵소서. 저희들이 주님께 드릴 수 있는 물질이 있음이 얼마나 감사한 일이옵나이까? 물질로 주님께 대한 감사를 표현할 수 있음이 얼마나 축복된 일이옵나이까? 또한 저희들의 적은 예물이 주님의 몸 된 교회의 부족을 채우며 주님의 뜻을 이루는데 사용된다고 하니 얼마나 영광된 일이옵나이까? 그러므로 주님께 드리는 헌금을 아까워하거나 마지못해 억지로 드리는 일이 없게 하시고, 항상 기쁜 마음으로 즐겨내기를 좋아하는 행복한 헌금생활이 되게 하여 주옵소서.

주님께 드리는 예물이 행복으로 느껴질 때, 필요에 따라 풍성히 채워주시는 주님의 손길도 느끼게 하실 것을 믿습니다. 생업과 가정을 형통케 하시는 주님의 은혜를 경험하게 하실 것을 믿습니다.
이 시간 저희의 모든 손길에 주님의 **축복**을 기원하오며 사랑과 은혜가 충만하신 예수 그리스도의 이름으로 기도합니다. 아멘

기도명언 기도하지 않아도 될 만큼 작은 짐은 없다. 그리고 너무 커서 기도해도 소용이 없는 문제는 없다. _ 페트릭

하늘에 쌓아두는 자가 되게 하소서

생명의 주님! 오늘도 주님을 찾는 자들을 만나주시고 함께하시는 것을 믿습니다. 이 시간, 믿음의 지체들이 한 자리에 모여 주님을 예배하였습니다. 계신 곳 하늘에서 영광 받으신 것을 믿습니다. 저희들의 모임을 더욱 축복하여 주옵소서.

주님! 저희들이 주님을 예배하면서 예물을 드렸습니다. 물질보다 항상 주님이 우선되어야함을 일깨워주시기 위해서 저희들에게 헌금의 시간을 주신 줄 믿습니다. '주님 보다 귀한 것이 없다'고 노래한 어느 찬송시인의 고백처럼 저희들도 주님보다 귀한 것이 없음을 고백하며 사는 삶이 되게 하여 주옵소서. 주님보다 물질을 앞세우지 않는 사람이 되게 하여 주시고, 주님보다 물질을 사랑하지 않는 삶이 되게 하여 주옵소서.

또한 주님께서 명하신대로 보물을 땅에 쌓아두지 아니하고 하늘에 쌓아두는 자가 되게 하옵소서. 거기는 좀이나 동록이 해하지 못하며 도적이 구멍을 뚫지도 못하고 도적질도 못한다고 말씀하셨사오니, 저희들에게 주어질 물질, 그리고 앞으로 또 주어질 물질을 복음을 위하여, 또는 좀 더 가치를 가진 것들을 위하여 사용할 수 있도록 도와주시옵소서.

주님! 이 시간, 각자가 주님께 드린 이 예물이 복되고, 바친 자들도 복되게 하시며, 더욱 더 영원한 가치에 소망을 두고 살아갈 수 있도록 이끄실 것을 믿사옵고 예수 그리스도의 이름으로 기도합니다. 아멘

기도명언 기도는 영혼의 성실한 욕망이요, 가슴속에서 떨고 있는 숨겨진 불꽃의 운동이다. _ 몽고메리

분에 넘치도록 드린 모습이 되게 하소서

우리 주 예수 그리스도 안에 있는 자에게는 결코 정죄함이 없게 하신 하나님을 찬양합니다. 그리스도를 믿음으로 의롭다함을 받은 저희들이 한자리에 모여 예배하였습니다. 오늘도 저희의 예배를 흠향하여 주실 줄 믿습니다. 언제나 저희의 눈을 밝혀주셔서 주님의 사랑을 깨닫게 하시고 신령한 것을 좇아 행할 수 있게 하여 주옵소서.

오늘도 주님께 예물을 드립니다. 주님께 예물을 드리는 것도 아름다운 신앙적 행위임을 잊지 않게 하여 주옵소서. 저희의 가진바 물질을 썩지 아니하는 보물로 바꿀 수 있는 삶이 되게 하여 주시고, 힘을 다하여 드림으로 하나님의 나라를 부요케 할 수 있는 삶이 되게 하여 주옵소서.
주님! 정성스러운 풍성한 예물이 때마다 저희의 손길을 통하여 주님 앞에 드려지게 하옵소서. 저희들이 드릴 때마다 주님이 보시기에 분에 넘치도록 드린 모습이 되게 하시고, 주님이 흔들어 넘치도록 부어주실 수밖에 없는 축복의 예물이 되게 하여 주옵소서. 또한 주님의 나라와 그 의를 위하여 심는 자에게 항상 의의 열매가 따르게 하실 것을 믿습니다.

이 시간, 헌금에 참여한 온 식구들에게 드림의 축복이 무엇인지 다시 한 번 깨닫게 하시고, 그 어떤 상황 속에서도 자원하여 드릴 수 있는 복된 심령이 되게 하옵소서.
장차 성도들이 물려받을 축복이 얼마나 놀랍고 큰 것인지를 저희들은 알고 있습니다. 그것을 놓치지 않는 삶이 되게 하옵소서. 예수 그리스도의 이름으로 기도합니다. 아멘

기도명언 나는 기도의 필요성을 여러 번 절실히 느꼈다. 왜냐하면 나 자신의 지혜 또는 내 주위에서 얻을 수 있는 지혜로는 불충분하기 때문이다. _ 아브라함 링컨

자원하여 드리는 믿음이 되게 하소서

영광의 하나님 아버지! 저희들이 기쁨으로 주님을 경배하게 하시니 감사드립니다. 저희로 하여금 주님께서 저희들 가운데 계심을 깨닫도록 영혼의 눈을 뜨게 하여 주시고, 주님을 향한 소망이 넘치게 하여 주옵소서. 저희들이 예배의 특권을 누리고 있습니다. 이 땅을 살아가는 동안 감사함으로 주님을 예배하게 하시고, 찬양할 수 있게 하옵소서.

주님! 이 시간, 저희들이 드린 예물을 받아주시옵소서. 비록 정성이 부족하고 보잘 것 없는 적은 것이오나, 주님께 드리는 횟수가 반복될수록 더 나은 단계로 나아가게 될 것을 믿습니다. 기쁨과 즐거움으로 드릴 수 있는 믿음의 손길로 다듬어지게 될 것을 믿습니다.
주님! 저희들을 통하여 큰일을 이루시려는 주님의 계획이 있는 줄 믿습니다. 그 계획을 볼 줄 아는 믿음의 눈이 열려지게 하셔서 주님께 귀하게 쓰임 받는 저희모두가 되게 하옵소서. 특별히 저희가 가진 물질도 주님을 위해서 쓰임 받을 수 있는 도구가 되게 하옵소서.

저희들에게 물질을 주신 것은 주님의 나라와 의를 위하여 사용하시기 위함임을 믿습니다. 그러므로 주님을 위하여 물질을 깨뜨릴 때에 인간적인 고민이 없게 하시고, 주님이 필요하시면 언제라도 자원하여 깨뜨릴 수 있는 믿음이 되게 하옵소서.
이 시간, 정성스럽게 드릴 예물조차 없는 지체가 있습니까? 사랑하는 백성이 곤경에 처한 것을 결코 두고만 보시지 않는 주님께서 필요한 물질을 더하여 주옵소서. 저희가 드린 예물을 향기로 받으실 것을 믿사옵고 예수 그리스도의 이름으로 기도합니다. 아멘

기도명언 기도는 위기에 처한 우리가 해야 할 가장 진지하고 올바른 일이다. _ 바운즈

물질로 믿음을 고백하게 하소서

자비로우신 주님! 주님의 사랑을 감사합니다. 찬양합니다. 주님의 영감으로 가득한 자리에 저희들이 있게 하시고, 진리를 깨달아 알게 하시니 감사합니다. 주님의 구원의 능력과 위로의 즐거움이 있는 이 자리를 소중하게 여길 수 있는 저희들이 되게 하옵소서.

이 시간, 저희들이 순서에 따라 주님께 예물을 드렸습니다. 적은 것이라도 주님께 드릴 마음을 주심을 감사드립니다. 정성을 다하여 드린 손길을 기억하시고 합당한 주의 은혜를 더하여 주옵소서.
주님! 저희들이 주님께 예배드릴 때마다 헌금을 한다고 해서 부담을 느끼지 않게 하여 주옵소서. "너희 보물이 있는 곳에는 너희 마음도 있느니라(눅12:34)"고 하신 주님의 말씀을 기억하기를 원합니다. 주님을 위하여 물질을 깨뜨리는 것은 우리의 마음이 주님께 있음을 보여드리는 행위임을 잊지 않게 하옵소서. 더 많이 깨뜨릴 수 있는 기회가 주어진다면 그것을 축복으로 여길 수 있게 하시고, 물질로 주님을 향한 믿음을 고백할 수 있는 신앙의 사람이 되게 하옵소서.

또한 저희들에게 있는 물질이 주님을 위하여 달아서 없어지는 것을 기뻐하며 즐거워할 수 있게 하옵소서. 저희들이 주님을 위하여 쓰면 쓸수록 빵조각을 떼어줘도 줄지 않는 오병이어의 기적을 경험하는 삶이 되게 하실 것을 믿습니다.
언제나 주님께 드리고자 하는 생각이 떠나지 않는 저희의 삶이 되게 하실 것을 믿사옵고 예수 그리스도의 이름으로 기도합니다. 아멘

기도명언 기도 가운데 하나님께 담대하게 나아가는 자가 역사의 흐름을 바꿀 수 있다. _ 작자 미상

가진 것 전부라도 드릴 수 있게 하소서

영원히 계시고 영원히 저희들을 사랑하시는 주님! 오늘도 그 사랑 안에 거하는 자들이 한자리에 모여 예배하였습니다. 주님의 사랑을 본받아 저희들도 날마다 사랑을 연습하는 자 되며, 사랑의 열매를 맺으며, 사랑을 행할 수 있게 하여 주옵소서.

저희 구역(속회, 셀)도 하나님의 사랑과 주님의 은혜와 성령의 위로가 넘치게 하시고, 구원받는 수가 날로 더해지는 역사가 있게 하여 주옵소서.
이 시간, 저희들이 순서에 따라 주님께 연보를 드렸습니다. 주님께 드림이 항상 기쁨이 될 수 있도록 저희들의 마음을 성령님께서 주장하여 주옵소서. 저희들이 측량할 수 없는 주의 은혜를 받았은즉, 그 은혜를 고백할 줄 아는 것이 은혜 받은 자의 지극히 당연한 모습인줄 압니다. 저희들이 측량할 수 없는 주의 은혜를, 값싼 은혜로 취급해버리는 일이 없도록 성령 충만을 더하여 주옵소서.

과부의 헌금 하는 것을 보시고 칭찬하셨던 주님! 주님의 은혜로 많은 것을 누리고 있는 저희들이 주님께 예물을 드릴 때마다 과부의 심정을 가지고 드릴 수 있게 하옵소서. 억지로나 인색함으로 드리는 모습이 없게 하시고, 없는 가운데서도 주님께 드리는 것만큼은 항상 준비되어 있게 하옵소서. 또한 있는 것 전부라도 드림으로 주님이 칭찬하시고 축복하실 수밖에 없는 믿음의 사람이 되게 하옵소서.
이 시간, 저희들이 드린 연보가 주님의 영광과, 주님의 복음을 세상 곳곳에 전하는데 아름답게 쓰일 수 있게 하옵소서. 드린 손길 마다 풍성한 삶으로 인도하실 것을 믿사옵고 예수 그리스도의 이름으로 기도합니다. 아멘

기도명언 위험을 피하기 위해 기도하지 말고 그 위험을 두려움 없이 맞을 수 있도록 기도하라. _ 라빈드라나스 타골

5부

구역(속회, 셀) 모임
다과 및 식사기도문

축복의 통로가 되게 하소서

은혜의 주님! 우리 주님은 참 기쁨의 근원이 되심을 믿습니다. 주님을 의지할 때 저희의 삶의 길에서 더욱 큰 기쁨을 소유케 하시는 주님이심을 믿습니다. 이 시간에 모인 저희들이 참 기쁨의 근원이 되시는 주님을 더욱 찬양하며 살아갈 수 있게 하옵소서. 때로 어렵고 힘든 생활이기는 해도 항상 모이기에 힘쓸 수 있게 하시고, 저희들을 필요로 한 곳에는 기쁨으로 참여할 수 있게 하옵소서.

오늘 모임의 모든 순서를 마치고 사랑하는 ○○○성도(직분)님의 손길을 통하여 귀한 음식을 공궤 받게 되었습니다. 우리 주님께서 ○○○성도(직분)님에게 믿음의 권속들을 물질로 섬길 수 있는 기쁜 마음을 주신 줄 믿습니다. 그의 아름다운 섬김을 언제나 복 있게 하셔서 주님의 은혜를 공급받는 축복의 통로가 되게 하옵소서.

그의 가정에도 함께 하셔서 식구 중에 하나라도 질병의 시달림을 받는 일이 없게 하시고, 건강한 몸으로 주님을 잘 받들어 섬길 수 있게 하옵소서. 또한 계획하는 모든 일들이 주님의 뜻 가운데서 아름다운 열매를 맺을 수 있게 하시고, 주님 안에서 안정과 평화를 누리는 복 된 가정이 되게 하옵소서.

주님! 이 시간에 저희들이 물질을 공궤 받으면서 주님을 제대로 공궤하지 못한 저희 자신을 돌아 볼 수 있게 하시고, 말씀보다 떡을 우선시 한 경우는 없었는지 돌아볼 수 있게 하옵소서.

이 시간에 ○○○성도(직분)님의 손길을 통하여 주님이 베푸신 양식을 대하게 하신 것을 감사하오며 예수 그리스도의 이름으로 기도합니다. 아멘

기도명언 우리는 일어서서도, 걸어가면서도, 누워서도 기도할 것 밖에 없다. _ 몽테규 어거스터스

주님의 귀한 복을 더하여 주소서

찬송을 받으실 하나님 아버지! 주님의 은혜가운데 주님을 알고 삶의 의미를 주님께 두며 살아갈 수 있는 복된 인생이 되게 하시니 감사드립니다. 오늘도 믿음으로 함께한 이 자리에 우리 주님이 함께하시고 영광을 받으신 줄 믿습니다. 언제나 의를 위하여 살기를 힘쓰는 저희들이 되게 하옵소서.

이 시간에 귀한 다과(음식)로 믿음의 무리들을 공궤하는 손길을 기억하옵소서. 그의 마음이 주님을 대접하기를 힘썼던 성경의 인물들처럼, 동일한 마음으로 저희를 대접하는 줄 믿습니다. 향유옥합까지도 깨뜨려서 주님께 향한 사랑을 보여주었던 여인의 마음으로 저희들을 대접하는 줄 믿습니다. 그 마음을 기억하시고 주님의 귀한 복을 더하여 주옵소서.
주님! 권속들을 공궤하는 손길을 기쁘게 보시는 주님께서 그 가정에 필요한 것들도 꼼꼼히 기억하고 계실 줄 믿습니다. 항상 감사와 기쁨으로 주님을 섬기며 믿음의 좋은 열매를 맺을 수 있도록 인도하실 것을 믿습니다. 주님을 위하여 더 많은 헌신을 드릴 수 있는 사람으로 쓰실 것을 믿습니다.

오늘 저희들이 식탁교제를 할 때에도 성령님께서 저희 각 사람의 마음을 붙드셔서 초대교회 성도들과 같은 식탁교제를 나눌 수 있게 하옵소서. 먹든지 마시든지 무엇을 하든지 주님의 영광을 위해서 해야 함을 잊지 않게 하옵소서.
다시 한 번 간구하오니 이 시간에 다과(음식)로 공궤하는 ○○○성도(직분)님에게 크신 복으로 함께하실 것을 믿사옵고 예수 그리스도의 이름으로 기도합니다. 아멘

기도명언 말씀공부 없이는 참된 기도가 있을 수 없고 기도 없이는 참된 말씀공부를 기대할 수가 없다. _ 로레이

더 좋은 것으로 채워주소서

사랑과 자비가 풍성하신 하나님 아버지! 언제나 저희들을 품어 안으시고 사랑과 은혜로 덧입혀 주심을 감사드립니다. 이 시간, 저희들이 주님의 그 크신 사랑을 생각하며 모임을 가졌습니다. 사랑과 은혜의 주님이 저희들과 함께하신 줄 믿습니다.

주님! 사랑하는 ○○○성도(직분)님의 손길을 통하여 귀한 다과(음식)를 공궤 받습니다. 받을 자격이 없는 저희들이지만 주님 때문에 받게 되었사오니 한시도 주님의 은혜를 가벼이 여기지 않는 저희들이 되게 하옵소서. 또한 저희들에게 먹을 수 있는 양식이 있음을 인하여 주님께 감사할 수 있게 하시고, 때를 따라 먹이시는 주님의 은총을 인하여 기뻐하며 즐거워할 수 있게 하옵소서.

이 시간에 귀한 다과(음식)로 권속들을 공궤한 ○○○성도(직분)를 기억하실 것을 믿습니다. 물질로 남을 대접하는 기쁨이 항상 넘쳐나게 하시고, 물질을 깨뜨리면 깨뜨릴수록 더 좋은 것으로 채워주시는 주님의 능력을 경험하는 삶이 되게 하옵소서. 또한 영육 간에 항상 복 있게 하셔서 주님의 함께 하심을 증거 할 수 있는 ○○○성도(직분)님이 되게 하옵소서.

주님! 사랑하는 ○○○성도(직분)님의 자녀들도 주님이 항상 붙드실 것을 믿습니다. 믿음의 자녀로 굳게 세우시고 그 길을 형통케 하실 것을 믿습니다. 바라는 꿈들이 이루어 질 수 있도록 축복하실 것을 믿습니다. 질병의 위협을 당하지 않도록 건강을 지켜주실 것을 믿습니다.

이 시간 저희들이 음식을 먹을 수 있음에 감사하오며, 예수 그리스도의 이름으로 기도합니다. 아멘

기도명언 예수 그리스도의 이름으로 드리는 기도는 그리스도와 하나 된 자의 마음이 그리스도의 마음이며 소원이 그리스도의 소원이며, 목적이 그리스도의 목적인 기도이다. _ 사무엘 챠드윅

축복을 경험하는 삶이 되게 하소서

저희들의 삶을 인도하시는 하나님 아버지! 오늘도 저희들과 함께하심을 감사드립니다. 항상 모이기에 힘쓰는 저희들이 되게 하시고, 주님을 사랑하는 마음이 삶으로 표현될 수 있는 저희들이 되게 하옵소서.

오늘 저희들이 은혜로운 모임을 갖고 ○○○성도(직분)님이 대접한 다과(음식)를 먹습니다. 먼저 대접한 손길을 기억하셔서 항상 주의 은혜가 떠나지 않는 손길이 되게 하여 주옵소서. 이 땅을 살아가는 동안 물질 때문에 어려움 당하는 일이 없도록 모든 위험을 막아주시고, 형통의 길로 인도하시는 주님의 축복을 경험하는 삶이 되게 하여 주옵소서.

주님! ○○○성도(직분)님의 기도제목을 우리 주님이 다 이루실 것을 믿습니다. 주님을 의지함으로 세상에서 얻을 수 없는 부요함을 느낄 수 있도록 그 영혼을 만족케 하실 것을 믿습니다. 항상 주의 평안과 화평함을 누리는 가정이 되게 하실 것을 믿습니다.

주님! 저희들이 다과(음식)를 먹습니다. 먹는 즐거움으로만 그치지 말게 하시고, ○○○성도(직분)님의 손길을 통하여 맛있는 음식을 대할 수 있게 하신 주님께 감사할 수 있는 저희모두가 되게 하여 주옵소서. 음식의 맛을 느끼듯이 믿음의 맛도 느낄 수 있는 저희들이 되게 하시고, 먹는 즐거움을 갖듯이 주님을 위하여 섬기는 즐거움도 가질 수 있는 저희들이 되게 하여 주옵소서.

이 귀한 음식을 나눌 수 있게 하신 주님께 다시 한 번 감사와 영광을 돌리오며 예수 그리스도의 이름으로 기도합니다. 아멘

기도명언 기도해보지 않은 사람은 기도의 맛을 모른다. 기도와 함께 주님과의 사귐이 삶을 변화시킨다. _ 타나

필요한 모든 것들을 채워주소서

저희의 가장 친한 벗이 되어주시는 주님! 지금 이 자리에 그 주님이 함께 하고 계심을 믿습니다. 오늘 저희들이 주의 이름으로 모여서 주님을 찬양하고, 말씀을 묵상하며 믿음의 교제를 나누었습니다. 주님께서 영광을 받으신 줄 믿습니다. 항상 저희들이 주님이 기뻐하시는 길을 좇는 주의 자녀들이 되게 하여 주옵소서.

주님! 이 시간에 저희들이 사랑하는 ○○○성도(직분)님의 손길을 통하여 정성이 담긴 다과(음식)를 대접받습니다. 대접받을 자격이 없는 저희들이지만, 주님을 믿는 자들이 떡을 떼며 교제를 나누는 것도 주님이 기뻐하시는 일이기에 식탁교제를 나눕니다. 먼저, 이 다과(음식)를 대접한 손길을 기억하시고 합당한 은혜를 더하여 주옵소서. 언제나 대접하는 기쁨과 즐거움이 있을 수 있도록 이 가정에 필요한 모든 것들을 채워주시옵소서. 또한 ○○○성도(직분)님의 가정이 항상 주님의 사랑으로 화목한 가정이 되게 하시고, 경건하여 하나님을 섬기는 일을 최고의 가치로 삼는 가정이 되게 하여 주옵소서.

주님! 저희들이 이 자리에서 식탁교제를 나눌 때에 저희들에게 생명의 떡이 되어주신 주님을 잊지 않기를 원합니다. 주님이 저희들에게 생명의 양식이 되어주셨듯이, 저희들도 생명의 양식이 필요한 이웃들을 돌아볼 수 있는 삶을 살아갈 수 있게 하여 주옵소서. 그리하여 생명을 살리신 주님의 모습을 닮아가는 저희들이 되게 하여 주옵소서.
오늘도 이 다과(음식)를 나누며 교제할 때에 신자의 본분을 잃지 않는 식탁교제가 되게 하실 것을 믿사옵고 예수 그리스도의 이름으로 기도합니다. 아멘

기도명언 계속 기도하라. 그리고 하나님의 응답이 당신이 기도한 것보다 더 지혜로움을 하나님께 감사하라. _ 컬버스톤

아브라함의 축복을 받게 하소서

은혜가 풍성하신 하나님 아버지! 오늘도 저희들에게 합당한 은혜를 더하여 주심을 감사드립니다. 항상 저희들이 주님의 은혜를 사모하는 삶이 되게 하여 주시고, 받은 은혜를 인하여 감사하는 삶이 되게 하여 주옵소서.
이 시간에 저희들이 필요한 모임을 갖고 ○○○성도(직분)님이 준비한 다과(음식)를 대합니다. 믿음의 형제들을 대접하기 위하여 마음을 다하여 정성껏 준비한 그 손길을 기억하시고, 합당한 은혜를 더하여 주옵소서. 대접하기를 기뻐했던 아브라함이 하나님께 큰 축복을 받아 누렸듯이, ○○○성도(직분)님도 그와 같은 축복을 받아 누리게 하여 주옵소서.

주님! 특별히 이 가정을 통하여 영광을 받으시려는 우리 주님의 특별한 섭리와 계획이 있으신 줄 믿습니다. 그 축복을 누리게 하여 주시고, 주님의 뜻을 높이는데 크게 쓰임 받는 가정이 되게 하여 주옵소서.
혹 이 가정에 저희들이 알지 못하는 어렵고 힘든 일이 있습니까? 주님을 의뢰할 때마다 헤쳐 나갈 수 있는 길을 열어주실 것을 믿습니다. 능력의 오른손으로 붙드실 것을 믿습니다.

오늘 저희들이 다과(음식)를 먹고 더욱 힘을 얻어 모이기에 힘쓰게 하시고, 주님이 맡겨주신 사명을 잘 감당할 수 있는 삶이 되게 하옵소서.
함께 이 다과(음식)를 나누며 교제할 때도 성령님이 주관하셔서 저희 안에 기쁨과 즐거움이 더욱 풍성해지게 하실 것을 믿사옵고 예수 그리스도의 이름으로 기도합니다. 아멘

기도명언 신실한 기도 속에 새로운 느낌, 새로운 의미, 새로운 용기가 주어진다. 기도는 사실 교육이다. _ 도스토예프스키

때를 따라 먹여주시고 입혀주소서

영광을 받으시기에 합당하신 하나님 아버지! 주님의 사랑을 입은 자들에게 좋은 것을 아끼지 아니하시고 후히 주시며 자손 천대에 이르기까지 은혜를 베푸시는 좋으신 하나님이심을 믿습니다. 오늘 그 은총 가운데 사는 저희들이 주님을 찬양하였습니다. 주님을 경배하였습니다. 그리고 믿음의 교제를 나누었습니다. 주님께서 영광을 받으신 줄 믿습니다.

이제, 저희들이 사랑하는 ○○○성도(직분)님이 마음을 담아 정성껏 준비한 다과(음식)를 공궤 받습니다. 저희들이 주님의 은혜를 나눌 수 있는 것만도 더없이 감사한 일이온데, 귀한 손길을 통하여 다과(음식)를 공궤 받으니 부끄러운 마음이 앞서는 것을 감출 길 없나이다. 물질로 공궤하는 ○○○성도(직분)님의 손길을 더욱 붙들어 주시고, 항상 주님의 축복이 넘쳐나는 손길이 되게 하여 주옵소서.

주님! ○○○성도(직분)님이 넉넉하지 않은 가운데서도 대접하기를 힘썼사오니 그 마음을 보시고 칭찬하실 것을 믿습니다. 항상 주님의 은총이 놀랍고 영원함을 깨달아 알 수 있도록 우리 주님이 때를 따라 먹여주시고 입혀 주시옵소서.
경영하는 생업도 붙들어 주시고, 직장생활도 붙들어 주옵소서. 소득에 큰 어려움이 발생하지 않도록 모든 위험으로부터 막아주시고 지켜주옵소서. 언제나 감사의 고백이 떠나지 않는 ○○○성도(직분)님과 그 가정이 될 수 있도록 인도하여 주옵소서. 주의 능력을 의지하여 굳건히 살아갈 수 있는 ○○○성도(직분)님이 될 수 있도록 이끄실 것을 믿습니다. 음식을 먹을 수 있음에 다시 한 번 감사하오며 예수 그리스도의 이름으로 기도합니다. 아멘

기도명언 하나님이 살아계심을 말할 수 있는 이유는 나는 매일 아침마다 기도로 그와 이야기하기 때문이다. _ 빌리 그레이엄

보배롭고 존귀한 일꾼이 되게 하소서

사랑의 주님! 오늘 이 가정에서 구역(속회, 셀)모임을 가질 수 있게 하시고, 복되고 은혜로운 교제를 나눌 수 있게 하시니 감사드립니다. 저희들이 같은 주로 섬기기에 구역(속회, 셀)모임을 가졌습니다. 주님이 기뻐하시는 것이라면 마음을 다할 수 있는 저희들이 되게 하옵소서.

주님! 이 시간에 모든 순서를 마치고 ○○○성도(직분)님의 손길을 통하여 귀한 다과(음식)를 공궤 받습니다. 권속들을 대접하기 위하여 정성을 다한 그 손길을 한량없으신 주의 은혜로 채우실 것을 믿습니다.
사랑하는 ○○○성도(직분)님이 언제나 주님을 위하여 쓰임 받는 것을 기뻐할 수 있게 하시고, 주님을 위하여 드림의 삶을 살 수 있다는 것을 최고의 행복으로 여길 수 있게 하옵소서. 언제나 그 생각과 마음을 주장하여 주셔서 주님이 보시기에 보배롭고 존귀한 일꾼이 되게 하시고, 주님이 두고 보시고 또 보시기에도 사랑스러운 주의 사람이 되게 하옵소서.
우리 주님이 그가 하고 있는 사업도 친히 주장하여 주셔서 형통케 하시는 주님의 은총이 있게 하시고, 자녀들도 축복하셔서 주님께 쓰임 받는 귀한 믿음의 그릇들이 되게 하옵소서.

주님! 저희들이 다과(음식)를 먹을 때에 먹는 즐거움으로만 만족하지 말게 하시고, 음식에 부끄럼 없는 사람이 되기를 다짐할 수 있는 마음이 있게 하옵소서.
식탁교제의 기쁨을 허락하신 예수 그리스도의 이름으로 기도합니다. 아멘

기도명언 참된 기도란 성령 하나님께서 성부 하나님께 성자 하나님의 이름으로 간구하는 것이다. 그리고 성도의 마음은 성령의 기도실이다._ 사무엘 즈웨머

섬기는 기쁨이 더하여지게 하소서

공중에 나는 새를 먹이시며 들에 핀 백합화를 입히시는 하나님 아버지! 오늘도 저희들이 믿음의 교제를 나누며 주님께 영광을 돌리고, 다시금 식탁 교제를 나누게 하시니 감사드립니다.

먼저, 식탁의 교제를 위하여 다과(음식)를 정성껏 준비한 ○○○성도(직분)님을 기억하옵소서. 믿음의 권속들에게 대접하기 위하여 준비한 그 손길을 언제나 복 있게 하실 것을 믿습니다. 또한 저희들에게 대접한 것이 곧 주님께 대접한 것이 되게 하실 것을 믿습니다.
사랑의 주님께서 언제나 이 가정에 필요한 것을 채워주셔서 물질로 주님을 섬기는 기쁨이 더하여질 수 있게 하시고, 남을 섬기는 기쁨도 더하여질 수 있게 하여 주옵소서. 또한 가족들의 건강도 지켜주시기를 원합니다. 음식의 해함을 받는 일이 없게 하시고, 질병의 위협을 받는 일이 없게 하여 주옵소서. 언제나 영육 간에 강건함으로 주님을 섬길 수 있는 가정이 되게 하여 주옵소서.

이 자리에 함께한 저희들도 주님이 베푸신 양식에 부끄럼 없는 삶이되기를 원합니다. 먹든지 마시든지 무엇을 하든지 주님의 영광을 위하여 하라고 하셨사오니 그 말씀대로 사는 저희모두가 되게 하옵소서. 항상 선한 사업에 힘쓰게 하시고 주님의 영광만을 나타낼 수 있는 삶이 되게 하옵소서.
지금도 식사 때마다 보이지 않는 손님이시요, 모든 대화에 말없이 듣고 계시는 예수 그리스도의 이름으로 기도합니다. 아멘

기도명언 성령님은 기도에 있어서 우리의 교사요, 감동을 주시는 분이요, 계시자일 뿐만 아니라 우리 기도의 능력의 척도이며, 그 힘은 하나님의 기쁘신 뜻에 따라 우리 안에서 역사하시는 하나님의 뜻과 역사로서의 성령의 능력에 의해서 측정된다. _ 이. 엠. 바운즈

영육 간에 복을 더하여 주소서

사랑이 충만하신 하나님 아버지! 오늘 저희들이 믿음 안에서 구역(속회, 셀) 모임을 갖고 또 다시 다과(식탁교제)를 나누는 시간을 갖게 하심을 감사드립니다. 먼저 이 음식을 대접한 손길과 가정에 함께하여 주옵소서. 마르다와 마리아 자매의 가정과 같이 믿음의 권속들을 사랑으로 대접하기에 힘쓴 이 가정에 주님께서 크신 복으로 함께 하실 것을 믿습니다.

이 가정이 언제나 대접하기에 익숙한 가정이 되게 하셔서 주님의 사랑을 나타낼 수 있는 가정이 되게 하시고, 주님께 받은 것을 주님께 도로 돌림으로 주님의 은혜를 가치 있게 누릴 줄 아는 가정이 되게 하옵소서.

주님! 이 가정에 속한 식솔들의 건강을 주님이 책임져 주실 것을 믿습니다. 육신은 물론 영적으로도 강건함을 얻어 주님의 뜻대로 사는데 조금도 부족함이 없게 하여 주시고, 주님의 영광을 위하여 성실하게 쓰임 받는 믿음의 일꾼들이 되게 하옵소서. 또한 이 가정에 육신의 양식뿐 아니라 영의 양식도 늘 풍족하게 채워주셔서 많은 영혼을 주께로 인도하는데 귀하게 사용되게 하옵소서.

주님! 저희들이 음식을 대하면서 단지 먹는 즐거움만 누리지 말게 하시고, 음식을 통하여 육체에 필요한 영양을 공급받듯, 영혼에 필요한 양식을 공급받기 위하여 언제나 주님의 말씀을 가까이 해야 함을 잊지 않게 하옵소서. 이 시간, 음식을 정성스럽게 준비한 손길위에 늘 예비 된 복으로 함께 하실 것을 믿사옵고 예수 그리스도의 이름으로 기도합니다. 아멘

기도명언 하나님은 무거운 기도의 짐을 나르는 헌신적인 사람을 찾고 계신다. _ 딕 이스트만

복되고 아름다운 일들이 넘쳐나게 하소서

전능하시고 자비로우신 하나님 아버지! 오늘도 저희들이 주님의 사랑 안에서 아름다운 구역(속회, 셀)모임을 가지게 하시니 감사드립니다. 세상이 악하여 질수록 악한 영에게 미혹되지 않기 위하여 믿음의 교제를 활발히 나눌 수 있는 저희들이 되게 하시고, 항상 영적인 건강함을 유지할 수 있는 저희모두가 되게 하여 주옵소서.

오늘 사랑하는 ○○○성도(직분)님의 손길을 통하여 귀한 다과(음식)를 공궤 받습니다. 공궤 받을 아무런 자격이 없는 저희들이지만, 주님의 은혜로 인하여 이 귀한 대접을 받습니다. 그 은혜에 늘 감사하며 더욱 주님을 섬길 수 있는 저희들이 되게 하여 주옵소서.
주님! 사랑하는 ○○○성도(직분)님의 손길을 주님께서 언제나 아름답게 쓰실 것을 믿습니다. ○○○성도(직분)님이 이 땅을 살아가는 동안 주님이 기뻐하시는 복되고 아름다운 일들이 그 손길을 통하여 넘쳐날 수 있게 하여 주옵소서. 항상 물질을 통하여 주님을 섬기기에 부족함이 없게 하시고, 연약한 이들을 믿음으로 섬기기에 부족함이 없게 하실 것을 믿습니다. 또한 ○○○성도(직분)님이 기도하며 계획한 모든 일들을 우리 주님이 이루실 것을 믿습니다. 항상 능력의 주님이 보살펴 주시고 책임져주시는 은총을 경험하는 삶이 되게 하옵소서.

주님! 주변에 떡을 떼기도 어려운 이웃들이 있습니다. 그 이웃들을 헤아릴 줄 아는 저희의 믿음이 되게 하옵소서. 그리하여 날마다 주님의 형상을 닮아가는 저희모두가 되게 하옵소서. 감사하오며 이 음식을 먹을 때마다 예수 그리스도의 이름으로 기도합니다. 아멘

기도명언 아침 묵상과 기도보다 감정을 억제해주고 그날의 일을 위해 생기와 활기를 부여해 주는 것은 없다. _ 보어 헤이브

6부

회의와 모임
대표기도문

[제직회를 할 때]
교회를 위하는 마음이 앞서게 하소서

거룩하시고 존귀하신 하나님 아버지! 주님의 사랑하심과 인도하심 가운데 예배를 마치고 이 시간 제직회로 모이게 하심을 감사드립니다. 제직의 직분을 저희들에게 주셔서 주님의 몸 된 교회를 위하여 죽도록 충성하고 봉사하며 섬길 수 있는 기회를 주시니 얼마나 감사한지요. 바라옵기는 마음과 정성을 다하여 주님의 몸 된 교회를 잘 섬길 수 있게 하시고, 핑계치 않는 믿음으로 주님을 기쁘시게 할 수 있는 저희 모두가 되게 하여 주옵소서. 모든 제직들이 일심으로 힘을 모아서 목양에 힘쓰시는 목사님을 잘 보필할 수 있게 하시고, 목사님이 생각하시기에 십자가 같이 느껴지는 제직이 아니라 동역자로 느껴지는 제직들이 되게 하여 주옵소서.

이 시간 제직회를 통하여 논의되어지는 것들이 하나님의 영광을 위한 것이 되게 하시며, 주님의 몸 된 교회를 위한 것이 되게 하시고, 이 교회의 권속들을 위한 것이 되게 하여 주옵소서. 인간적인 아집이나 고집을 앞세우지 말게 하여 주시고, 사사로이 자기감정에 휩싸여서 불만을 성토하는 자리가 되지 말게 하여 주옵소서. 모든 안건들이 주님의 섭리와 뜻대로 되어 지기를 소원하며 기도하는 마음으로 참석하게 하여 주옵소서. 저마다 교회를 위하는 마음이 서로에게 잔잔한 감동으로 다가오는 시간이 되게 하실 것을 믿습니다. 또한, 간구 하옵기는 모든 성도들에게 본이 되는 신앙생활을 할 수 있게 하여 주옵소서. 물질적으로나 시간적으로, 또한 주님께 받은 은사대로 주님의 몸 된 교회를 위하여 죽도록 충성함으로 모든 교우들에게 귀감이 될 수 있는 제직들이 되게 하여 주옵소서. 제직회의 사회를 보시는 목사님께도, 이 자리에 참석한 모든 제직들에게도 그 마음을 온전히 붙드시고 주장하실 것을 믿사옵고 예수 그리스도의 이름으로 기도합니다. 아멘

기도명언 기도하지 않는 것은 하나님을 무시하는 것이다. _ 작자 미상

[월례회를 할 때]
은혜롭게 잘 마무리 되게 하소서

은혜로우신 하나님 아버지! 거룩한 성일을 맞이하여 믿음의 권속들이 한자리에 모여 마음을 다하여 하나님께 찬양과 경배를 드릴 수 있게 하시고, 영광을 돌리게 하심을 감사드립니다. 또한 목사님을 통하여 주님의 약속하신 생명의 말씀을 듣게 하여 주셔서 심령이 새로워짐을 경험하며, 믿음의 결단을 할 수 있는 시간이 되게 하여 주심을 감사드립니다.

사랑의 주님! 이 시간은 저희들이 정기 월례회로 한자리에 모였습니다. 참석하지 못한 회원들도 있지만 그들의 중심에는 이 교회와 우리 ○○○회를 아끼고 사랑하는 마음만큼은 변함이 없는 줄 믿습니다. 오늘 저희들이 월례회로 모여서 이 달의 행사와 회무를 처리하고자합니다. 모든 것이 은혜롭게 잘 마무리 될 수 있도록 인도하여 주옵소서. 또한 회무에 관계된 모든 일들이 주님께 영광이 되게 하여 주옵소서. 주님의 교회를 위한 일들이 되게 하시고, 저희 ○○○회의 발전과 부흥이 되는 일들이 되게 하여 주옵소서. 혹 개인의 생각이나 주장과 맞지 않는 것이 있다할지라도 ○○○회를 위한 일이 된다면 기쁨으로 용납할 수 있게 하여 주시고, 부족한 일들이 발견될 시에는 사랑으로 감싸주고 격려해 줄 수 있는 저희 모두가 되게 하여 주옵소서. 특별히 회장님 이하 임 역원들에게도 함께 하셔서 ○○○회를 운영해 나가는데 큰 어려움이 없게 하시고, 모든 일을 기쁨으로 감당 할 수 있게 하여 주옵소서. 또한 모든 회원들의 가정을 붙드셔서 육신의 일에 얽매여서 회원으로서의 의무를 감당치 못하는 일이 없도록 도와주시옵소서. 지금은 회의를 시작하는 시간입니다. 이 회의를 주관해 나가시는 회장님께 운영의 지혜와 명철을 더하시며, 성령님께서 저희의 각 사람을 친히 주장하실 것을 믿사옵고 예수 그리스도의 이름으로 기도합니다. 아멘

기도명언 크리스천은 기도생활에 실패하면 인생의 모든 면에서 실패한다. _ 죤 라이스

[기관총회를 할 때]
주님의 뜻을 담아내게 하소서

섭리하시는 하나님, 한 해 동안 저희 ○○○회를 붙드셔서 주님의 몸 된 교회를 섬기며 선한 사업에 힘쓸 수 있도록 이끄심을 감사드립니다. 또한 회원 한 사람 한 사람을 붙드셔서 믿음의 길을 달려갈 수 있도록 인도하심을 감사드립니다.

사랑의 주님! 연말을 맞이하여 한 해를 돌아보니 참으로 부끄러운 기억밖에는 없습니다. 주님의 몸 된 교회를 위하여 더 잘 섬길 수 있는 기회를 주셨음에도 불구하고 주님 앞에 최선을 다하지 못했던 것을 회개하오니 용서하여 주옵소서. 오늘 이렇게 새 일꾼을 선출하는 총회를 하게 되었습니다. 이제껏 수고한 임원들에게도 함께 하시고, 주님의 크신 위로와 평안을 허락하여 주옵소서. 주님께서 각 사람이 수고한 대로 귀한 상급으로 갚아 주실 것을 믿습니다.

은혜의 주님! 사람이 제비를 뽑으나 그 걸음을 인도하시는 분은 여호와시라고 말씀 하셨사오니 새 일꾼을 선출할 때에 인간의 생각이나 판단 대로 하지 말게 하시고, 마음과 생각을 주관하시는 주님의 뜻을 담아낼 수 있는 총회가 되게 하여 주옵소서. 총회로 인하여 상처 받는 심령들이 없게 하시고, 아울러 교만해 지는 심령들도 없게 하여 주옵소서.
임원으로 선출 되면 더욱 충성하고 봉사하라는 주님의 채찍인줄 깨닫게 하시고, 임원이 못되면 주님처럼 낮아짐을 배우라는 주님의 은혜인줄 깨달아, 더욱 섬김의 본을 보일 수 있는 저희 모두가 되게 하여 주옵소서. 그리하여 합력하여 선을 이루시는 주님의 마음을 닮아가는 저희 모두가 되게 하여 주옵소서. 총회의 의장을 맡아 수고하시는 회장님께도 함께하시고, 모든 것을 주님께 맡기오며 예수 그리스도의 이름으로 기도합니다. 아멘

기도명언 항상 깨어 기도로 준비하고 있는 사람에게는 사탄이 들어올 틈이 없는 것이다.
_ 작자 미상

[구역장, 권찰 모임을 가질 때]
각오와 다짐을 새롭게 하게 하소서

하나님 아버지, 교회의 지체로서 여러 구역들이 조직되어 주님의 몸 된 교회를 든든히 세워갈 수 있게 하시니 감사합니다. 오늘 각 구역장과 권찰들이 한자리에 모였습니다. 구역의 활성화를 위하여 저희들이 모였사오니 주의 성령께서 저희들 가운데 함께하시고 저희들의 마음을 주장하여 주옵소서.

주님! 구역이 건강해야 교회도 건강해짐을 기억합니다. 그러나 그동안 저희들이 건강한 구역을 만들기 위하여 얼마나 마음을 쏟았는지 돌아보지 않을 수 없습니다. 구역장과 권찰로서 주어진 사명을 잘 감당 했어야 하는데 솔직히 제대로 감당하지 못하여 얼굴 들기가 부끄럽습니다. 게으르고 나태하여 주님이 맡기신 사명을 건성으로 감당했던 저희들이오니 용서하여 주옵소서. 언제나 핑계를 대기에 급급했던 저희들의 모습, 때우기 식으로 대충대충 구역예배를 드리려고 했던 저희들의 모습을 솔직히 시인하오니 용서하여 주옵소서.

주님! 구역장과 권찰은 구역을 위한 영적인 지도자요 관리자임을 기억합니다. 맡은 구역 식구들을 수시로 심방해야 하고 그들의 형편을 헤아릴 수 있어야 하고 화목 하는 구역이 될 수 있도록 힘써야 하는 것이 저희들의 사명임을 기억합니다. 이 사명을 결단코 잊지 말게 하여 주옵소서. 또한, 구역장과 권찰은 목회자의 동역자라는 것을 기억합니다. 이 시간 목사님의 목회에 큰 힘이 되어드리는 구역장 권찰이 되기 위하여 각오와 다짐을 새롭게 할 수 있는 저희 모두가 되게 하여 주옵소서.

이 시간에 목사님이 전하여 주시는 말씀을 귀담아 듣기를 원합니다. 듣기 좋은 말씀 보다는 책망의 말씀을 귀담아 듣기를 원합니다. 회개하는 마음으로 귀담아 듣게 하셔서 구역을 성장시키는데 사명에 최선을 다할 수 있게 하옵소서. 남은 순서를 주님께 의탁하오며 예수 그리스도의 이름으로 기도합니다. 아멘

기도명언 우리가 살아남기 위해 오늘도 기도해야 한다. _ 작자 미상

[교사모임을 가질 때]
영적인 농부의 마음을 갖게 하소서

사랑의 주님! 한없이 부족한 저희들에게 생명의 말씀으로 가르치고 영적으로 지도하는 교사로 세워주심을 감사드립니다. 또한 교사로서의 사명을 잘 감당 할 수 있도록 지혜를 더하시고 능력을 더하여 주시니 감사드립니다.

어린 학생들을 신앙으로 양육하고 지도하기에 앞서, 자신의 영적 성숙을 위하여 늘 말씀을 가까이 하고 기도에 힘쓰는 저희들이 되기를 원합니다. 저희들의 삶을 붙드셔서 더 깊은 영성을 세워나가는데 소홀히 하지 않게 하여 주옵소서.

주님! 주님께서 저희들에게 맡기신 교사의 직분을 기쁨으로 감당하기를 원합니다. 마지못해 억지로 감당하는 모습이 없게 하시고, 어린 심령들에게 천국을 건설하고, 하나님의 자녀로 양육하는 일에 최선을 다할 수 있게 하여 주옵소서. 입술만 앞세운 교사가 되지 않기를 원합니다. 천국의 씨앗을 키우는 영적인 농부의 마음을 가지고 성실히 감당할 수 있는 저희들이 되게 하여 주옵소서.

주님! 이 시간에 저희들이 교사모임을 갖습니다. 주일학교의 부흥과 아이들의 영적 유익을 위하여 갖고 있는 생각을 모으고자 합니다. 저희에게 지혜를 더하여 주셔서 갖고 있었던 좋은 생각들을 함께 나눌 수 있게 하시고, 어린심령들에게 꼭 필요한 계획들을 세울 수 있도록 도와주시옵소서.

이 시간에 참석치 못한 교사들도 있습니다. 저마다 피치 못할 사정이 있는 줄 아오나 주님의 나라와 그 의를 위하여 좋은 편을 택할 수 있는 지혜가 있게 하여 주옵소서. 부장님을 늘 능력으로 붙드셔서 힘들거나 피곤에 지치지 않게 하시고, 교사들도 영성으로 잘 이끌 수 있도록 도와주시옵소서. 주님이 기뻐하실 생각들을 나눌 수 있는 복된 시간이 되게 하실 것을 믿사옵고 예수 그리스도의 이름으로 기도 합니다. 아멘

기도명언 내 교회는 내 눈에서 눈물이 흐르지 않는 동안은 결코 부흥되지 않을 것이다. _ 스탄필

[성가대(찬양대)모임을 가질 때]
영혼을 담은 찬양이 되게 하소서

사랑의 주님! 저희들이 입술을 모아 주님을 찬양할 수 있게 하시니 감사합니다. 천사도 흠모하는 영광된 직분으로 세움을 받은 것이 얼마나 감사한지요. 주님의 영광을 찬양하며 높이는 일에 최선을 다할 수 있는 저희가 되게 하옵소서.

주님! 오늘도 찬양 연습을 하고자 이 자리에 모였습니다. 저희 모든 대원들을 붙들어 주셔서 피곤할지라도 마음과 정성을 다하여 찬양연습에 임하게 하여 주옵소서. 지휘자를 통하여 찬양의 곡조와 가사를 하나하나 익힐 때마다 저희들의 신앙도 함께 고백되고 주님께 열납되는 시간이 되게 하여 주옵소서. 오늘 이 중요한 자리에 부득불 참석하지 못한 대원들도 있습니다. 주님이 맡겨주신 직분이 얼마나 중요한지를 깨닫게 하셔서 맡은바 직분을 성실히 감당할 수 있게 하시고, 입술의 찬양이 아닌 영혼의 찬양을 주님께 드리기 위하여 연습을 소중히 여길 수 있게 하옵소서. 저희들 또한 영혼을 담은 찬양이 될 수 있도록 영성을 키워나가는데 마음을 쏟을 수 있게 하여 주옵소서. 매일 말씀을 가까이하는 생활이 되게 하시고 항상 기도에 힘쓰는 생활이 되게 하여 주옵소서.

지휘자님을 기억하셔서 피곤치 않도록 붙들어 주시기를 원합니다. 주님께 받은 달란트를 잘 감당 할 수 있게 하시고, 대원들을 사랑으로 잘 지도하고 가르칠 수 있도록 도와주시옵소서. 반주자에에도 힘께하여 주셔서 힘들지 않도록 도와주시고, 지휘자님과 마음이 하나가 되어 사역을 감당하는데 어려움이 없게 하여 주옵소서. 대장님에게도 함께 하셔서 저희 대원들을 사랑과 믿음으로 이끌기에 조금도 부족함이 없게 하여 주옵소서. 연습에 임하는 저희 대원들 한 사람 한 사람에게 주의 영으로 충만케 하시고, 목소리도 지켜주시고 보호하여 주실 것을 믿사옵고 예수 그리스도의 이름으로 기도합니다. 아멘

기도명언 기도가 없는 경건 생활이나 경건 생활이 없는 기도는 있을 수 없다. _ 바운즈

[남전도(선교)회 모임을 가질 때]
얼음냉수 같은 전도(선교)회가 되게 하소서

은혜로우신 하나님 아버지! 저희 남전도(선교)회를 사랑하셔서 주님의 몸 된 교회를 든든히 세워 나가는데 쓰임 받게 하심을 감사드립니다. 또한 저희 남전도(선교)회를 사랑하셔서 이 시간에 남전도회 모임을 가질 수 있게 하심을 감사드립니다. 언제나 주님의 사랑과 은혜 안에서 모이기에 힘쓸 수 있는 저희들이 되게 하셔서 주님께 영광을 돌리고 주님의 사랑을 받는 남전(선교)회가 되게 하여 주옵소서. 주님! 안타깝게도 오늘 이 자리에 보이지 않는 회원들이 있습니다. 그들의 형편과 처지를 우리 주님이 다 아시고 헤아리실 줄 믿습니다. 또한 어디서 무엇을 하든지 이 모임을 사랑하는 마음만큼은 변함이 없게 하여 주옵소서. 저희 남전도(선교)회가 주님을 높이는 일에 앞장 설 수 있게 하여 주옵소서. 축복의 땅 가나안을 정복할 때에 항상 선봉에 서서 싸웠던 두 지파 반과 같이 저희 남전도(선교)회도 언제나 앞장서게 하셔서 주님의 크신 뜻을 이루어낼 수 있게 하옵소서. 주님의 몸 된 교회를 위해서 언제나 봉사하는 일에 앞장 설 수 있게 하여 주시고, 헌신과 희생이 필요한 곳에 저희들이 있게 하여 주옵소서. 목사님의 말씀에도 언제나 아멘으로 순종하게 하셔서 목사님의 목회사역을 힘껏 보필할 수 있게 하시고, 목사님의 마음을 시원케 해드리는 한여름의 얼음냉수와 같은 남전도(선교)회가 되게 하여 주옵소서. 오늘 주의 사업을 위하여 의견을 모으고 계획을 세우고자 모임을 가졌습니다. 성령님께서 저희들 가운데 함께 하여 주셔서 사사로운 의견이기 보다는 주님이 쓰시는 생각을 나눌 수 있게 하여 주옵소서. 이 모임을 이끌고 계신 회장님께도 함께 하여 주셔서 힘들지 않도록 늘 새 힘을 부어 주시옵소서. 이 모임을 성령님이 도우실 것을 믿사옵고 예수 그리스도의 이름으로 기도합니다. 아멘

기도명언 바쁠수록 더 기도해야 한다. 왜냐하면 사탄은 그때를 노리고 있기 때문이다. _ 빌 하이벨스

[여전도(선교)회 모임을 가질 때]
믿음의 족적을 남긴 여인들처럼 살게 하소서

사랑의 하나님 아버지! 연약한 여인들을 통하여 주님의 몸 된 교회를 세우게 하시고, 주님의 귀한 사역을 감당하게 하시며, 천국의 지경을 확장시켜 나가는 도구로 사용하심을 감사드립니다. 힘없고 약한 저희들이지만 언제나 주님의 영광을 나타내는 의의 도구로 아름답게 쓰임 받을 수 있게 하여 주옵소서.

주님을 위해서라면 유월절 만찬을 위하여 자신의 집을 내어드린 마리아 같은 순종이 있기를 원합니다. 주님을 사랑하는 것이라면 십자가를 지신 주님을 눈물 흘리며 따라간 여인들처럼 죽음같이 강한 사랑을 보일 수 있기를 원합니다. 주님의 몸 된 교회를 섬기는 것이라면 옥합을 깨뜨린 여인과 같이 모든 것을 깨뜨릴 수 있는 헌신을 보일 수 있기를 원합니다. 저희 여전도(선교)회 회원 모두가 아름다운 믿음의 족적을 남긴 여인들처럼 오늘을 살게 하여 주옵소서. 또한, 교회와 가정을 위하여 항상 깨어 기도에 힘쓰게 하시고, 영혼을 사랑하고 구원하는 일에 마음을 쏟는 여전도(선교)회가 되게 하여 주옵소서.

주님! 여전도회에서 계획한 일들이 있습니다. 주님의 몸 된 교회가 더욱 부흥하는데 꼭 필요한 계획들이 되게 하시고, 목사님의 목양에 도움을 드릴 수 있는 계획들이 되게 하여 주옵소서. 교회에 궂은 일이 많습니까? 언제나 우리 여전도(선교)회가 앞장서서 기쁨으로 감낭할 수 있게 하옵소서. 여전도회의 발전과 사업을 위하여 생각을 모을 것이 있기에 모임을 갖습니다. 저희의 마음과 생각을 지켜 주셔서 여전도회를 든든히 세울 수 있는 유익한 대화들이 오고가게 하옵소서. 회장님과 임, 역원들 에게도 함께하셔서 영육 간에 강건함을 주시고 맡은 직분을 잘 감당할 수 있도록 능력을 더하여 주옵소서. 여인들의 충성을 기뻐하시고 칭찬해주시는 예수 그리스도의 이름으로 기도합니다. 아멘

기도명언 사탄의 궤계에 빠지지 않는 길은 순간순간마다 깨어 기도하는 길이다. _ 여호수아

[성경공부 모임을 가질 때]
엠마오의 제자처럼 마음이 뜨겁게 하소서

사랑의 주님! 저희들에게 구원의 은혜를 베풀어 주시고, 주님의 진리의 말씀을 탐구해 갈 수 있는 은총을 주심을 감사합니다. 이 시간 달고 오묘한 주님의 말씀을 공부할 때에 세상 지식을 습득하듯이 성경공부에 임하는 불량한 자세가 되지 말게 하시고, 진리의 말씀을 깨달아 알므로 한 말씀이라도 그 말씀에 순종하는 삶을 살기 위하여 성경을 공부하는 자세를 갖출 수 있게 하여 주옵소서.

주님! 믿음이 연약한 저희들에게 천국의 진리를 심어주시기 위하여 ○○○ 목사님을 세우심을 감사드립니다. 성경공부를 지도하시는 목사님께도 함께 하셔서 피곤함이 없게 하시고, 늘 강건함으로 인도하여 주옵소서. 저희를 가르치시는 목사님을 통하여 말씀을 알아가는 것 뿐 만 아니라 더 깊은 영성으로 초대받을 수 있기를 원합니다. 저희 모두가 말씀을 공부하는 가운데 살아계신 주님을 만날 수 있게 하옵소서. 그리하여 엠마오의 제자들 같이 마음이 뜨거워지게 하시고, 믿음의 고백이 넘쳐나게 하셔서 충성과 헌신을 다짐 하며 복음을 전할 수 있게 하여 주옵소서. 이 복 된 자리에 보이지 않는 성도들이 있습니다. 하나님을 힘써 아는데 시간을 투자할 수 있는 성도들이 되게 하시고, 세상의 가치보다 말씀의 가치를 가볍게 여기지 않는 성도들이 되게 하여 주옵소서.

주님! 더 많은 성도들이 하나님을 힘써 아는데 참여하기를 원합니다. 말씀이 없으면 신앙의 성장과 성숙도 없고, 영혼이 피폐해질 수밖에 없음을 깨달아, 주님의 말씀을 공부하는데 시간을 투자할 수 있게 하옵소서. 오늘 저희들이 주님의 말씀을 배운다고 하지만 지혜가 부족합니다. 하늘의 지혜를 더하여 주셔서 주님의 귀한 말씀을 놓치지 않게 하여 주옵소서. 도우시는 성령님을 의지하옵고 예수 그리스도의 이름으로 기도합니다. 아멘

기도명언 하고자하는 어떠한 일이 생기거나 혹은 내가 해서는 안 될 일이 있다면 온전히 기도하라. _ 작자 미상

[기도 모임을 가질 때]
주님과 기도로 소통하게 하소서

은혜로우신 하나님 아버지! 저희들을 사랑하셔서 이 시간에 기도회로 모이게 하심을 감사드립니다. 오늘 저희들이 그 어느 때 보다도 기도가 필요한 시기라는 것을 알기에 특별히 시간을 정하여 기도회로 모이게 되었습니다. 기도야 말로 주님께 가까이 나아가는 거룩한 은혜의 통로임을 깨닫습니다. 또한 하나님의 은총을 받는 은혜의 방편이 됨을 믿습니다. 기도로 사시며 항상 깨어 있어 기도하시를 원하신 주님의 뜻을 받들어 항상 기도하게 하여 주시고, 언제나 주님과 기도로 소통하는 사람이 되게 하여 주옵소서.

주님! 먼저 그 동안 항상 깨어 있어 기도하지 못함을 인하여 회개하기를 원합니다. 기도를 쉬는 것도 죄라고 말씀하셨사오니 기도에 태만했던 저희들의 삶을 돌아보며 회개하게 하옵소서. 다시는 기도를 쉬는 죄를 범치 않는 저희가 되게 하여 주옵소서. 이 시간 이후로 저희가 모두 항상 기도하는 기도자로 세움 받기를 원합니다. 항상 깨어 있는 기도자가 되기를 원합니다. 저희의 영혼을 만져주옵소서. 주님! 오늘 이 시간 기도할 때 기도에 대한 목마름이 영혼 속으로 밀려들게 하옵소서. 기도하는 한 사람이 기도 없는 한 민족보다 강하다는 말과 같이 저희 모두가 기도의 전사로 거듭나는 시간이 되게 하여 주옵소서. 기도를 하면 할수록 기도에 취할 수 있게 하시고 더 깊은 기도의 세계를 갈망할 수 있게 하여 주옵소서. 또한 기도를 하면 할수록 오래도록 기도하여도 기도 시간이 짧게만 느껴지게 하옵소서. 언제나 기도에 대한 갈급함이 저희 심령에 사무치게 하여 주옵소서. 오늘 기도회 모임을 인도하는 인도자에게도 함께 하셔서 모인 숫자에 관계없이 힘을 다하여 인도할 수 있게 하옵소서. 기도의 승리를 보여주신 예수 그리스도의 이름으로 기도합니다.

기도명언 우리가 기도의 결실을 얻지 못하는 이유는 기도의 태만 때문이다. _ 작자미상

[전도 모임을 가질 때]
생명 있는 날까지 전하게 하소서

잃은 양을 찾으시는 목자 장 되시는 주님! 저희들을 죄에서 구원하여 주시고 주님의 몸 된 교회를 위하여 구원의 역사를 감당하게 하시며 복음의 빛과 진리의 등불을 밝히게 하시니 감사합니다. 오늘도 저희들이 전도하기 위하여 이 자리에 모였습니다. 저희들을 구원하신 주님의 심정을 가지고 전도에 임할 수 있게 하여 주시고, 주님의 사랑에 빚진 자로 구원의 복음을 힘써서 전할 수 있는 저희 모두가 되게 하여 주옵소서. 주님! 전도하는 것은 사탄과의 영적 전쟁임을 깨닫습니다. 그러하기에 전도에 나가기에 앞서서 먼저 합심하여 기도합니다. 저희들에게 성령 충만을 허락하여 주셔서 사탄과의 영적전쟁에서 승리할 수 있게 하여 주옵소서. 복음의 씨를 뿌립니다. 거두시는 이는 주님이시오니 당장 열매가 주어지지 않는다 할지라도 낙심치 말게 하여 주시고, 힘을 다하여 복음의 씨를 뿌릴 수 있게 하옵소서. 사람을 만나고 사람을 접촉하는 일입니다. 저희들에게 지혜를 허락하여 주셔서 말과 행동 속에서 주님의 형체를 드러낼 수 있게 하시고, 원치 않는 비난의 말을 듣거나 핍박을 받는다 할지라도 주님의 피 묻은 십자가를 바라보며 참고 인내할 수 있게 하옵소서. 오늘 저희가 나가서 전도하는 것으로만 영혼구원을 위한 의무를 다한 것으로 생각하지 말게 하시고, 접촉한 영혼의 구원을 위하여 기도의 자리로 나아갈 수 있게 하여 주옵소서. 주님! 사도 바울과 같이 받을 상급을 바라보며 생명 있는 그 날까지 몸과 시간과 물질을 깨뜨려 복음을 전할 수 있기를 원합니다. 생명의 복음을 외치지 아니하고는 견딜 수 없는 저희의 마음이 되게 하여 주옵소서. 주님! 저희들뿐만이 아니라 많은 사람들이 영혼에 대한 사랑과 타는 목마름이 있게 하여 주시고, 주님의 복음을 힘써서 전할 수 있는 전도의 도구가 되게 하여 주옵소서. 전도할 때에 저희와 동행하실 것을 믿사옵고 예수 그리스도의 이름으로 기도합니다. 아멘

기도명언 기도는 하늘 창고의 문빗장을 여는 황금열쇠이다. _ 고석희

[봉사모임을 가질 때]
축복받는 현장이 되게 하소서

순종이 제사보다 낫고 듣는 것이 수양의 기름보다 낫다고 하신 주님! 오늘 저희들이 주님의 말씀을 좇아 순종하는 자리로 나오게 하시고, 주님의 영광을 위하여 봉사할 수 있는 마음을 주시니 얼마나 감사한지요. 언제나 봉사의 아름다운 열매를 맺을 수 있는 저희들이 되게 하여 주옵소서.

주님의 몸 된 교회에 할 일이 얼마나 많습니까? 저희들이 해야만 할 것 뿐이오니 기쁜 마음으로 봉사할 수 있게 하옵소서. 다소 어설픈 모습이 있다 할지라도 성근마음을 기억하셔서 우리 주님이 어여쁘게 보아주시옵소서. 주님께 봉사하면서도 서로를 향한 배려하는 마음은 우선되게 하시고, 사랑하고 섬기며 이해하고 용납하며 감당할 수 있게 하옵소서. 봉사를 하면 할수록 샘솟는 기쁨이 넘치게 하시고, 섬기면 섬길수록 주님의 마음을 더욱 알아가는 축복이 있게 하옵소서. 기도하는 마음으로 봉사를 하다가 응답을 받는 축복의 현장이 되게 하시고, 찬송하는 마음으로 봉사를 하다가 걱정 근심이 물러가고 참 평안을 얻는 축복의 현장이 되게 하옵소서.

저희들이 주님의 몸 된 교회를 위하여 봉사할 때 봉사의 능력도 경험하기를 원합니다. 저희들의 봉사의 열매가 혹은 백 배, 혹은 육십 배, 혹은 삼십 배로 맺혀지게 하여 주셔서 주님께 큰 영광을 돌리게 하여 주옵소서. 또한 이 땅에서의 봉사로 인하여 주님의 사랑을 더욱 듬뿍 받고, 그 믿음을 인정받으며 하늘나라의 영원한 상급으로 이으시게 하실 것을 믿습니다. 혹여 봉사하다가 오해를 받는 일이 발생한다 할지라도 낙심치 말게 하여 주시고, 합력하여 선을 이루시는 주님을 끝까지 바라보며 열심을 다할 수 있게 하여 주옵소서. 저희의 몸과 마음을 주님께 영광을 돌리는 일에 사용하심을 감사하오며, 저희를 봉사의 자리로 나아가게 하신 예수 그리스도의 이름으로 기도합니다. 아멘

기도명언 기도는 신자의 전 재산이며 영적 생명의 호흡이다. _ E. E. 셀햄버

부록 심방성구

심방성구 주제	심방성구
불효하는 자	마 5:9(화평케 하는 자) 마 5:23-26(급히 화평하라) 골 3:12-17(용서하라)
교회에 불만이 있는 자	골 1:24(교회는 그리스도의 몸임) 엡 5:26-27(거룩하고 영광스러운 교회) 고전 10:31-33(교회에 거치는 자가 되지 말 것)
이단사설에 미혹된 자	신 11:16-17(다른 신을 섬기는 자) 마 7:15-23(거짓 선지자를 조심) 약 5:19-20(진리를 떠나지 말 것)
재물을 사랑하는 자	마 19:23-26(부자와 천국) 눅 12:15-21(재물보다 영혼이 귀중함) 마 13:32(신앙이 성장하지 못함)
놀고 있는 자	잠 10:4-5(부지런한 자의 성공) 창 3:17-19(수고하고 땀 흘려야 함) 막 6:3(예수님의 직업은 천한 목수)
외식적인 신자	삼상 16:7(중심을 보시는 하나님) 시 51:6(중심에 진실을 갖자) 행 4:19(하나님 앞에서 살자)
근심을 잘하는 자	고후 7:10(세상 근심은 사망에 이름) 벧전 5:7-9(염려를 주께 맡겨야 함) 잠 17:22(마음의 근심은 몸이 쇠약해짐)
헌금에 시험 든 자	빌 4:17-19(하나님의 마음을 읽으라) 신 16:15-17(힘이 닿는 대로 해야 함) 말 3:10(복 받는 비결) 마 21:3(주님이 쓰실 것은 무엇이든 드려야 함) 막 12:41-44(과부의 두렙돈) 고후 9:7(즐겨내는 자를 사랑하심)
인간관계에서 온 시험	약 1:13(연단으로 인내를 얻음) 롬 15:2(선을 이루고 덕을 세워야 함) 롬 12:18-19(할 수만 있으면 평화) 빌 2:1-2(한마음을 품을 것)

심방성구 주제	심방성구
교회문제로 온 시험	고전 10:31-33(본질을 우선해야 함) 갈 5:10(요동케 하는 자가 누구인가?) 골 2:23(믿음의 터 위에 굳게 설 것) 사 55:22(의인의 동요를 허락지 않음)
자녀교육 문제	사 54:13(하나님의 교훈으로) 딤전 5:4(효를 행하라) 출 20:12(부모공경) 엡 6:1-4(주의 교양과 훈계로) 요삼 1:2(영혼이 잘되어야 함) 롬 8:26-27(성령의 도우심과 간구하심)
다시 교회에 출석하는 자	엡 4:22-24(옛사람을 완전히 버릴 것) 요 16:13(성령의 인도하심을 받을 것) 마 3:8(회개의 열매를 맺을 것) 행 3:19(유쾌하게 되는 날)
구원의 확신이 필요한 자	시 27:39(구원은 여호와께) 시 62:2(오직 하나님만이) 사 12:2(구원의 하나님) 사 45:21-22(하나님 밖에는 없다) 요 3:16(영생을 얻게 하려 하심) 벧후 3:9(회개할 것) 고전 1:21(전도로 구원하심)
믿음이 약한 자	롬 5:6-8(연약한 자를 사랑하심) 마 26:41(육신은 연약함) 롬 8:26(성령이 연약함을 도우심) 고전 15:43(강한 신앙으로 발전할 것)
부모를 모시는 자	창 26:3-5(자손 축복) 룻 1:16-17(효부가 된 룻) 엡 6:1-3(효도는 장수의 비결) 딤전 2:2(고요하고 평인한 생활을함)
부모와의 불화한 자	딤전 3:4-5(믿는 자의 가정) 잠 15:18(분노는 다툼을 일으킴) 잠 16:32(마음을 잘 다스려야함) 약 1:19-20(말하기를 더디해야 함) 벧전3:7(기도가 막힘)
회사원	빌 2:15-16(흠 없는 자녀) 요 16:33(세상을 이기신 주님) 요일 5:4-5(세상을 이김) 롬 12:2(이 세대를 본받지 말아야 함) 마 5:13(세상의 소금) 마 5:16(본을 보여야 함)

심방성구 주제	심방성구
교육자, 교사	마 7:29(끈기 있게 가르치는 선생) 마 11:29(예수에게 와서 배울 것) 요 3:2(하나님께로부터 오신 선생) 딤전 2:7(어린아이의 선생)
자영업자	레19:35-36(공평의 저울과 추) 신 25:13-16(정당히 할 것) 마 13:45-46(귀한 것을 놓치지 말 것) 마 25:13-16(신자는 영적 사냥꾼)
농민	마 9:37-38(추수할 것이 많은 농장) 고전 3:6-8(하나님이 자라게 하심) 갈 6:7(심은 대로 추수함) 딤후 2:6(수고한 자가 곡식을 먼저 받음) 시 1:1-6(시절을 좇아 과실을 맺음) 마 3:10(선한 열매를 맺을 것)
어민	눅 5:1-6(어부 예수님) 마 8:23-27(파도를 잔잔케 하심)
목축업	창 49:24(반석이신 목자) 시 23:1(우리의 목자이신 하나님) 사 40:11(양을 잘 먹이는 목자)
언론, 출판	잠 23:15-16(지혜와 정직) 잠 6:2(말조심) 잠 10:8-14(입이 미련하면 패망함) 잠 10:9(입술의 제어가 지혜) 잠 15:23(맞는 말이 아름다움) 요일 3:18(행함과 진심함이 중요함)
정치인	창 41:40-41(정치가 요셉) 롬 13:1-3(권세의 근원) 고전 4:2(맡은 자의 본분은 충성) 갈 5:1(정치 기본원리는 자유)
의료인	마 4:23-24(치료자이신 예수님) 마 8:17(병을 짊어지신 예수님) 마 9:12(병자에게 필요한 사람)

심방성구 주제	심방성구
법조인	잠 6:23(빛인 법) 요 8:1-11(재판하시는 예수님) 딤전 1:8(법은 선한 것임)
경제인	잠 8:18(부귀와 재물의 주인) 잠 11:4(재물과 의리) 마 6:21(재물과 마음) 눅 10:35(재물의 선용) 히 13:5(돈은 사랑의 대상이 아님) 약 5:1-6(재물로 범죄 하지 말아야 함)
공무원	눅 3:14(받은 급료를 족한 줄 알 것) 요 12:42(잘 믿는 관원들도 많음) 고전 2:8(관원의 지혜) 빌 2:5-11(백성들의 종으로 여김) 벧전 5:3(본이 되어야 함) 계 6:15(범죄한 집권자들의 최후) 눅 3:12-13(정한 세금 외에는 늑징치 말 것)
군인	눅 3:14(강포하지 말것) 롬 8:31(누가 우리를 대적할까?) 딤후 2:1-4(모집한 자를 기쁘게 함) 딤후 4:7(선한 싸움을 싸울 것)
체육인	히 12:1-2(예수님을 바라봄) 전 9:11(빠른 경주라고 선착하는 것이 아님) 빌 3:14(푯대를 향해 달음질 함) 딤후 2:5(법대로 싸울 것)

목회자와 평신도를 위한

심방설교와 대표기도문

초판 1쇄 발행 | 2019. 05. 10
초판 2쇄 인쇄 | 2024. 11. 10
지은이 | 노진향
펴낸이 | 정신일
펴낸곳 | 크리스천리더
편 집 | 홍소희
교 정 | 이지선, 성주희
일부총판 | 생명의 말씀사 (02) 3159-7979
등 록 | 제 2-2727호(1999. 9. 30)
주 소 | 부천시 소사구 성주로 96 6층
전 화 | (032) 342-1979
팩 스 | (032)343-3567
도서출간상담 | E-mail:chmbit@hanmail.net
homepage | www.cjesus.co.kr

ISBN : 978-89-6594-276-4 03230

정가 : 22,000원

저자와의 협약 아래 인지는 생략되었습니다.
이 출판물은 저작권법에 의해 보호받는 창작물이므로,
무단 복제와 무단전재를 할 수 없습니다.

■ 잘못된 책은 구입하신 곳에서 바꿔드립니다